YO, DÍAZ

PEDRO J. FERNÁNDEZ

YO, DÍAZ

OCEANO

YO, DÍAZ

© 2017, 2023, Pedro J. Fernández

Diseño de portada: Jorge Garnica
Fotografía del autor: Javier Escalante

D. R. © 2023, Editorial Océano de México, S.A. de C.V.
Guillermo Barroso 17-5, Col. Industrial Las Armas
Tlalnepantla de Baz, 54080, Estado de México
info@oceano.com.mx

Primera edición en Océano: 2023

ISBN: 978-607-557-806-4

Impreso en México / Printed in Mexico

A la memoria de mi padre

Yo, Díaz ha sido una bendición en mi carrera como escritor. Gracias a esta novela logré conectar con miles de lectores mexicanos en todo el mundo, y también me permitió escribir biografías noveladas sobre otros personajes importantísimos para la historia de México.

En aquella primera edición, publicada en enero de 2017, tuve que eliminar varios pasajes de la novela para mantener cierta extensión en el texto. Desde que di a conocer esto en mis redes sociales, ustedes me han pedido que regrese al manuscrito original para recuperar lo que se había perdido. Así lo hago ahora, esperando que encuentren en esta versión renovada nuevas aristas en el viejo general que intenta narrar su vida desde el exilio. Restauro, no sólo al último de los fantasmas de aquella tarde, sino también el final original de la historia y el epílogo perdido que ayuda a que la historia cierre de otra manera.

Esta novela es para ustedes, mis queridos lectores. Espero que la disfruten tanto como yo lo hice escribiéndola hace tantos años.

PEDRO J. FERNÁNDEZ

París, Francia

2 de julio de 1915

Yo, José de la Cruz Porfirio Díaz Mori, al que alguna vez llamaron Héroe del Dos de Abril y Benemérito de la Patria, otrora homenajeado y reconocido por las naciones del mundo y que gobernó a su pueblo más de treinta años, hoy no soy más que un cúmulo de arrugas, canas y recuerdos rancios condenado al desprecio de su pueblo. La vida se me va postrado en una cama de París. Apenas me envuelve el alba como un velo azulado en el que flotan motas de polvo, y caigo en cuenta de que nuestra existencia es sólo un suspiro en la historia del mundo, una breve nota en la página que narra los conflictos y pasiones que todavía despierta Oaxaca.

¡Ah, Oaxaca! La tierra húmeda que tanto amé y que pareciera un sueño que se desvanece con la mañana. ¿En verdad estuve en el Istmo de Tehuantepec, las ruinas de Monte Albán y la Sierra Mixteca? Parece tan lejano, Carmelita.

No hace mucho colgamos sobre mi lecho una pintura de la iglesia de Nuestra Señora de la Soledad —cuando el aire no estaba empantanado por mis dolencias— y recibí una carta de Amadita donde me contaba de la convención que Venustiano Carranza convocó en un teatro de Aguascalientes. Tampoco está lejana la ocasión en que porté mi traje militar para que me pintaran un retrato de general de la república. ¿Recuerdas, Carmelita, cómo arreglabas las medallas y honores sobre mi pecho? Tu suave tacto obedecía a los designios del pintor Joaquín Sorolla, me acomodabas la faja y dabas los últimos recortes a mi bigote. "No se te olvide maquillarme con los polvos de arroz que compraste cerca de la Rue du Faubourg Saint-Honoré, y dile al artista que no quiero verme tan viejo. Los mexicanos van a pensar que he perdido fuerza, y la familia presidencial debe conservar las apariencias".

¡Qué tonto! Estaba por mencionar a los periódicos de oposición y al señor Madero, pero él fue asesinado. ¿No es cierto? Debe de estar enterrado en alguna tumba sobrada de flores, al fin acompañado de los espíritus con los que conversaba todas las noches desde su tabla espiritista de madera llena de letras. Supongo que a él lo recordarán con cariño: la historia lo tratará bien porque murió joven y no le dio tiempo de equivocarse. Será siempre como Ignacio Zaragoza y los cadetes del Colegio Militar que mataron en 1847, héroes eternos. En cambio, yo estoy condenado a ser un villano, un dictador, una estatua ruin en el altar de la patria, inmutable y de motivos crueles. Ahora me doy cuenta de que herí a México cuando me necesitaba para sanar.

Se me escapó el destino en medio de una lluvia de balas.

Olvidé que el poder y la autoridad no los confiere una banda presidencial, sino el pueblo. Los mexicanos siempre están en busca de un culpable para sus dolencias y ahora es mi turno de ocupar ese puesto.

Y siempre ha sido así: los actores políticos permanecen poco tiempo en escena; Juárez, Lerdo, Santa Anna y Comonfort lucharon por su momento bajo el reflector. Fantasmas. Apenas recuerdos convertidos en monumentos y frases célebres. Toda una vida reducida a unas palabras escritas en un libro de historia que pronto se olvidará. ¿Quién contará nuestro amor, Carmelita? ¿Quién dará voz a mi madre y a mis hermanas cuando yo muera? A veces temo que el mundo olvide mi nombre y que mi trabajo a favor del progreso haya sido en vano. ¿Te acuerdas de la Guerra de Reforma? Ni siquiera habías nacido y ya corría el rumor de que yo estaba escondido bajo la falda de Juana Cata para que los conservadores no me pasaran por las armas.

A ella también la extraño. A ella y a Nicolasa, a Manuela y a Desideria; a don Justo Sierra, a don Pepe Limantour, a don Ramón Corral y hasta a Bernardo Reyes. Pero a Delfina la extraño más que a todos. Mi dulce Delfina, tan fuerte como la tierra de la que nació. Ella vio cómo me convertía en este general terco que prefiere usar el fusil a usar la pluma.

Ahora pienso en los ratos que pude haber pasado con mis hermanas mientras tejían los rebozos que luego iban a vender en la ciudad, o en los que pude escuchar las palabras de mi madre cuando palmeaba la masa de tortillas.

¿Te confieso algo? Lo que más pesa a los ochenta y cuatro años no es la fragilidad de la memoria ni la dependencia del bastón, sino el tiempo perdido y esos malditos "si tan sólo hubiera".

Nada vuelve cuando las aguas del tiempo arrasan con todo.

Pareciera que el pasado se mezcla con el presente, que los que ya se fueron están entre nosotros, burlándose de nuestra vida cruel.

Yo espero que llegue mi fin, no queda mucho ya. El mundo cambia y yo aún tengo sed. Y sin embargo... ah, todavía espero que haya una última aventura que lleve mi nombre, y que pueda regresar a México para defender a la patria con el fusil al hombro. La posibilidad de volver a Oaxaca antes de que se apague mi luz sigue viva porque hay aire en mis pulmones y memoria en mi cabeza.

Este cuerpo que apenas puede moverse se llena de vida con una palabra que lo alimenta: Oaxaca.

Siempre Oaxaca...

EL BUEN PORFIRIO

PRIMERA PARTE

"La patria siempre estará contenta de mi espada…"

Capítulo I

VEINTE AÑOS DESPUÉS de que el cura Hidalgo se levantara en armas contra la opresión y los tributos desmedidos, la ciudad de Oaxaca aún lucía su trazado colonial, pero sin el garbo rancio que le hubiera dado ser gobernada por algún Borbón de España. La vida de las ciento setenta manzanas giraba en torno a la Catedral. Los días se medían de acuerdo con las festividades del calendario eclesial y las campanadas de los templos. Las poblaciones indígenas que rodeaban la urbe daban vida a mercados y comercios.

Los caminos eran de terracería pero servían para traer comerciantes desde la capital mexicana y los pueblos de Guatemala, pues Oaxaca era su punto estratégico para las reuniones de negocios, aunque el día que comienza mi historia no los recorría un empresario, sino una niña indígena de trenzas negras y falda blanca. No se detuvo en la iglesia de Nuestra Señora de la Soledad para apreciar su trabajo artesanal en la cantera, ni cuando tropezó con una piedra y cayó sin poner las manos, ni siquiera con la marcha de los soldados que tanto la asustaban. Avanzó con las primeras sombras de la noche hasta que llegó a un local bien montado, una curtiduría.

—¡Papá, papá! Es mamá —chilló Desideria.

El hombre dejó de tratar las pieles que tenía frente a él y tomó a la niña por los hombros.

—¿Qué sucede con mamá?

—Ya está en cama, y me mandó por usted.

Estoy seguro de que una sonrisa se dibujó en los labios de José Faustino y, sin pensarlo, volvió a la casona gris que rentaba, mejor conocida en Oaxaca como el Mesón de la Soledad. Puesto que no estaba para atender los encargos de los huéspedes, fue hasta una habitación del fondo, en el segundo patio, donde su esposa, Petrona Mori, se encontraba en trabajo de parto, cobijada por la noche de estrellas susurrantes y la voz firme de las parteras.

—Puje un poco más, doña Petrona. Ya casi va a nacer. Puje, doña Petrona —le decían.

Y así, de un momento a otro, fui arrojado al México cuyo porvenir estaba destinado a forjar. Aquel 15 de septiembre, día de la Virgen de los Dolores, me arroparon en los brazos de mi madre, quien me protegió de la noche y enjugó mis lágrimas con sus dedos al tiempo que mi padre celebraba el nacimiento de un varón. Como era costumbre, se hizo de un santoral y, después de leerlo cuidadosamente, exclamó:

—Se llamará José de la Cruz porque su vida estará dedicada a Dios, y Porfirio porque es el santo del día en que nació.

Horas más tarde, mis hermanas Desideria, Manuela y Nicolasa, entraron a conocerme, pero yo ya estaba soñando con los carámbanos de la luna y angelitos negros.

Días después me arroparon de blanco, me llevaron a la parroquia del Sagrario de Oaxaca y renunciaron a Satanás por mí. Me cubrieron la frente con agua bendita que caía de una concha de plata, al menos según lo que consta en mi fe de bautismo que aún puede consultarse en el templo. Luego hicieron una comilona con familiares y amigos, me pasaron de un brazo a otro mientras trataban de averiguar si me parecía más a mi madre o a mi padre; y la banda, con tambores y trompetas, tocaba una comparsa a lo lejos.

En cuanto a la relación con mi padre sólo puedo decir que fue breve, un recuerdo fugaz. Lo que sé de él es porque otros me lo contaron, y así me hice una imagen de la figura que necesité a mi lado, y que busqué desde entonces sin éxito. Sé, por ejemplo, que era herrero y veterinario, también mariscal de un regimiento. Cuando se casó era dependiente en una empresa de minas, y durante la Guerra de Independencia se unió al ejército de Vicente Guerrero y éste lo nombró capitán.

Poco después de mi nacimiento, mi padre se volvió muy místico. Volcó todo su fervor en la fe católica, cambió su nombre a José de la Cruz y vistió un traje monacal de los Terciarios de San Francisco, sin llegar a recibir la orden eclesiástica. Me contaron que saltó de alegría con el nacimiento de mi hermano Felipe, porque estaba convencido de que podría darle dos hijos al Señor, y también que varias veces expresó su desacuerdo con el Instituto de Ciencias y Artes de Oaxaca. No dudo que mi padrino de bautizo, su primo José Agustín Domínguez, cura de Nochixtlán, haya alimentado esas ideas.

Mi primer recuerdo de él es apenas una sombra: estaba recostado en un cuarto sin pintura en las paredes, que olía a encierro y a trazas de incienso y alcanfor usados para ocultar los malos olores que dejaba el cólera morbus. La noche azul se colaba por las ventanas, las velas ahumaban imágenes de santos, mientras los dedos de mi padre apretaban con fe su rosario de madera. Se le había inflamado el rostro por la enfermedad y, pálido, estaba sumido en la paz que le daba saber que conocería a su dios en cualquier momento.

Desideria me abrazó con fuerza, mi madre lloró inconsolable y mi padrino le dio los santos óleos al enfermo.

Mi padre renegó del diablo y de sus obras, como lo hiciera en mi bautismo. Su voz era cada vez más débil y sus labios lentos, hasta que la mirada se tornó pétrea. Comprendí de repente que dentro de aquel pellejo faltaba algo. Era igual a las imágenes piadosas de la Virgen de la Soledad: estáticas, muertas. Rodaron lágrimas por mis mejillas. No comprendí que lo había visto fallecer; sólo sentía un hueco en medio del pecho y una espina que se me clavaba en la garganta.

Escrita en tinta y papel dejó su última voluntad: "En el nombre de Dios Todopoderoso, Padre, Hijo y Espíritu Santo, digo yo, José de la Cruz Díaz, que hallándome gravemente enfermo, pero en mis sentidos, creo y confieso en el misterio de la Beatísima Trinidad, en todo lo que nos enseña la Santa Fe Católica, que aun cuando por sugestión del demonio, debilidad mía o cualquier otro motivo, o por alguna calentura, pronunciase alguna cosa contra nuestra Santa Fe Católica, la anulo y detesto".

Lo enterramos en la iglesia de San Francisco y, con él, la poca felicidad que había disfrutado en mi corta existencia. Mi futuro se cubrió del mismo negro que enlutó a mi madre, quien de golpe había heredado la administración del mesón, una pequeña casa cerca de la iglesia de Guadalupe y otra por el convento de la Merced, además de un plantío de magueyes en Tlanichico. Dinero la verdad es que legó muy poco, lo que complicó bastante la situación de la familia. Algunas veces nos ayudaba mi padrino con algunos centavos, pero eran las menos.

Ese brote de cólera mató a más de mil ochocientos cristianos. Las procesiones fúnebres y los sepelios se volvieron sucesos cotidianos. Para contar a los muertos se pintó una cruz amarilla a la entrada de su casa, y lo mismo sucedió en el Mesón de la Soledad. Y ésa fue la razón por la que algunos viajeros decidieron pasar de largo; no fuera a ser que se contagiaran de cólera.

¿Alguna vez te conté de mi mamá, Carmelita? La recuerdo como aquella fotografía que le tomaron hace tantos años, cuando el mundo estaba lejos de imaginar la luz eléctrica, el cinematógrafo o los coches de motor. Su rostro era un poco ovalado, casi redondo, y tenía una mirada penetrante como la mía, ojos negros, de apariencia fuerte pero tan frágiles como los vitrales de cualquier templo. Sobre sus hombros no faltaba un rebozo de algodón. Siempre se peinaba con un chongo o una trenza. Su tez era morena, pues en sus venas corría la expresión más pura de sangre mixteca.

¡Qué carácter tenía la vieja! Peor que el mío. Terco, firme.

A diferencia de muchas mujeres de su época, abrigaba opiniones muy definidas sobre política y no temía expresarlas. Tanto así que un día cualquiera, poco después de haber enviudado, dejó entrar a un regimiento entero al mesón. Era yo muy niño cuando me asomé a la ventana y vi marchar a los soldados y a los caballos ante la mirada incrédula de mis hermanas. Este grupo militar servía bajo las órdenes del general Valentín Canalizo, quien en aquel entonces estaba en guerra contra Antonio López de Santa Anna.

Los soldados estuvieron con nosotros unos días y luego partieron con el atardecer. Mamá trancó la puerta con un madero grueso y nos fuimos a dormir.

A eso de las once de la noche se oyeron unos golpes muy fuertes que nos despertaron:

—¡Abran! —gritó una voz de hombre.

Nosotros, asustados, nos mirábamos sin hacer caso.

—¡Que abran! —volvió a ordenar con violencia.

Luego llegaron los pequeños estallidos de pólvora, el ruido de las astillas al romperse y las balas atravesando el portón hasta la fuente de piedra que coronaba el primer patio del edificio. Mis hermanas y yo gritamos varias veces sin entender el peligro. Mi madre, en cambio, estaba muy tranquila. Nos encerró en su habitación y esperó a que cesara el fuego para salir a la calle, como si su orgullo fuera suficiente para hacer frente a los cañones.

—¿Qué quieren? —preguntó sabiendo la respuesta.

—A la tropa que está aquí acuartelada —dijo uno de los soldados, mientras mamá reía.

—Pues hubieran venido antes y aquí mismo los hubieran encontrado.

De inmediato se echaron sobre ella y, a la luz de la luna mestiza, le ataron las muñecas a la espalda. Seguramente pensaban en cómo la iban a castigar, a burlarse de ella y, quién sabe, a lo mejor hasta pensaban fusilarla. Sin miramientos la llevaron ante el capitán Pérez Castro, quien escuchó con mucho cuidado la narración de su gente. Ni siquiera le dio a mamá oportunidad de defenderse, la dejó libre para que volviera al mesón, mientras que ella tentaba al destino con la misma burla: "Hubieran venido ustedes antes y los hubieran encontrado".

Imagino que arrastró los pies en la terracería y sintió las marcas que las cuerdas habían dejado en sus muñecas. Se detuvo a acariciar el portón antes de adentrarse al silencio y a las siluetas deformes que se distinguían en la negrura.

Cuando entró al cuarto nos abrazó a todos con fuerza y, sólo entonces, lloró. Estaba más asustada que nosotros, pero su viudez y condición de madre le habían dado la fuerza necesaria para convertir el miedo en supervivencia.

Poco a poco Oaxaca volvió a su quietud cotidiana, a la elaboración de mole y chocolate, la confección de esculturas de barro y al paso de las campanadas que gobernaban las horas del día. De los mercados llegaba el olor del cilantro, el tomillo y de las otras especias que sazonaban las cazuelas y el comal. La epidemia de cólera había terminado con la vida de los visitantes más asiduos del mesón y con la reputación de la ciudad, lo que mermó las arcas de la familia.

La sequía que se vivía en toda la zona no ayudó a la situación. Recuerdo los campos secos, de dónde no brotaba vida alguna de los terrones grises.

Yo era muy pequeño y lo único que entendía sobre la economía del hogar era que siempre debíamos guardar todos los centavos en el baúl que estaba escondido bajo la cama. No supe, hasta años después, por qué mamá desaparecía a veces cuando el atardecer añil pintaba las calles. Parecía ser que el dinero que ganábamos en el mesón no era suficiente para una familia de cinco niños, y mamá había vendido todas sus propiedades sin poder rematarlas; cada mes salía a cobrar entre ocho y diez pesos por cada una hasta que la deuda quedó saldada.

Quebrada por dentro, obligada a vivir en una época que ignoraba a las mujeres solas, siempre logró poner aunque fueran unas tortillas y un plato de frijoles en la mesa, quedando ella sin bocado para el resto del día.

Ahora recuerdo esos años con nostalgia y crece mi deseo de volver a ellos, aunque sea por un día. Entonces todo era más simple. Parecía que la maldad y el dolor fueran palabras ajenas. Cuando cumplí los seis años me enviaron a una escuela llamada "amiga" donde tuve mi primer contacto con las letras; ahí aprendí a leer. Más tarde fui a un colegio municipal a que me enseñaran a escribir.

Mi mundo era ése, las casonas, las iglesias, Oaxaca; pero también los juegos, la risa de mis hermanas, las travesuras cómplices con Felipe. Mi única preocupación era llegar a tiempo a la mesa, mientras la cena estuviera caliente y la cocina oliera al ajo y la cebolla, a los tamales de chepil.

Todo cambió una noche en que desperté de improviso y no pude volver a dormir. Me levanté de la cama y recorrí los pasillos envuelto en mis pensamientos infantiles hasta que descubrí una luz en uno de los cuartos que debería estar vacío. Me asomé para ver a mi madre empapada en el fulgor de una vela, pasando las cuentas de un rosario; cubría su cabeza con un rebozo negro. Me pareció tan frágil ahí sentada, quebrando su voz con avemarías, que preferí quedarme en silencio hasta que reparó en mi presencia.

—Pasa, Porfirio —dijo, secándose las lágrimas con el dorso de su mano.

La obedecí.

—¿Llora por papá?

—Los centavos ya no alcanzan, las casas ya no están y el mesón no deja lo de antes.

—¿Por qué?

—Ojalá que la desgracia nunca te obligue a huir de tu hogar —respondió y me abrazó con fuerza.

Guardó el rosario en un pañuelo viejo junto a algunos billetes arrugados y la acompañé a su cuarto a que metiera todo en un cajón. Me llevó de la mano a mi cama y me dio un beso en la frente. Tardé en volverme a dormir, arropado por el canto de los grillos.

Unos días después comprendí lo que mamá había querido decir y dejé atrás mi infancia.

Capítulo II

PABLO Y CAYETANO fallecieron diez años antes de que yo naciera. Cuando mis padres los sostuvieron por primera vez sabían que existía un riesgo altísimo de que no llegaran a la edad adulta; incluso esperaban que Felipe y yo falleciéramos jóvenes. En aquel entonces la mortandad infantil era altísima por las infecciones descuidadas, las medicinas costosas y los partos mal atendidos. Ése era Oaxaca cuando yo era niño, un rincón donde nacía la pobreza y se criaba la marginación.

Al morir papá, mis hermanos se hubieran hecho cargo de la familia para asegurar nuestro futuro y el mesón, pero no fue así. Me quedé solo y conocí el silencio. A los ocho años descubrí que la infancia es como una esfera de cristal dentro de la que nacemos y con la cual nos protegemos de toda maldad antes de que se rompa. A mí me sucedió una tarde en que el cielo azafrán llenaba el límite de Oaxaca, en un solar llamado el Toronjo que se ubicaba cerca de Jalatlaco, adonde nos acabábamos de mudar. Le habían puesto así porque en el primer patio había un árbol de toronjas (que en algunas ocasiones vendimos para mantenernos). Estaba situado a espaldas del templo del Patrocinio y a cuatrocientos metros de la iglesia de Guadalupe. Si la memoria no me falla, era el número 31 o 32 de la calle libre. Las paredes eran lisas y los techos rojos, y la tierra se te pegaba en los pies por la mañana. Ahora lo veo como si estuviera frente a mí.

Cuando entramos la primera vez, Manuela exclamó en un hilo de voz: "Ahora sí estamos verdaderamente solos, no tenemos papá".

Por un momento todos añoramos el mesón, pues ahí habíamos roto nuestra infancia. Así, de la nada, a los ocho años me vi convertido en el jefe de una familia pobre y el peso de la responsabilidad cayó sobre mis hombros por ser el hombre mayor. Desideria se había casado con un hombre llamado Antonio Tapia y se había ido a vivir con él, al tiempo que Felipe, a quien habíamos apodado el Chato (porque uno de los muchachos del barrio le había llenado la nariz de pólvora y le había prendido fuego), todavía era muy chiquito y necesitaba muchos cuidados —Manuela y Nicolasa se hacían cargo de él.

Cualquier instante de prosperidad que hubiera quedado de mis primeros años era ya olvido.

En un principio mi madre se hizo cargo de la casa. Hilaba puntas de rebozo con algodón y salía a venderlas por Oaxaca. A los tres meses mis hermanas también aprendieron el oficio y sus dedos se mezclaron con el telar hilando un futuro incierto para los Díaz. Los centavos que ganaban los hacíamos rendir en el mercado y en los gastos del hogar. Teníamos suerte si se acercaba alguna fiesta religiosa o evento social, porque las damas de la ciudad querían estrenar aunque fuera un rebozo de doña Petrona Mori.

Recuerdo con mucho afecto aquellas mañanas cuando volvía de la escuela y me sentaba junto a Manuela o Nicolasa a platicar sobre el chisme de moda en Oaxaca, que si Chuchita se casó con un extranjero o si el doctor Perengano fue sorprendido de la mano de su amante cerca de Santo Domingo. Yo me sentía impotente de no poder ayudar a esas mujeres que hacían tanto por mí.

—Porfirio, ven para acá —dijo mi madre un día. Fui hasta la cocina y la encontré bebiendo su café en una jarrita de barro, me senté frente a ella y contemplé por primera vez la textura de sus dedos morenos, llenos de surcos y venas.

—Porfirio, ¿conoces la carpintería que está por la iglesia de San Pablo?

—Sí, la he visto varias veces. ¿Quiere que le lleve alguna de las sillas a arreglar?

—Quiero que vayas y te presentes con el señor González para que te enseñe el oficio, ya me apalabré con él.

No hizo falta que dijera más. Corrí por el polvo de Oaxaca hasta el local de carpintería. Aquellas paredes abrían ante mí un mundo de trabajo duro y superación. El maestro carpintero dejó a un lado la tabla que lijaba con fuerza y me miró con sus ojos pequeños. El aire estaba impregnado de aserrín y aroma a madera recién cortada.

—Me llamo Porfirio Díaz, soy hijo de Petrona Mori, y ella me dijo que viniera a...

—Sí, sí. Ya sé a qué viniste —me interrumpió—. A ver si sirves de aprendiz. Ven para acá y ayúdame con el torno; esta semana tengo que entregar dos roperos y apenas estoy empezando.

Ese día y muchos otros aprendí a trabajar con las manos. Estos dedos que hoy sufren temblores y que tú conociste en su madurez de vida, Carmelita, fueron instrumentos creadores para la confección de utensilios caseros y mueblecitos, y los astillé sin quejarme. Hice alquimia con la madera, la transformé en un sinfín de hechuras para ganarme el pan. Vi las tardes pasar en aquella labor, alejándome de Felipe para llevar dinero a la casa. Atrás quedó la inocencia, perdidos los juegos infantiles.

Recuerdo la primera vez que vendí una mesa y pude ir corriendo al atrio de la Catedral a comprar una pieza de pan. Luego fui al local de la alhóndiga por una bolsa de frijoles. Otras veces mamá me pedía que fuera a la Plaza de los Cántaros por carbón. Ayudaba con minucias, pero ya empezaba a sentir que me hacía cargo de la familia. Me hubiera gustado consentirlos, tal vez llevarlos una tarde de verano a La Casa de Recreo, una nevería famosa de la ciudad, pero apenas si me alcanzaba.

En una de esas largas jornadas de la casa al trabajo y del trabajo a la casa, pensando en cómo podía hacer para ganar más dinero, me encontré con mi padrino muy cerca de la Basílica de la Soledad. Un viento seco le volaba la capa y le agrietaba la piel. Creo que nunca vi cariño en sus ojos. Era muy delgado, calvo, con canas en las sienes.

—¡Porfirio! Vengo de estar en tu casa y Petrona me dijo que te podía encontrar en tu trabajo —dijo a modo de saludo. Su abrazo se sintió frío.

—Sí, en una carpintería, padrino.

—Muchacho, no sabes qué gusto me da que te ocupes en un oficio de provecho, pero quiero proponerte otro camino de vida. Yo creo que estás destinado para algo más grande que hacer muebles.

—No lo entiendo, padrino.

Se detuvo un momento, me miró a los ojos y señaló mi pecho a la altura del corazón.

—¿Has pensado en salvar almas, Porfirio? Vivimos en tiempos complicados, se ha vuelto costumbre atacar la doctrina de la Iglesia católica con el pretexto del liberalismo. Necesitamos soldados que nos defiendan, jóvenes como tú que llenen los seminarios.

—Usted quiere que sea sacerdote —respondí tras un silencio breve.

—Tu padre era un buen cristiano y, desde que estabas en el vientre de tu madre, quería que fueras para el Señor. Cuando me pidió ser tu padrino quería que te preparara para este momento. Mientras seas seminarista yo pagaré tus gastos y te daré los libros que necesites. La decisión es tuya. ¿Quieres honrar la memoria del hombre que te dio la vida?

Asentí en silencio. No había considerado la posibilidad de ser sacerdote y la oferta de mi padrino me tomó por sorpresa.

—Excelente decisión —agregó—. Habla con tu madre y yo haré los trámites necesarios para que entres al seminario. Quiero que comiences tus clases lo más pronto posible, aunque no puedas presentar los exámenes porque el curso ya está empezado. Tú no te preocupes, a partir de hoy cambiará tu vida. Pronto iré a tu casa para discutir los detalles.

Cuando se lo conté a mamá, supe que mi padrino ya había hablado con ella y que ambos estaban de acuerdo en que la mejor forma de honrar la memoria de mi padre y de tener un oficio bien remunerado el resto de mi vida era hacerme sacerdote. Tienes que recordar que esto fue mucho antes de la guerra, cuando el clero aún tenía propiedades y el de pobreza no era un voto que cumpliera con regularidad.

Al día siguiente recorrí por primera vez el seminario, sus pasillos de piedra, el patio lleno de macetas sin plantas y los salones tapizados con pinturas de ministros vestidos de negro. El aire estaba lleno de susurros; nadie te hablaba directamente, porque no era bien visto. Había reglas muy estrictas de lo que se podía y no se podía hacer, y el silencio era una de las más importantes. ¡Ni hablar de cuestionar el mundo, la ciencia o la fe! Los seminaristas eran como sombras que se deslizaban sin cambiar el aire, aferrados a sus biblias encuadernadas en cuero. Ese 1846 yo me hice uno de ellos. Me sumergí en un mundo de letras e hice del latín mi segundo idioma.

Quizá mi único amigo fue Justo Benítez; el resto eran un puñado de hombres pálidos que obedecían a los curas y apenas te dirigían la palabra. Eran vivos, aunque parecían estar muertos. Ahí te imponían una forma de ser, te convertías en un hombre sin voluntad, como esos soldaditos de plomo con los que juegan los niños. Siempre firmes, sin la capacidad de pensar, pero con las facciones casi humanas pintadas sobre el rostro. Yo era de los estudiantes que no vivían en el seminario y regresaba a mi casa para estar con mi familia, pues aún necesitaba de las pocas monedas que aportaba con mi trabajo de carpintería.

Mira, Carmelita, aquí viene un cuerpo que parece estar hecho de aire, las facciones son humo y en el rostro reconozco a... ¡Manuela, hermana! ¡Has vuelto del Mictlán y la muerte ha rasgado su velo podrido para que pueda verte! Cuéntanos algo de aquella época que ya es ceniza, olvido y viento.

Capítulo III

¿YA SE TE OLVIDÓ, PORFIRIO? Mis huaraches estaban llenos de polvo que se mezclaba con el agua de lluvia y formaba costras en mi piel morena. Todos los días recorría Oaxaca para ganarme la vida con variaciones de la misma cantaleta: "¿No quiere comprarme un rebozo? Los confecciona mi madre con el mejor algodón de los campos y les imprime su forma a través de una antigua tradición, el baile de los dedos en el telar. Mire, es la prenda ideal para que su novia o su hermana vaya a misa los domingos". La repetía todo el día hasta que se me curtían los brazos y se me hinchaban los tobillos, me ganaba el hambre y el atardecer se derretía en los templos. Sólo entonces podía volver a casa a darle a mamá los pocos centavos que había ganado.

Pero en una de esas largas jornadas bajo el sol sentí que el corazón se me iba secando. ¿Será ésta mi vida? ¿Sólo conoceré la soledad? ¿Qué le hice a Dios para que me olvidara cuando sus ministros se esfuerzan tan poco para ganar el pan de cada día? Parecía que mi desesperanza se confundía con la blasfemia y entonces levanté la vista y esos ojos castaños se encontraron con los míos.

Comprobó la textura de los rebozos como lo hizo después con mis senos. Se aprovechó de mi inocencia con sus palabras expertas. Lo había visto por la ciudad; toda Oaxaca sabía que él estaba comprometido para casarse, pero le creí cuando me dijo sólo te quiero a ti. Me compró todas las telas que llevaba al hombro, me adentró a un cuarto de su propiedad e iluminó con velas blancas mi cuerpo desnudo. A la luz del trueno acarició mis pantorrillas y subió por mis muslos. Su boca era un humor incontrolable sobre la mía, su pecho un toro hambriento y, al tambor de la lluvia incesante, me hizo mujer con el calor de su hombría.

Entonces era joven, confundí la amistad con la lujuria, hice barro de ambas palabras para ensuciarme con ellas. El hombre y yo retozamos en las sábanas hasta que la desnudez se volvió costumbre. Por las noches llegué a perder el sueño porque a mi cuerpo le hicieron falta las caricias. Su respiración furiosa llenó mis pulmones tantas veces que incluso ahora, en el más allá, me es imposible contarlas. En sus brazos conocí otras formas de medir el tiempo, de sentir estrellas, sonreír en secreto y hasta hilar los suspiros con los sueños.

Luego conocí el amargo dolor que llega con la decepción. Mi cuerpo frágil quedó lleno de vida cuando la sangre de cada mes dejó de bajar por mis piernas y las náuseas tomaron el control. Se me fue el apetito, el color de la piel. Me sobrevino un miedo terrible y callé mi situación en casa. Las preguntas de mamá se volvieron casi imposibles de esquivar con respuestas vagas, hasta que la verdad empezó a desbordarme peligrosamente.

Una tarde, similar a las anteriores, sentí el éxtasis de mi hombre, me recosté y exclamé: estoy de encargo. Fueron tres palabras que terminaron con el romance, después de esa tarde nunca volví a verlo. Se vistió con su levita, cubrió su sexo, acarició su bigote y salió de la habitación. Borró su huella de las calles de Oaxaca y cerró la puerta de su casa para mí. El desengaño se tornó en desesperanza cuando me vi sola y embarazada. Caminé en la noche sin dirección alguna.

El canto de los grillos me devolvió a casa, a la tierra pintada por la sonrisa de la luna cerúlea. Ahí estaba mamá, fumaba en silencio. En sus ojos había trazos de sueño, sin perder la fuerza que siempre la caracterizó. Con un simple ven me llevó a la mesa de la cocina y me atravesó con la mirada como si supiera que le iba a decir mamá estoy esperando un hijo. Eso hice. Ella se levantó con un ya no eres mi hija y se encerró en su cuarto.

Nicolasa se enteró por mi boca a la mañana siguiente y le fue con el chisme a Desideria. Felipe las oyó cuchichear la tarde siguiente. Tú, Porfirio, te encontrabas ausente por tus estudios del seminario, así que tardaste varias semanas en saber la verdad. A ustedes, mis hermanos, no les dije el nombre del padre, quise evitar que fueran a su puerta para exigirle dinero o reclamarle mi honor; sellé mis labios y dejé que el tiempo hinchara mi carne. Fui testigo de cómo los amigos de la familia me voltearon la mirada con lástima, y el aire se contenía de silencios incómodos cuando entraba al templo para la misa de los domingos.

Así pasaron los meses. Mi vientre se infló de vida, al igual que brazos y muslos. Aparecieron várices en mi piel y la gordura me hizo perder el movimiento; mis dedos dejaron de pasar por el telar. Constantemente sentía patadas dentro de mí, cual soldados marchando a un campo de batalla. Mis sueños se volvieron pesadillas de un barco plateado navegando en la tempestad hacia un largo exilio. Abrí los ojos y sentí el dolor, un grito brotó de mi alma, las piernas se sintieron húmedas. Mis hermanas corrieron por la habitación, encendieron velas, oraron a la Virgen de la Soledad, escuché las palabras de mamá en mi oído: puja, Manuela, puja. Hice un esfuerzo que se prolongó horas y me partió en dos para que se abriera un túnel en mi cuerpo, un pasaje de otra dimensión a ésta, de donde apareció una niña hermosa llena de vida.

¿Cuántos hijos sin padre dejaste por el mundo, Porfirio? ¿A cuántas mujeres engañaste sin acordarte de mi historia?

Capítulo IV

AHORA RECUERDO esas clases en el seminario con más sosiego, aunque por muchos años les guardé un rencor grandísimo. Era tal el respeto que le debíamos a los maestros que ni siquiera podíamos saludarlos cuando los encontrábamos por el pasillo.

Si estaba en el mercado con Justo Benítez, y escuchaba que él me decía: "¡Ahí viene el vicerrector o el profesor de tal!", sabía que no debíamos hablarle, si acaso hacerle una reverencia, o llenarlo de halagos, pero sólo si nos dirigía la palabra primero: "Don Manuel, su manejo del latín es excepcional, me inspira a seguir estudiando para ser como usted". "Sí, don Federico, como usted sabiamente me lo recomendó en clase, dedico mis noches a estudiar la vida de San no sé quién".

La situación en las aulas era semejante. Hasta la equivocación más pequeña era castigada severamente. Ordenaban que te levantaras frente a toda la clase y te acusaban de ser mal estudiante. ¡Ay de ti, si te atrevías a dudar de los profesores! Te reprendían de inmediato: "Vas a ir al Infierno si cuestionas a un ministro de Nuestro Señor".

Yo tenía miedo de mis profesores y hasta de mis compañeros. Lo que hice fue reprimir esos momentos de duda y callé los regaños; pensé: si Dios me quiere aquí por algo será. Así fue como escogí sufrir en silencio.

En febrero de 1845 entré una vez más a la cátedra de mínimos, esta vez impartida por el presbítero Macario Rodríguez.

¡Ah, cómo me fue difícil repartir mi tiempo entre la casa, el taller de carpintería y el seminario! Mi padrino pagaba todo, es verdad, y hasta me prestaba los libros que necesitaba pues tenían un costo muy elevado, pero aún yo me hacía cargo de los gastos de mi madre, mis hermanas y Felipe. Por eso trabajaba y estudiaba.

Las tardes se me iban en la misma rutina: correr a casa y encontrarme a Nicolasa frente a las ollas de barro. La casa olía a carbón encendido y tortillas recién hechas (que a veces me robaba para hacerme un taquito de sal).

—Dice mamá que te vayas lavando las manos en lo que termino de hacer el mole.

—¿No vamos a esperar a Manuela? —solía preguntar al sentarme a la mesa.

—Otra vez se le hizo tarde vendiendo rebozos —diría Felipe.

—Cómete tu pollito, que se te hace tarde para el seminario. En la noche te hago un atole de granillo para que tomes algo en lo que estudias tus lecciones —agregaría mi madre para distraerme.

El latín se volvió mi obsesión; dejé de jugar con mis hermanos y de platicar las tardes de domingo. La presión por aprobar cada una de las materias se metió hasta lo más profundo de mis sueños, así como el fantasma de alguna capellanía futura con los ingresos suficientes para mantener a la familia. Tenía pesadillas extrañísimas con hojas de tamal que caían por un cañón y se transformaban en uniformes militares; pero eso no importaba, debía estudiar en cada momento que tuviera libre. Por lo mismo me tomó días darme cuenta de que todos en mi familia andaban muy raros; mamá fumaba y pasaba todo el día con el ceño fruncido, y mis hermanos no se hablaban. Me volví hacia Felipe en silencio y él resolvió mi duda.

—Manuela está de encargo —susurró.

—Ésa ya no es mi hija —objetó mamá.

La noticia del embarazo de Manuela me tomó por sorpresa; pregunté el nombre del padre, pero ella no se lo quiso decir a nadie. Días más tarde le conté a mi padrino toda la historia.

—La mujer es imperfecta desde que era una costilla —exclamó con desprecio, y luego me habló de lo importantes que eran mis estudios.

El paso del tiempo de aquellos meses es algo confuso. No puedo recordar momentos específicos. Si acaso, el humo de las velas, la textura agria del papel en mis dedos y el constante miedo de no responder correctamente lo que me preguntaban en clase. También las salidas del seminario, cuando me sentaba en la plazuela con Justo Benítez o a leer de lógica, metafísica o quién sabe qué.

Mientras tanto, la panza de mi hermana crecía de vida y vergüenza. Manuela recorría la casa como un fantasma, callada, abrazada a su vientre, siempre con una trenza negra detrás de la cabeza y un camisón blanco. Se le marcaron las ojeras porque decía que tenía pesadillas con un barco brasileño que salía de Veracruz para no volver. Durante el día siguió bordando rebozos, pero con una lentitud mágica que le daba otro sabor a su melancolía. Mamá le prohibió que saliera a vender, y ella estuvo de acuerdo. La pobre Nicolasa tuvo que encargarse sola de acarrear el agua, barrer los patios y hasta de ir al mercado. ¿Te acuerdas, Carmelita? ¡Qué te vas a acordar, si a lo mejor ni nacías! Usábamos pesos de a cuatro, pesetas, reales, medios reales, cuartillas y tlacos. Ya no me tocó el intercambio de tabaco y gramos de cacao, pero era algo que se comentaba en las tiendas con cierta nostalgia.

Los meses fueron hojas en el viento; los días parecían no durar veinticuatro horas, ni los meses treinta días; sin que me diera cuenta llegó octubre detrás de un viento frío y un grito de Felipe que rompió la noche.

—¡Porfirio! Te pasas. ¿Ya viste la hora? Manuela lleva horas en labor de parto.

—Perdón, Chato, se me hizo tarde en el seminario. ¿Quieres que vaya por un médico?

Pero mi hermano me siguió empujando por el patio.

—¿Ya para qué? —me interrumpió—. Te necesitábamos hace rato. Mamá ya la está ayudando. Órale, vámonos para el otro cuarto a esperar.

Nos encerramos en la cocina. Como ninguno de los dos tenía reloj, era difícil calcular el paso del tiempo; estuvimos horas en vilo. Contemplé la pared desnuda, los ladrillos grises de los que colgaban ollas y sartenes, palas de madera y una estampa de la Virgen de Guadalupe que alguien le había regalado a mamá al enviudar.

El fogón estaba apagado; sentí hambre. Dirigí la mirada a Felipe, quien parecía más nervioso que yo.

—Tranquilo, todo va a estar bien— lo consolé, pero él estaba ensimismado.

Mucho después de las campanadas para misa de nueve se escuchó un llanto agudo. Mi hermano y yo nos levantamos y fuimos corriendo hasta el cuarto de Manuela. Mamá se secaba la frente con un trapo; Nicolasa y Desideria también estaban ahí. Yo me acerqué muy despacito, con una sonrisa bien grande.

—¿Nació bien? —pregunté.

—Nació muy bien —respondió Manuela, y me enseñó el bulto que llevaba en brazos; no se me olvidan esos ojitos y la paz que traía consigo.

Podría vivir miles de años y hay cosas de las que nunca me olvidaría, porque no las guardo en los recuerdos de la mente, sino en la memoria del corazón.

—Trajo niña —respondió mi mamá.

—¿Y cómo le vas a poner? —preguntó Felipe.

—No sé, eso lo suele hacer el padre y no tiene. Ni tú, ni yo, ni nadie en este cuarto.

No fue hasta la mañana siguiente cuando sus labios pronunciaron ese secreto que tan celosamente habían guardado por meses.

—El padre es Manuel Ortega; estudia medicina en el Instituto de Ciencias y Artes —dijo mientras cargaba a la niña, que no dejaba de llorar.

Como se dice en Oaxaca, a mi mamá le agriaron el mole, y ya no terminó de desayunar.

—De veras, m'ijita. Si ya sabías que ese señor estaba comprometido para casarse con la señorita Fernández de Arteaga. ¿Para qué te andas metiendo con él?

—Lo siento, mamá —sollozó Manuela.

Me levanté de golpe y salí corriendo de la casa. Escuché la voz de mis hermanos que me llamaban y de mamá pidiendo que regresara, pero no pude. Ese día llegué tarde a la primera clase del seminario porque fui hasta la casa de Manuel Ortega y llamé a su puerta. Me recibió un hombre de buen porte y levita. Él, en cambio, no vio más que un indito inseguro de quince años.

—¿Qué se te ofrece? No tengo para dar limosna.

—No, señor, soy Porfirio Díaz, el hermano de Manuela. Su hija ya nació, y le pido que la reconozca.

—¿Yo? ¿Reconocer a una bastarda? Eso lo hubiera pensado tu hermana antes de embarazarse. Mejor lárgate, que tengo muchas cosas que hacer.

Escondí la furia, guardé los golpes y salí de esa casa con la dignidad en alto. No había quien defendiera el honor de la familia ni ayudara a mi hermana. En aquellos tiempos se veía muy mal que una mujer fuera madre sola sin ser viuda; la señalaban por las calles, cuchichea-ban a sus espaldas y los niños cargaban con un estigma grandísimo.

Había una nueva boca que alimentar en la familia Díaz, y eso me animó a trabajar más; la pequeña no tenía por qué cargar con el egoísmo de su padre. Estaba dispuesto a convertirla en una mujer de bien. La bautizamos un mes después, el 27 de noviembre de 1845. El padrino fue un señor llamado Tomás Ojeda. La inscribieron como Delfina, hija de padres desconocidos.

Siempre vi por ella y la procuré hasta su último respiro.

Por otro lado, Felipe quiso seguir mis pasos, no sé a razón de qué por-que nunca le vi madera de cura. Un día de febrero se vistió de sotana y entró al seminario. Sólo duró dos meses. No sabía qué quería hacer con su vida, y mamá prefería no regañarlo porque era su consentido y el que más se parecía a papá.

Luego llegó 1847. Se sentía un aire distinto y las noticias de la capital revelaban miedo y violencia. Sabíamos que el ejército de Es-tados Unidos había entrado a territorio nacional y avanzaba poco a poco. Ganaba batallas por todos lados y causaba fricciones en el go-bierno de Antonio López de Santa Anna.

Así llegó la guerra, un viento que sopló del norte y separó fami-lias; los campos se humedecieron con la sangre de los jóvenes solda-dos. Dicen que todo empezó cuando una patrulla gringa, al mando del capitán Seth Thornton y que estaba en misión de exploración en territorio estadounidense, fue emboscada por lanceros mexicanos bajo las órdenes del general Anastasio Torrejón. ¡Qué tontería!

La respuesta del presidente yanqui era de esperarse: "Sangre estadou-nidense ha sido derramada en suelo estadounidense…", y empeza-ron los madrazos. Sus tropas se adentraron en territorio mexicano. No hubo ejército que pudiera contenerlas. Antonio López de Santa Anna dejó la presidencia para luchar, pero fracasó en el campo de batalla.

A Oaxaca nos llegaban las noticias entre periódicos y rumores de mercado. Me acuerdo muy bien que Macario Rodríguez, nuestro profesor de filosofía, siempre iniciaba su clase con alguna palabra de odio en contra de los soldados invasores. Un día su discurso se tor-nó violento:

—Hoy la patria está en peligro, las decisiones que tomemos definirán la soberanía de México. En sus manos, muchachos, está el destino de estas tierras en las que Dios los hizo nacer católicos. ¿Qué harán para defenderlas? ¿Cuánta sangre harán correr para proteger la suya? ¿Cómo demostrarán su patriotismo?

Alguien gritó que era tiempo de tomar las armas y yo secundé la idea; los demás nos siguieron. Sugerí que fuéramos con el gobernador a pedirle que nos llevaran a luchar. No tuvimos tiempo de sentir miedo. Éramos jóvenes, incapaces de medir las consecuencias. Grité que era momento de defender a México. Se nos unieron otros seminaristas, marchamos por aquellos pasillos de piedra añeja, salimos a la calle y llegamos hasta el Palacio de Gobierno. Como los que custodiaban la entrada vieron a muchos, nos dejaron pasar con el señor gobernador, don Joaquín Guergué. Le dijimos que estábamos listos para defender a México.

Él se quedó callado un rato largo y nos miró sobre los espejuelos. Seguramente le extrañaron nuestras sotanas y nuestros libros de latín.

—Ay, jóvenes. ¿Qué diablura habrán hecho ustedes en el seminario?

—Ninguna diablura, señor gobernador. Queremos defender a México de esos malditos invasores —dije.

—¿Invasores? A ver, usted que se siente tan gallito, acérquese un poco más. ¿Cuál es su nombre?

—Porfirio Díaz, señor gobernador.

—A ver, Porfirio, ¿qué sabes tú de la guerra? ¿Alguno de tus familiares es militar o has aprendido cómo se debe disparar un fusil? Pero no solamente apretando el gatillo, digo disparar bien.

—No, señor gobernador. Ni tengo familia en el ejército ni me han enseñado a disparar como se debe, pero, si me permite hablar en nombre de mis compañeros, estamos ansiosos de defender a México y no encontrará soldados con más valor que nosotros. Al final es eso, son los valientes quienes saben hacer la guerra.

—Si así lo quieren, los inscribiré en el regimiento Constancia y Trujano, pero van a tener que trabajar muy duro, y a la primera travesura o desobediencia se me largan de la tropa. ¿Me oyeron?

Estuvimos de acuerdo. Dimos nuestros nombres y nos preparamos para luchar.

Una de las cosas que más recuerdo es la mañana en que me levanté para ir a la leva. El sol no había salido y yo tenía ganas de sentirme hombre por primera vez. Así, desnudo, sentí cada rincón de mi piel. En la oscuridad de las últimas horas nocturnas dejé que mis otros sentidos se agudizaran. No era un general rancio con canas y medallas al pecho, tampoco un dictador en la silla del águila. No tenía bigote ni el título de don antes de mi nombre. Porfirio era sólo un joven oaxaqueño de piel tostada y cuerpo atlético.

Me vestí de uniforme por primera vez y, no sé cómo explicarlo, la tela llenaba mi cuerpo de energía. Los botones fríos excitaban mis dedos. Me cerré la casaca y permanecí en silencio pensando si había tomado la mejor decisión. Mamá, en cambio, me puso una condición: podía ir a la guerra y a marchar, siempre y cuando no dejara de estudiar en el seminario.

Así fue mi primer contacto con la milicia. Aprendí a disparar y a arreglar fusiles. Justo Benítez también había ido a registrarse conmigo al batallón y con frecuencia nos tocaba patrullar juntos, pero los meses pasaron y no nos llamaron a luchar. Me acuerdo muy bien que ese septiembre, poco antes de que cumpliera diecisiete años, llegaron unos rumores funestos a la ciudad. Al principio nadie los quería creer.

—Los yanquis marcharon a la Ciudad de México y dicen que llegaron hasta la entrada, casi sin oposición, y ahí está el Colegio Militar… Luego, luego empezaron los cañonazos y los disparos —oí decir a una viejita en el mercado.

—Ay, doña, a mí me dijeron que la mayoría de los cadetes del Colegio Militar habían participado en otra batalla, y por eso quedaban pocos jóvenes en el colegio. Dispararon desde las ventanas y todo olía a pólvora.

—¿Y qué pasó?

—¿Qué va a pasar, doña? Los mataron a todos, los yanquis tomaron el colegio y hasta dicen que lloraron a los cadetes. Pobres, eran tan jóvenes. Ah, pero también me contaron que los invasores avanzaron en la capital, y que la gente se asomaba desde sus balcones y les dejaba caer agua caliente.

—Pero ¿eso los detuvo? ¿Alguien los paró? ¿Qué pasó después?

—Llegaron hasta la plaza principal, la de Armas, esa que está frente a la Catedral de México, y ahí ondeó su bandera, en lugar de la nuestra, nada menos que el mismo 16 de septiembre, aniversario del inicio de la Independencia.

—¡Jesús! ¿Qué diría el cura Hidalgo?

—Lo mismo pienso, doña. ¿Qué diría el cura Hidalgo?

Esta conversación la escuché muchas veces en el mercado, en la iglesia y hasta en el seminario. La muerte de los cadetes del Colegio Militar me hacía hervir la sangre.

Después de que la bandera extranjera ondeó en el Zócalo de la Ciudad de México, el gobierno negoció con ellos y firmó un tratado donde reconocía la independencia de la República de Texas y fijaba la frontera entre ambos países en el río Bravo; lo que más nos dolió era que cedía los territorios de la Alta California y Nuevo México. Desde entonces Antonio López de Santa Anna se convirtió en el vendepatrias por excelencia, y lo odiamos así, por tener a quien odiar. La moral de la patria estaba en su punto más bajo.

Cuando todo terminó, entregué el uniforme y el fusil, pero no las ganas de luchar por el país; ésas me las quedaría muchos años más, hasta que el siglo se transformó en otro.

Ese año presenté mi primer examen de filosofía y en 1848 el segundo, los dos con excelentes resultados, por lo que algunos de los alumnos más jóvenes del seminario me fueron a buscar al Toronjo para que les diera clases particulares, y acepté. Además del taller de carpintería, era una forma de ganarme el pan.

Fue en esa época cuando Felipe se fue a la Ciudad de México para estudiar en el Colegio Militar. Él sí pudo seguir su sueño de ser soldado y entrenarse en las artes de la guerra. Nos carteábamos seguido, me mandaba recados para mamá y mis hermanas, nos contaba de sus clases y de la política de la capital, pero sobre todo de uno de sus maestros, Miguel Miramón. ¡Ah, cómo le tuve envidia! Me hubiera encantado seguir sus pasos, pero no pude.

Mi aversión por el seminario continuaba: el disgusto con los profesores que me obligaban a pensar como ellos, el odio de mis compañeros que me veían como alguien ajeno a su mundo. Si no hubiera sido por Justo Benítez, me hubiera hundido en la soledad de aquel mundo que confundía la fe con la política y la religión.

Un día en que salía de clase me encontré con mi padrino, con la misma cara enjuta de siempre y la mirada de piedra.

—Padrino, dígame —le dije. Yo pensaba que me iba a regañar por algo.

—Porfirio, ¿te acuerdas de tu pariente el cura don Francisco Pardo?

—Claro que sí.

—En unos días va a dejar su capellanía, y ya sabes que cuando el cura es el fundador se la puede dejar a un familiar cercano, y en este caso te la quiere dejar a ti. El capital es como de tres mil pesos y el interés de doce pesos.

—¡Ésa es una gran noticia!

—Claro que sí, Porfirio. Anda, ve a contárselo a Petrona. Se pondrá muy contenta.

¡Y vaya si lo hice! Doce pesos era una cantidad pequeña en sí, pero en mis circunstancias representaba gran cosa. ¡Eran doce pesos! Así que decidí quedarme en el seminario. No era lo que quería, pero aseguraba mi futuro.

Por esa época comencé a soñar con lo que hacía Felipe en la capital, a imaginarme de qué tratarían sus clases. Siempre le pedía más detalles de su vida en la Ciudad de México. ¿Cómo se había sentido al disparar un fusil por primera vez? Y él intentaba complacerme con cartas largas que siempre firmaba con su nombre. Vivía a través de su tinta.

Un día llegó una carta con un nombre de remitente que no conocía.

—Mamá, ¿conoces a un Félix Díaz?

—No. ¿Será algún primo de tu padre que yo no conozca? —respondió ella.

Abrí el sobre y leí la carta.

—¡Es del Chato! —exclamé.

—¿El Chato? Tu hermano se llama Felipe, no Félix.

—Pues sepa de dónde sacó el nombre, pero ahora dice que se llama Félix.

—¡Escuincle atolondrado! —exclamó mi madre antes de volver a sus bordados.

Mi hermano se llamó así el resto de su vida: Félix Díaz Mori. Nunca supe de dónde sacó el nombre, cada vez que le preguntaba llevaba la conversación a otros temas.

¡Cómo me hace falta Félix en estos tiempos! ¿Qué diría de verme postrado en esta cama?

Poco a poco sus cartas empezaron a hablar más de Antonio López de Santa Anna. Félix tenía una excelente opinión de él; el muy tonto hasta presumió de ser conservador.

Pasaron los meses, se desvanecieron mis sueños de ser militar, eché raíces en Oaxaca y me hice uno con la ciudad. Seguí con las clases particulares al final de cada semestre. Comprendí que la vocación del sacerdocio era más una búsqueda de poder que deseo de encontrar a Dios, y no solamente lo digo por mí: así eran todos los seminaristas.

Poco antes de que cumpliera los diecinueve años, una visita hizo que mi vida diera un giro inesperado. Sucedió en los primeros días de primavera, en que las calles elevan las canciones propias de Cuaresma y Semana Santa. Llegué a casa y encontré a mamá comiendo con Manuela y Delfina. Me miró de reojo y le dio una mordida a la tortilla que tenía entre los dedos.

—Otra vez te vinieron a buscar para unas clases privadas de latín, Porfirio.

—¿Le dejaron la dirección, mamá?

—Te la dejaron apuntada. Ahí te dejé el papelito en el cuarto.

Y el día continuó como siempre. Yo pensé que se trataría de otro seminarista, como todos. A la mañana siguiente, en lugar de ir al taller de carpintería me dirigí a la dirección que me habían dado. Se trataba de una casona que había visto muchas veces, pero a cuyos dueños no tenía el placer de conocer. Me anuncié como Porfirio Díaz Mori y me hicieron pasar al comedor, donde una mujer de mediana edad y un niño de quince años terminaban de desayunar.

—Porfirio, le han dicho a mi esposo que usted es muy bueno con el latín y él quiere que le enseñe a Guadalupe, nuestro hijo. ¿Cuándo podría comenzar?

—Mañana por la tarde si usted quiere, puedo venir después del seminario —respondí.

—Será perfecto. Pueden estudiar en el comedor.

Así lo hicimos por dos semanas, pero al principio de la tercera sentí una presencia detrás de mí. Me volví. El hombre se aclaró la garganta; tenía un rostro ovalado, nariz afilada y tez morena. Le gustaba

41

apretar los labios cuando pensaba y perder la mirada en el infinito antes de hablar. Siempre me dio la impresión de ser alguien que reflexionaba muy bien acerca de lo que sucedía a su alrededor.

—Será mejor que usen mi estudio para las lecciones. Allá están todos mis libros y no llega el ruidero de la calle.

—Como usted diga, don...

—¡Pero si no me he presentado! No sé dónde tengo la cabeza esta tarde, Porfirio. Me llamo Marcos Pérez.

—Mucho gusto, don Marcos —sonreí.

—Entonces, ¿tú eres el que le da las clases de latín a mi hijo? Espero que no me lo pongas a recitar la vida de los santos. En un momento te voy a llevar a mi biblioteca para enseñarte los libros que tengo, y si quieres te puedes llevar alguno a tu casa en calidad de préstamo. Sólo uno. Cuando lo termines y me lo regreses, te daré otro.

Así lo hizo. Me llevó a la biblioteca, me mostró cada uno de los tomos encuadernados en piel y me dejó llevarme varios a mi casa. Así conocí a Virgilio en su idioma original. Luego lo usé para enseñarle a Guadalupe a leer latín. ¿Sabes, Carmelita?, hace años que no me acordaba de aquel muchacho. Era menudito y muy tímido. Hablaba poco, a veces caminaba encorvado. No se parecía en nada a su padre, pero tengo que reconocer que era muy inteligente. Aprendió el idioma mucho más fácil que los chicos del seminario, por supuesto sin el ambiente religioso que asfixiaba, imponía opiniones y te hacía sentir mal todo el tiempo. Recuerdo que la primera pregunta de los maestros cada lunes era si habíamos asistido a la primera misa de domingo, o con qué frecuencia ayunábamos. Si no les gustaba nuestra respuesta el regaño era público. Era humillante, te sentías mal, pero te callabas porque querías ser sacerdote.

Por eso no me sorprendió encontrarme a mi padrino en los pasillos del seminario y que sin ton ni son empezara a gritarme que cómo se me ocurría ir a casa de Marcos Pérez, que tuviera mucho cuidado de todo lo que me dijera y que más me valdría alejarme de él para siempre. Le contesté que lo hacía por el dinero, aunque responderle así ya era un atrevimiento.

—¿Y para qué? Yo te pago todo: desde que entraste al seminario no has tenido que comprar libros ni sotanas.

—Pero todavía tengo una familia que mantener.

42

—¡Qué terco eres, Porfirio! Indio tenías que ser. Con lo que ganes cuando te ordenes vas a poder mantenerla.

Y me dejó solo en el pasillo ante la mirada de mis compañeros, que me juzgaban en el silencio incómodo del que quería escapar. No sé por qué me imaginé a todos los seminaristas riéndose de mí, señalándome, juzgándome, porque dime, ¿no es parte de la naturaleza humana formarse una opinión sobre el hombre que tenemos a un lado?

Seguí asistiendo a casa de don Marcos, más por los centavos que por otra cosa. Por supuesto sabía quién era en realidad, o más bien qué oficio ejercía. Por eso no me sorprendió, una mañana que llegué al despacho, encontrarlo leyendo un tratado de Derecho.

—Ah, Porfirio. ¡Qué bueno que llegas! Te quería preguntar si me acompañas esta noche al Instituto de Ciencias y Artes. Van a dar unos premios de fin de curso y me gustaría que conocieras algo más que el seminario. ¿Qué dices? ¿Te animas?

—Claro que sí, don Marcos— respondí titubeante.

Yo sabía muy bien lo que mi padrino pensaba de ese lugar y hasta lo que mi padre había llegado a decir de él, pero no quise contrariar a don Marcos. Me caía bien y era un buen patrón. Además, pagaba a tiempo, y a veces hasta me dejaba unas monedas más.

Así que pedí una levita prestada y fui hasta la casa de don Marcos.

La noche estaba despejada, no hacía frío. Levanté la vista ante un edificio de piedra de dos pisos, decorado con ventanas a todo lo largo. Al entrar te encontrabas con un patio amplio rodeado de columnas largas y una escalinata que te llevaba al segundo piso. Vi a maestros y alumnos platicando como iguales; se sentía un ambiente de cordialidad. Aquel lugar estaba lleno de luz, y no sólo por las lámparas que colgaban del techo: uno podía respirar, ser uno, opinar sin miedo.

Al terminar la ceremonia, don Marcos se volvió hacia mí y dijo:

—Porfirio, quiero que conozcas al licenciado Juárez, gobernador de Oaxaca.

Y saludé, por primera vez, al zapoteco.

Capítulo V

Durante varias horas permanecí mirando al techo. No me importaban las estrellas ni los estudios; por mí, se hubiera caído la luna sobre Oaxaca y tal vez eso hubiera resuelto mis problemas. Más de una vez intenté dominar el miedo que crecía dentro de mí y fui hasta la habitación de mamá, pero me quedaba en la puerta, mientras la noche aceleraba su paso. Apenas sabía qué le iba a decir; por un lado, quería contarle todo lo que había en mi corazón, pero al hacerlo tendría que lastimarla como nunca lo había hecho.

Ahora entiendo por qué una cosa es disparar un fusil y otra enfrentar la vida y asumir lo que uno siente. La verdad tiene una naturaleza extraña; te llena, te quita los suspiros y en el momento más incómodo sale por tu boca.

—Mamá, lo he pensado mucho y ya no quiero ser sacerdote.

El silencio se hizo en la mesa, Manuela y Nicolasa enmudecieron, ni siquiera Delfina se atrevió a hacer ruido. Mamá dejó a un lado sus tortillas y se mantuvo cabizbaja.

—¿Sabes lo que eso significa, Porfirio?

—Mamá, yo…

—No, Porfirio. Piensa en la capellanía que te prometió tu padrino, en los centavos que vas a ganar para la familia, en el futuro que estás dejando ir por una tontería.

Tragué en seco.

—Lo he pensado muy bien y yo creo…

—Yo no quería creer lo que José Agustín andaba diciendo por ahí, que ese Marcos Pérez te iba convencer de alguna tontería. Me decía: Porfirio es muy inteligente, no va a caer en cualquier juego que le pongan enfrente porque la imagen de su difunto padre, que Dios tenga en su gloria, está primero.

—Mamá…

—Eres un perdido, Porfirio. Apúrate, que otra vez se te va a hacer tarde para tu clase. Cuando hayas pensado bien lo que quieres hacer, hablamos.

Me levanté de la mesa sin haber desayunado. No fui al seminario ni a casa de don Marcos, tampoco al taller de carpintería. Vagué por las calles de la ciudad. Había lastimado a mi madre. Yo sabía que estaría en casa llorando frente a su altar para que yo siguiera el camino correcto, y me pregunté cuál sería ése. Oaxaca era mi mundo; en aquel tiempo pensaba que nunca saldría de ahí y el sacerdocio era una carrera, una oportunidad de destacar en sociedad y salir de la pobreza. Le había dedicado tantos años y horas de estudio que no valía la pena desperdiciarlos. ¡Carajo! Me enfrenté a una decisión y a la angustia de perderlo todo por una tontería. El seminario era seguridad, pero el Instituto de Ciencias y Artes felicidad.

Deambulé hasta Santo Domingo y caminé dentro de la iglesia; la inseguridad y las dudas se confundían con los rezos en mi mente. Soy escéptico de la magia del padrenuestro, pues no suele ofrecer consuelo.

Dejé atrás los altares dorados y caminé de regreso a casa. El silencio asemejaba la ciudad a un cementerio. Mis hermanas estaban en la entrada, Delfina sentada en un rincón. Me veían enojadas y no quise compartirles mi decisión final. Parecía como si el atardecer se me hubiera metido en la garganta y me arrebatara las palabras, me apretara la conciencia. Entré al cuarto de mi madre y la encontré arrodillada frente a una vela; sus santos se habían ahumado. Aquello era una oscuridad terrible. Ella me vio y se levantó, se secó las lágrimas con el rebozo y me atravesó con la mirada. ¡Qué fuerza tenía la vieja para derrotarme sin palabras!

—Mamá.

—Ya te lo dije, Porfirio, eres un perdido. Estás rechazando un regalo de Dios y eso quedará en tu conciencia.

—No, mamá. Yo voy a hacer lo que usted me pida. Voy a terminar la carrera de sacerdote y voy a darle lo que gane en la capellanía. Todo va a ser para usted.

—Tú no vas a hacer nada que no quieras, faltaba más. Si naciste es para vivir por ti, no para hacer la voluntad de otros que también tienen su vida para hacer lo que les plazca. ¿Me oíste?

—¿De verdad lo dice?

—¿Y cómo no lo voy a decir?

Fue hasta su cajón y sacó un pañuelo; era el mismo que había visto la noche que mamá anunció que nos iríamos del Mesón de la Soledad. Me lo entregó y lo desdoblé. Saqué su rosario de madera —éste que ahora tengo en mis dedos— y algunos billetes.

—Eso lo dejó tu padre cuando murió y yo lo estuve guardando para una emergencia —continuó—. Tómalo, es tuyo. Los billetes te van a ayudar para entrar al instituto ese y el rosario a que no se te olvide tu vocación.

—Gracias, mamá —la tomé de los hombros y le di un beso en la mejilla; todavía lloraba. Estaba por salir cuando volví a escuchar mi nombre.

—Porfirio...

—Dígame, mamá.

—¿Ya pensaste lo que le vas a decir a tu padrino?

—Luego me apalabro con él.

Su sonrisa fue tímida, volvió a secarse las mejillas.

—Anda, ve a hablar con tus hermanas y no te preocupes más por esto, seré yo quien hable con él. Se vienen tiempos muy duros, pero vamos a salir adelante como siempre lo hemos hecho.

Asentí y volví al patio. La noche había caído y la luna brillaba alto. Sin luz eléctrica, el firmamento de Oaxaca era un casco lleno de diamantes, una tela de fieltro fino que adoraban los mixtecos desde tiempos inmemoriales. Levanté el rostro y respiré, al fin, tranquilo.

Al día siguiente fui al seminario, pero me quedé afuera del edificio. Los estudiantes entraban vestidos de sotana y con libros bajo el brazo. En cuanto vi a Justo, lo tomé del brazo y lo aparté de la calle principal.

—¿Qué pasa, Porfirio? Voy tarde.

—No te va a pasar nada si faltas a una clase.

Me hizo caso. Lo llevé al mercado y le invité un mezcal. Entonces le conté todo lo que había pasado en mi casa en los últimos días. Recuerdo sus ojos grandes y su frente amplia. Se le notaba la preocupación en la mirada.

—Porfirio, entonces, ¿qué vas a hacer?

—¡Justo! ¿No me estás oyendo? ¡Me voy del seminario!

—Ya me imagino el grito en el cielo que va a pegar tu padrino —respondió, y vaya si tenía razón.

¿Alguna vez has escuchado la frase de pueblo chico, infierno grande? En una ciudad pequeña como Oaxaca cualquier rumor, por más pequeño que fuera, se extendía como el fuego. Puede ser que Justo le haya contado a otro, o tal vez algún seminarista nos escuchó, el caso es que en cuestión de horas mi padrino ya sabía que había abandonado el sacerdocio y fue directamente a mi casa. Sé que mamá pidió a mis hermanas que la dejaran sola, y ellas se llevaron a Delfina por un helado. Entonces mamá y mi padrino hablaron en la cocina. Seguramente discutieron. Me imagino los golpes en la mesa y hasta los insultos. Papá sería un tema de conversación. Ya sabes cómo son los curas, siempre dispuestos a juzgar a sus feligreses y a condenarlos a los círculos que describió Dante.

Esa noche, cuando volví a casa, vi a mi madre con su falda de tela de cuadros y un huipil de algodón blanco bordado en el escote; me acuerdo de su rebozo negro sobre los hombros. Había juntado todos mis libros y los amarraba con un mecate. Ella me vio y siguió con su faena.

—¿Qué pasó, amá?

—Ay, Porfirio. ¿Qué iba a pasar? Vino tu padrino y dijo que te habías prostituido a los liberales y que eras un perdido. Te retiró las promesas que te había hecho. Me dijo que te olvides de todos sus apoyos y que le regreses los libros que te prestó. Anda, ve, sigue tus sueños y haz lo que quieras; si fracasas aprende, y si triunfas no olvides que yo fui la primera que te apoyó, que para eso soy tu madre y te llevé en mis entrañas.

E hice honor a sus palabras. A la mañana siguiente me levanté siendo un hombre nuevo, sin las ataduras de una vocación impropia.

Llegó diciembre y el Chato vino de visita a platicarnos sus anécdotas del Colegio Militar y de su maestro Miguel Miramón. Fueron mis últimas visitas al taller de carpintería, y lo poco que me quedó lo gasté en una cena para conmemorar a la Virgen de la Soledad, una cena pobre pero que nos permitió estar juntos a toda la familia Díaz a la misma mesa, todos los hermanos, rodeados de velas y un pollito con mole.

Poco después, Félix volvió al Colegio Militar.

A partir de 1850 cambió mi vida. Terminé de convertirme en adulto y decidí usar el bigote como señal de hombría. En febrero me inscribí en el Instituto de Ciencias y Artes e inicié la carrera de Derecho. Mi relación con los profesores y compañeros de clase era muy agradable; se desarrollaba en un ambiente que te invitaba a pensar y cuestionarlo todo. Discutíamos la naturaleza del Derecho, la presidencia de Antonio López de Santa Anna y la relación entre la Iglesia mexicana y el supremo gobierno. Todas las opiniones se recibían con mente abierta. Por eso odié aún más los recuerdos del seminario.

Pero la felicidad era aparente y no me permitió entender la situación de mi familia. Sin el apoyo de José Agustín y los centavos que yo ganaba en el taller de madera, las deudas acabaron con nuestros ahorros. Mamá no quiso decírmelo hasta que no pudimos mantener el Toronjo y tuvo que venderlo en dos partes. Ella y Nicolasa se fueron a una casa más pequeña, mientras que Manuela se casó con un hombre de bien y se fue a vivir con él, acompañada de Delfina; mas enviudó pronto y regresó al hogar materno.

Aunque yo acompañé a mamá, no sería por mucho tiempo. Mi presencia le era gravosa. Mis hermanas volvieron a la venta de rebozos y yo decidí aprender otro oficio.

Recuerdo que al salir de una de mis clases, caminé hasta un local que estaba cercano. Me llegó un olor penetrante a cuero y pegamento. Recorrí aquel espacio con sumo interés. Cuando estaba por salir me encontré a un hombre robusto de grandes barbas.

—¿En qué te puedo ayudar, muchacho?

Yo iba al instituto de levita llevando un par de libros bajo el brazo, y así no daba la apariencia de ser tan pobre. Tal vez pensaba que yo era un catrín que necesitaba de sus servicios.

—Disculpe, señor, me llamo Porfirio Díaz y estudio en el instituto que está a la vuelta. Ya no se ha de acordar de mí. Perdone mi atrevimiento pero, verá usted, mi familia no está en la mejor posición económica y me gustaría aprender otro oficio. Usted me entiende.

Don Nicolás Arpides me miró de arriba abajo, en un silencio en el que me imaginaba que su mente trabajaba como una máquina de vapor.

—Sí, te recuerdo. ¿Vas a ser responsable con esta profesión, a seguir con la encomienda y a trabajar muy duro hasta que hayas aprendido el oficio de zapatero?

—Claro que sí, señor.

Sellamos el pacto con un apretón de manos, y al día siguiente me presenté a trabajar. Don Nicolás me permitía ganar algo de dinero con el trabajo que yo realizaba y, ya entrados en confianza, hasta me pudo fiar un poco de cuero con el que confeccioné botines para cada miembro de la familia Díaz. Tú no entenderás lo que te digo, Carmelita, pero cuando la pobreza entra por la ventana los zapatos dejan de ser una necesidad, y luego anda uno con los huaraches rotos de aquí para allá.

Como te habrás de imaginar, el trabajo en la zapatería no fue suficiente para mantener a la familia. Entonces se me ocurrió otra forma de ganar dinero. Fui con unos indios cazadores de Valle Grande y les ofrecí arreglarles sus armas a cambio de unas monedas. No resultó tan complicado: el problema de sus fusiles era la boquilla, así que en menos de una semana las tenían de regreso y funcionando a la perfección. ¿Qué dónde aprendí a arreglar fusiles y mosquetones? Pues cuando estuve en el batallón no sólo marché, me enseñaron otras cosas, como la anatomía de varias armas de uso común. Yo sólo le saqué provecho al conocimiento.

Reconozco que no todo lo que ganaba se lo daba a mi madre; guardé un poco, y con ese ahorro quería comprarme un arma, pero no pude. Al menos no a los veinte años. Cuando la humildad y la pobreza van de la mano, a veces las acompaña la decepción.

Como yo no tenía ganas de dejarme vencer ahorré lo suficiente durante varios meses y luego fui hasta el Portal del Señor, en la Plaza de Armas de Oaxaca. Ahí vendían hierro viejo. Así me pude hacer de un viejo cañón de escopeta y una llave de chispa. Me acuerdo muy bien que tenía problemas con la llave porque era de pistola y apenas me servía. Con lo que había aprendido en el taller de carpintería hice una mala caja para la escopeta.

¡Y vaya que era tonto! Si ya había aprendido el oficio de carpintero, ¿por qué no ejercerlo? Me hice de una herramienta incompleta con la que fabriqué mesas, sillas y otros objetos. ¡Ah, qué tiempos! La nostalgia y los recuerdos, la Oaxaca de épocas menos complicadas.

Con el poco dinero que me quedó me hice de un manual de ejercicios físicos e instalé un pequeño gimnasio en casa. Nada difícil y, sin embargo, tuvo gran relevancia por ser el primero de la ciudad.

Así llené mis ratos de ocio. Cuando no estudiaba en el Instituto de Ciencias y Artes de Oaxaca, trabajaba en esto y lo otro. Pasaron los años mientras aprobaba los exámenes de derecho.

Retomé mi amistad con Justo Benítez cuando me lo encontré en los pasillos del instituto. Ya ordenado sacerdote, lo habían corrido por criticar a la Iglesia católica en un discurso que dio en un acto público.

Justo decidió entonces estudiar la carrera de Derecho.

La masonería en Oaxaca era un secreto a voces. Todos cuchicheábamos por las calles señalando a caballeros respetables y nos preguntábamos si pertenecerían a alguna logia. Por supuesto, la Iglesia no desaprovechaba la oportunidad de atacarlos desde el púlpito diciendo que representaban una filosofía que sólo buscaba la secularización de los pueblos.

En lo personal, me importaba poco lo que discutieran un montón de catrines influyentes a puerta cerrada. Sin embargo, sospechaba que Marcos Pérez estaba con ellos, y lo confirmé cuando me invitó a unirme. Lo pensé poco, no era algo que me interesara pero reconocía su valor para hacerse de contactos políticos. Así, un día esperé a que cayera la noche y me escabullí de casa. Realicé los ritos de iniciación. A la luz de una vela juré los secretos ancestrales y realicé algunas ceremonias que han quedado perdidas a causa del hechizo del tiempo. Cuando terminé había quedado inscrito en la logia del Cristo del Rito Nacional, junto con don Marcos y don Benito. Por muchísimos años fui masón, hasta que el temor de enviar un alma al infierno me obligó a renunciar a la logia.

No le he dicho esto a nadie en cincuenta años; mi sobrenombre masón era "Pelícano".

Pelícano… ahora parece tan lejano.

Después de pasar mi cuarto examen anual de derecho, don Marcos me invitó a trabajar en su bufete jurídico y empecé a manejar algunos asuntos en los juzgados de Zimatlán, Ojatlán y Ejutla. Por lo que hice varios viajes a esas poblaciones para abrir informaciones referentes a negociaciones judiciales, y eso representó mucho más dinero para la familia. Más tarde obtuve un poder del pueblo de Valle Nacional, que fue muy lucrativo porque entonces pagaban viáticos además de honorarios, que eran del doble por tratarse de esa comunidad.

Durante esos años me tocó encontrarme muchas veces con don Benito y nos hicimos muy amigos. Empezó a llamarme el Buen Porfirio, un tanto en broma y un tanto en serio; yo disfrutaba ser amigo del gobernador de Oaxaca.

Un primo de mamá se enteró que estaba haciendo esos pequeños negocios con don Marcos y me buscó en varias ocasiones hasta que un día coincidimos a la mesa.

—Dígame, tío, ¿en qué le puedo ayudar?

—Mira, Porfirio, no sé si sabrás pero tengo algunas casas en el norte de la ciudad, y una de ellas se la rento al coronel Pascual León, pero es tan moroso que me debe varias rentas. Me gustaría que me ayudaras; te pagaría bien, claro. Un buen sueldo y una casa para vivir.

Acepté el encargo y la oferta. Me mudé solo a la nueva casa —aunque nunca dejé de visitar a mamá y a mis hermanas cuando podía—. Al día siguiente, como en muchas ocasiones posteriores, fui a casa de don Pascual León a cobrarle, pero siempre estaba muy ocupado. Su criado me decía que don Pascual estaba revisando unos papeles o atendiendo a unas visitas; insistía en que lo esperara, y que si no regresara otro día.

Entendí, entonces, que esas distracciones estaban planeadas con el fin de que me cansara de esperar y me fuera sin cobrar la renta, pero no le di ese placer.

—Dígale a don Pascual que aquí lo espero hasta que pueda pagarme —respondí un día.

Me senté en el despacho y vi pasar las horas. Hojeaba los libros, caminaba de un lado al otro, miraba por la ventana; cualquier cosa que distrajera el tictac insolente. Nunca dejes que se te vaya el tiempo, Carmelita, porque cuando recuerdes esas horas muertas de ocio no sabrás cómo aguantar el arrepentimiento.

Poco sabía que mi relación con don Pascual me ayudaría a salvar una vida que yo estimaba mucho.

Capítulo VI

Pasé largas jornadas con don Marcos discutiendo la naturaleza de un dictador y la ambición natural del hombre en su lucha por el poder. Eran tiempos complicados; el gobierno de Antonio López de Santa Anna perseguía a sus detractores y a todo aquel que demostrara abiertamente una ideología en contra del poder económico y político que ostentaba la Iglesia católica.

Me reí al enterarme de que Santa Anna se había proclamado "Alteza Serenísima" ante el Congreso, pero entendí la gravedad de aquel acto: estábamos a un paso de la dictadura. Por eso don Marcos mantuvo correspondencia secreta y sediciosa con hombres que pensaban igual que él. Mariano Zavala, José García Goyta, Manuel Ruiz y Pedro Gara fueron sus aliados en la capital en una pequeña conjura contra el gobierno.

Una tarde que visité su casa me llamó en privado a su biblioteca.

—Porfirio, los tiempos son complicados. Tú has visto que cada vez hay más soldados en las calles, y estoy seguro de que los policías nos vigilan. Saben que me traigo algo en contra del dictador.

—Sí, don Marcos, lo he visto —respondí.

—Ya no me será posible acudir a la oficina de correos y quiero pedirte que lo hagas tú. Yo te diré cuándo debes ir y el nombre falso con el que debes buscar las cartas. No sospecharán de un estudiante del instituto.

—No se preocupe, lo haré con gusto.

—¿Sabes lo que arriesgas, Porfirio?

—Sé lo que sucederá con México si dejamos que su Alteza Serenísima permanezca en el poder.

Durante varios días hice lo que me pidió. Iba cada mañana a la oficina de correos, pedía las cartas a nombre de personas ficticias y luego llevaba los sobres a don Marcos. Por supuesto que tenía miedo, a veces hasta me dolía el estómago. El riesgo de que me descubrieran me secaba la boca cada vez que veía a un soldado por la calle, o cuando el dependiente me miraba con desconfianza al preguntar por la correspondencia de distintas personas.

Un día, al dar la vuelta a la esquina hacia la oficina de correos, me quedé frío. Cuando vi la calle llena de soldados comprendí el problema en que me encontraba. Don Marcos había enviado a su cuñado, Remigio Flores, a recoger las cartas y lo habían descubierto. Corrí a casa de don Marcos para avisarle, pero cuando llegué Guadalupe me dijo que la tropa ya se lo había llevado. Volví a casa y esperé lo peor. Tal vez me salvé porque no me consideraban un peligro o a los espías del gobernador se les olvidó anotarme en alguna lista secreta. Esa tarde le conté todo a mamá mientras intentaba hilar la historia en mi cabeza.

Felipe, que se encontraba de visita en la ciudad, respondió que don Marcos se lo tenía bien merecido por intentar un golpe contra el supremo gobierno. Ni siquiera le respondí, aunque reconozco que me hubiera gustado darle un golpe en la nariz. Mejor me fui a mi casa a fraguar un plan.

Esa noche me escabullí en la oscuridad. Entonces no había alumbrado público y cada vez que moría el sol éramos consumidos por el abismo. Las pinceladas de la luna menguante delineaban el borde de las nubes. Llevaba una cuerda al hombro y esperaba que el coraje fuera motivación suficiente para lograr mi hazaña. El corazón se me quería salir del pecho. Estaba tan nervioso que no escuché los amenazantes pasos a mi espalda, pero debí haberlo hecho. Seguí caminando sin advertir el peligro. Pronto emergió ante mí una masa deforme que yo conocía como el Templo de Santo Domingo, y a su lado el convento. Estaba por escalar uno de los muros cuando sentí algo pesado sobre mi hombro.

—¿Quién anda ahí? —pregunté al desconocido.

En los segundos de silencio, tuve miedo.

—Ay, Porfirio. ¿A poco querías subir tú solo?

Sonreí, no pude evitarlo.

—¡Felipe!

—Pos qué otro iba a ser —exclamó—. Y a ver si ya te entra en esa cabezota que ahora me llamo Félix, no Felipe.

El abrazo fue inevitable. En el susurro de la brisa lo puse al tanto de mis planes. No preguntó, me dejó hablar por varios minutos y luego permaneció en silencio. Conocía de sobra que mi hermano apoyaba a Santa Anna y temí que intentara convencerme de volver a casa.

—Pues vamos, no lo vas a hacer solo.

—¿Seguro? —sentí que mi voz se llenaba de incredulidad.

—Empieza a subir antes de que me arrepienta…

El convento de Santo Domingo era una verdadera fortaleza y toda la ciudad sabía que ahí se acuartelaba el primer batallón activo de Oaxaca (hecho que seguramente no alegraba mucho a los frailes).

—¿Lo habrán llevado a la torrecilla? —preguntó Félix.

—Si no está ahí, mañana en la noche lo buscaremos en otra parte del edificio.

Escalar las paredes del convento fue fácil. Cuando la altura de los muros era poca Félix se paraba en mis hombros, luego me echaba la cuerda y me ayudaba a subir. Si el muro era más alto, trabábamos la cuerda en uno de los ángulos del edificio para que quedara asegurada.

¿Te acuerdas cuando estábamos en Oaxaca y te llevé a Santo Domingo, Carmelita? Se decía que muchos habían intentado penetrar los misterios de sus paredes y todos habían fallado.

Llegamos a la puerta del campo y por ahí subimos a la barda de la huerta. A lo lejos se oyó el repique musical de las doce campanadas. Nosotros íbamos muy despacio, revisando cada esquina para que no nos encontráramos con un soldado. Íbamos tanteando el terreno, tratábamos de descubrir bien dónde estábamos. Hasta que Félix se detuvo y se arrodilló con lentitud. Puso el oído al piso y se quedó quieto. Decidí hacer lo mismo y me llegó un canto dedicado a san Pedro.

—Los monjes cantan, seguro estamos sobre la panadería —susurró Félix.

—Estamos jodidos si nos escuchan.

Con mucho cuidado fuimos del techo de la panadería al de la cocina. No temblaba por el frío de la noche, sino por el miedo. Cada paso era una oportunidad de ser descubiertos. Tratábamos de que nuestras pisadas no hicieran ruido, pero la luna nos delataba al mundo. De ahí se nos hizo fácil llegar a la azotea principal, que era la parte más alta del convento. Félix se llevó un dedo a los labios y luego señaló lo que teníamos enfrente. ¡Todo estaba lleno de soldados! Comprendí que mi hermano estaba decepcionado, pero yo no estaba dispuesto a fallar, no después de haber llegado tan lejos.

Escuchamos los pasos; los soldados marchaban hacia nosotros. No teníamos tiempo de saltar. ¡Nos escucharían! Tomé a mi hermano por la solapa del saco y lo empujé hacia el suelo. Yo también me agaché. Aguantamos la respiración y cerramos los ojos. La noche fue la cubierta perfecta, nuestra ropa gris nos ayudó. Los soldados pasaron de largo sin vernos y, una vez que recuperamos el aliento, seguimos adelante.

¡Al fin llegamos a la torrecilla! Al ver el patio de la sacristía comprendí que estábamos muy alto. Ahí cerca encontramos una reja de fierro incrustada en la pared, lo que permitió que pusiéramos los pies en el dintel de la ventana, aunque no por mucho tiempo. Me asomé y vi a don Marcos durmiendo, custodiado por uno de los guardias.

—¿Qué vas a hacer? —susurró mi hermano.

No teníamos mucho tiempo. Arranqué con las uñas un poco de mezcla de la pared y se la arrojé a don Marcos, que se despertó al segundo intento y me vio asomado por la ventana. No se levantó de la cama, sino que empezó a moverse entre las sábanas y su voz ronca brotó de su pecho.

—*Domine quid multiplicati sunt qui tribulant me multi insurguntadversum me paper et pincello opus multi dicuntanimaemeae non estsalusilli in Deo eius.*

Fue suficiente, era todo lo que necesitaba escuchar. Le pedí a mi hermano que nos fuéramos y me siguió. Se veía confundido, pero no podía darle explicaciones en ese momento. Bajamos por el convento y volvimos a la calle.

—¿Qué te dijo don Marcos? —me preguntó Félix de camino a casa.

—Necesita lápiz y papel.

Félix se detuvo y me miró preocupado.

—¿Vas a volver?

—No me tienes que acompañar si no quieres.

Calló, pero sabía la respuesta.

La mañana siguiente quise despejar un poco mi mente y salí de casa a caminar sin dirección. Caminé por Oaxaca con una pregunta en la mente: ¿cómo ayudar a don Marcos? Incluso fui a casa de don

Pascual León para cobrarle, como cada mes, pero no tenía cabeza. Me encerraron en la oficina como siempre y me anduve paseando al compás de las horas. Estaba nervioso, con la mirada perdida, caminando de aquí para allá, hojeando libros y expedientes, como siempre. ¡No sabes qué impotencia sentía! Como si quisieras llorar y no pudieras.

Pues entre tantos ires y venires en aquel despacho, la suerte me sonrió de la forma más inesperada. En uno de los expedientes encontré el nombre de Marcos Pérez, con todas las declaraciones de sus cómplices. Comprendí que don Pascual León era el fiscal del caso. Mi corazón se aceleró, dejé de sentir la vida en los dedos y me invadió el miedo.

Tomé varias hojas, mojé la pluma en el papel y empecé a transcribir todo lo que había en el archivo. ¿Cuánto tiempo tenía? Don Pascual era impredecible, en cualquier momento podía entrar y descubrirme en el acto. Cada ruido o crujido de los muebles me hacía saltar. Por suerte, aquel piso era de madera y a lo lejos escuché los pasos que se acercaban. ¡Yo no había terminado! "¡Apúrate, Porfirio! ¡Te van a descubrir!", pensé. Escribí lo más rápido que pude, y cuando don Pascual entró a su despacho yo ya estaba lejos del escritorio. Sin embargo, se dirigió hasta él con el bigote despeinado. Vio todos los expedientes fuera de su lugar y me dirigió una mirada dura.

—¡Ay, Porfirio! Esto está muy mal, pero muy mal.

—¿Qué pasa, don Pascual?

—¿Estás viendo y no ves? Este escritorio mío que es prueba de algo.

—¿De qué, don Pascual? —pregunté inocentemente.

—Que el mozo que me atiende nada más se hace menso cuando le digo que limpie mi despacho, pero ya luego hablaré con él. Déjame pagarte para que vayas a tu casa antes de que anochezca, se ve que hoy habrá tormenta.

Acepté el pago de la renta y volví a casa. Le enseñé el expediente al Chato. Acordamos que lo mejor sería darlo a conocer a don Marcos y a sus defensores, por lo que a la noche siguiente, con tormenta y todo, llegamos otra vez hasta lo más alto de Santo Domingo. Me asomé por la ventana e hice ruidos para llamar su atención, por suerte se confundieron con la lluvia golpeando contra la piedra. Mi rostro goteaba frío.

Don Marcos se levantó. Se puso la camisa y las botas y caminó en círculos. Saqué el papel y la tinta de mi levita y se los aventé por la ventana, junto con las cuartillas que había transcrito. De inmediato escondió todo, al tiempo que se acercaba un soldado. Éste se le quedó viendo a la ventana donde yo estaba y luego revisó el cuarto con mucho detenimiento. Pensé que nos habían descubierto, me sentí perdido.

Recuerdo bien que el guardia respiró, mojó sus labios morenos y le dijo a don Marcos:

—Acuéstese, no se vaya a enfermar. Hay muchos enfermos de cólera y usted puede ser el siguiente.

La noche me había salvado, el guardia no me había visto. Rápido me alejé de ahí, y si crees que es fácil escalar y bajar por esos muros, mientras la piedra se encuentra húmeda, estás muy equivocada.

Pocos días después me enteré, por medio de un chisme entre profesores del instituto, que don Marcos había enfermado; pensaban que era cólera y me preocupé muchísimo. Esa noche soñé con la muerte de mi padre, el aroma a incienso, el encierro, los cuadros de santos, el traje monacal en el que murió, las lágrimas de mi madre y los gemidos de mis hermanos, pero el cuerpo de la cama, el cadáver pálido y pusilánime no era el de José de la Cruz, sino el de Marcos Pérez, y la familia que se hundía en la tristeza no era la mía, sino la suya.

Una noche tras otra volvió el mismo sueño terrible. El Chato dijo que se me pasaría, y mi mamá, que con un té de hierbas podía dormir mis sueños.

La tercera y última vez que vi a don Marcos también fue en una noche lluviosa. Esta vez no me acompañó mi hermano; yo solo me escabullí hasta Santo Domingo, escalé los muros y llegué a la torrecilla. Me asomé por la ventana de su celda y lo vi bañándose. Se me hizo raro que a un prisionero le permitieran una tina con agua caliente; seguramente le concedieron ese privilegio para combatir la enfermedad. Apenas se iluminaba la piedra a la luz de una vela vieja. Una vez más le arrojé un papel que contenía información sobre su juicio; don Marcos se dio cuenta, pero al intentar tomarlo volteó la tina y se pegó en la mano, el ruido fue espantoso.

¡Me quedé frío, inmóvil en la lluvia! Escuché los pasos de los soldados en la celda. Ayudaron a don Marcos a levantarse. No descubrieron el papel que, por desgracia, se había echado a perder por el agua de la tina. Ni hacer corajes era bueno, así que volví a casa y dormí acompañado de mis pesadillas y mis fantasmas. Resolví que la mejor manera de ayudar a don Marcos era llevarlo a otro lugar. Así, sin más, me metí a la oficina del señor gobernador y le expliqué que lo mejor sería sacarlo de la torrecilla por su salud. Él aceptó.

Se lo llevaron a un departamento que se llamaba la Rasura. El cuarto donde lo encerraron junto con los otros conspiradores tenía una ventana muy chiquita que daba a un techo de vigas. La primera buena noticia sobre don Marcos me llegó pronto: la enfermedad que tenía no era cólera. La segunda llegó cuando estaba comiendo con mamá y el Chato entró corriendo:

—¡Porfirio! Ya resolvieron el juicio de don Marcos.

—¿Qué le dictaron? —preguntó mi madre.

El Chato se inclinó sobre mi oído y susurró unas palabras. De inmediato me levanté. Dejé el plato a medio terminar y fui hasta mi cuarto. Con unas hojas de papel me hice de un alfabeto escribiendo una letra en cada una, y corrí hasta el edificio que estaba enfrente de la Rasura. Empecé a chiflar hasta que vi, en la ventana de don Marcos, que una cabecita se asomaba. Con ayuda de Félix fui levantando cada uno de los papeles. El resultado del juicio quedó resumido en una palabra:

AMNISTÍA

Recuerdo ese momento de celebración como uno de los más felices de mi juventud. El sol brillaba alto y las gotas de sudor humedecían cada rincón de mi cuerpo. Además, coincidió con mi examen profesional, el cual aprobé satisfactoriamente.

¡Ése era el triunfo sobre las memorias funestas del seminario!

¡Ay, Carmelita! Iba a pagar caro ayudar a don Marcos: perdería la poca estabilidad que había tenido en mi vida.

Capítulo VII

MARCOS PÉREZ consiguió su libertad, pero sabía que lo tenían marcado. Cuando lo vi después de su encierro andaba con las ojeras verdes y los labios partidos. Bajó mucho de peso. Cuando tomaba el vaso de mezcal sus manos temblaban. Comprendí que aquel hombre estaba perdiendo la razón y temí por su seguridad y la mía. Toda Oaxaca se enteró de que yo había ayudado a don Marcos a salir de la cárcel y no quería que tomaran represalias contra mis hermanas, mi madre y Delfinita.

Cuatro meses después de que me dieron el trabajo de bibliotecario en el instituto llegó uno de los profesores con una carta del rector. Abrí el papel y lo leí con detenimiento.

—Para que aprendas a respetar al general Santa Anna —se burló.

Había perdido el empleo.

Me quedé ahí sentado, con un sentimiento de impotencia. Le hubiera gritado hasta de qué se iba a morir, ¿verdad? Seguramente me hubiera sentido mejor. Pero no: me levanté, me ajusté la levita, recogí mis libros y fui a casa de don Marcos. Quería contarle lo que me había pasado y pedir su consejo. Llamé a la puerta y me abrió Guadalupe.

—¡Porfirio! ¿Qué te trae por aquí? —me preguntó.

—Necesito hablar con tu papá.

Guadalupe se hizo a un lado y me hizo pasar a la sala. Me dio un vaso de agua y se sentó frente a mí. Me desviaba la mirada, y por más que le preguntaba por don Marcos él me hablaba de otras cosas.

—¡Guadalupe! —exclamé bastante harto—. ¡De verdad necesito hablar con tu papá!

—No puedes. Lo desterraron a Tehuacán. Desde muy temprano sacó su capa de viaje y se fue con mamá. Lo siento, Porfirio, sé lo que significaba para ti.

Di un golpe en la mesa y salí a la calle. Estaba lleno de furia y así anduve algunos días, pero encontré la calma en mis deberes del despacho. Me sorprendió que llegara una carta del rector del instituto, el doctor Juan Bolaños; quería que diera la cátedra de Derecho Natural. Necesitaba el dinero y acepté.

¿Te digo la verdad? Me costó mucho trabajo pararme frente a un grupo de jóvenes y explicar la materia. Nunca he sido bueno para hablar en público, siempre veo las caras juzgándome y la cabeza se me pone en blanco. Las ideas se mezclan entre sí. Cuando abro la boca se atropellan las palabras. Hice lo mejor que pude en dar la cátedra, pero luego me enteré de que mis alumnos pasaban las tardes en la biblioteca para subsanar mis deficiencias. Ahora me causa risa. ¿Qué habrá sido de aquellos jóvenes? ¿Habrán ejercido su carrera? ¿Sobrevivieron a las guerras que ensangrentaron a México?

Estoy tan cansado que se me seca la voz y no puedo parar de toser. Necesito un trago de agua, un momento para descansar. Quiero seguir hablando porque tengo miedo de que si cierro los ojos, nunca más se volverán a abrir.

Antonio López de Santa Anna era un dictador, de eso no había duda. Perseguía liberales por todo el país y por lo mismo el Plan de Ayutla empezó a tomar fuerza en todas las conversaciones que uno escuchaba en Oaxaca.

Hasta mamá, que había odiado a Santa Anna desde que tenía el Mesón de la Soledad, no perdía la oportunidad de mentarle la madre. Claro, a su manera, porque no quería que la escuchara algún soldado y le dieran un golpe como advertencia.

Entonces a Santa Anna se le ocurrió una gran idea, o quiso copiarla de Luis Napoleón de Francia. Haría un plebiscito en todo el país el primero de diciembre para que los mexicanos escogiéramos a un nuevo presidente. La verdadera razón era que el dictador buscaba legitimar su gobierno a través del pueblo.

El mismo día del anuncio de la mentada votación, el rector del instituto pidió a todos los docentes que fueran a votar por Santa Anna.

¿Crees que acepté? ¡Por supuesto que no!

De todas maneras esperé a que llegara el día y fui al Portal del Palacio a ver si había un mitote de armas, porque habían llevado soldados, puesto cañones y todo el aire estaba cargado de tintes políticos. Ahí pusieron una mesa presidida por Ignacio Martínez y Pinillos, que era el nuevo gobernador de Oaxaca.

Anduve rondando hasta que llegó el jefe de la demarcación donde yo vivía, don Serapio Maldonado. Se acercó a la mesa y dijo que daba su voto por todos los varones que vivían en su zona.

Di un paso al frente.

—¡Pido se descuente mi voto! Pertenezco a la demarcación del señor Maldonado y no deseo ejercer mi derecho al voto.

Martínez Pinillos gruñó enojado, pero aceptó.

Un par de horas más tarde apareció el cuerpo académico del instituto para votar a favor de Santa Anna. Cuando terminaron, don Francisco de Enciso, que entonces daba la cátedra de derecho civil, se acercó a mí.

—¿Usted no vota con nosotros, Porfirio? —preguntó en voz alta, con la intención de que los otros profesores lo oyeran.

—La votación es un derecho que libremente puede o no ejercerse. Yo decidí no hacerlo.

Poco le faltó para reírse, pero su sonrisa era burlona.

—Sí, y uno no vota cuando tiene miedo —respondió.

¿Miedo yo? Quise probarme como hombre. Fui hasta la mesa, tomé la pluma y escribí con letra bien grande mi voto por el general Juan Álvarez, jefe de la Revolución de Ayutla contra Antonio López de Santa Anna.

Le eché una mirada de triunfo a don Francisco, luego al gobernador, y me alejé de la plaza. Los soldados no quisieron detenerme, ni tampoco se dio la orden en ese momento. La misma tinta con la que voté por Juan Álvarez firmó mi sentencia, porque le había dado el título de general, que había perdido cuando se levantó contra Santa Anna.

En pocas palabras, votar por alguien que estaba fuera de la ley me ponía también a mí fuera de la ley.

Me enteré horas después, cuando caminando frente a Catedral me encontré a Serapio Maldonado y dijo que tenía orden de arrestarme; y no solamente se la habían dado a él, que era agente de policía, sino a muchos otros.

Fui rápido a casa de don Marcos por las pistolas que escondía en su biblioteca y salí con dirección a mi casa. Cuando pasé por una tienda, un joven tendero salió y me pidió que lo ayudara con una mercancía, pero le dije que no tenía tiempo.

Pronto descubrí que se trataba de un policía más, que corrió tras de mí y estiró su mano para tomar mi brazo. Yo fui más rápido y él prefirió buscar apoyo. De inmediato vi una casa que conocía muy bien; era de un amigo llamado Flavio Maldonado. Toqué a la puerta y tardó en abrir. No tenía tiempo que perder. Me pasó al recibidor.

—¿Te acuerdas que sospechábamos que Serapio Maldonado es policía? Pues tiene órdenes de arrestarme, me están buscando —y antes de que Flavio pudiera responderme llamaron a la puerta. Una voz se identificó como la de Anacleto Montiel, el jefe de la policía. Se me hizo un hueco en el estómago. El miedo es una terrible enfermedad, te llega de golpe y te roba las ideas. Sin decir una palabra me escondí en la habitación contigua y escuché las voces. Anacleto entró a la casa con varios de sus hombres.

—¿Dónde está Porfirio Díaz?

—No está en casa, pero cuando viene lo hace más o menos a esta hora. Si quiere verlo puede esperarlo aquí.

El jefe de policía se volvió a sus hombres.

—Quiero una guardia en ambas esquinas de esta calle y en la casa del tal Porfirio. ¿Me oyeron? Si se escapa, los hago responsables —y salió de la casa. Me quedé solo con Flavio. Le pedí que me prestara a su mozo, a quien mandé a mi casa por una silla, unas pistolas y un par de espadas. Según creo, mi madre lo recibió y le ayudó con mis cosas. Mientras tanto, yo esperé a que cayera la noche, salí a la calle por una entrada lateral y, cobijado por las sombras, salí de la ciudad. Fui a buscar a un hombre llamado Esteban Aragón, que sabía que apoyaba la revuelta de Ayutla. Le dije que nos fuéramos juntos a hacer la revolución. Yo tenía dos pistolas, dos sillas y hasta dos sables. A él le faltaba un caballo, pero se le hizo fácil robárselo a un criado que andaba por ahí.

Marchamos a Ocotlán y Santa Catarina, hasta Ejutla. Reunimos partidarios hasta lograr un ejército de treinta hombres apenas armados. Yo no sabía con qué me iba a encontrar en Teotongo, pues ahí estaba el general Canalizo con cincuenta hombres y venía para atacarnos. Estábamos en desventaja, así que se me ocurrió una idea. Nos escondimos en la cañada y esperamos. Cuando los hombres del general Canalizo llegaron y no nos vieron, se detuvieron a beber agua.

—¡Fuego! —grité.

A mis enemigos les cayó una lluvia de piedras y algunas balas, pero ellos también dispararon. Nuestra gente se asustó. Nos quedamos solos; la pólvora seguía en el ambiente. Esteban Aragón me tomó del brazo y me sacó de ahí. Corrimos a Tlaxiaco y nos fuimos a casa del cura, que yo conocía a través de algunos familiares.

La verdad es que nos metimos en la iglesia a la fuerza y entonces le contamos lo que había pasado en la cañada. El cura no nos quiso recibir porque pensó que tendría problemas, pero nos dejó quedarnos en una casa vacía que tenía por la capilla. Ahí nos escondimos y vimos pasar la tarde, hasta que brilló la luna alto en el cielo. No teníamos ni una triste vela para iluminarnos ni un pinche pan para matar el hambre. Ya bien entrada la noche apareció de nuevo el cura.

—¿Están seguros de que perdieron la batalla? —nos preguntó.

—Bien seguros. Nos quedamos sin parque y sin tropa —respondí.

—Pues acabo de ver al general Canalizo y ellos son los que se dan por perdidos. Miren, muchachos, les voy a ser honesto: no es que no simpatice con su causa, pero me da mucho pendiente tenerlos aquí escondidos. Les voy a pedir que se vayan esta noche, lo siento mucho.

—No diga más —le respondió Esteban Aragón—. Sé muy bien qué podemos hacer.

Una vez más, haciendo de la noche nuestro abrigo, nos fuimos a un pueblo cercano llamado Chalcantongo donde nos escondimos unos días, hasta que llegó el mozo de Flavio Maldonado, quien me había buscado en todos los pueblos de la zona. Lo hice pasar a la casa y le serví un vaso con agua. Apenas había recuperado el aliento cuando nos dijo:

—La revolución triunfó, cambiaron al gobernador de Oaxaca y Santa Anna ya se fue del país.

Suspiré aliviado. Mi corazón albergó la esperanza de volver a casa y a la calma, pero el país estaba por vivir una de sus etapas más sangrientas.

Capítulo VIII

¡PORFIRIO! ¿Otra vez lejos de casa? México se ha vuelto un pantano de sangre que respira violencia y consume a sus hijos muertos, como en aquel remoto 1859.

Mamá, entiende que el gobierno de ese maldito cojo me está persiguiendo, dijiste el día que emprendiste la aventura. Desde entonces viví con el corazón entre mis manos y tú clavaste una espina con cada ausencia.

Olvidaste cómo te arrullaba desde la primera noche que te tuve en mis brazos y vi polvo de estrellas en tus ojos. Al fin supe que los temblores, las náuseas y los cuidados de nueve meses eran vida, carne y sangre. Escuché tu llanto, temblabas de frío. Eras pequeño, la viva imagen de la inocencia. ¿Cómo imaginar que tu destino era cambiar tu propio país, o que bajo el brazo llevabas una espada que traspasaría mi corazón?

Ahora tengo un hoyo en el pecho y la boca me sabe a tabaco. Bajo mi piel etérea crecen telarañas que me empolvan la mirada. Esta masa que llevo en los dedos ya no late, pero recuerda todos los dolores que sintió cada vez que te decía: ya no te busques problemas, Porfirio; otra vez te quiere arrestar el gobernador, Porfirio, o a ver cuándo regresas de Tehuantepec, que me tienes muy abandonada, Porfirio.

Ahora veme a los ojos, atrévete a ver tu pasado. ¿Tú crees que puedes esconderte de mí en este lecho? Tus muertos hemos venido a juzgarte, somos pedazos de tu locura y dejos de tu rencor.

¡Te estoy diciendo que me mires a los ojos!

Ahora respóndeme con sinceridad, quiero la verdadera razón por la que pasabas tanto tiempo en Tehuantepec. ¿Huías de los conservadores de Oaxaca que querían acabar contigo o escapaste de la tranquilidad familiar que te daba estar a mi lado? ¿Perseguías faldas o aventuras? ¿Acaso te sentías embriagado de juventud? ¿Luchabas por ti o peleabas por México? Ahora callas, pero hace sesenta años yo lo hacía mientras me contabas de los balazos, los juchitecos y de ella, la didjazá, la eterna Juana Catalina Romero, orquídea sangrienta que sobrevivió a las guerras.

A salto de mata partiste a la aventura. Un día de elecciones no llegaste cenar y volaste como nahual convertido en águila. Supe de ti por chismes que alimentaban la preocupación que sentía; los hilé con una aguja de plata y los usé para pegar los pedazos de mi corazón herido.

Me quedé tejiendo la noche; las horas fueron estambre, la preocupación se aferró a cada parte de mí como una enredadera enferma que infecta de miedos y pesadillas el alma. Ahora veme. ¡Mírame a los ojos! Mi carne es verde y mis pulmones negros. Di la vida entera por ti y volaste del nido. ¡Atrévete a vernos a los ojos! Tus muertos, tus fantasmas, tus arrepentimientos. Confiesa tus pecados y serás libre. Quizás no tengas otra oportunidad de hacerlo.

¿De qué me sirve ser la madre del salvador si el salvador no se acuerda de su propia madre?

Capítulo IX

Cuando mamá quería celebrar algo, organizaba una comilona familiar. Desde muy temprano se encerraba en la cocina durante horas, porque tú bien sabes que la alquimia de la gastronomía mexicana lleva el tiempo como ingrediente principal, al menos si quieres conseguir la sazón correcta.

Con frecuencia preparaba mole, espeso, dulce y salado, profundamente oaxaqueño y el complemento perfecto para las tortillas que hacía Manuela. ¡Ah, pero a veces cocinaba lo que a mí más me gustaba! Era imposible ocultarlo; el contacto de la masa de maíz con el fogón despertaba cada uno de mis sentidos, al igual que el aroma de los frijoles machacados y el chorizo frito en la manteca. Para completar la tlayuda le ponía tasajo, queso fresco, aguacate en rebanadas; también cebolla, jitomate y lechuga picada.

Era octubre de 1855. Yo llegué a eso del mediodía con la camisa empapada en sudor amarillo, los pantalones llenos de tierra y un machete al cinto. Mi bigote era un aguacero sin forma. Me imagino la de alimañas que llevaba conmigo; de suerte no regresé con una infección en el estómago. Así que mis hermanas me llevaron a un cuarto vacío para que me bañara con el agua que habían hervido en sus ollas. No hubo manera de salvar mi ropa, estaba llena de hoyos, y a uno de mis botines le faltaba una suela. Donaron lo que pudieron y el resto lo quemaron en el patio.

No sabes el gusto que me dio volver a sentir una camisa limpia sobre mi piel, calzones y unos pantalones negros; volver a escuchar el viento de Oaxaca y los pregones de las inditas que vendían dulces en las calles. A lo lejos escuché las campanadas que anunciaban la siguiente misa, al tiempo que una figura conocida entraba por el portón.

—¡Justo! Qué bueno que llegas —dije mientras corría a su encuentro y le daba un abrazo.

—El criado de Maldonado me dijo que hoy regresabas. ¿Cómo estás, Porfirio?

—Molido y hambriento. ¿Recibiste mis letras?

Su boca sonrió en un arco amplio y susurró:

—No necesitabas pedírmelo en una carta, siempre velaré por tu madre y tus hermanas.

No pudimos seguir con nuestra plática. Mamá había salido de la cocina para saludar a Justo. Lo invitó a quedarse y mi amigo rechazó un par de veces antes de aceptar. Nos sentamos a la mesa, rodeados de cazuelas y cucharones, aromas deliciosos y especias ancestrales. Nicolasa tomó un momento para agradecer a Dios que me hubiera regresado con bien. El único ausente era el Chato, pero, como me dijeron horas después, había mandado una carta para informar que se sentía contrariado porque un hermano suyo luchara contra el general Santa Anna.

¡El general Santa Anna! ¡Por favor! Imagínate que nos burlábamos de él porque había perdido la pierna hacía mucho tiempo cuando defendía el puerto de Veracruz de los franceses por la deuda de unos pasteles; el Quince Uñas le decíamos. También nos reíamos de él por la vez que se había proclamado Alteza Serenísima frente al pueblo. Lo bueno es que había tomado un barco directito a la chingada después de su derrocamiento. Perdona la palabra, Carmelita, pero a veces no me puedo controlar.

Tal vez el primer trueno de la tormenta que habría de cubrir a México se escuchó cuando Juan Álvarez, que había llegado a la presidencia después de la caída de Santa Anna, se aburrió del poder y se fue a vivir a Cuernavaca. Entonces el Congreso dejó al país en manos de Ignacio Comonfort. Éste era medio tibio y puso a sus amigos liberales en su gabinete. Las leyes empezaron a sonar de aquí p'allá. Alguna vez escuché a mamá mencionar lo que esos diablos estaban haciendo en el Congreso y me reí sin darle la razón.

A ver si me acuerdo de algunas de esas leyes: Miguel Lerdo de Tejada propuso que las propiedades de la Iglesia católica se vendieran a particulares para que el clero no amasara terrenos en "manos muertas"; José María Iglesias sugirió que los pobres sólo pagaran los aranceles parroquiales que pudieran cubrir, y si algún cura les exigía más dinero fuera castigado, y Benito Juárez pidió que se eliminara el fuero de los ministros, o sea, que ahora sí los pudieran procesar si cometían algún delito. Y tú bien sabes que los clérigos mexicanos siempre han sido (y serán) sepulcros blanqueados.

Por las calles de Oaxaca, en su trazado colonial, marcharon los seminaristas y los ministros que alguna vez fueron mis maestros. Sus gritos y sus panfletos repetían la misma frase una y otra vez: "¡Religión y fueros! ¡Religión y fueros!". Hasta Félix la usó al terminar una de sus cartas porque, según dijo su maestro Miguel Miramón, era importante defender la fe de un país católico.

Todavía me acuerdo de esas voces que llegaban desde la calle hasta la casa. ¡Religión y fueros! ¡Religión y fueros!

Entretanto, yo cumplí con ir a ver al gobernador José María García. Me recibió en su oficina, me hizo sentar y me pidió que le contara lo que había hecho en la Revolución de Ayutla. Lo hice, y también le conté cómo ayudé a don Marcos a salir de la cárcel, la votación, mi huida de la ciudad y hasta la balacera en la cascada. Él escuchó atentamente cada detalle de mi historia. Cuando terminó me dijo que la patria estaba muy agradecida por mis servicios y que me ofrecía la jefatura política de Ixtlán. Dejé a un lado la carrera de Derecho, se me olvidó recibirme de abogado, empaqué todas mis cosas y me fui de Oaxaca una vez más. Mamá no tomó muy bien que anduviera otra vez a salto de mata, arriesgando la vida con un fusil al hombro y, tosiendo, me dijo que ya me serenara, que me iba a pasar algo. ¡Sabia mujer!

Yo la tomé de los hombros, le di un beso en la frente y sólo le dije que ya dejara de fumar. No quería discutir con ella. Como siempre, apretó los labios y volvió a la cocina a refunfuñar un rato. ¿Qué más podía hacer yo? Me sentía lleno de vida, mi deseo de seguir descubriendo el mundo no me permitía quedarme en un solo lugar. Una tarde lluviosa me fui a Ixtlán con nada más que un taco de chapulines fritos en el estómago.

Lo primero que hice al llegar fue rentar un cuarto. Era pequeño. Apenas tenía una cama, una mesita y una ventana donde aprendí a pasar las horas contando estrellas y recuerdos de mi infancia. Esa primera noche la pasé recostado en la cama, sin haber cenado. Había estado solo muchas veces, pero fue en ese momento cuando sentí por primera vez la soledad. Tuve dudas, por supuesto. ¿Qué hombre no las tuvo? Dicen que hasta el mismo Jesucristo dudó en el huerto de Getsemaní.

Me levanté al alba. La señora a la que le rentaba el cuarto me hizo un desayuno rápido y me fui a entrevistar con el gobernador de aquella región, don Nicolás Fernández y Muedra. Le expliqué de forma muy clara cuál era mi nombramiento de jefe político de Ixtlán y le pedí su permiso para organizar un pequeño ejército entre los hombres de la región, pero me cortó.

—No siga, Díaz. No le voy a dar el permiso. La gente de aquí no es apta para empuñar un arma, mucho menos para formar parte de un ejército. Invéntese otra cosa para pasar el tiempo en Ixtlán.

Pretextó que tenía que hacer no sé cuántas encomiendas y me sacó a la calle. Sí, hice mis corajes y todo, pero a final de cuentas quería hacer mi ejército para que toda la región aprendiera a defenderse.

Pensé cómo podía salirme con la mía. Caminé por toda la región y me encontré a una mujer puramente zapoteca, descalza, con un atuendo que sería sinónimo de la humildad. Un simple lienzo le cubría las piernas como si fuera su enagua, mientras que un huipil adornaba su pecho. Llevaba el pelo recogido y una corona de flores de lima. Al encontrarse conmigo, bajó la cabeza. Me miraba de reojo, sus mejillas se tornaban rojas.

En un principio me pareció tierno que aquella adolescente estuviera tan encantada por mi figura. El destino quiso que la encontrara en el mercado y la plaza en muchas ocasiones. Una tarde me acerqué a ella.

—Hola —le dije.

—Shinuushou —respondió ella.

No hablaba español; sus labios delgados sólo conocían el zapoteco, y en zapoteco la enamoré. La comparé con el canto de los grillos y las formas suaves de Monte Albán. Sus ojos negros se encontraron con los míos; y una noche me la llevé al bosque. La sentí temblar en mis brazos, dejé que mis dedos la despojaran de su rebozo, acariciaran las líneas de su espalda. Su boquita me pareció dulce, inexperta, y me adentré en ella con la pasión de un ocelote. No era la primera vez que intimaba con una mujer, pero sí es la que recuerdo.

Petrona Esteva era su nombre, su piel morena y sus ojos negros. Sus pechos, pequeños y duros como los montes de Oaxaca, sus pezones dos círculos oscuros que decoraban su piel en una perfección deliciosa. Ella se quedó así, quietecita, mientras la despojaba de cualquier tela que pudiera cubrir su piel. La tomé de las caderas, acaricié su ombligo con los pulgares y bajé hasta donde nacía el vello que dividía sus piernas.

La luna quedó oscurecida, la humedad salía de nuestros cuerpos, de la tierra y del cielo. La pasión tiene la capacidad de alterar el tiempo, y lo que podría ser segundos, para los amantes puede durar horas; así los besos se alargan, las caricias se sienten por siglos y, antes de que te des cuenta, hay dos cuerpos desnudos envueltos en la profundidad de la noche. El rayo anunció lo que segundos más tarde confirmaría el trueno: sobre nosotros cayó una cascada de lluvia que Petrona quiso evitar, mas no pudo buscar refugio. La tomé del brazo y la atraje hacia mí, la abracé con fuerza, la hice mía.

—Sólo déjate —susurré en su idioma, y entré hasta lo más profundo de su ser.

Éramos la forma más deliciosa de pecar, de compenetrarnos como seres humanos y sentir, gozar, cada uno con la espalda arqueada, entregado al éxtasis de la carne. Los rayos delineaban la textura de su piel mojada, morena y suave, de sus nalgas firmes y sus muslos delgados. La misma lluvia había lavado la sangre de su virginidad perdida.

Hasta que finalmente llegamos al culmen, a la parte increíble en que los sabios de Oaxaca llaman "la muerte chiquita". ¡Y quién pudiera morirse varias veces al día y volver con más vida que nunca!

Petrona, avergonzada, recogió su ropa húmeda y desapareció en la noche. Yo me quedé disfrutando un poco más de la lluvia y la noche antes de volver a casa.

Pensé que no volvería a ver a Petrona Esteva; supuse que solamente sería una aventura más en mi carrera de seducción, pero me la encontré a la mañana siguiente, dulce, inocente, descalza, y su sonrisa me confirmó que ella también anhelaba volver a sentir mi intimidad desnuda en la noche oculta.

¡No te sonrojes, Carmelita! Sólo recordaba un momento de mi historia y me dejé llevar por la pasión del momento. Intentaré tener más cuidado de ahora en adelante. Déjame retomar la historia de mi jefatura política en Ixtlán.

Bien sabes que en México la política y la religión son capaces de levantar las mismas pasiones violentas de los huracanes que destruyen todo a su paso. Cuando alguno de estos temas es conversación se toma partido irremediablemente. Quienes abrazaron la causa liberal —como yo— decidieron portar alguna prenda roja en su atuendo, que podía ir desde un pedazo de tela hasta una flor. Petrona se hizo trenzas con un listón rojo que presumía por el mercado. Por otro lado, los conservadores, a los que pertenecía el Chato, portaban algo verde.

En fin, la cuestión fue identificar en los colores que usaban los hombres de Ixtlán a los partidarios de la causa liberal, y me acerqué a ellos para invitarlos a un gimnasio improvisado que había montado o a que asistieran a los bailes populares que organizaba. Si algún liberal cometía algún delito menor, me hacía de la vista gorda siempre y cuando accediera a participar en estas actividades. Ya que tuve la atención de esos hombres, los invité a sumarse a un pequeño ejército y cumplí mi cometido. ¿Tú crees que iba a respetar la prohibición que me había hecho el gobernador de la región? Mucho se enojó cuando se enteró de mi desacato. Me di a la tarea de entrenar a esos cien hombres que tenía a mi cargo, con ejercicios físicos a primera hora del día y lecciones sencillas para que aprendieran a disparar sus armas.

Luego recibí un comunicado del general García, que custodiaba la capital del estado. Me informaba de una revuelta que provocaban los conservadores en la ciudad y me pedía que la secundara con mi pequeño ejército. Le respondí que de ninguna manera haría algo semejante. ¡Nomás faltaba que Oaxaca se pasara al bando conservador! Les dije a mis hombres que marcharíamos a la capital. El general García se enteró y el muy cabrón me mandó otra carta donde decía que la bronca se había solucionado, que mejor no me preocupara. ¡Y ahí voy de regreso con todos mis hombres! Cuando llegué a Ixtlán me enteré por un comerciante del mercado que todo seguía patas p'arriba en la capital, así que me dije: si el general García quiere guerra, pos guerra va a tener.

Marché una vez más hacia Oaxaca sin hacer caso de las cartas y los comunicados que me mandaban. Ni los abrí ni los escuché. Al llegar a la ciudad me encerré en el convento de San Agustín, ahí cerquita de la plaza central. A los monjes no les dimos opción más que de quedarse con nosotros. No hizo falta amenazarlos: el miedo que sintieron al ver nuestras armas fue suficiente para que se arrodillaran a los pies de un santo y rezaran por su protección.

Vino por primera vez el general García con todos sus hombres y pidió verme. Subí al techo para gritarle que más le valdría apoyar la causa liberal porque, si no, iba a haber problemas. Él respondió que mejor disolviera mis fuerzas y volviera a Ixtlán, porque yo no tenía nada que ver en los pleitos de Oaxaca. No puedo repetirte lo último que le dije porque fueron palabras fuertes, pero lograron que se fuera. Hubiera querido dispararle, pero la plaza frente al convento estaba llena de curiosos y entre ellos advertí a Manuela y a Delfina. No quería que mi sobrina llorara por ver a un pelado cobarde con una bala en la espalda.

Armamos tal zafarrancho en Oaxaca que el general García no pudo seguir apoyando a los conservadores. Llegó otra vez galopando al convento de San Agustín y pidió hablar conmigo. Yo salí al techo a preguntarle qué quería y decirle que no iba a aceptar un gobierno que no fuera el de don Benito. Él aceptó. Como quien dice, se rindió sin rendirse, y acepté reunirme con él en el convento de Santo Domingo. Ahí acordamos la paz y seguir la ideología liberal.

El supremo gobierno destituyó al gobernador José María García para entregarle el estado a don Benito Juárez. Don Benito y yo simpatizábamos, existía una relación de respeto mutuo. Por eso fui a verlo a su oficina cuando llegó a la ciudad. Se levantó al verme y me sonrió. Él siempre fue muy serio. Vestía de levita, camisa blanca y corbata de moño; se había peinado de raya en medio. Recuerdo su piel morena, sus ojos rasgados y su voz grave.

—Aquí está el buen Porfirio —fue la primera vez que lo escuché usar esa frase siendo él gobernador. ¡El buen Porfirio!

Yo respondí de inmediato:

—¿Me mandó llamar, don Benito?

—Sí, Porfirio. Primero le quería agradecer la lealtad hacia el movimiento liberal y hacia mí. México necesita más hombres como usted. Además, le quería informar que voy a licenciar a las guardias nacionales de los distritos. Por lo mismo, le revoco la jefatura política de Ixtlán y le otorgo el cargo de teniente en una de las compañías del primer batallón de la Guardia Nacional de Oaxaca, por el que se le dará sueldo de sesenta pesos al mes y mando sobre un regimiento de setecientos hombres.

Se lo agradecí y me retiré de inmediato a Ixtlán. Hice una última visita a Petrona Esteva. La amé en silencio como pocas veces lo hice. Sostuve su carne morena contra la mía y dejé que mis dedos bajaran por la línea de su espalda. Ya no era tímida, no temblaba. Conocí a una niña y despedí a una mujer. Volvió a su pueblo donde, según sé, aún vive con sus hijos y su esposo. No sé si aún me recuerde o si sueñe con la lluvia en que la hice conocer las delicias del pecado.

Un año estuve a cargo de la jefatura de Ixtlán. Entonces me di cuenta de que yo también había cambiado, porque antes de salir del cuarto que tuve alquilado me vi al espejo y descubrí a un hombre.

Era 1856 y los nubarrones de guerra se habían hecho más oscuros. La tormenta de la que te hablé estaba por iniciar.

Capítulo X

CUANDO VOLVÍ A OAXACA estuve unos días en casa de mamá. Nos sentamos a la mesa y les conté cómo organicé a mi ejército en Ixtlán. Mamá escuchó atentamente mientras fumaba uno de sus puros, y Delfina, con los ojos bien abiertos, hacía mil preguntas, desde cómo eran los mercados y la comida, hasta la textura del cuarto que había rentado. Manuela me sorprendió; la encontré pálida, sudaba aunque hiciera frío y despertaba cada vez más tarde por la mañana.

Una tarde, cuando regresaba de visitar al boticario, encontré a Delfina llorando en la calle. La abracé con fuerza.

—No te agüites, tu mamá se va a poner bien con las medicinas.

Era difícil consolarla o contener sus lágrimas infantiles, así que resolví llevarla a conocer el Árbol del Tule, al menos para que se distrajera un poco del dolor que sentía. Mamá estuvo de acuerdo, siempre y cuando me diera el tiempo de pasar a la iglesia del lugar para prender una veladora a la salud de mi hermana. Acepté y, con el amanecer, me llevé a Delfina.

Imagínate su sorpresa al ver un ahuehuete con un tronco de casi quince metros de diámetro, con sus ramas ancestrales, los surcos en la madera y el follaje espeso que coronaba el árbol. Caminamos bajo la inmensa sombra y le compré un agua de Jamaica que vendían para ver si se le calmaba un poco el calor. No platicamos mucho, más bien disfrutábamos de la compañía del otro.

Por la tarde, cumplimos la encomienda de mamá y fuimos a la iglesia. Frente a un altar cubierto con lámina de oro encendimos una vela. Delfina juntó las palmas a la altura del pecho y cerró los ojos con muchísima fuerza. La oí mencionar el nombre de la virgen y de un sinfín de santos que no recordaba desde mis tiempos en el seminario. Cuando ella estuvo lista, volvimos a la ciudad de Oaxaca. Al acercarnos a la casa vimos a mamá fumando en la calle, recargada en una pared. Delfina se detuvo un momento; comprendió la tragedia. Corrió por la calle y entró a la casa.

—¿Mamá...? —quise preguntar, pero no me dejó terminar la pregunta.

—No llegó al mediodía, pero al menos alcanzó a confesarse por todos sus pecados.

En silencio entré a la casa. Atravesé el patio. Entré a la habitación de mi hermana. Los cirios eran la única fuente de luz; habían cerrado las ventanas y pegado estampitas de santos en la pared.

Delfina estaba de rodillas, junto a la cama; en ella descansaba el cuerpo pálido de su madre, ya frío. Tenía los párpados cerrados pero los labios un poco abiertos. El cuello estaba ligeramente inclinado a la derecha, las manos unidas sobre su regazo. Vestía de negro, descalza, peinada en trenza. Lloré. Sí, lloré. Recordé de golpe todas las veces que habíamos jugado en el Toronjo, las que me había sentado junto a ella mientras tejía rebozos.

Me hice cargo de los gastos funerarios. Cuando la vi por última vez ya empezaba a hincharse y las manos se le habían manchado con moretones negros. Hicimos la procesión usual de Oaxaca: los hombres cargamos el ataúd mientras la comparsa nos acompañaba detrás. Nicolasa y Desideria abrazaron a Delfina. Mamá parecía mantenerse entera, pero sus mejillas estaban húmedas; apretaba el pañuelo en su mano derecha sin usarlo. De ese día recuerdo las nubes de lluvia que no goteaban, los velos negros, el novenario y los murmullos.

Esa noche nos reunimos todos a cenar en familia. No se habló de política ni de los recuerdos que todos teníamos de Manuela. Más bien queríamos discutir cuál sería el destino de Delfina ahora que no tenía a su mamá para cuidarla. Desideria dijo que ella y su esposo no podían hacerse cargo porque no disponían de mucho dinero y ya tenían muchos hijos, y Antonio Tapia sugirió, así al aire, que me acompañara en mis campañas militares. Jugaba, por supuesto, pero mamá no lo entendió así y exclamó de inmediato:

—Ni Dios lo mande, Porfirio ya tiene mucho trabajo. Además, en cualquier chico rato lo mandan al monte y ¿qué va a hacer Delfina por allá?

Lo bueno fue que Nicolasa intervino con rapidez.

—Mi esposo y yo nos podemos hacer cargo de Fina, si ella está de acuerdo.

—Claro que sí, tía —respondió Delfina, y ése fue el fin de la discusión.

Continuamos en aquel silencio incómodo llamado luto porque sabíamos que mamá había perdido a su mejor amiga, pero ninguno de nosotros sabía cómo darle el pésame. Ella se quedó fumando hasta que llegó la hora de que todos se fueran a dormir.

Como ya me era costumbre, y lo fue por muchos años, me levanté antes de que saliera el sol. Me senté en el patio a reflexionar sobre mi vida. Sólo una manta me protegía del frío. Entonces vi una figura salir.

—¡Chato! Espérate...

Se detuvo y me miró.

—¿Qué quieres, Porfirio?

—Pues que te despidas ¿o qué?, ¿no somos hermanos?

—Ya te lo dije en mis cartas, no puedo ser hermano de alguien que atente contra la ideología que tenemos en México. Somos un país católico y parece que a los liberales como que se les ha olvidado.

—No se nos olvida, Chato, pero las cosas así como las dices están mal. Deberías entender por qué estamos luchando.

Y mi hermano suspiró, tragó saliva y declaró:

—A ti te entiendo, porque seguramente no te la pasaste bien en el seminario y como que quieres vengarte de los curas, pero no es así. Sólo el partido conservador puede mantener los ideales en los que fue fundado este país.

—¿Estás viendo y no ves?

Su boca se torció en una mueca de burla y sarcasmo; por un momento vi lástima en sus ojos. Me tomó un segundo de la muñeca y exclamó:

—Adiós, Porfirio —y se fue caminando por el empedrado. No se me olvida su espalda alejándose en el amanecer, hasta que se perdió a lo lejos. Pasaría mucho tiempo antes de volvernos a encontrar, y las circunstancias serían diferentes.

Mientras tanto, en la capital del país el Congreso discutía una nueva Constitución. Cada artículo era fuente de polémica inagotable. Se peleaba desde quitar la primera frase —que afirmaba que esas normas se decretaban "en el nombre de Dios todopoderoso, autor y supremo legislador de la sociedad"—, hasta cualquiera que atentara con quitarle privilegios a la Iglesia católica. Las discusiones entre liberales y conservadores se volvieron cada vez más violentas.

Al final se terminó el texto de la Constitución, pero ¿sabes?, era completamente liberal y el clero saltó para condenarla. Dijeron que éramos unos pecadores de lo peor y hasta escuché a mamá decirlo.

—Esos liberales tienen un diablo bien metido por dentro.

—Pero, mamá, soy liberal —le dije un día.

—Sí, pero tú no cuentas porque eres m'ijo. ¿Y sabes quién está peor?

—¿Quién, mamá?

—Esos horribles masones —concluyó, y soltó una bocanada de humo.

No quise sacarla de su error, pero es probable que supiera o al menos intuyera que yo era masón. Mis hermanas y yo siempre dijimos que mamá era medio bruja, porque siempre adivinaba cosas o las predecía; en lo personal sólo pienso que era una mujer muy inteligente que conocía bien a sus hijos. Por eso hablaba de los masones, porque esperaba que yo confesara…, y nunca lo hice.

¡Ah! Si tan sólo lo hubiera hecho. Precisamente es lo que te estaba diciendo hace unas horas. Lo que pesa a esta edad son los hubieras, y todos llegamos a una edad en la que ya no se puede cargar con ellos.

Yo estaba en Oaxaca, pero me enteraba de todo a través de los chismes de los periódicos, y así supe que la nueva Constitución se juraría el 5 de febrero. Valentín Gómez Farías, que era un venerable anciano de setenta y ocho años con el cabello blanco y un saco tan largo como él, fue hasta el Congreso de la capital del país, puso su mano sobre la nueva Constitución y, frente a un crucifijo dorado, la juró por los santos evangelios.

¡Una ley liberal jurada como si fuera conservadora! Lo que querían era apaciguar un poco a la Iglesia católica para que no anduviera jodiendo tanto, pero por más noble que haya sido el gesto de Valentín Gómez Farías de incluir elementos católicos, no impidió que el clero anduviera por ahí diciendo que iban a excomulgar a todos los que apoyáramos la nueva Constitución.

Así estalló la guerra civil, y fueron los conservadores quienes la iniciaron. Como si el país estuviera cubierto de pólvora, las batallas se registraron hasta en los rincones más profundos de la patria, y Oaxaca no sería la excepción. En julio de ese año, el coronel José María Salado, en el municipio de Jamiltepec, decidió que apoyaría a los conservadores. Yo estaba en casa de mamá cuando vinieron a buscarme de parte de don Benito, con la orden de reprimir al coronel Salado. No había tiempo que perder y salí con cien de mis hombres para contraatacarlo.

¡Pero me salió el tiro por la culata! El coronel Salado se me adelantó y me interceptó con setecientos hombres armados con fusiles sin bayoneta, armas de carga y machetes. Y, pues, me dije que ya ni modo. No estaba ahí para correr como un cobarde, el movimiento liberal no necesitaba eso.

Detuve mi caballo y me volví hacia la columna. Los soldados tenían miedo, suponían que iban a morir.

—¡Soldados! Ustedes se han comprometido a defender la bandera mexicana, hagan justicia a ese honor. México está orgulloso de ustedes y de su valentía.

Hubo poco tiempo para decir más. El ardor palpitaba dentro de nuestros corazones y, de un momento a otro, se iniciaron los madrazos. Quedé en medio de una balacera y el golpe incesante de los machetes. Yo tenía una espada en la mano y trataba de dirigir la batalla lo mejor posible, pero el enemigo era numeroso.

Estaba yo dirigiendo a un soldado a la derecha cuando sentí un primer dolor a la izquierda, y luego el ardor de la pólvora quemando mi piel; mi espalda se arqueó hacia atrás y caí sobre el campo. La bala había atravesado aquí, en mi última costilla falsa a la izquierda, cerca de la cresta superior y de los intestinos. Nunca te había contado el por qué de mi cicatriz, ¿verdad?

Cuando uno está en la batalla, siente un fuego interior que lo impulsa a luchar, y uno no puede detenerse por un poco de sangre. Presioné la herida con la mano izquierda y, como pude, volví a la batalla. Eso levantó mucho la moral de la tropa.

Las balas cruzaron por el aire. El coronel Salado quiso acabar conmigo; tomó un machete y corrió hacia mí, que estaba herido y en desventaja. Incluso mató a uno de los soldados cuando se acercaba.

Su frente estaba empapada en sudor. Defendí su primer golpe de machete con mi espada, y cuando intentó hacerlo una segunda vez, una espada le atravesó el pecho y cayó muerto. Así ganamos. Aunque herido, aún estaba vivo y en plena batalla. Nuestras tropas se llenaron de valor. Hubo caos en el ejército enemigo; algunos fueron desarmados y capturados, otros huyeron y se ahogaron en un río cercano. Una curva se dibujó en la comisura de mis labios y mi respiración se agitó. El mundo pareció sacudirse, el piso era un movimiento inconstante.

Escuché una voz que me decía:

—El campo de batalla es nuestro, general Díaz.

Pero ya era muy tarde: la hemorragia en mi costado izquierdo era constante, la lengua se me pegaba al paladar y sufría una peritonitis aguda. Quise tomar del brazo a uno de los soldados que tenía a mi derecha, pero no pude y caí de bruces, inconsciente.

La vida se me iba sin que me diera cuenta o pudiera hacer algo al respecto.

Capítulo XI

Volví en mí sin abrir los ojos. Quedé sumido en la más oscura de las noches siendo consciente de mi propia existencia. Estaba recostado, así como ahora; los latidos del corazón bombeaban dentro de mi pecho como si se tratara de un tambor de guerra, hasta que una punzada en el costado izquierdo me hizo abrir los ojos de golpe. Habían transcurrido alrededor de veinticuatro horas desde la batalla, y me aplicaron una curación para detener la hemorragia. Había mucho movimiento en aquel hospital improvisado; la cabeza me daba vueltas y no alcancé a entender lo que había pasado. Por fin se asomó el cura de la región, don Nicolás Arrona, y se sorprendió de verme despierto. Yo no de verlo a él.

—No me diga que vino usted a ungirme los santos óleos.

—Hoy no, señor Díaz. Pero hay muchos liberales que necesitan el auxilio de este pobre conservador.

—Vaya usted…

—Por cierto. Llamaron a un indio de la región que sabe algo de medicina y curaciones para que le revise esa herida —dijo antes de despedirse.

Pasé el tiempo con los recuerdos de la batalla. Para calmar el dolor me llevaron agua y sopa. La agonía alargaba el tiempo, punzaba con cada latido. Esa tarde vino el indio que había dicho el cura, con la panza inflada y la piel morena. Lo dejé hacer lo necesario para curarme. Él confeccionó un ungüento con ocote, huevo y grasa, y lo untó en mi herida. Pronunció unas palabras misteriosas que no pude entender y me dijo que esperara un día antes de lavarme.

El indio era famoso por sus curaciones, pero no tenía conocimiento de medicina. Es más, también tenía reputación de briago, vicio que lo había llevado a la cárcel en más de una ocasión. La herida se me infectó, se llenó de pus. Comprendí que la muerte estaba cerca. Un sudor frío se me aperlaba en la frente, y mis soldados tomaron la decisión de llevarme a Oaxaca para que me atendiera un médico de carrera (o al menos para que me fuera a morir a la ciudad en la que vi por primera vez la luz).

Estaba yo tan mal que me tuvieron que llevar en camilla. La fiebre nos hizo parar en la hacienda del Pie de la Cuesta, propiedad de un señor que conocía desde hacía años. La fiebre era mucha, constante, dolorosa, y por ella conocí a los fantasmas del Mictlán que hoy me vuelven a atormentar con sus juicios. Porque cuando uno está por conocer lo que hay más allá del velo podrido que cubre esta vida, es juzgado. Es uno mismo quien lo hace: aciertos, errores, hubieras, así como lo hago hoy, narré al vacío mi corta existencia durante horas. Deliré hasta que escuché la voz del médico:

—Si no lo operamos hoy, se nos muere.

Me sujetaron entre varios soldados y me dieron a beber una solución de opio que más o menos me calmó el dolor. Entonces se inició el procedimiento quirúrgico. Si te lo describo, contaminaría tu sueño con imágenes medievales de horrores y vísceras, pero ya te imaginarás cómo se hacía. El médico tuvo que repetir la operación dos o tres veces en busca de la bala, pero no tuvo éxito. Sólo extrajo pus sin lograr sanar la herida. Necesitaba un hospital y emprendimos la marcha hacia Oaxaca.

Tú siempre has estado acostumbrada a lujos sin igual, pero los militares de mediados de siglo pasado sufríamos constantemente estos horrores. Me trasladaron en camilla, en temporada de lluvias y a través de campos pantanosos. Uno de los soldados resbaló y caí sobre mi costado izquierdo. Sentí una explosión de dolor que nacía en el pecho y se iba extendiendo, como un maldito gusano, por el resto del cuerpo. Llegué a la conclusión de que moriría pronto, y mis recuerdos se volvieron rezos constantes para ver si algún santo se apiadaba de mí.

En cuanto llegamos a la ciudad me visitaron mamá y mis hermanas, que ya sabían de mi condición.

—Te dije que no te buscaras más problemas —me regañó Petrona.

Ahí me operaron dos veces. Con la primera no hicieron más que prolongar mi agonía, pero en la segunda terminaron de sacar el pus que tenía dentro de mí y me ayudaron a sanar. No pudieron sacar la bala.

Cuando estuve sano, de vuelta en casa, le escribí una carta larga a don Benito para narrarle todo. Sin embargo, no me respondió; estaba ocupado en otras cosas.

Antes de la batalla que acabo de narrar hubo elecciones en el país y dos liberales contendieron por el cargo de presidente de México, el ya mencionado Miguel Lerdo de Tejada e Ignacio Comonfort. La cosa era más o menos así: se celebraron el último domingo de junio y votaron los hombres mayores de veintiún años si eran solteros, y de dieciocho si eran casados. Yo había ido a votar por Comonfort porque pensaba que tenía carácter y un buen plan de gobierno.

Ganó con una mayoría aplastante de 8,084 votos contra 639 de Miguel Lerdo de Tejada. También nos sorprendió otra noticia: el presidente de la Suprema Corte había sido elegido, y todos en Oaxaca celebramos que fuese alguien de nuestra tierra: don Benito Juárez. Como era de esperarse, mucha gente en la capital no vio con buenos ojos que un indígena zapoteco tuviera un cargo tan importante en el país, como si todavía viviéramos en los tiempos en que uno valía de acuerdo con la casta a la que perteneciera.

Ese primero de diciembre de 1857 Ignacio Comonfort y Benito Juárez tomaron protesta. Todos nos encontrábamos en vilo; recuerda que eran los primeros que gobernaban con la nueva Constitución por la que tanto protestaban los conservadores y que ya había costado la vida a varios cristianos (sin mencionar la bala que yo tenía en el costado). ¿De qué nos sirvió tener a un liberal en el poder? Yo no sé si Ignacio Comonfort era pendejo o nada más se hacía, porque yo desde Oaxaca veía cómo armaba su gabinete con liberales y conservadores. Quería quedar bien con Dios y con el diablo, pero de una forma bastante estúpida porque como que no terminaba de decidirse de qué bando iba a estar.

El 17 del mismo mes estaba en casa de mamá. Conversábamos sobre todo y nada, ora sobre las posadas, ora sobre Delfinita, cuando Justo Benítez llegó con su levita gris y un periódico en las manos.

—¡Porfirio! Tienes que ver esto —dijo mientras caminaba hacia mí. Me levanté y tomé el papel entre mis manos. Lo leí con calma, mientras mamá veía cómo mi rostro cambiaba.

—¡Carajo! Ese Comonfort es un completo imbécil.

—¿Qué pasa, Porfirio?

—Nada, madre. El presidente que se decía liberal firmó un plan en el Palacio de Tacubaya en contra de la nueva Constitución, porque dice que el pueblo no está satisfecho con ella. Que en tres meses va a llamar a un nuevo congreso que haga otras leyes.

—Explícame, que no soy tonta —respondió ella.

—Pues que no pueden volver a hacer una ley que le ha costado tanto dinero y sangre a este país. Ya se lo expliqué el otro día, madre, los curas han abusado por muchos años de este pueblo, y ahora que tenemos la oportunidad de regresarle al pueblo lo que es del pueblo, resulta que el señor Comonfort tiene dudas sobre su ideología liberal. Si quiere ser conservador que sea conservador, si quiere ser liberal, que sea liberal, pero medias tintas no.

Justo Benítez intervino.

—En pocas palabras, está rechazando la Constitución que lo llevó al poder.

—Él mismo se dio un golpe de Estado —concluí.

Dejé el papel sobre la mesa, tomé el bastón de madera que usaba para caminar —pues todavía no me había repuesto de la operación— y fui hasta el centro de la ciudad a ver qué chismes se contaban, pero sólo escuché mentadas de madre al presidente, de liberales y conservadores por igual.

Al fin, ambos bandos nos habíamos puesto de acuerdo en algo: oponernos al gobierno en turno.

La presidencia de Ignacio Comonfort no duró mucho; lo atacaron los liberales y lo abandonaron los conservadores. A don Ignacio no le quedó otra más que renunciar y largarse de la capital. El poder, como era natural, pasó al presidente de la Suprema Corte, y así fue como Benito Juárez llegó a la presidencia.

Los conservadores de Oaxaca, y seguramente los de todo el país, se apuraron a condenarlo por liberal e indio.

Así se inició la guerra.

Por supuesto, uno de los primeros bastiones a derrotar era Oaxaca, la orgullosa tierra indígena que mamaba leyendas de la antigüedad y germinaba liberalismo en cada rincón. No lo pensaron mucho cuando enviaron tres columnas a tomar la ciudad. Terminaba yo mi convalecencia en casa de mamá, cuando Justo llegó una vez más. Tuvimos que esperar a que recuperara el aliento.

—El gobernador te necesita. ¡Vienen los conservadores!

Me levanté y salí de ahí hacia el Palacio de Gobierno. Ahí mismo me asignaron a las órdenes de Ignacio Mejía, un general que sólo conocía de reputación. Yo estaba lleno de coraje, dispuesto a tomar el fusil y defender la ciudad. Iba borracho de deseos de batalla, hasta que el general Mejía me puso la mano al hombro y me dijo:

—Calma, Porfirio.

Así era yo de joven, como todos: impulsivo.

Llegó la madrugada del 16 de enero. Mamá me había pedido que no participara en aquel encuentro, pues apenas me estaba curando del balazo, pero yo no andaba con ánimos de escucharla. Yo quería gloria, la ansiaba, soñaba con sus delicias cada vez que cerraba los ojos.

El sol apareció a lo lejos, apenas tierno, como una toronja recién cortada que derrama su jugo sobre las calles polvosas. El aire flotaba tenso, el viento corría silencioso. Estaba nervioso, con el bigote revuelto y el uniforme bien puesto. Mis hombres esperaban atentos las órdenes de atacar. A lo lejos vi una columna de polvo y supe que era el momento.

¡Fuego!

¡Ataquen!

Carmelita, toma refugio, ¿no ves que ahí vienen los enemigos de la patria? No te dejes engañar por su físico. Son delgados pero hábiles y saben usar un mosquetón.

Apunten bien, están defendiendo Oaxaca de las huestes conservadoras. Esto es una guerra, carajo. Un momento de duda y al siguiente estás muerto sobre el polvo.

¡Ya cayó el coronel enemigo! Miren, su cuerpo está tirado de espaldas.

¡Cuidado con el cañón! Ahí viene la segunda columna.

Hagan caso al coronel Mejía. ¡Protejan la Catedral! ¡Protejan la Catedral!

Rápido, ustedes, levanten una barricada de adobes, por allá viene la tercera columna. ¡Carajo! No se tomen su tiempo. Sean hombres de verdad.

¡Fuego!

Tú. Sí, te estoy hablando a ti, el que tiene cara de menso, apúntale derechito. ¡Derechito, te estoy diciendo! Uno viene a la guerra a jugarse la vida, o a jugar a la guerra. ¡Eso!

Ahora cerquen al enemigo en las puertas del Palacio de Gobierno, disparen sin piedad. ¡Disparen! ¡Acaben con ellos!

¡Bien hecho, tropa!

Lo logramos, Carmelita. Los conservadores están huyendo. Hemos triunfado, ahí va el coronel a cargo de la tercera columna, don Manuel González, con el sombrero en la mano. No alcanzamos a fusilarlo, pero qué buen susto se llevó cuando torció al sur por esa calle.

Ganamos, Carmelita.

Ganamos...

Ga...

Capítulo XII

No es necesario que llames al médico, Carmelita. Por un momento me sentí como si de verdad estuviera al mando de aquella batalla. Bebí de las aguas del tiempo y me embriagué con ellas. Creí que mi voz podía comandar una guardia, pero olvidé el presente cruel en el que me encuentro.

Que no te preocupe mi ataque de tos, ya estoy bien...

Como te decía, una vez que los conservadores huyeron de Oaxaca nos quedamos a celebrar nuestra victoria. De inmediato nos llegó el chisme de que los desertores no habían salido del estado, sino que se habían ido a Tehuantepec, una zona rural que, por su pobreza, era cuna de la superstición. Cuando no llovía, decían que Jesús los estaba castigando; si la siembra era más rica, se debía a un premio de sus santos. Ahí llegó la tropa de los conservadores. Los curaron y atendieron porque estaban defendiendo la causa de Dios. Además, les proporcionaron machetes para volver a embestir la capital.

El coronel Ignacio Mejía fue a visitarme. Mamá lo recibió y lo hizo pasar a la cocina. Ella nos dejó solos con la excusa de que teníamos que hablar en privado, pero la verdad ya se notaba que perdía peso en la carne y color en las mejillas.

—Si dejamos que se recuperen y cambien su estrategia, igual se nos vuelven y esta vez vamos a ser nosotros los que vamos a tener que irnos —declaró.

—¿Y qué sugiere, coronel?

—Pegar antes de que nos peguen.

—Pegar... —repetí—. Vamos a pegar.

No estaba preparado para nuevas luchas, pero tampoco quería huir como un cobarde. Mi vida peligraba si me quedaba quieto. Una vez más, contra los deseos de mi madre, partí muy temprano hacia Tehuantepec. El coronel Mejía y yo íbamos por delante, cada uno en su caballo, dispuestos a terminar con los conservadores, pero antes de llegar a Tehuantepec escuché un tiro cerca de mi oreja. Mi caballo se levantó en dos patas y me costó trabajo dominarlo. Me volví hacia atrás y vi que uno de mis soldados había caído.

Luego pasó otra bala. Cundió el pánico. De un momento a otro todo fue un revuelo de uniformes, botones, manos, dientes, ojos, y gritos de toda clase. Fui víctima de aquella emboscada. De inmediato nuestros soldados se aprestaron a combatir y respondimos a su balacera con pólvora. Nosotros íbamos llenos de valor porque ya les habíamos ganado en Oaxaca.

Más tarde supe que el combate había durado una hora. Cuando caminé entre nuestros muertos vi las caras jóvenes que estaban recostadas sobre la tierra, chaquetas manchadas de sangre y ojos en un sueño eterno de muerte sin razón. Quise hacerme el fuerte; apreté los labios para contener las lágrimas que había dentro de mí, pero la tristeza se me salía en cada suspiro. Sentí una mano en el hombro y me volví para encontrarme con el rostro del coronel Mejía marcado de sudor, lodo y sangre.

—Ganamos, Porfirio. Les volvimos a ganar.

—Sí, ganamos —mentí al contemplar a los muertos.

—El enemigo quiso volver a Tehuantepec, pero yo ya tenía alertados a nuestros amigos liberales de la región y no los dejaron instalarse ahí. Seguramente se irán a Tehuacán.

Me quedé pensando.

—¿Y qué vamos a hacer, volver a Oaxaca o avanzar otra vez hacia Tehuantepec?

El coronel Mejía me miró con una sonrisa.

—Ir a Tehuantepec, desde luego. No podemos dejar que nos den un revés ahí mero. Vamos a dejar un batallón, y sé quién es el hombre perfecto para dirigirlo.

—¿Quién? —respondí aún con el desgano de la batalla.

No dejaba de mirarme a los ojos.

—El coronel Bastelleros.

Me sentí decepcionado de que no dijera mi nombre.

Acampamos tres días, enterramos a los muertos y curamos a los heridos. Luego partimos hacia Tehuantepec. En ese tiempo, el coronel Mejía había recibido una carta de puño y letra del coronel Bastelleros pretextando no sé qué tontería para no tomar el cargo del batallón. Por segunda vez me encontré con los ojos del coronel Mejía.

—Bien, si Ballesteros no puede, creo que tengo al hombre perfecto.

—¿Quién? —pregunté, un poco más emocionado que la última vez.

—El coronel Alejandro Espinosa. Le escribiré en este momento.

Le mostré la sonrisa con la que todo hombre decepcionado cree que puede engañar al mundo.

La situación política del país era verdaderamente lamentable. Desde que don Benito estaba en el poder, varios grupos conservadores se habían apresurado a tomar las armas para desconocerlo, y hasta habían nombrado a Félix María Zuloaga como presidente interino por una tontería legal en la que desconocían la Constitución de 1857.

La presión política y armada había sido tal que don Benito había salido de la Ciudad de México junto con su gabinete, y anduvieron de aquí para allá tratando de buscar refugio, hasta que les fue evidente que necesitaban una solución más drástica y tomaron camino hacia Veracruz. Ahí consiguieron la protección del general Ignacio de la Llave.

Cuando llegamos a Tehuantepec, el coronel Mejía recibió la orden de trasladarse a Veracruz para proteger a don Benito, por lo que tuvo que apurar su salida de Oaxaca. Una tarde, con el cielo color pólvora y el viento frío, lo vi empacando sus armas y le pregunté cuándo llegaba el coronel Alejandro Espinosa. No podíamos perder la plaza si los conservadores regresaban a atacar.

—No va a venir —respondió.

—¿Qué vamos a hacer?

Esta vez no me miró a los ojos. Siguió con lo suyo.

—Te quedas como gobernador y comandante del departamento de Tehuantepec. Voy a mandarte algunos hombres para que puedas reforzar tu batallón. Es un encargo peligroso, pero tenemos que establecer la honra del gobierno en estas tierras. ¿Aceptas?

—Mi aceptación es hija del deber, coronel —respondí.

Él partió muy temprano a la mañana siguiente y yo me quedé en Tehuantepec.

Don Benito estuvo algunos días en el puerto de Veracruz, y un día soleado él y su gabinete abordaron un buque mientras el pueblo lo despedía con lágrimas en los ojos y pañuelos blancos. Viajó a Panamá, a Cuba y finalmente a Nueva Orleans. No me consta, pero dicen que en todos los lugares adonde llegaba la gente le aplaudía y la prensa lo acosaba.

Parecían días negros para la causa liberal. También para México, que sólo conocía la guerra, la sangre derramada y la discordia desde que había logrado su independencia de España. Todo el país era un polvorín.

¿Sabes, Carmelita? Mucho se ha escrito sobre la mujer que conocí en aquella época. La fantasía romántica que se escribe como historia de México decidió que ella y yo fuéramos como príncipes en una época en la que la guerra fratricida dejaba a pocos héroes con vida.

La conocí en los tiempos en que Tehuantepec era ignorante y pobre. Juana Cata lucía como una luz, fresca, brillante. Mujer digna de la tierra oaxaqueña que la vio nacer, con su enagua blanca y su huipil bordado de sueños. En su cuello usaba collares preciosísimos de oro. Lucía poco maquillaje, pero sus facciones morenas eran suficientes para opacar cualquier constelación, quizá porque era una de ellas.

La primera vez que la vi llevaba un canasto al brazo; venía del mercado. Sus trenzas iban adornadas con listones rojos. Vi sus labios gruesos y sus ojos negros. Desde aquel momento supe lo que eran los latidos acelerados en armonía, con su música propia, fuerte, luego silenciosa.

La seguí por la plaza, hice de sus pasos los míos y la perdí cuando dio vuelta por una calle, mas su aroma y el vaivén de sus caderas ocultas penetraron en mi cabeza como humo e inundaron mis sueños con delicias eróticas.

Fui con uno de los liberales aliados y le conté de aquella mujer.

—Pos no, general. Usté viene y me pregunta por una tehuana guapa, y mire a su alrededor. ¿A poco no me va a decir que todas son flores hermosas?

—Sí, pero yo estoy buscando una nada más.

—No puedo ayudarlo, general.

La conversación se repitió en varias ocasiones y la respuesta era la misma. No podían decirme quién era la tehuana. Decidí buscar su nombre aunque fuera por mí mismo. Caminé sin rumbo por la zona; me olvidé de los montes, de las campanadas de la iglesia y del uniforme que cubría mi cuerpo. Y el tiempo rindió fruto: en otra visita al mercado vi el mismo vaivén de las caderas acompañado de la canasta. La dignidad era parte de su caminar, la seguridad emanaba de sus ojos. Por un momento posó su mirada en mí, y siguió caminando como si no le importara.

—¿Quién es? —pregunté a un liberal que tenía cerca de mí, pero él me miró con cara de susto.

—Mejor no pregunte, no se meta en problemas.

—Dime su nombre.

—La llaman la Didjazá. Dicen que hace pociones para curar o maldecir, y para enamorar a los hombres o atar su voluntad. Predice el futuro con los naipes, y a las mujeres que están esperando aliviarse les dice si el bebé será niño o niña.

—Y por lo que veo en los listones que lleva, es una de las nuestras —respondí con una sonrisa.

—Hágame caso, Porfirio, aléjese de ella. No se busque problemas.

Le di unas palmaditas en el hombro y seguí caminando, detrás de ella. Me enamoré de sus movimientos. Cada vez que cerraba los ojos veía sus labios; me recostaba en mi cama con las manos detrás de la nuca, y me imaginaba lo que sería tenerla a mi lado con su hermoso traje bordado de tehuana y las yemas de sus dedos sobre mi pecho desnudo

Pero su belleza me intimidaba; no me atrevía a hablarle por miedo a que me rechazara. Así como no podía olvidar el brazo que cargaba el canasto, tampoco la mirada de desdén que me había dirigido en el mercado. Por lo que me mantuve lejos, ocupado en mis labores militares, haciendo amigos aquí y allá; hasta decidí incorporarme a las actividades más importantes de los miembros de Tehuantepec, una de ellas el juego de billar en la cantina más prominente.

Me vestí de civil y decidí pasar una velada agradable lejos de las preocupaciones militares que aquejaban al país. Cuál fue mi sorpresa, cuando me encontré al mismo liberal con el que había hablado en el mercado. Estreché su mano con fuerza.

—Porfirio, qué bueno que nos acompaña. Hace unos momentos estábamos hablando de usted y quería presentarle a dos personas de lo más admirable. Una es la mujer por la que ha estado preguntando. Una dama respetable que es conocida como la mejor jugadora de billar en toda la región, Juana Catalina Romero.

Ahí estaba, de espaldas, y al volverse la contemplé como una virgen de iglesia vestida de tehuana, con su boquita suave y su mirada profunda. Estreché su mano, mientras ella sostenía un puro con la otra. De sus orejas colgaban unos pendientes de oro.

—Mucho gusto, señor Díaz. Me han hablado de usted, de sus batallas y de sus otras conquistas.

Asentí a modo de saludo.

—También quiero presentarle a un viajero francés que está de visita en Tehuantepec, el señor Carlos Esteban Brasseur.

Era un hombre bien peinado, de ojos pequeños y barba corta. Sobresalían las orejas puntiagudas. Estreché su mano y él se quedó por ahí en silencio, mientras me inspeccionaba. Años más tarde me describió de la siguiente manera: "Porfirio es alto, bien hecho, de una notable distinción: su rostro era de una gran nobleza, agradablemente bronceado; me parecía revelar los rasgos más perfectos de la antigua aristocracia mexicana".

Así era yo entonces, joven, guapo, valiente. Me peinaba de raya al lado y mi bigote grande caía sin forma. Por lo mismo había logrado enamorar a mujeres como Petrona, en Ixtlán, tan sólo para llevarlas al placer bajo la sonrisa de la luna. Quise repetir aquel ritual de amor con Juana Cata.

Me acerqué hasta ella y la desnudé con la mirada.

—Me sorprende ver a una mujer en este lugar. Me dijeron que sólo los hombres venían a las cantinas.

Sonrió, me volvió a barrer con la mirada y se llevó el puro a la boca. Luego de soltar una bocanada, exclamó:

—Y a mí me dijeron que los militares tampoco venían a estos tugurios, pero ya ve usted, los rumores rara vez cuentan la verdad.

—Bien dicho —respondí.

Forzó una sonrisa y se dio media vuelta para alejarse, pero la tomé del brazo y su rostro volvió a encontrarse con el mío.

—¿Qué quiere, Porfirio?

—Conocerla un poco mejor —respondí.

—Eso es fácil: me llamo Juana Catalina Romero, hace poco aprendí a leer y escribir, y me preocupa el progreso de Tehuantepec. Puedo adivinar el futuro en las cartas y en las hierbas de los tés, y no tengo interés en hombres que juegan con las mujeres. Listo, ya conoce lo suficiente de mí y quiero retirarme.

—Entonces deseo su amor —respondí.

La vi apretar los labios y hacer una mueca. Arqueaba las cejas, tal vez molesta por mi presencia.

—Bien, juguemos al billar. Si usted gana, le entrego mi amor.

—¿Y si yo pierdo? —pregunté.

—Puede quedarse con su amor, y espero que sea suficiente porque nunca tendrá el mío.

Me gustó el reto y acepté. Si te soy honesto, ha sido el mejor juego que he hecho, al menos en la mesa de billar; pero la gente de aquel pueblo tenía razón: nadie mejor que Juana Cata. Perdí.

Ella me dio unas palmaditas en el hombro y me ofreció una sonrisa como premio de consolación, pero fue muy fiel a su promesa. No quiso entregarse a mí ni me dejó descubrir lo que se escondía debajo de la falda.

Después del juego de billar nos apartamos un poco del grupo y hablamos de la ideología liberal. Me pareció una mujer muy educada y bien informada.

Esa noche nos hicimos amigos y empezamos a escribirnos. Nuestra comunicación duró muchísimos años y se inventaron muchos rumores porque los cronistas confundieron nuestra amistad con amor y supusieron que éramos amantes. No puedo negar que me hubiera gustado: he estado enamorado de ella desde entonces pero no he sido correspondido.

—Supe que vendrías, lo vi en las cartas —dijo—. Y también sé cuál será tu futuro, pero no te lo puedo decir porque corres el riesgo de encontrarte con él mientras tratas de cambiarlo.

—¿Por qué no me platicas de tus cartas mientras te invito un tepache?

Lo rechazó, pero conversamos hasta que las estrellas palidecieron en el firmamento.

Tenía tiempos libres, pero eran pocos. Mi situación en Tehuantepec era extraordinariamente difícil. No contaba con la ayuda del gobernador y sólo tenía los elementos que yo podía facilitarme en un territorio hostil. Había batallas un día sí y al otro también, y el número de soldados en mi guardia bajó considerablemente. Cuando necesitaba mayor fuerza, podía disponer de cien o doscientos hombres armados y municionados de Juchitán, quienes me servían solamente por pocos días y a quienes tenía que pagar sus salarios.

Los caminos estaban ocupados por el enemigo y no podía transitarse por ellos. Cada vez que quería mandar cartas a mis hermanas en Oaxaca tenía que salir con una fuerza armada.

En junio de 1859 sorprendí a un destacamento de conservadores en la Mixtequilla y lo perseguí hasta el rancho de Los Amates, donde lo derroté por completo. Dejé allí algunos muertos, entre ellos a su jefe. Así me gané mi ascenso a teniente coronel por el gobierno del estado.

Cuando volví a Tehuantepec me esperaba Juana Cata. Le pregunté si había llegado alguna carta de mis hermanas y ella se alzó de hombros. Llevaba varios días sin saber de ellas. Ya me estaban preocupando.

Capítulo XIII

EN AGOSTO LLEGA EL CALOR a Oaxaca, se empantana el aire y el cielo se cubre de tinieblas. Es cuando las tormentas lo inundan todo, las calles se convierten en ríos y las casas en charcos. No había drenaje público. Las enfermedades aparecían de repente y el frío volaba con cada momento de brisa.

Ante la falta de noticias de mi familia, me embarqué de regreso a la ciudad y fui a casa de mamá. Me llegó un sentimiento vago de que todo el mundo había perdido su color. El sol no calentaba las paredes y las flores se marchitaban a mi alrededor. Fui hasta el cuarto de mamá y ahí la encontré, recostada sobre un petate, a la luz avejentada de sus velas y rodeada de sus santos de cartón. Se le habían partido los labios, tenía la piel amarillenta y podían contarse los huesos de sus dedos. Sus ojos eran como dos estrellas que se apagaban en la boca de la noche.

Desideria estaba con ella, dándole un menjurje que olía amargo.

—Ella te estaba esperando —me dijo al oído.

Me acerqué a mi madre, le quité un mechón que le tapaba un ojo. Su mirada dulce parecía desvanecerse en las paredes. Su sonrisa era débil.

—Cálmese, mamá, ya verá que todo va a salir bien. Ya le están dando su medicina y yo voy a dejarle dinero a mi hermana para que pueda comprarla y el médico venga a visitarla todas las veces que haga falta. Se va a poner bien, va a ver. Antes de que termine el año nos va a tener aquí a toda la familia comiendo con usted. Sea fuerte.

Asintió; no quería hablar o le dolía hacerlo. Sus manos se levantaron, tocaron mi rostro y lo reconocieron. Sé que en cada uno de sus suspiros se preocupaba por mí. Le di un beso en la mejilla y ella me hizo la señal de la cruz en la frente, en el pecho, en el hombro izquierdo y en el hombro derecho. Esa bendición de madre aún la llevo en lo más profundo.

Me quedé con ella un rato, acurrucado en mis recuerdos del Mesón de la Soledad y el Toronjo, del seminario y el instituto, de su sazón de madre y su enojo sabio, de todas las veces que se había preocupado y yo había sido un mal hijo para ella. Por un momento la imaginé como esas vírgenes de iglesia enlutadas en negro, con lágrimas diamantinas en las mejillas y un corazón doliente atravesado por una espada. La ayudé a comer y me despedí de ella con la promesa de que volvería antes de que pasara un mes. Ella sólo me miró y parpadeó un par de veces.

Cuando volví a Tehuantepec me quedé intranquilo por la salud de mi madre. Juana Cata quiso calmarme con algunos juegos de billar, e incluso me dejó ganar, pero cómo podía borrar de mi memoria esos ojos tan tristes, esa sonrisa que me había dado la vida casi treinta años atrás, cada uno de los sacrificios con los que nos había sacado adelante.

Dos días después recibí una carta de Nicolasa: "Hoy enterramos a mamá. Reza por su alma".

Dejé caer el papel y di un golpe a la pared de mi cuarto. Esa noche el mundo quedó sumergido en el silencio. Sentado en mi cuarto, me quedé mirando la puerta hasta que el día me sacó lentamente del hechizo que viene con la tristeza. Sequé las lágrimas que empapaban mi rostro y decidí que la guerra me haría olvidar mi orfandad. Tomé el fusil y salí a pelear. En septiembre sorprendí a los conservadores en el pueblo de Jalapa y les causé muchas bajas; en noviembre, en Tequisixtlán.

Me pregunté si Félix, peleando en el bando conservador, también habría cambiado el dolor de la pérdida por el estallido de la pólvora. Todos los días rezaba por no encontrármelo en el campo de batalla.

A finales de ese año llegó un barco gringo a Oaxaca y les pedí a mis soldados que fueran a averiguar sus intenciones. Regresaron con la noticia de que venían a explorar las costas de México, pero como acto de buena voluntad podían atender a cualquiera de nuestros soldados que necesitara revisión médica a fondo, pues tenían un buen cirujano a bordo. Mi gente les contó de la bala que aún tenía yo en el costado izquierdo y los yanquis dijeron que ellos la podían sacar sin problema.

Así que fui al barco, entré a un cuarto pequeño y bebí una solución de morfina que me hizo entrar en un estado alterado, entre borracho y dormido. Aún podía sentir cómo me abrían la piel y hurgaban en mis entrañas. Un par de horas después mis soldados me anunciaron el resultado de la operación:

—Lograron sacar la bala, teniente.

—Bueno, ya nada más falta que el enemigo esté tranquilo para que pueda sanar.

—Pues fíjese que eso no se va a poder —respondieron.

—¿Por qué no? —pregunté.

—El ejército liberal en Veracruz necesita que envíe desde Minatitlán hasta el puerto de Ventosa un armamento de ocho mil fusiles, algunas carabinas y sables, municiones labradas, dos mil barriles de pólvora a granel y quintales de plomo en lingotes; consignado todo al general don Juan Álvarez.

—Pues ya qué otra… —respondí de regreso al campamento.

Al día siguiente me levanté de la cama, monté a caballo y marché para Minatitlán. No me había recuperado de la operación, pero tenía que ser hombre y aguantarme el dolor. De tardarme un día se hubiera perdido el cargamento y mis compañeros en armas en Veracruz hubieran perdido mucho más.

Los conservadores no eran nada tontos. Analizaron mi ruta con detenimiento y descubrieron que podían detenerme en Orizaba y Córdoba, y se instalaron ahí. Tenían un plan meticuloso para asaltar el convoy y hacerse con nuestras municiones. Y esperaron, porque cada día que pasaba ellos se hacían más fuertes.

Por mi parte, seguí avanzando hasta que el camino se terminó y lo único que tuve ante mí fue el río Puerta. La corriente se agitaba furiosa. Caminamos por el borde, buscamos algo que nos pudiera ayudar y encontramos una canoa que parecía abandonada y la tomamos. Aunque no sabíamos remar, nos arriesgamos. Mis hombres hicieron remos con la madera y nos adentramos al peligro.

Descubrimos que el agua, como el destino, es peligrosa, pero inevitable. Avanzamos hasta que divisamos unas rocas adelante esparcidas por el río, sabíamos que eran un peligro para nosotros. Como pudimos, con ramas, inclinándonos a un lado de nuestros barcos improvisados, y hasta saltando sobre el oleaje, hicimos lo imposible por no golpear aquel obstáculo, pero fue inútil. Algunos pudimos pasarlas, otros no tuvieron tanta suerte. Por fortuna pudimos rescatar todo el cargamento y a nuestros compañeros. Nadie se ahogó ese día.

Más tranquilos, caminamos por el lodo. Nuestros uniformes iban goteando. Apenas si podíamos recuperar el aliento. Aquélla era una zona de plátano y piñas silvestres. El río tenía muchos peces y aprovechamos para comer.

Cuando nos acercamos al río Coatzacoalcos escuchamos un ruido como de trompeta que nos distrajo a todos. Corrimos al banco del río y vimos un vapor. Le pedí a mi tropa que me esperara en tierra y subí al barco. Me recibió un gringo calvo de bigotes grandes.

—Buenas tardes, señor —me saludó en un español malísimo.

—Buenas tardes, míster. ¿Qué lo trae por este Veracruz?

—Yo ser de la Louisiana Company y éste ser el vapor Habana. Yo dedicarme al comercio, ¿y usted?

—Ah, pues yo me dedico a la guerra. Me llamo Porfirio Díaz, para servir a Dios y a usted.

—Míster Wolf —exclamó, y estreché su mano.

Como pude le expliqué cuál era nuestra misión y en qué bando militábamos. La verdad no sé si supe explicarme bien o si él me entendió de todas maneras. A mí se me hace que le dio miedo el fusil que llevaba al hombro y mi traje de militar, por lo que aceptó ayudarnos. O tal vez quería ayudar a la causa liberal porque él era protestante y los conservadores estaban en su contra. El caso es que le avisé a mi tropa que el mentado míster Wolf nos iba a ayudar y abordaron el vapor Habana con todo el cargamento.

Así navegamos con más tranquilidad hasta el río Súchil y llegamos a Orizaba.

Los conservadores nos estaban esperando.

Nos rodearon.

Nos emboscaron.

El aire se convirtió en una balacera interminable en la que mi tropa se vio inteligente y utilizó las municiones que teníamos con nosotros. Como pudieron abrieron las cajas, cargaron los fusiles y también nosotros hicimos de la paz pólvora. Recuerdo que uno de los soldados que estaban más cerca de mí recibió un balazo en la espalda que le salió por el pescuezo, y cayó. Yo intenté calmar su herida mientras seguía dando órdenes. "¡Disparen aquí, avancen allá! ¡Vamos!".

Y horas después —o minutos, no sé— llegó el silencio. El tiempo parece no importar mucho en el campo de batalla. Habíamos vencido al enemigo, pero nos había costado muchísimo trabajo y esfuerzo. Perdí hombres en aquel asalto, pero gracias a ellos pude entregar el cargamento en tiempo y forma.

Descansamos un par de días en Veracruz en compañía de don Benito. Sanamos a nuestros heridos y disfrutamos del pescado que tienen por allá. Aunque no llegamos al puerto, el aire se sentía húmedo; cuando te mojabas los labios probabas sal. Con toda esa aventura había olvidado por completo la operación, pero el dolor estaba ahí, latente.

Emprendimos el regreso a Tehuantepec, más calmados, volviendo a hacer uso del barco que nos prestó míster Wolf a través de los ríos, y más tarde a través de la selva. Cuando volvimos a pisar Tehuantepec notamos que la gente andaba muy rara; caminaban en silencio, apuraban el paso en cuanto nos veían y bajaban la mirada en el mercado.

Estaba yo en la plaza cuando me encontré con Juana Cata.

—¿Qué pasa? Pareciera que alguien se murió.

—Ay, Porfirio. ¿No te han dicho?

Negué con la cabeza.

—Mientras tú y otros jefes militares de Oaxaca llevaban su parque a Veracruz, los conservadores aprovecharon para tomar la capital. El gobierno liberal tuvo que huir a la Sierra de Ixtlán. Oaxaca es de los enemigos…

No esperé a que terminara la frase; fui a reunir a la tropa.

Capítulo XIV

No sé si el destino pueda leerse en las cartas, o si la baraja tenga alguna propiedad oculta que sólo la desentrañe la inteligencia de algunos videntes escogidos. En lo personal, nunca llegué a averiguar quién le enseñó ese truco de la cartomancia a Juana Cata. De cualquier forma, era muy inteligente como para utilizar el sobrenombre de Didjazá a su favor. Los liberales la respetaban y los conservadores le temían, y eso la ponía a salvo.

Por mi parte, la encontraba sumamente hermosa, inquietante, capaz de llenar el sueño de mil hombres con el vaivén de sus caderas, y por eso perseguí constantemente su atención. Le narré cada una de mis batallas, pero exageraba los detalles para que me viera más valiente y heroico, en pocas palabras, más hombre; pero ella respondía a mis palabras con una mueca en los labios, como si se burlara de mi inocencia y a la vez me tuviera lástima; pero ni así logré que cediera a mí. Se mantuvo firme en la promesa que había hecho aquella noche que jugamos al billar por primera vez.

Como sabía enterarse de las cosas, me era muy útil porque me avisaba de ataques o revueltas, hasta de asuntos domésticos entre los tehuanos que podía arreglar con un buen susto dando balazos al aire. Por eso no me sorprendió cuando me dijo que nuestros enemigos habían tomado la capital, la que yo estaba decidido a recuperar para la causa liberal. Como pude, hice que mis soldados reunieran las armas y municiones que había en la región, mientras juntaba a todos los juchitecos que simpatizaban conmigo en un batallón que llamé Independencia. Debo confesar, Carmelita, que tuvimos mucha suerte de que el enemigo no viniera a Tehuantepec mientras nos preparábamos.

Ya con una tropa digna para el ataque me dirigí al monte. Por un lado quería que mi avance pasara desapercibido, y por el otro quería evitar que los juchitecos se encontraran con cualquier comercio que vendiera alcohol, pues acostumbraban a emborracharse.

Una tarde, cuando nos acercábamos a La Ventosa, divisé una tenue columna de humo y supe que cerca de ahí ardía una fogata. Mandé a uno de mis soldados a investigar y pronto regresó con la noticia de que cerca de ahí había una avanzada del ejército enemigo. Entonces le advertí a mi tropa que teníamos que emboscarlos durante la madrugada.

Mi posición era a la retaguardia; otros capitanes rodearon el campamento. Los enemigos no tenían oportunidad de escapar. Nos mantuvimos en silencio durante la noche. No cenamos. Cuando los primeros rayos del sol acariciaron los montes de Oaxaca iniciamos el ataque todos al mismo tiempo. Pronto descubrimos que el enemigo tenía más de mil hombres, y nosotros éramos apenas trescientos y tantos.

Media hora duró el ataque. Los disparos y la sangre salpicaron el polvo. Sólo entonces, en la calma, descubrimos nuestro triunfo.

Tuvimos que permanecer en aquel lugar un par de días para recuperarnos. Los juchitecos habían huido durante la batalla y mis fuerzas oaxaqueñas habían esperado a que llegara la calma para ir a buscar comida, pero no regresaron. Me quedé con cuarenta hombres y, comprenderás, hubiera sido ridículo llegar con ellos a Oaxaca. El general Mejía se enteró de mi triunfo y me mandó una carta para felicitarme. También me encargó un nuevo trabajo: ya que tenía el control de la zona debía ir a Acapulco y asegurarme de que un cargamento llegara bien a La Ventosa. Dejé a don Pedro Gallegos a cargo e hice lo que me mandaron.

Paré en Tehuantepec para despedirme de Juana Cata y partí hacia el puerto de Acapulco. Esperé el cargamento que venía de Estados Unidos, que no llegó en el tiempo pactado. Temí que lo hubieran interceptado en el camino. Estaba por empezar a fraguar un plan cuando apareció el buque. Con rapidez cambiamos todas las armas a un bote más pequeño y lo navegamos por toda la costa hasta Salina Cruz, el puerto más cercano a Tehuantepec. Era un peligro constante que nos descubrieran; una emboscada, y hubiéramos fallado en la misión.

Ya en Tehuantepec, José Romero se llevó las armas a Veracruz y yo volví a la planeación del acecho a la capital oaxaqueña, aún invadida por los conservadores. En eso llegó una carta de don Benito, que se había enterado de todos mis recientes asaltos militares y me comunicaba en palabras muy sencillas su reconocimiento: "Mi buen

Porfirio, lo hemos ascendido a coronel de infantería por su valor e inteligencia".

Y supe que había hecho bien.

De vuelta en Tehuantepec volví a enfocar mis esfuerzos en recuperar la capital del estado. Oaxaca era, desde luego, uno de los estados que más habían defendido la causa liberal, y por lo mismo una pieza muy importante en el tablero nacional. Mientras más tiempo pasara en manos de los conservadores, más difícil sería llevar esta guerra a su final. Por lo mismo, me di a la tarea de aumentar, instruir y armar a mi batallón Independencia. No fue fácil, había poco dinero y aún menos parque. Uno tenía que pedir prestado aquí y allá, recuperar armas de los soldados vencidos o hasta, temo decirlo, robar a quienes no estuvieran de acuerdo con nuestra lucha.

Una tarde de diciembre llegó una carta del gobernador de Chiapas, que estaba de nuestro lado. Decía que don Benito se había enterado de mi situación y le había pedido ayuda, por lo que me mandaría setenta hombres para ayudar a mi causa. Llegaron los primeros días de enero, iban comandados por el coronel José María Vela y se incorporaron a los cien hombres que yo tenía a mi cargo y que entrenaba todos los días.

Salí con dirección a Oaxaca el 5 de enero y seguí el camino nacional hasta San Carlos Yautepec, que estaba más o menos a veinticuatro kilómetros de la ciudad, y de ahí marché hacia la derecha del camino por la cañada del Narro hasta San Lorenzo Albarradas. El invierno calaba en las noches, y en el viento seco. Había poco para beber, pero ¡qué emoción sentíamos de recuperar la capital! ¿No te ha pasado que sientes que puedes lograr algo así nada más, como si las Moiras te sonrieran de repente?

Confiando en el triunfo, anduvimos fuera del camino principal para que nadie nos reconociera. Si la sorpresa había sido una táctica militar exitosa para nosotros, podía volver a serlo.

Nos detuvimos en Tlacolula y estuvimos ahí unos días. Esperaríamos a las tropas liberales del gobierno del estado para que nos acompañaran hasta la capital.

Cayó la noche del 20 de enero. El cielo lucía despejado y sin luna, y me quedé dormido. Cuando abrí los ojos estaba oscuro. Organicé a los juchitecos que nos acompañaban y formaban una parte importante de nuestro batallón, pero los vi muy desganados. Pensé que esa falta de energía se debía a que no acostumbraban a madrugar, y quise mandarlos. Los juchitecos se negaron, dijeron que estaban muy lejos de su pueblo y que no querían.

—¿Cómo de que no? ¡Aquí se hace lo que yo digo!

Entonces hablé con su jefe, que resultó ser un indio terco al que tuve que darle un par de golpes para que me escuchara; aceptó, a regañadientes, continuar.

Como no tenía confianza en ellos coloqué a la vanguardia a los soldados que habían llegado de Chiapas, en el centro a los juchitecos sublevados y a la retaguardia mi propio batallón. Así marchábamos hacia la capital cuando nos emboscó una tropa de mil trescientos hombres, entre los que reconocí a Antonio Vidal Canalizo. Por su reputación conservadora supuse que venía a cortarme el paso a Oaxaca. Logramos pararlos ahí, y la muerte de Canalizo nos permitió ir a Mitla para recuperarnos, pero ahí también nos batieron.

Cobos, con todos sus hombres, me atacó de frente. Estábamos muy débiles para resistir. Los juchitecos salieron corriendo en cuanto tuvieron la primera oportunidad y algunos de los chiapanecos hicieron lo mismo. Quise resistir; fui un idiota. Cuando me di cuenta, ya no había tantos soldados siguiendo mis órdenes, apenas ochenta, porque el resto eran cadáveres en las calles. Se detuvieron los balazos y en la calma fui consciente de la desolación.

Ésa fue mi primera gran derrota. Contemplé a los muertos, respiré la pólvora del aire y me ahogué con el silencio…

La decepción era mía porque la derrota había sido personal. ¿De qué valían las lágrimas en aquel momento? Fui un hombre, mis ojos se mantuvieron secos y me propuse recoger la dignidad que me quedaba. En eso, el enemigo recuperó su fuerza y volvió al ataque. El mundo se confundió con los estallidos de pólvora.

Aprendí que hay pocos sentimientos tan humanos como el fracaso.

Mi hermano Félix siempre fue un hombre muy disciplinado. Se levantaba antes del amanecer y realizaba los ejercicios de gimnasia que yo le había enseñado. Gustaba de montar a caballo y mantenía limpio su armamento, como había aprendido en el Colegio Militar.

Como ya te dije, tenía cierta admiración por un general conservador llamado Miguel Miramón, que además había participado en la batalla de 1847 en la que murieron tantos cadetes a manos del ejército norteamericano. Ya te he dicho que Félix era conservador y participó hábilmente en varias de las batallas que defendía su ideología, pero nunca nos enfrentamos en el campo.

De vez en cuando le daba por leer uno que otro periódico, más por morbo que por interés político, y esa mañana se quedó frío con lo que leyó. En la primera plana habían impreso la narración de aquella batalla, que terminaba con la frase: "El coronel Porfirio Díaz, cabecilla liberal, está entre los muertos del encuentro".

Félix hizo un esfuerzo por mantenerse calmado y, por primera vez, vio más allá de ideologías y partidos. Comprendió el poder de la sangre familiar y tomó una decisión. Esa noche dejó atrás a su tropa, olvidó banalidades y con el fusil al hombro se escabulló hasta perderse en la penumbra. Sabía muy bien que si lo atrapaban lo iban a fusilar por desertor. Eso lo supe años más tarde.

Capítulo XV

Días después, cuando por fin pude hacerme de papel y pluma, escribí dos cartas. Tengo una copia en el otro cajón. Carmelita, ¿harías el favor de leerlas en voz alta? También la respuesta de una de ellas. Hay epístolas que me serán de apoyo para narrar parte de mi historia. Se me seca la boca y se me cansa la memoria.

Mi querida Juana Catalina:

Estoy seguro de que ya has escuchado las noticias de mi derrota en Oaxaca, y tal vez te hayan llegado los rumores de que mi cuerpo permaneció, sin vida, en la plaza perdida. Mi supuesto fallecimiento no fue más que una táctica vil del partido conservador para desmoralizar a mis amigos y aliados: no encuentro otra razón detrás de ello. Lo que no puedo ocultar es el agobio que siento por aquella pérdida, por los cadáveres y por los hombres que no supe convencer de quedarse a luchar a mi lado.

Cuando llegó el silencio tras la batalla quise alejarme de ahí como un perro que ha sido regañado por su amo, pero se inició una segunda balacera y comprendí que la misión del enemigo era terminar con nuestra vida. No había forma de salvar el parque ni de llevarnos los cañones, por lo que aproveché aquellos últimos momentos en el campo para inutilizarlos y caminar lo más rápido posible hacia las colinas. Los estallidos de fusiles y mosquetones eran uno con el aire, las balas chocaban con las paredes. Quise que la excitación de aquel momento me diera la fuerza para salvar mi vida, pues embriagaba mis sentidos con la sensación de peligro.

Continué mi camino a la sierra hasta que juzgué que me encontraba a salvo y pude sentarme a descansar. Eran los cielos un lienzo rasgado de nubes que compartían mi estado de ánimo, y un viento sopló para llenarme el uniforme de polvo. Por un momento comprendí cómo debió de sentirse el Moisés bíblico cuando huía de la furia incontenible del faraón, y pensaba que huía de su destino cuando, en justa verdad, sólo se acercaba más a los designios de Dios. Con hambre y sed continué hasta Ixtlán, donde me incorporé a una columna militar que se dirigía a Tlacolula, pero pronto nos llegaron noticias de que ahí también estaba el enemigo, por lo que tuvimos que batirlos al pie de la sierra. Ahí derrotamos finalmente al general Cobos y el gobernador José María Díaz Ordaz quedó gravemente herido, para fallecer al día siguiente a consecuencia de las heridas que no pudieron curarle.

Mi ex mentor don Marcos Pérez ocupaba el cargo de presidente del tribunal, por lo que hice de su conocimiento que me había incorporado a las filas del coronel Salinas. Como primera acción, le aconsejé a este último que fuéramos sin pérdida de tiempo a sitiar Oaxaca, entrando por San Felipe del Agua para tomar el cerro de la Soledad. El enemigo debía ser derrotado. El coronel accedió a mi indicación. Marchamos sobre Oaxaca a la vista de la caballería del enemigo y éste quiso atacarnos en varias ocasiones, pero logramos vencerlo en todas y seguimos nuestra marcha ya sin novedad hasta San Felipe. Se defendió en el Fortín pero lo tomamos en menos de un día y, así, comenzamos a sitiar la ciudad. No pudimos cercar completamente Oaxaca porque teníamos poca fuerza, pero le hicimos un semicírculo durante diez días.

Al saber don Marcos Pérez que me había incorporado a las fuerzas del coronel Salinas, mandó en comisión a Tlalixtac —donde nos encontrábamos entonces— a don Manuel Toro, tesorero de Oaxaca, para que me entregara un pliego que contenía una orden: que me encargara yo del mando de la fuerza, arrestara al coronel Salinas y lo mandara preso a Ixtlán, donde residía el gobierno del estado. No hice caso porque Salinas no era un obstáculo para el buen éxito de la campaña; además, temí que ello dividiera a los caudillos liberales. De tal suerte, supliqué a don Manuel Toro que hiciera presentes estas consideraciones a don Marcos Pérez para que no insistiera en su orden.

No quedó satisfecho de mi conducta don Marcos Pérez, pero tampoco insistió en su orden de aprehensión y destitución del coronel Salinas, quien enterado de la petición que yo había recibido me tuvo mucha desconfianza durante el sitio, situación que lo hizo fracasar. Don Marcos quedó muy molesto conmigo, pero no quiso culparme del hecho y escribió a don Benito Juárez para narrarle lo sucedido. Éste resolvió designar un nuevo jefe para la campaña, el general don Vicente Rosas Landa.

Cuando llegó con nosotros, preparábamos el asalto sobre la ciudad. Habíamos reunido municiones y otros elementos necesarios para atacar. Como te imaginarás, el general Rosas Landa estaba acostumbrado a mandar soldados más disciplinados que nosotros. Nos regañó por estar tan cerca del enemigo y nos ordenó que no atacáramos la capital hasta que llegaran los refuerzos que nos mandarían desde Veracruz, y aquí hemos permanecido desde entonces.

Ocasionalmente combatimos cuando hay algún tiroteo del enemigo, pero nos hemos quedado en vilo. Lo más seguro es que pronto levantemos el campamento y nos retiremos a la sierra.

Juana Catalina, como te lo he repetido muchas veces en persona y te has negado a corresponder a mis sentimientos, debo repetirte una vez más que eres la mujer más hermosa que he encontrado sobre la faz de la tierra, y me sentiría el hombre más dichoso del mundo si acaso pudieras corresponder a los designios de mi corazón. Si bien tengo una reputación de mujeriego, me gustaría que supieras de primera mano que no soy lo que esos rumores cuentan de mí. No sé cuándo regrese a Tehuantepec o cuándo mis ojos vuelvan a mirar los tuyos, pero sí espero que esos labios brujos conozcan los míos en cuanto tenga oportunidad de encontrarme con ellos.

En cuanto tenga más que comentarte sobre el campo de batalla, volveré a escribirte.

Tuyo siempre,
José de la Cruz Porfirio Díaz Mori.

Porfirio:

Como bien supiste en tu breve estancia en Tehuantepec, no hay rincón en nuestra patria que esté exento de las guerras fratricidas que ha causado esta nueva Constitución. He visto indios sacar el machete para defender a sus santos y el color que llevan en su vestir. Pareciera que la población no entiende que estos nuevos actos no contradicen los de su religión, que un matrimonio ante el Estado mexicano es indiferente al que realizan ante su altar católico. La superstición siempre ha sido uno de los problemas más graves de nuestro pueblo, desde la que inculcan los sacerdotes católicos hasta aquella de los que pregonan que soy una bruja capaz de realizar hechizos y elaborar pociones mágicas. Olvidan que mi única gracia es tirar las cartas y preparar ungüentos.

He seguido tu campaña militar muy de cerca, no soy extraña a las batallas y los encuentros que me has narrado. En un pueblo chico el infierno es muy grande y las malas noticias también nos llegan, incluso antes que la impresión de los diarios. Por lo mismo sé todo lo que aconteció entre tú y don Marcos Pérez, por quien sientes gran estima.

También sé que tu hermano Félix se encuentra desaparecido, nadie ha oído hablar de él en meses ni lo han visto en el campo de batalla; tampoco conocemos la razón de su huida del ejército. Se le considera un desertor y podría ser fusilado como tal si tus enemigos lo encuentran. El pronóstico no es bueno, su vida podría estar ya perdida.

Asimismo, me aflige leer que continúas con esos sentimientos hacia mí, y si he dado pie a que permanezcan vigentes, lo lamento mucho. En ti he conocido a un gran hombre, militar y estadista, pero no me es posible corresponder a lo que mi corazón no siente.

Soy, quizás, una de las pocas mujeres en Oaxaca que conocen la decisión del matrimonio y el romance, y entienden sus implicaciones. Nadie tomará decisiones sobre un corazón que es sólo mío.

Sin más que agregar por el momento,
Juana Catalina Romero

Mi querida Desideria:

Tú y Nicolasa siempre están presentes en mis oraciones nocturnas y en mis recuerdos más profundos. Desde la muerte de nuestra madre he tenido que alejarme de ustedes para defender a la patria por los caminos de la guerra. Si lo hago así es para que ustedes y sus hijos puedan tener un mejor futuro, y porque tengo pleno conocimiento de que sus respectivos esposos les han dado una vida sana y cristiana.

Quise escribirles antes, pero estando el enemigo en Oaxaca tuve miedo que, si lo hacía, interceptaran la carta y ustedes quedaran en un peligro innecesario; por lo mismo no he querido encontrarme con ustedes. Nuestro batallón ha tenido mucha precaución en cuidar a nuestras familias y a civiles que se encuentran fuera de este conflicto. Mi cariño hacia ustedes hizo que reprimiera el deseo de escribirles unas líneas de vez en cuando.

Dime, ¿se encuentran todos bien? También llevo un grato recuerdo de mi último encuentro con Delfina y, aunque sé que Nicolasa la cuida bien y la educa con sabiduría, me siento responsable de ella desde la muerte de nuestra querida Manuela. Añoro volver a tener a Fina conmigo y proveer cada una de sus necesidades. Tan guapa la vi la última vez que supe que había heredado las mejores facciones de su madre.

Con estas palabras quiero informarte que nuestro hermano Félix está con bien y que se encuentra a mi lado mientras escribo. Después de levantar el campamento en la capital nos fuimos a la sierra, donde sostuvimos una lucha en Ixtepeji que no le gustó al enemigo. Se comentó nuestra participación en el campo de batalla y Félix escuchó los rumores de que yo me encontraba ahí, y acudió a mi encuentro. Estaba yo terminando de cenar cuando divisé a lo lejos una figura familiar y, cuando se iluminó por la luna, reconocí a nuestro hermano. La emoción fue tanta que corrí a su encuentro y lo abracé. Lo llevé conmigo al campamento y le di de cenar. Me contó que había leído de mi muerte en uno de los periódicos y que había desertado de su batallón para volver con sus hermanas y protegerlas, pues él tendría que hacerse cargo de ustedes, pero que en el camino había escuchado a unos soldados hablando de mí y supo que estaba vivo. Su corazón había cambiado de ideología política y quería unirse al bando liberal.

Acordamos que lucharía a mi lado y él aceptó. Así fue como mi hermano fue otra vez mi hermano, y la imagen de nuestra madre vino a mi memoria pues recordé que ella había muerto con el pensamiento de que Félix y yo éramos enemigos ideológicos.

Como te comenté al inicio de esta carta, no quise escribirles para no poner en riesgo sus vidas, pero no fue el mismo pensamiento que siguieron algunos de los elementos de mi batallón diezmado, quienes escribían con frecuencia a sus familiares, por lo que todos nuestros intentos de tomar la capital terminaron en fracaso pues el enemigo estaba puesto sobre aviso siempre. Resolví mandar a esos elementos a cuarteles lejanos para que no pudiera saberse de nuestros planes antes de tiempo.

Después de algunas peripecias y un intento de traición, resolvimos que era el momento de tomar Oaxaca para la causa liberal. Al amanecer del 5 de agosto del presente año, a mis casi treinta años, llevé a cabo el plan trazado para dicho fin. Varios de los generales y coroneles nos adentramos a la ciudad desde diferentes posiciones. Yo lo hice desde la hacienda de San Luis, y desde ahí avancé a la Plaza de Armas, que tomé después de batirnos con el enemigo. Perdí muchos soldados y oficiales, y una bala me inutilizó la pierna derecha, aunque no tocó el hueso. Gracias a mi triunfo logramos desalojar al enemigo del Palacio de Gobierno, la Catedral y el convento de la Concepción, dejándolo reducido exclusivamente a Santo Domingo y el Carmen. Procedí a cercar el primero, pensando en dar un asalto desde las casas que quedaban frente al convento. Este trabajo duró lo que restó de aquel día y parte de la noche. Durante la madrugada, Félix, quien ya era teniente coronel y cuya ayuda me fue de mucha utilidad durante toda la batalla, vino a anunciarme que el enemigo se había fugado por un muro que había derribado en el huerto. Otros jefes militares fueron tras ellos, pues yo me quedé por la herida que había sufrido en la pierna. Logramos recuperar la capital y eso me valió que fuera ascendido a coronel del ejército.

Tu hermano,
Porfirio

Capítulo XVI

Fui a casa de Desideria para descansar unos días. Necesitaba recuperarme de la bala que me había traspasado la pierna, y pude aprovechar que Oaxaca ya se encontraba en calma. La guerra continuaba lejos de la capital y el ejército liberal había tomado fuerza, pues se rumoraba que don Benito estaría por llegar al puerto uno de esos días.

Mientras estuve ahí, Delfina se hizo cargo de todas mis necesidades. Me llevaba el desayuno y me contaba lo que había oído en el mercado. Una tarde vino para que le enseñara a jugar con los naipes como los indios de Tehuantepec. Estaba en ese momento breve de su existencia en el cual su condición de niña se confundía con la de la mujer que sería. Tímida, pero elocuente, se sonrojaba ante cada una de mis palabras y siempre estaba muy atenta con "tío esto" y "tío lo otro", con el garbo elegante y digno que poseen todas las mujeres de Oaxaca.

Uno de aquellos días, mientras aún me encontraba en cama, Félix llamó a la puerta. Dejé a un lado el periódico y le pedí que entrara, pero no lo hizo solo. Cuando vi pasar a don Marcos Pérez, tan lánguido como serio, se me hizo una sonrisa que no pude evitar. Me levanté, con todo y el dolor que sentía en la pierna, para abrazarlo.

—¡Viejo amigo!

—¡Don Marcos! ¿Qué lo trae por acá?

—¿Cómo que qué me trae por acá, Porfirio? Quiero felicitarte por todo lo que has hecho por la causa. ¿Quién hubiera dicho que ese joven seminarista que apenas decidía qué hacer con su vida terminaría siendo uno de mis mayores aliados? He seguido tu carrera militar con gran interés y he leído las crónicas de tus encuentros militares, tus victorias y derrotas, y sé que más de una ha sido reproducida en periódicos norteamericanos.

—Gracias, don Marcos. No sé si merezca tal honor.

—La modestia déjasela a quien necesite atraer atención a la poca relevancia de sus actos. Tú eres grande, Porfirio. Te conocen en todo el país y por eso, desde que reinstalé mi gobierno aquí en la capital, dispuse que uno de mis primeros actos fuera venir y agradecerte todo lo que has hecho por nosotros. Una vez más te debo tanto.

—Era mi deber, don Marcos. No hay nada que agradecer.

—Esa humildad... Deshazte de esa humildad, que no te va a servir de nada cuando llegues lejos.

Se despidió de mí y volvió al Palacio de Gobierno.

Un par de semanas después volví a caminar. Me hice de una muleta y salí al patio para conversar con Delfina. Recuerdo el verano oaxaqueño por el verde de los árboles y el sofoco de mediodía, pero eso no le importaba a ella. Se sentó a la sombra y apoyó su mentón en las manos para escuchar mis aventuras en Ixtlán. De repente vi a don Marcos entrar por la puerta, Llevaba el sombrero bajo el brazo, y en la camisa se veían las humedades del sudor.

—Porfirio, quiero consultarte algo —me dijo después de saludarlo.

Delfina se levantó, sacudió el polvo de su falda y se fue a preparar la comida.

—Lo que usted diga, don Marcos —respondí.

Me acompañó a caminar, pues el médico me lo había recomendado para recuperar la movilidad de la pierna.

—Fíjate que uno de mis primeros actos como gobernador de Oaxaca fue nombrar a Juan Escobar jefe político de Zimatlán y a Juan Hernández como jefe político de Yautepec. Ellos fueron de inmediato a ocupar sus nuevos cargos, pero en estos últimos días me llegaron rumores de que extorsionan a la gente de sus municipios. Sé que son buenos elementos y no quisiera quitarles el puesto. ¿Qué podríamos hacer?

—Pues disculpe que lo contraríe, don Marcos, pero yo conozco a ese par y, como diría mi madre, no son ninguna perita en dulce. Tienen una reputación que para qué le cuento.

Carraspeó un poco.

—Entonces, ¿no crees que sea un rumor de mis enemigos políticos para desprestigiarme?

—Tal vez lo hayan exagerado, pero no iniciado. Si el río suena es porque lleva agua. Quítele el puesto a ese par de desgraciados, me lo va a agradecer.

—No puedo, sólo son rumores. No voy a abandonar a mis amigos, así como tampoco lo haría por ti. Tú lo entiendes, ¿verdad?

111

Asentí.

—¿No hay algo más que pueda hacer? ¿Ése es todo tu consejo? —añadió.

—Ése es todo mi consejo —concluí.

Noté la decepción en sus ojos. Bajó la mirada y soltó un suspiro hondo. Salió de ahí sin hablar más del asunto. Aquélla fue la última vez que lo vi. Unos meses después fue depuesto con la excusa de que no había presentado la memoria anual que requiere la Constitución del estado, y sus conspiradores tomaron el poder. Los rumores en su contra se hicieron cada vez más grandes y, aunque hice lo imposible por acallarlos, no pude.

Don Marcos se envolvió en su derrota. No quiso salir de su casa por varios días, evitó recibir a su hijo y se distanció de su esposa. Dicen que enflacó muchísimo y que los ojos se le hundían.

Unos meses después, en agosto de 1861, recibí la noticia de que lo habían encontrado muerto en su habitación. No quise preguntar de qué, sólo asistí a su entierro para despedirme de su cuerpo mortal.

Así murió el único padre que conocí en la vida y uno de los hijos más célebres que ha tenido nuestro México. Muchas veces visité su tumba y lamenté no haber hecho más por su carrera política. La historia ha olvidado su nombre y Oaxaca ya no recuerda todo lo que don Marcos hizo por él.

Al menos, él pudo morirse en su tierra, una oportunidad que no todos tienen.

Pero volvamos a 1860. Cuando me recuperé de la herida volví al servicio activo. No dejaban de llegar noticias de cómo los enemigos perdían plazas, y nosotros no quisimos perder Oaxaca por un descuido. Así que durante agosto, septiembre y octubre organicé una columna con dos batallones y nos dedicamos a patrullar zonas cercanas a la capital. Esta guardia era muy indisciplinada, no sabía marchar. Peleaban bien, eso sí, pero se resistían a alejarse de la ciudad; por eso les compuse un adagio chusco que decía: "Son valientes hasta el Marquesado" (el Marquesado es un barrio de allá).

En diciembre de aquel año nos incorporamos a las fuerzas del general González Ortega y recibimos órdenes de dirigirnos a Calpulalpan. Lástima que en tiempos de guerra el correo no es muy bueno;

la carta llegó tarde. Íbamos de camino cuando nos sorprendió una segunda carta donde el general González Ortega nos anunciaba su triunfo sobre Miguel Miramón, el mismo conservador a quien mi hermano había admirado tanto. Los liberales estábamos de fiesta. Ésa fue la última batalla importante de la Guerra de Reforma. Miramón, desde luego, se dio a la fuga.

Entonces me reuní con el general González Ortega y resolvimos que lo mejor sería marchar a la capital del país. Nunca había estado en la Ciudad de México. Había leído, por supuesto, descripciones de los edificios novohispanos, los palacios de cantera y los templos barrocos que se llenaban al atardecer; del palacio que alguna vez albergó a los virreyes de la Nueva España, y de la catedral que se elevó sobre los cadáveres de los antiguos dioses mexicas. Todo eso se veía maravilloso, como en pinturas y crónicas, pero también se notaba la humedad de las múltiples inundaciones, la tierra de las calles sin pavimentar, el lodo, el olor a mierda a falta de obras hidráulicas, la basura de los mercados, el ritmo de la sociedad acelerada que vivía con miedo y pecaba con ironía. Yo entré a caballo y admiré aquel portento colonial que parecía tan similar y al mismo tiempo tan diferente a mi querida Oaxaca. Descubrí grandes balcones, calles anchas, pero no por eso dejaba de verse la miseria en los niños morenos que pedían limosna afuera de los templos, de los cuales salían los obispos de púrpura.

La Guerra de Reforma terminó el 11 de enero de 1861, cuando don Benito Juárez entró a la Ciudad de México. Todos celebramos que volviera a la presidencia.

A algunos militares nos dieron la oportunidad de ir a casa, cosa que celebré muchísimo porque tenía ganas de que toda la familia estuviera completa: mis hermanas, el Chato y mis sobrinos, como cuando mamá vivía; que fuéramos los Díaz de siempre. Pero mientras anduve por el camino, mi hermano se me acercó:

—Oye, Porfirio, te veo pálido. ¿Qué traes?

—Nada que un buen descanso y un mezcalito de mi tierra no arreglen —respondí.

Por más que insistió en que bajara del caballo, no le hice caso. Ya me andaba por llegar a Oaxaca. Varias tardes fui presa de un dolor de cabeza terrible que atribuí a los calores de la tarde, a las jornadas prolongadas del viaje o a una ligera indigestión. Estaba por llegar a la ciudad cuando desperté con una fiebre muy alta y ya no me pude levantar. Balbuceé sobre coches que se movían con caballos de humo y voces que viajaban kilómetros en cuestión de segundos. Quisieron darme agua y perdí el conocimiento. No recuerdo más de lo que sucedió, aunque la tropa me dijo que anduve gritando locuras.

Otra vez convaleciente en casa de Desideria, desperté un día mientras el médico me revisaba. Félix estaba en la habitación.

—Yo creo que Porfirio ya está sano: es la primera vez que se despierta y no le grita a los juchitecos que lo dejen en paz.

Miré al doctor y asentí en silencio.

—Calma, señor Díaz —dijo éste—. Algunos de sus soldados estaban contagiados de tifo. La pobre salubridad de los campos de batalla hizo que varios enfermaran, pero usted ya se encuentra fuera de peligro. Recomiendo un par de semanas más de reposo. Además, su pierna ha mejorado mucho.

Le dejó al Chato una receta para mis medicinas y se retiró. Me volví a mi hermano e intenté sentarme en la cama, pero una punzada en la cabeza hizo que me serenara. La garganta me dolía, tenía ronchas en el cuerpo y, al ver la textura de mis dedos, comprendí que había bajado peligrosamente de peso.

—No te hagas el valiente, Porfirio. Estás enfermo, descansa. Además, vas a necesitar todas tus fuerzas porque fuiste votado en una elección popular.

—¡Ah, que la…! Si yo ni candidato era.

—Pos no, pero ya te hiciste fama y el partido liberal te nominó. Ahora eres diputado federal por el distrito de Ocotlán.

—No entiendo de política, eso déjaselo a los tinterillos. Yo lo que quiero es ser militar y salir a luchar.

—Ni modo, Porfirio. Así es la vida —se burló de mí y me dejó acostado en la cama.

Así que no me quedó de otra más que mudarme a la capital del país, que tan maravillosa me había parecido y que se volvería tan importante en el futuro.

Con la entrada de Benito Juárez a la Ciudad de México no se calmaron las cosas en el país. Tal vez haya terminado la Guerra de Reforma, pero de ninguna forma reinaba la paz que se había perdido mucho antes de que yo naciera.

Te voy a contar la historia de un hombre que seguramente tu padre conocía muy bien, Melchor Ocampo, uno de los favoritos de don Benito. Él fue el autor de la ley de matrimonio civil de la Constitución de 1857, y durante la guerra escribió y firmó un tratado con el embajador de Estados Unidos, Robert McLane, por el que vendía a perpetuidad el derecho de tránsito por el Istmo de Tehuantepec (territorio que yo controlaba) a cambio de un préstamo de dos millones de dólares. Entonces creíamos que el dinero nos podía ayudar a ganar la guerra. Se negoció y aceptó en Veracruz, pero cuando se envió al Congreso de Estados Unidos no quisieron ratificarlo. Verás: ellos empezaban su guerra civil y creían que controlar esos territorios le daría más poder al bando del sur y, por supuesto, el gobierno con el que negociamos estaba en el otro bando, es decir, el norte. El tratado McLane-Ocampo no sirvió más que para manchar el buen nombre de don Benito y de Melchor Ocampo, a quienes se consideraba los paladines del liberalismo mexicano.

¡Pobre don Melchor! ¿No te dijo tu papá cómo murió?

En junio de aquel lejano 1861 lo arrestaron allá cerca de Michoacán y se lo llevaron a Tepeji del Río, donde dos generales conservadores, Leonardo Márquez y Félix Zuloaga, lo mandaron fusilar. Luego colgaron su cadáver de un árbol, hasta que los vecinos de la zona lo bajaron y le dieron cristiana sepultura.

Cuando don Benito se enteró de lo que había pasado entró en cólera; gritaba insultos a los generales conservadores, pero sin poder reprimir las lágrimas que rodaban por sus mejillas morenas. Todo el país fue muy crítico de aquel asesinato, pero no hubo quien dijera que se lo había merecido por firmar aquel infame tratado con Estados Unidos.

Y como Melchor, varios buenos liberales fueron fusilados o capturados durante aquella paz armada que siguió a la Guerra de Reforma. Yo mismo tuve que pedir licencia, pero cuando el tal Leonardo Márquez quería sitiar y atacar la capital, lo detuve y lo perseguí por varios meses hasta derrotarlo en Jalatlaco el 13 de agosto. Ahí mero fue donde me gané el título de general de brigada que llevo hasta hoy. Pero Leonardo Márquez no estuvo contento y quiso volver a tomar una ciudad para la causa conservadora, esta vez Pachuca, y también lo detuve; con ayuda del general Santiago Tapia, claro está.

Los conservadores andaban a salto de mata pero activos. Un día asaltaban en los caminos; otro, querían tomar no sé qué ciudad; no había forma de apaciguarlos, eran como chinches. Mientras tanto, el país seguía hecho un polvorín. Como te imaginarás, con tantas batallas toda la inversión extranjera se había perdido ya que México tenía una reputación muy pobre.

Un día de tantos, estaba don Benito en su despacho en Palacio Nacional y revisaba las finanzas. Los empresarios ya no tenían dinero, las arcas agonizaban y la gente no podía pagar los impuestos. No le podía pedir ayuda a Estados Unidos que se desangraba en una guerra civil así que no le quedó otra más que exclamar: "Tendré que cancelar los pagos de la deuda externa".

Y sentenció al país a perder su soberanía.

Capítulo XVII

DIECISÉIS AÑOS TENÍA DELFINA cuando volví a Oaxaca. Odiaba tanto mis labores en el Congreso que busqué cualquier excusa para no estar presente. Alguna vez me hicieron levantarme frente a todos los diputados para hablar de los recursos que necesitaba mi municipio a fin de emprender ciertas obras de progreso. Descubrí que una cosa era mandar soldados y otra dirigirme a los letrados. Tú lo sabes, nunca he sido bueno para hablar en público. Me puse nervioso, se me olvidó lo que iba a decir y bajé la cabeza mientras hablaba. Después de algunos abucheos decidí que aquello no era lo mío.

Justo Benítez, también diputado, me invitó a comer para reírse del asunto.

—Tómate un tiempo para descansar, te lo mereces. Si no estás luchando estás votando; nadie puede sentir el peso de un país sobre sus hombros.

Le di la razón.

Volví a pedir licencia y me fui a mi tierra. Le dije al Chato que me acompañara por si acaso; no quería terminar como Melchor Ocampo. Me fui a casa de Desideria, que Nicolasa visitaba casi todos los días. De no ser por la difunta Manuela, estaríamos todos los hermanos; por suerte, su hija se hallaba con nosotros. Era tímida pero preguntaba mucho sobre mi estancia en la capital. Sus ojos negros se encendían cada vez que me oía hablar, y yo notaba sus labios gruesos. Por primera vez supe que se había convertido en una mujer.

Lo comprobé unos días más tarde cuando, mientras desayunaba, Desideria se sentó junto a mí.

—Ay, Porfirio, no sé dónde trae la cabeza esta niña. Fina lleva meses que no limpia bien la cocina, trae la mitad del mandado y nunca llega a sus horas para comer.

—Traerá novio y no te quiere decir. Yo que tú la cuidaba. Ya le contaste de su mamá, pero como hombre sé lo sencillo que es enamorarlas con palabras fáciles.

—¿Como a Juana Catalina? —se burló.

—Ella está condenada a ser inalcanzable y yo a intentar ganarme su corazón. Delfina es inocente, aún joven. ¿Quieres que le diga que ya está el desayuno?

Entendí su silencio como un sí.

Caminé hasta el cuarto de mi sobrina. La puerta estaba entreabierta y ella se pasaba un paño húmedo por los brazos.

Llamé a la puerta y se sobresaltó.

—Un momento —gritó, mientras yo daba unos pasos hacia atrás.

Cuando me abrió ya se encontraba vestida.

—Dice tu tía que te apures a desayunar, que se te van a enfriar los chilaquiles.

—Ya voy, ya voy... —respondió en tanto se arreglaba la trenza.

Volví a la mesa. El Chato estaba ahí, apurándose las tortillas fritas y la salsa. Al sentarme me acercó un periódico, y de inmediato leí la noticia principal.

—¿De cuándo es esto? —pregunté.

—Lo acabo de comprar en la plaza.

Lo doblé y di un fuerte golpe en la mesa.

—¿Qué sucede, tío? —preguntó Fina.

—Que ya tenemos las consecuencias de la suspensión de pagos de la deuda externa. Inglaterra, Francia y España firmaron un tratado y vienen para México a exigir su dinero.

—Pues vamos a ver quién sale mejor para los madrazos —sentenció mi hermano.

Un mes después, cuando estaba de vuelta en la capital, quise visitar a Juárez para platicar con él del asunto. Entré al despacho de Palacio Nacional y lo encontré nervioso, caminando de un lado para otro. Tenía la mirada dura y la quijada tensa.

—¿Le sucede algo, don Benito? Yo sólo venía a...

—No voy a ceder a sus presiones, si quieren guerra van a tener guerra.

—Hasta ahora hemos mantenido a raya a los conservadores.

Me miró un segundo y tomó asiento mientras movía la cabeza.

—¿Es que no les han llegado las últimas noticias al Congreso? Ya llegaron los primeros barcos españoles a Veracruz y no tardan en llegar los de Francia e Inglaterra. Mira, éste es el tratado de Londres que firmaron; dice así: "Desde la fecha de esta ley, el Gobierno de la Unión percibirá todo el producto líquido de las rentas federales, deduciéndose tan sólo los gastos de recaudación de las oficinas recaudadoras, y quedando suspensos por el término de dos años todos los pagos, incluso el de las asignaciones destinadas para la deuda contraída en Londres y para las Convenciones extranjeras". Se van a quedar con todo el dinero de las aduanas, y con nuestro ejército diezmado por la guerra sólo tenemos dos opciones: negociar o jodernos.

—¿Quiere que le ayude a integrar una comisión?

Negó con la cabeza.

—Que vaya Manuel Doblado, él es el ministro de Relaciones Exteriores. No quiero más acusaciones de esos malditos conservadores de que mis decisiones vulneran la soberanía de México. Es lo último que necesito.

No quise insistir más, se veía agobiado, y lo dejé pensativo.

Con sumo interés seguí el desarrollo de los eventos de los siguientes días. Don Manuel Doblado fue a La Soledad, una hacienda de Veracruz, y negoció con los invasores. Fue un proceso largo con muchos intérpretes, pero al final se logró que los representantes de España, Francia e Inglaterra firmaran un documento que llevaba por título Tratados Preliminares de La Soledad, donde se establecía un nuevo plan de pagos de la deuda externa.

Ese febrero de 1862 respiramos más tranquilos porque teníamos la esperanza de haber detenido una guerra. Las naves de España e Inglaterra volvieron a sus países sin más contratiempo, pero Napoleón III tenía otros planes para México. Dubois de Saligny volvió al puerto, hizo descender a los soldados franceses de su buque y los puso a marchar por la ciudad. En aquel entonces, el francés era el mejor ejército del mundo.

Yo comía en un restaurante de la Ciudad de México, cuando abrí una carta que me había llegado de Juana Catalina, sólo unas líneas de su puño y letra:

El cielo que arde con la pasión de otrora
Verá caer a sus ángeles en franca derrota.
El azul se impondrá sin esfuerzo al verde.
Por el triunfo de una patria remota.

En eso llegó Justo Benítez apurado. Esperé a que recuperara el aliento. Se secó el sudor de la frente con una servilleta.

—¡Justo! Siéntate, pide algo, yo invito.

—Tu hermano…, tengo noticias importantes de tu hermano.

Me reí.

—¿Ahora qué hizo el cabezota de mi hermano?

Justo apuró un vaso de agua y pidió otro.

—Atacó a los franceses en Veracruz.

De inmediato me levanté de la mesa sin decir más, por lo que Justo tuvo que seguir con su historia.

—Los soldados franceses avanzaron hacia el interior del país y Félix quiso ser el primero en atacarlos con su tropa. Tu hermano está bien, el enemigo también. Saligny rechazó los tratados de La Soledad y quiere tomar la Ciudad de México.

No me acuerdo si exclamé algo en contra de mi hermano o de los franceses. Cuando salí del restaurante sabía que tendría que volver a empuñar el fusil, y poco después recibí el encargo de unirme al recién creado Ejército de Oriente.

Tuve miedo. Como militar sabía que llevábamos todas las de perder. Tanto así, que un día antes de enfrentarnos el general Charles-Ferdinand Latrille, conde de Lorencez y comandante de las tropas, escribió al ministro de Guerra de Francia: "Tenemos sobre los mexicanos tal superioridad de raza, organización, disciplina, moralidad y elevación de sentimientos, que a partir de este momento y a la cabeza de seis mil soldados, yo soy el amo de México".

Nosotros apenas teníamos cuatro mil soldados, y estábamos por luchar contra el mejor ejército del mundo.

¿Ignacio Zaragoza? Había escuchado hablar de él por su brillante desempeño en la Guerra de Reforma. Él, como yo, se había destacado por ganar batallas y hacerse de un nombre a través de logros militares, aunque los suyos fueran en el norte del país. Además, participó activamente en la Guerra de Calpulalpan, donde los liberales obtuvimos el triunfo final sobre los conservadores. Por eso no me extrañó cuando don Benito ordenó que Ignacio Zaragoza estuviera al frente del Ejército de Oriente.

Me reporté con él. Inclinado sobre un mapa de la ciudad, planeaba cómo defender Puebla. Noté sus facciones morenas, rostro alargado y anteojos grandes. Iba bien rasurado y peinado de raya al lado. Su complexión era atlética, aunque le quedaba grande el traje de militar. Con él estaba Miguel Negrete. Zaragoza no se separó de su planeación para estrechar mi mano y volver a la estrategia.

—Pensamos que iban a entrar a la ciudad por el convento del Carmen, pero parece que se decidieron por los fuertes de Loreto y Guadalupe —me susurró Negrete—. Los asesora el hijo de José María Morelos y Morelos, el tal Juan Nepomuceno Almonte.

—¿Es cierto que a Puebla la llaman la ciudad de los ángeles? —pregunté al recordar la carta de Juana Cata.

—Dicen que ellos la diseñaron —respondió Berriozábal sin darle mayor importancia. Él estaba en una esquina con los brazos cruzados.

No insistí y me acerqué al mapa para tramar juntos la batalla. Tenía un fuerte presentimiento en la boca del estómago, como si una tormenta se me juntara ahí.

La madrugada del 5 de mayo de 1862 nos agarró sin luz. Fuertes nubarrones cubrían todo el cielo, un viento frío bajaba desde el cerro y se mezclaba con nuestro miedo. El Chato estaba junto mí; íbamos montados en nuestros caballos. El futuro de México estaba en nuestros hombros y no sabía si iba a tener la fuerza para resistir ese peso. Los murmullos de los soldados empañaban el silencio, pero no se entendía bien qué decían.

Entonces escuché el relinchar de un corcel blanco. Montado en él apareció Ignacio Zaragoza con su uniforme de militar. Se notaba que también tenía miedo, pero estaba dispuesto a enfrentarlo.

—¡Mexicanos! —gritó una vez.

Volvió el silencio. Todas las miradas se posaron sobre él. Una llovizna ligera empezó a caer mezclada con la tenue neblina que serpenteaba a nuestros pies, como una serpiente que vaticinaba el desastre.

Ignacio Zaragoza continuó su discurso:

—Mexicanos, nuestros enemigos son los primeros soldados del mundo, el mejor ejército que camina sobre la faz de la tierra, pero ustedes son los primeros hijos de México. ¡Hoy nos quieren arrebatar la patria! No lo permitiremos.

Se escucharon gritos de apoyo; los soldados levantaron fusiles y mosquetones. Yo permanecí quieto, al igual que los otros militares de rango.

Entonces tomamos nuestros respectivos lugares para la batalla. Miguel Negrete dirigió la defensa por la izquierda y yo por la derecha junto con Felipe Berriozábal. En el centro del plano estaban los fuertes de Loreto y Guadalupe. Los rayos surcaban los cielos y los truenos se confundían con los cañones de ambos bandos. A eso de las nueve de la mañana distinguimos a lo lejos el brillo de las armas que tenían nuestros enemigos; venían desde el cerro de las Navajas.

Pronto el tiempo se enredó con nosotros; sucedió todo tan rápido que los que parecieron minutos fueron horas. Humo, disparos, el olor de la pólvora. Conocíamos su intención de rodear la ciudad de Puebla, pero querían hacerlo a través de los cerros.

El enemigo se formó en el centro. Después de quince o veinte minutos de silencio dispararon sus cañones contra los cerros de Loreto y Guadalupe, donde habíamos concentrado gran parte de la infantería para resistir. Las brigadas de Berriozábal y Lamadrid subieron a trote para reforzar los cerros.

Era de vital importancia que todo saliera bien, porque un pequeño error en la táctica nos podría costar el resultado de aquella batalla y el destino de todo el país.

Los fuegos de nuestra artillería causaron poco daño a la columna del enemigo, que escalaba los cerros con gran maestría, y las ondulaciones del terreno no permitían que nuestros soldados vieran a los franceses con claridad. Ah, pero cuando llegaban hasta arriba se encontraron con los valientes mexicanos que les disparaban hacia abajo y con gran puntería. Así fue como los franceses se desorganizaron rápido e iniciaron una primera retirada, y nosotros agarramos la confianza que nos hacía falta. Los indios de Tetela y Zacapoaxtla aprovecharon el desconcierto para atacar y matar a varios de los franchutes.

Los mexicanos aprovechamos para reorganizarnos, y el general Lorencez para mandar más hombres a atacarnos. Éstos fueron más hábiles y tenían mejor puntería, por lo que lograron subir al cerro de Guadalupe hasta tomar la capilla de la Resurrección. De inmediato, un batallón de Michoacán y otro de Veracruz se aprestaron a batirse con los franceses.

El valor de uno es grande cuando se sabe perdido, y la vida es muy corta para dudar en el campo de batalla. Todo servía para luchar, los fusiles, la espada y hasta los escobillones y las palancas de los cañones. Nosotros no teníamos mucho parque, pero sí gran ingenio.

Por la tarde cayó una llovizna ligera, que empezó como un delicado escenario de agujas plateadas y terminó en un verdadero diluvio que duró unos veinte minutos. El estómago me rugía; no sabía cuántas horas llevaba sin probar bocado. Cuando vi que el general Lorencez había mandado más refuerzos para el ataque y se dirigían precisamente hacia el oriente de la ciudad, donde yo me encontraba, supe que era mi momento.

El fuego se inició de inmediato. Los disparos eran cercanos. Después de la explosión las balas pasaban cerca de nosotros como un zumbido mortal, y luego veía caer a los soldados que se encontraban a mi lado. Actué rápido. Les dije a mis hombres que avanzaran sin miedo, y al Chato que atacara al enemigo con la espada en la mano. Sólo entonces logramos hacer que los franceses se retiraran de donde yo estaba, y a lo lejos vi en los cerros la victoria de los mexicanos.

Nuestro era todo el terreno, cubierto de soldados franceses que habían dado la vida en el campo de batalla, sus casacas quemadas por la pólvora, el pasto cubierto de sangre.

Para las cinco de la tarde no había más que hacer, los franceses habían perdido y empezaban a retirarse.

Entonces tomé la iniciativa de perseguir a los soldados enemigos que huían despavoridos. Con el viento en mi rostro húmedo por la lluvia, sólo tenía un pensamiento en la cabeza: acabar con ellos mientras aún tenía la oportunidad de hacerlo. Mi hermano me siguió al mismo grito de guerra, mas no llegué muy lejos cuando el capitán Pedro León me cortó el paso. Mi caballo frenó y se levantó en dos patas antes de volver a su posición.

—Órdenes del ·general Zaragoza, Porfirio: cancela tu misión y vuelve con nosotros.

—Hay que acabar con los mesiés mientras estén heridos —respondí.

—Si no responde a las órdenes, será juzgado por un consejo de guerra.

Ejecutada mi retirada hasta mi antigua posición, que era la ladrillera de Azcárate, me presenté ante Zaragoza en el atrio de la Capilla de los Remedios. Con una sonrisa que representaba más alivio que triunfo, me miró a los ojos y exclamó: el ejército francés se ha batido con mucha bizarría, pero las armas nacionales se han cubierto de gloria. Ése fue el mismo mensaje que mandó a Benito Juárez a través de un telegrama. Todo el país festejó la noticia.

Lo triste es que al general Zaragoza le duró poco la gloria: le dio fiebre tifoidea y murió cuatro meses después. Su esposa había fallecido antes de la batalla del 5 de mayo.

¿Recuerdas lo que te dije, Carmelita? Él es uno de los héroes que murieron jóvenes sin demostrar los errores propios de la naturaleza humana. En cambio yo, con más triunfos en mi carrera militar, estoy condenado al desprecio de mi pueblo.

Le gané a los franceses, pero ¿le ganaré a la historia?

Capítulo XVIII

Me sorprendió tanto el desenlace de la batalla que cuando me fui a dormir creí que todo había sido un sueño. Estaba seguro de que al abrir los ojos me encontraría con el rostro del general Zaragoza apurándome para ir al campo de batalla.

No sé a qué hora fue, pero me despertó un viento frío que aullaba desde lejos. Descalzo, me levanté y caminé por el pasto húmedo, el lodo y las raíces de los árboles. Los fuertes de Loreto y Guadalupe lucían como carbones apagados. La noche era un silencio insoportable similar a la muerte. Aún olía a pólvora, la sangre pintaba el pasto. Por un momento comprendí la victoria y me sentí eterno. Recordé cada uno de los disparos como si fueran causa de una alegría incontenible. No estaba solo, pues nuestros soldados recogían los cadáveres y limpiaban el sitio, pero no hablaban; tal era su impresión de la victoria.

Desde entonces se ha mencionado la batalla de Puebla como una de las más importantes de nuestra historia, y yo mismo reforcé el mito. Ora como un tributo a los soldados y los indios que lucharon valientes por la patria, ora como un egoísmo propio de saber que el pueblo me recordaba como una de las piezas clave del triunfo.

Los franceses habían retrocedido, pero ello no significaba que los hubiéramos vencido del todo. Estaba seguro de que sólo sería cuestión de tiempo que intentaran llegar a la Ciudad de México de otra forma.

El Chato y yo, junto con otros militares, nos adentramos a una guerra de guerrillas por todo el país con el firme objetivo de vencer al enemigo. Algunas veces ganamos, pero debo decir que fueron las menos. Como ya te expliqué, ellos tenían mejor preparación, tecnología militar y, lamentablemente, contaban con asesoramiento de algunos miembros del partido conservador. Nosotros, en cambio, nos valíamos de la idea de que la patria estaba en juego, y arriesgábamos la vida.

Con frecuencia enviábamos partes a don Benito de lo que sucedía en el campo de batalla. Escribí a mis hermanas, a Delfina y a Juana Cata de aquellas veces en que no teníamos parque para disparar o algo para matar el hambre. Sólo el fuego colmaba nuestras noches en vela, en las que esperábamos que el enemigo no nos atacara de improviso.

Después de la muerte de Ignacio Zaragoza, se dividió el Ejército de Oriente y tuvimos que volverlo a formar rápido bajo las órdenes del general Jesús González Ortega. A finales de 1862 tomamos Puebla y nos preparamos para enfrentar a los franceses. Era nuestra misión alejarlos de la capital.

En marzo del siguiente año me encontraba en el cerro de Guadalupe cuando escuché al enemigo acercarse. Diez mil hombres a la derecha y otro número igual por la izquierda. Venían bien preparados y no tuvimos tiempo de actuar en respuesta. Apurado, fui hasta el coronel Negrete y le advertí lo que estaba sucediendo.

—Tenemos que atacar lo más pronto posible —respondió, y yo acepté porque pensaba igual que él.

Corrimos los dos hasta donde se encontraba el coronel Jesús González Ortega y le sugerimos atacar el núcleo del enemigo, utilizar nuestra línea con cañones de defensa contra los franceses.

—Lo pensaré —respondió sin más.

Se llevó las manos las sienes y las acarició como si le doliera la cabeza; luego exigió que lo dejáramos solo. Negrete y yo no quisimos actuar sin su permiso y esperamos su respuesta. Estudiamos al enemigo con cuidado; cerraban el cerco, sus soldados marchaban entre diez y doce horas cada día.

Nuestro miedo comenzó en uno de los campamentos, cerca del convento del Carmen, y se fue extendiendo a todos los soldados. Con frecuencia los escuchaba dudar de nuestro papel con preguntas como ¿por qué no atacamos?, ¿tenemos la fuerza para enfrentar al enemigo?, ¿acaso son más numerosos que nosotros?, ¿y si nos dejaron ganar la primera vez para rematarnos ahora?

Después de algunos días de preguntarle al general González Ortega qué podíamos hacer, exclamó:

—No estoy de acuerdo con la maniobra que han sugerido, y rechazo cualquier ataque al enemigo hasta que sepamos cómo debemos obrar.

No fue necesario que insistiera, porque los franceses hicieron su movimiento. El enemigo tomó algunas manzanas de la ciudad. Se escucharon los cañones y cayeron los muros del templo de San Javier. Incluso hoy, si paseas por la ciudad, encontrarás una gran cantidad de edificios que conservan los agujeros de las balas.

Los franceses continuaron con el sitio sin salir de las manzanas tomadas. Estaba claro que González Ortega no planeaba darnos el triunfo, pues esperaba demasiado en construir una estrategia militar que nos sacara de ahí con vida. Los generales nos reunimos alrededor de un mapa para hacer el recuento de los daños y entender cuánto territorio habíamos perdido, cuando uno de mis soldados llegó con un papel doblado.

—¿Qué es esto? —pregunté.

—Me lo dio un hombre de allá fuera, dice que usted va a entender, que sólo a usted podía dárselo.

Lo despedí. Abrí el papel y lo leí. Los militares que estaban a mi alrededor me miraron con cierta curiosidad. Si mal no recuerdo, la carta decía algo así:

He solicitado de usted varias veces, y por varios conductos, que me ayudara a conseguir un lugar en las filas del ejército mexicano con mi carácter de teniente coronel. Usted se ha negado a ayudarme en ese trabajo o no ha podido conseguirlo del gobierno; pero ahora que ya no hay tiempo de formular solicitudes, porque al enemigo no sólo lo tenemos dentro del país, sino próximo a atacar la plaza, vengo a pedirle a usted una cosa distinta: un lugar en sus filas y un fusil. Piense que yo, como usted, soy mexicano.

Pasé el papel a mis compañeros y lo leyeron con detenimiento.

—Sí, muchos conservadores intentaron pasarse a nuestro bando después de la guerra, pero no podíamos aceptarlos a todos —respondió González Ortega—. No había dinero ni queríamos enemigos en nuestras filas.

Salí de aquel cuarto para encontrarme con el hombre que me había mandado esa carta. Ahí estaba esperándome, nervioso. Era más o menos de mi estatura, muy delgado, de bigotes largos y barba corta bajo el labio. Sus ojos eran pequeños pero estaban llenos de vida.

—General Díaz, me da gusto que haya aceptado verme. Por largo tiempo me he querido entrevistar con usted.

—Le advierto que no es un buen momento, don...

Sonrió, bajó la mirada y miró a la izquierda por un instante.

—Ay, general, ¿a poco ya se le olvidó la vez que nos encontramos en Oaxaca?

Y de momento me vino la imagen fugaz de un hombre que huía.

—¡Manuel González!

—¡El mismo, general! Vengo para unirme a sus filas.

Estreché su mano y lo abracé. Le di unas palmadas en la espada; se mostró confundido, creo que no esperaba esa muestra de afecto de mi parte.

—No, don Manuel. Con su experiencia no puedo darle un fusil como si fuera cualquier soldado. Conozco parte de su trayectoria y quiero que se mantenga a mi lado como un amigo. Usted le sabe a esto de la guerra y justo ahora necesitamos toda la ayuda que se pueda. Me encargaré de que se le respete el cargo de teniente coronel, y cuando todo esto termine hablaré con don Benito.

Y me acompañó de regreso al cuarto, donde revisó el mapa con nosotros. Mi trabajo quedó decidido entonces: defender los fuertes de Santa Inés y San Marcos.

Pasaron los días. El sitio de Puebla hizo estragos en nosotros. Se acabaron las provisiones y el agua. Los enemigos ya contaban con 36,000 soldados.

Hubo encuentros militares, sí, batallas que tal vez ahora no valga la pena contar porque no fuimos capaces de romper el cerco. Dentro de mí, en cambio, no hubo miedo, sino frustración. ¡Necesitaba salir de ahí! No quería medir el tiempo en batallas, atardeceres rojos y compañeros muertos. Y así lo comenté con frecuencia con Manuel González, quien se volvió mi gran compadre.

—¡Tranquilo, compadre! Seguro que González Ortega tiene un plan.

—Lo pensé en un principio, Manuel. Pero ya no sé..., no veo por dónde.

Como sabes, Carmelita, no soy un hombre paciente. Por suerte, más mala que buena, González Ortega tomó la decisión de rendirnos. Aquello era ya insostenible y no había otra forma, por lo que una tarde de mayo, a la luz de un cielo encendido, como la profecía de Juana Cata, le informamos al general Forey que la plaza estaba a su disposición.

No tardaron en hacernos sus prisioneros. Se llevaron a mi hermano y a Manuel González; sólo quedamos los generales al mando. Nos llevaron hasta una de nuestras tiendas y nos hicieron esperar por horas. A la mitad de la noche apareció el general Forey; sus afiladas facciones apenas se iluminaron por una de las lámparas que llevaba uno de sus soldados a la derecha.

—Me han dado muchos problemas. Tardé más tiempo de lo contemplado en tomar esta plaza —declaró—. Si se hubieran rendido la primera vez que atacamos Puebla, nos hubiéramos ahorrado esta derrota, pero así lo quisieron ustedes y al final..., ¿ya ven? Puebla es nuestra. ¡México es nuestro! Fracasaron en su intento de frenarnos y fracasarán cuando quieran luchar contra el imperio que les traemos.

Mi sangre hirvió en ese momento. Apreté los puños, quizá con el patético deseo de golpearlo, pero el general Berriozábal me vio tenso y me tomó del brazo para serenarme.

—¿Sólo vino a burlarse de nosotros? —exclamé.

—Mostrar valentía en la derrota no es muestra de inteligencia, general...

—Porfirio Díaz.

—General Díaz —repitió en un mal español—. Bien, quiero evitarme más problemas con ustedes. Quiero que me firmen un documento en el que aceptan su no intervención en el resto de la guerra. Tomaremos México, de eso no hay duda. No queremos más contratiempos como el de Puebla. Aquí les dejo papel y tinta. Volveré por la mañana y espero que todos hayan firmado.

El papel decía algo así:

Los que abajo firmamos, los oficiales mexicanos hechos prisioneros, nos comprometemos bajo nuestra palabra de honor a no salir de los límites de la residencia que se nos asigne; a no mezclarnos en nada por escrito o por actos, en la guerra o en la política, en todo el tiempo que permanezcamos prisioneros de guerra, y a no mantener correspondencia con nuestras familias sin previo conocimiento de la autoridad francesa.

Inclinó la cabeza para saludar y salió.

Nos quedamos en silencio, pensábamos qué hacer en un caso así. Discutimos la posibilidad de huir entre aquellos soldados; alguien sugirió anexarnos al ejército francés y otro más luchar hasta la muerte. El general Berriozábal hizo algo más inteligente. Le dio la vuelta al papel y comenzó a escribir.

Los generales que suscriben y pertenecen al Ejército Mexicano de Oriente no firman el documento que se les ha remitido del cuartel general del ejército francés, tanto porque las leyes de su país les prohíben contraer como porque se lo prohíben sus convicciones y opiniones particulares.

Firmamos todos, y por la mañana se lo hicimos saber al general Forey, al que no le gustó lo que había en aquella tinta. Apretó la quijada, bufó furioso y tronó los dedos para llamar a uno de sus subalternos. Dijo algo en francés que luego me tradujeron:

—Que los encierren en una casa de la ciudad. Ya me encargaré yo de que no vuelvan a detener los planes que nuestro emperador tiene para este país.

A la fuerza nos llevaron de ahí. El aire olía a pólvora y sangre. También a muerte.

Capítulo XIX

En Puebla las mañanas son como el azufre que llena de calidez los palacios de piedra. Sin embargo, la ciudad sufría los estragos de haber pasado meses sitiada por los franceses. Había paredes derruidas, cristales rotos, agujeros de balas, templos destruidos y un silencio espantoso. Sólo entonces ambos ejércitos se pudieron dar el tiempo de velar y enterrar a sus muertos, pero nosotros, los generales mexicanos, estábamos encerrados en una de las casas que habían sobrevivido al fuego enemigo.

Aunque era mayo, recuerdo esos días con mucho frío. Me recostaba por las noches a pensar cómo podía escapar y, por alguna razón, era Delfina la que llenaba mi mente. Nunca lo entendí.

Como a los enemigos no les gustó que nos negáramos a firmar su carta, resolvieron que lo mejor sería encerrarnos en su amada Francia, por lo que escogieron una fecha para llevarnos al puerto de Veracruz, donde ya nos esperaba un buque.

Aumentaron la seguridad de la casa, taparon las ventanas y montaron guardia por las noches. Me sentí aislado del mundo. Con mi uniforme de general vi pasar los días, mientras jugaba a los naipes con mis compañeros y recordaba los cuentos que me contaba mi madre en el Mesón de la Soledad.

Para despedirnos, los franceses aceptaron la visita de nuestros familiares antes de llevarnos al extranjero. Un soldado me preguntó si quería escribirle a mi familia.

—Es mejor que mis hermanas no me vean mientras estoy caído —respondí.

No dijo más y me dejó solo.

Cuando llegó el día de la visita hubo mucho bullicio en la casa. Familiares de los generales entraban y salían, y los franceses apenas si los revisaban a la entrada. Se me ocurrió una idea. Regresé a mi habitación y aproveché la soledad para quitarme la casaca; me cubrí con la manta de la cama como si fuera un sarape y tomé un sombrero que había dejado uno de los visitantes. Era mi única oportunidad, Carmelita. Bajé las escaleras y encorvé la espalda para no parecer soldado. Mis pasos eran rápidos. La puerta estaba a tan sólo unos metros. El custodio tenía su mirada en mí.

—Buenos días —escuché al oficial de la guardia al cortarme el paso.

Me detuve.

Un sudor frío bajó por mi espalda.

—Buenas —respondí con la voz más aguda que salió de mi garganta; no levanté la cabeza.

—¿Se retira usted? —preguntó.

—Sí, ya me despedí de mi hijo. Trátenlo bien, es un buen muchacho.

—Trataremos bien a todos los prisioneros —concluyó y me acompañó a la puerta.

Nunca supe si me descubrió y me dejó partir, o lo agarré distraído. En unos segundos me encontré de nuevo en la calle, mas no era libre. La ciudad estaba inundada de soldados enemigos; caminaban entre las ruinas, llevaban soldados mexicanos de un lado al otro, cateaban casas... Seguía en peligro mientras estuviera en público.

En tiempos de guerra, cualquier amigo puede ser un traidor. Tenía que arriesgarme. Fui hasta una casa que conocía y toqué la puerta. El doctor Cacho salió. Levanté el rostro en silencio y se hizo a un lado para dejarme pasar. ¡Cuál no sería mi sorpresa al encontrarme dentro de la casa al general Berriozábal! También se había escapado y yo ni cuenta me había dado.

—Tenemos que irnos de aquí lo más pronto posible —le dije después de saludarlo.

—No podemos, Porfirio, vigilan las calles día y noche, saben que varios ya nos escapamos y, si nos agarran, nos fusilan. Seguro, ahorita ya se dieron cuenta de que no estás y te andan buscando por las calles. Podemos caer en el siguiente cateo; esta casa no tiene muchos escondites, te lo aseguro.

Tenía razón; me encontraba en más peligro que antes. Habían caído las piezas necesarias para que un imperio remplazara a la república. Después de todo lo que habíamos luchado en la Guerra de Reforma, volvíamos a lo mismo.

—Tengo dos caballos, pero quería usar uno de ellos para huir —dijo el doctor.

—Entiendo —respondí decepcionado—. Sé que espera salir con el general Berriozábal. Aléjese de la Ciudad de México y vaya al sur. Logrará evitar al enemigo.

—¿Por qué haría algo así, Porfirio? Si me deja terminar, iba a decirle que mi caballo es suyo. A mí no me buscan los franceses y en cambio creo que le haría muy bien a la república que usted pudiera estar libre. Simpatizo con la idea de que México debe gobernarse a sí mismo, y no a través de los europeos.

—Es arriesgado —terció Berriozabal—. Yo intenté salir ayer en uno de los caballos y tuve que volver por la cantidad de guardias que hay en las calles. El enemigo está muy bien adiestrado para combatir de noche, pero hoy está nublado y quizá no tengan la luna para ver.

—Aunque la tuvieran, nuestro deber es ser leales al gobierno de don Benito.

Mi respuesta lo turbó, pero ¿qué podíamos hacer? ¿Quedarnos en aquella casa hasta que vinieran a catearla? Ya arriesgábamos la vida del doctor Cacho al estar ahí. No hubo más que discutir el resto del día. La tarde pasó con el tictac de los relojes. Nervioso, caminé de un lado hacia el otro hasta que todo cayó en el espectro sombrío que adorna las noches. El buen doctor nos fue a buscar; llevaba una vela en la mano izquierda y nos hizo una seña para que lo siguiéramos. Fuimos hasta la parte trasera de la casa y ahí encontramos sus caballos ya ensillados.

—Si los atrapan no digan dónde se escondían.

—No diremos nada, ya ha hecho bastante por nosotros —le respondí.

Fue a medianoche cuando nos abrió los portones y, ¡arre!, salimos disparados entre las ruinas de lo que había sido Puebla. Saltamos entre las piedras y los edificios desmoronados, sorteamos soldados y campamentos. El clima estaba de nuestro lado. Las tinieblas habían ocultado la luna. De inmediato sonaron las alertas y los disparos. Nos perdimos rápido entre las sombras, quedó atrás el eco de los cascos con el que nuestros corceles rompían la quietud del silencio.

Pronto dejamos lejos la ciudad y pudimos descansar tranquilos.

De ahí nos fuimos a San Miguel Canoa y luego a Tlaxcala. En Apan encontramos una fuerza de caballería que nos llevó hasta la capital del país. Todo era caos. El miedo se había apoderado de sus habitantes; la noticia de que el enemigo estaría pronto en la ciudad había forzado a muchas familias liberales a huir al norte.

Yo me dirigí hasta Palacio Nacional, donde pedí entrevistarme con don Benito. Él me recibió de inmediato. El despacho lucía gris, polvoso, con libros por todos lados y papeles en el piso. A don Benito lo vi serio, casi como un fantasma. Me invitó a sentarme y me pidió que le narrara todo el sitio de Puebla, quería escuchar la historia de primera mano. Luego se mantuvo pensativo, antes de hablar, como en un susurro ronco.

—¿No le ha pasado, Porfirio, que tiene un sueño maravilloso y despierta a la mitad de la noche? Uno quiere volver a ese mundo de fantasía donde es posible encontrar la felicidad. La lucha por la república se esfuma… ¿Podremos volver al sueño? No lo sé. No quiero perder la esperanza, pero mis amigos no me dan mucha. Ya que vino a verme, y sé que el general Berriozábal espera fuera de esta habitación, quiero hacerle un ofrecimiento. ¿Le gustaría ser el secretario de Guerra o general en jefe del ejército? Usted elija un puesto, a Berriozábal le daré el otro.

Su mirada triste carecía de vida. Empezaban a notarse los signos de la vejez, las primeras canas y arrugas junto a la boca.

—Señor presidente, no me gustaría que alguno de esos nombramientos me cause envidia de militares con más carrera y méritos, por lo que tengo que decirle que no quiero ni un puesto ni el otro.

Me traspasó con la mirada y me dijo:

—Está cansado, hambriento. Usted no piensa con claridad. Piénselo hoy en la noche y venga a verme por la mañana para darme una respuesta.

Me despedí de él y estreché su mano. Ese día cené poco para no molestar el estómago, que llevaba varios días de sitio y captura. Con la primera luz del amanecer volví a Palacio Nacional y me encontré con Benito Juárez una vez más, impasible, como si no hubieran pasado horas de nuestro último encuentro. Una vez más me ofreció ambos cargos y mi respuesta fue la misma.

—Sabía que me diría eso, general Díaz. Y ¿sabe algo? Estoy de acuerdo con las razones que me ha dado para no aceptar los cargos. Le propongo algo: escríbame en este papel el nombre de las brigadas y los regimientos que le gustaría tener bajo su mando, y lo pondré a la cabeza de un nuevo ejército.

Llené un papel con todos los regimientos que me parecían los mejores, y don Benito me puso al mando de ellos.

El gusto me duró poco; el avance de los franceses a la capital era implacable y su entrada a la Ciudad de México, inminente. Don Benito me mandó llamar una tarde lluviosa de agosto y me informó que mi misión sería protegerlo mientras huía de la ciudad. Acepté. A la madrugada siguiente, muy temprano, fui hasta Palacio Nacional, donde la familia Juárez y ministros de gobierno habrían de iniciar su tortuoso peregrinar por toda la República.

Sin más contratiempos que el viento frío y la llovizna iniciamos el viaje. Aquel carruaje se convertiría en la representación de un gobierno itinerante, una esperanza de que la república podría volver. Salimos de la urbe y nos dirigimos al norte. Cuando llegamos a Querétaro, don Benito me llevó a solas para hablar conmigo.

—General Díaz, le tengo otra encomienda. Lo he pensado mucho y he tomado la decisión de que ya no siga con nosotros. Reconstruya el Ejército de Oriente y tome el mando.

Pensé en mi hermano. ¿Dónde estaría el Chato? Él me ayudaría en la empresa.

Tomé mi caballo y algunos hombres, y marché hacia Oaxaca. Ahí sería más fuerte y estaría lejos de las huestes francesas. En el camino me llegó una carta del general Berriozábal, quien había aceptado el cargo de ministro de Guerra. Abrí el sobre y me enteré de que me habían dado el grado más alto al que puede aspirar un mexicano en el ejército: general de división. Me sentí orgulloso, porque era un militar sin carrera (propiamente dicha) y había logrado un honor más alto que muchos de los que habían ido al Colegio Militar. Así, me fui hasta Oaxaca con la buena noticia en mi bolsillo.

Al llegar a la ciudad que me había visto nacer, lo primero que escuché fueron los rumores de lo que había acontecido en la Ciudad de México. El general Forey había avanzado hasta la capital para tomarla: se había perdido la plaza más importante del país ante el ejército francés. Imaginé los uniformes azules al marchar entre los palacios coloniales, el pánico de la población.

Dos cosas hizo, entonces, Forey, Carmelita: la primera fue declarar fuera de la ley a todos los que defendían el país y lo que quedaba de la república. En pocas palabras, era una afrenta a los militares que estábamos dispuestos a luchar por la soberanía nacional y convocar a una junta de notables para establecer un nuevo gobierno en todo el territorio.

La cosa ya estaba decidida; todo había sido planeado desde que Napoleón III se enteró de que México no podría pagar la deuda externa. Aquel verano de 1863 fue la primera vez que México escucharía el nombre de Maximiliano de Habsburgo.

Capítulo XX

CUANDO UNO ES JOVEN se hace la estúpida promesa de no envejecer. La primera noche que pude descansar en casa de Nicolasa me desnudé en el secreto de la noche y, a tientas, descubrí mi cuerpo como no lo había hecho desde que entré al Instituto de Ciencias y Artes. Me sentí bien formado, atlético, de muslos firmes y brazos torneados por las batallas que había librado. No era yo de gran musculatura, pues el sitio de Puebla y otros factores habían contribuido a que no me formara como otros militares que yo había visto. Sin embargo, me sentí hombre, me descubrí viril. Más de una vez había aprovechado los descansos de las batallas para conocer el placer en brazos de alguna india o soldadera desprevenida, como Petrona, María y, quizá la más bella de todas, Rafaela Quiñones. Recuerdo aquella noche en particular porque fue la ocasión en que susurré: "Ojalá este templo nunca se rompa por la enfermedad o la vejez", antes de adentrarme al éxtasis que acompaña todo placer carnal.

Me sentía capaz de cumplir con la imposible encomienda de levantar el Ejército de Oriente, y de realizar la tarea sin esperanzas de derrotar a los franceses. Al mismo tiempo no comprendía por qué cada vez que estaba en casa de mi hermana me faltaba el aire, me daban calores bajo la sombra y se me pegaba la lengua al paladar. Quise no entenderlo, aunque llevaba varios meses con el pensamiento en la cabeza, con el suave contorno de su nuca, los aretes dorados de sus oídos, sus mejillas suaves de niña; pero aquélla era ya una mujer.

—Buenos días, tío —dijo Delfina una mañana, y supe que aquel apetito que me consumía, aquella pasión incontrolable sólo venía de mi deseo por ella.

Su amor entró en mí a través de las noches de insomnio, de su nombre que lentamente se fue bordando en mi interior con cada batalla. Parecía que mientras más lejos me encontrara, más cerca quería estar. Ahora que la tenía frente a mí sólo podía notar sus ojos negros, sus pestañas como abanicos. Pero que un tío deseara a su sobrina era algo prohibido por la sociedad. En aquellos primeros momentos en que fui consciente de mis pensamientos ella lo notó. Era atenta conmigo, buscaba cualquier pretexto para estar a mi lado y recargaba su cabeza en la mano para escuchar mis batallas, mientras que el Chato se burlaba de ella. Mi hermano también había escapado de Puebla y lo encontré poco después de dejar a don Benito en Querétaro.

No creas, Carmelita, que regresé a mi tierra para descansar o pasar unos días con la familia. Llegué en secreto a la ciudad y me cuidé muy bien de que no supieran que estaba en casa de mi hermana. Salía únicamente de noche y mandé a mis pocos soldados que hicieran lo mismo. Sabía que el gobernador no estaba muy de acuerdo con mi forma de operar y no quería tener problemas.

Me ausenté durante largos periodos para conformar mi nuevo ejército, y así lo logré. Recluté a cuanto hombre pude para lograr mi objetivo, lo cual no fue difícil con el sentimiento contra los franceses que recorría aquellas tierras. La división se componía de tres brigadas y una sección de artillería; la primera brigada, mandada por el general don José María Ballesteros, la integraban el Batallón de Oaxaca, mandado por el mismo general Ballesteros, y el Batallón 5° Móvil de México, mandado por el coronel don Manuel González, que al llegar a Oaxaca tomó el nombre de Tiradores de Oaxaca. Por otro lado, la brigada de caballería estaba al mando del general don Mariano Escobedo y se componía de los regimientos Lanceros de San Luis, comandados por el coronel don Ramón Reguera, y de la Legión del Norte, por el coronel don Eugenio García. Había logrado un total de cosa de dos mil ochocientos hombres.

Más tarde fui a Querétaro. Permanecí tres días en San Juan del Río y de allí pasé a Zacualpan y Tectipac. Llegamos a Taxco en octubre y descubrimos que la ciudad estaba tomada por el enemigo, por lo que tuvimos que recuperarla en la lucha. Parecía todo un juego de ajedrez; las ciudades se ganaban y se perdían, los ejércitos republicano y francés jugaban a tomar y perder plazas como si no nos importara el miedo de la gente que vivía en ellas.

Volví a Oaxaca a finales de noviembre, pero esta vez no fue de noche, sino por la entrada de la ciudad y acompañado de todo mi ejército. El gobernador Cajiga me había advertido que no entrara a la capital del estado, pues había hecho una tregua con los franceses y no quería que yo lo echara todo a perder. ¿Te imaginas? ¡Pactar con el enemigo! Vaya tontería. Hasta amenazó con usar las armas contra mí, pero yo no me iba a dejar amedrentar por una amenaza así, cuantimenos por un cobarde.

Llamé a don Manuel González a mi lado y le pedí un favor:

—Necesito que vaya con el gobernador y le diga que mis armas son para defender a México, que mis órdenes vienen del gobierno de la república y que si no le gusta que se atenga a las consecuencias.

Y así lo hizo mi compadre. Esperé fuera de la ciudad unas horas hasta que regresó con el rostro empapado en sudor. Hizo falta que recobrara el aliento, pero yo sabía por la sonrisa que tenía en su rostro que habría buenas noticias. El gobernador Cajiga me había tenido miedo y había renunciado a su cargo. Como ya dije, aproveché esa situación para tomar la ciudad ante el vitoreo de la gente y, por un momento, me sentí como Cristo al entrar a Jerusalén.

Hosana a Porfirio en las alturas, Hosana al rey de los oaxaqueños.

Llegué hasta el Palacio de Gobierno y así, sin más, asumí el poder. Como quien dice, me nombré gobernador, y mandé que buscaran en la ciudad a un amigo entrañable de mis tiempos del seminario y el instituto, a don Justo Benítez, para hacerlo mi secretario de Gobierno.

Visité a mis hermanas y les narré todo lo que había ocurrido, con las consabidas interrupciones de Delfina y sus ¡Qué interesante, tío! ¿No le dio miedo, tío?, y ¡Ay, tío, no sé, es usted tan valiente! Desideria preparó un mole y festejamos en familia con una magna comilona, ajena a las desgracias de la patria que lentamente sucumbía ante el ejército francés.

Ser gobernador de Oaxaca fue mi primera experiencia importante al frente del gobierno, y yo pienso que no hice un mal trabajo, aunque debo reconocer que resultó muy demandante. Los pueblos llegaron a mí para pedir que los escuchara, y algunos de ellos dijeron que Juana Cata los había mandado porque les había hablado de mi valentía y honor. Quise ir a ver a mi Didjazá, pero no tuve tiempo de hacerlo. Ella, sin embargo, me hizo llegar una carta con dos líneas escritas de su puño y letra:

Sólo cuando dos océanos sean uno
Volveremos a encontrarnos.

Pasarían muchos años antes de que entendiera qué significaban aquellas líneas.

Dos meses después de tomar la gubernatura de Oaxaca decidí que lo mejor sería dejársela al general José Ballesteros, pues me consumía demasiado tiempo que debía ocupar en el ejército.

Libre de la política, organicé una nueva brigada de infantería compuesta por los batallones Morelos, Juárez y Guerrero. Sabía que era cuestión de tiempo que los franceses intentaran llegar a Oaxaca, pero sus ataques fueron más bien débiles. Aparecía una que otra guarnición por Tehuacán o la Cañada, pero el asunto se arreglaba con un tiroteo rápido y todo volvía a la relativa tranquilidad que puede vivir cualquier estado en guerra.

En la capital del país la junta de notables, de tendencia monárquica, decidió viajar a Europa para pedirle personalmente a Maximiliano de Habsburgo que gobernara México. Seguramente pensaban que como era europeo había tenido una mejor educación que lo ayudaría a gobernar un país de "salvajes" como el nuestro.

Hicieron su viaje al Viejo Continente en un buque lujoso. Lo curioso de todo este asunto es que entre ellos iba Juan Nepomuceno Almonte, el hijo de José María Morelos y Pavón, nuestro héroe patrio. Así, mientras el padre buscaba liberar a México de una potencia extranjera, Juan quería lo contrario.

Buscaron a Maximiliano y le ofrecieron la corona, pero el austriaco fue al principio un poco más sensato al rechazar con una buena razón: "La monarquía no puede ser restablecida en ella [la nación mexicana] sobre una base legítima y verdaderamente sólida, sin que el voto de su capital sea ratificado por la nación entera, por medio de la libre manifestación de su voluntad".

La cosa pudo haber muerto ahí, pero la junta de notables y sus compatriotas en México se encargaron de organizar un plebiscito falso en la capital del país para hacerle creer a Maximiliano que todos aquí lo queríamos. A mí medio me llegaban las noticias hasta Oaxaca, pero no había mucho que pudiera hacer.

Con el plebiscito falso en mano, Maximiliano de Habsburgo aceptó la corona de México y así fue como se pudo restablecer el imperio, deshecho desde 1822 cuando Agustín de Iturbide renunció al cargo. Pero ahora estábamos en 1864 y todo era diferente. La república no daba pie a la monarquía.

Nuestro nuevo regente llegó a Veracruz en mayo. Las condiciones de su traslado a la Ciudad de México fueron lamentables: los caminos estaban enlodados, las carreteras llenas de piedras, las guerras de Reforma y contra los franceses habían destruido el paso del puerto a la capital. Los que apoyaban la monarquía quisieron instalar a los emperadores en el Castillo de Chapultepec, pero no lo prepararon; las camas tenían chinches, las paredes olían a humedad y a Maximiliano no le quedó de otra más que hacerse bolita sobre una mesa de billar y cubrirse con una manta.

Podría contarte más de la vida de los emperadores en la capital, de su lucha por pacificar el territorio y hasta de su fallida coronación, pero no tengo mucho tiempo y me gustaría narrar la historia de mi vida mientras aún tenga aliento en mis pulmones.

Las noticias sobre Benito Juárez fueron escasas (supe que andaba por San Luis Potosí) y de pronto cesaron. ¿Estaría vivo o muerto? ¿En territorio nacional o en Estados Unidos? Por las noches me pregunté cómo podría ser un símbolo de la democracia si no estaba presente entre su pueblo.

Cuando me encontré en la Mixteca, me llegó un parte de que se acercaban los franceses, así que le ordené al general Mariano Escobedo que se moviera con sus hombres mientras yo detenía al enemigo en San Antonio Nanahuatipan.

Nunca olvidaré ese agosto. Un día a las nueve de la mañana encontré al enemigo lavándose en el río. Escondidos entre los matorrales, mis soldados y yo nos percatamos de que la mayoría estaban desnudos y vulnerables. Se quitaban el lodo de sus cuerpos lechosos, y aproveché los primeros rayos de la mañana para dar la orden.

—¡Fuego!

Mi ataque sorpresa pareció ser exitoso. Una lluvia de balas manchó el agua de sangre, pero no sabía que cerca de ahí tenían sus armas, y se defendieron. Sin vestirse, llenaron el aire de pólvora y me arrepentí de aquel ataque. Eran más que nosotros, nos replegaron, y lo que pudo haber sido mi triunfo terminó como una derrota.

No me quedó de otra más que huir, volver a Oaxaca con el general Escobedo y narrarle lo que había pasado, a lo cual sólo atinó a reír por los soldados desnudos. Pero no fue divertido ni para mí ni para el Chato, que también había estado en la batalla. Mis hermanas hicieron lo posible por alegrarme, pero sólo el tiempo pudo sacarme de ese sopor. Lo bueno fue que en esos meses no hubo más ataques del enemigo a Oaxaca, así que pude escaparme de la ciudad para amar a Rafaela Quiñones en secreto.

También pasé mucho tiempo en casa de Desideria, y Delfina hizo hasta lo imposible por estar conmigo. A veces desde el otro lado de la mesa, pero cada vez más cerca, su mirada pesaba, su memoria causaba un fuego desconocido en mis pantalones.

Una tarde se sentó a mi lado y me sonrió como siempre. Las batallas parecían lejanas y ella era lo único importante en mi vida. Tragué saliva, lo pensé mucho y finalmente me incliné sobre ella. Era un sol sobre la luna, un aleteo del tiempo detenido por el suave roce de mis labios sobre los suyos, y quedé embriagado por su aliento de niña. Fue ella quien se retiró primero y bajó la cabeza avergonzada, se sumió en el silencio y yo no supe qué responderle. Tal vez ella había visto con malos ojos el beso de su tío. Imaginé su corazoncito palpitar en su pecho, el juego nervioso de sus manos, y justo cuando estaba por pronunciar su nombre entró el Chato.

—Te busca Manuel Dublán, que trae una carta del prefecto superior que Maximiliano nombró para todo el Oriente.

Me excusé con Delfina y salí al patio para hablar con don Manuel y leer la carta. Era un rollo bien amarrado en el que había puesto un mensaje con su letra manuscrita bien garigoleada y al final su firma. En él, el prefecto extendía la invitación de Maximiliano de Habsburgo de unirme a su imperio. Se conservarían mis cargos y mis destacamentos en la Línea Oriente.

Cuando terminé de leer, tragué saliva, bajé la carta y le ordené a mi hermano que arrestara a Manuel Dublán por prestarse al juego de los enemigos.

—¡Porfirio! Yo sólo pensaba en lo mejor para mí y para mi familia —respondió en cuanto mi hermano lo inmovilizó.

—Para ti soy el general Díaz. No voy a tener ninguna consideración con los traidores a la patria. ¿Ya se te olvidó todo lo que don Benito ha hecho por ti? Te recuerdo liberal, y ahora resulta que tu ideología política se vende al mejor postor.

—Los tiempos no están para héroes, que cada uno se rasque con sus uñas si sabe lo que le conviene —respondió.

No quise hablar más con él ni respondí al ofrecimiento que me había hecho Maximiliano de Habsburgo. Mi hermano entregó el prisionero a mis hombres, quienes lo llevaron a la cárcel de Oaxaca. Algunas semanas después supe que Justo Benítez se había enterado del arresto de Manuel Dublán y había corrido a ayudarlo, hasta hacerlo escapar de la cárcel con la loca idea de que don Manuel le estaría agradecido y volvería al bando liberal. No sucedió así.

Cuando me enteré de esto, ya estaba en manos de los enemigos y con planes de ser deportado a Francia.

Capítulo XXI

Mi querida Juana Catalina:

Tal vez tú sepas la respuesta. ¿Qué tiene Oaxaca que, aun cuando esté en guerra, hace sonar las notas de otros siglos y sus iglesias se perfuman con los azahares de las novias? Aunque esté sitiada por el enemigo, las leyendas de su fundación nos dan consuelo y los atardeceres ofrecen esperanza a todos aquellos que aún desean volver a ella con tan sólo pronunciar su nombre.

Jamás imaginé que vería la ciudad en que nací bajo el imperio de una nación europea. Por más que lo intenté, poco pude hacer para evitarlo. El mariscal Bazaine nos rodeó con nueve mil hombres del ejército francés y mil mexicanos traidores. La orden que se les había dado a todos ellos era clara: tomar Oaxaca y acabar conmigo. Sabes bien que soy un caudillo popular y mi nombre ha llegado hasta los oídos del emperador Maximiliano, o incluso hasta Francia, al tal Napoleón III.

Resistí casi dos meses. Me aferré a un deseo, no de victoria, sino de causarle el mayor perjuicio al enemigo. Destruí parte de la ciudad, alejé a la gente a los pueblos vecinos. Gasté el parque y la artillería hasta que no me quedó más; luego fui destruyendo las armas y los cañones para que no pudieran usarlos. Mi hermano, por otro lado, los atacaba desde fuera con su artillería. La fuerza sitiadora aumentó en los últimos días. Bazaine estrechó las filas y, con gran repugnancia de mi parte, me vi obligado a aceptar el sitio.

Llevo en la memoria las últimas palabras de uno de mis colaboradores, cuyo estómago fue perforado por una bala enemiga: "Mi general, aquí acabé, cumpliendo con mi deber". Horas más tarde enterramos su cadáver rígido y unas mujeres vestidas de negro dedicaron varios rosarios al descanso de su alma.

Las familias oaxaqueñas que se quedaron en la ciudad, mi querida Juana, sufrieron los estragos del sitio y repetidamente me hicieron ver que su situación era insostenible. La valentía con la que alguna vez lucharon mis hombres se perdió por completo. Mi compadre Manuel González me advirtió que mi defensa ya no tenía razón de ser. Salí, personalmente, a decirle al mariscal Bazaine que nos habíamos rendido. No tenía caso seguir en aquella causa perdida, y él respondió que se alegraba de que hubiera recobrado la razón porque era inútil levantar mis armas contra un soberano de la talla de Maximiliano. En susurro le respondí que jamás reconocería el Imperio Mexicano y que mi posición era tan hostil hacia él como cuando estaba detrás de un cañón cargado. Quedó decepcionado con mi respuesta y me mandó arrestar de inmediato. Me convertí en un prisionero sin saber cuál sería mi suerte, porque no pedí ninguna garantía para mí ni para los míos.

Durante las próximas horas, el mariscal Bazaine tomó Oaxaca y arrestó a mis hombres. Cerré los ojos y en mi mente vi a los enemigos marchar por lo que alguna vez fueron el Mesón de la Soledad y la casa del Toronjo; imaginé el horror de mis hermanas al descubrirme perdido y las lágrimas de Delfina por su tío; luego vi la figura de don Benito Juárez en un carruaje negro, alejándose cada vez más hasta desaparecer, mientras los aplausos acompañaban al emperador Maximiliano y la emperatriz Carlota.

Juana, para mí fue el peor momento de esta guerra tan loca, mi primera preocupación real de que el país se encontraba perdido ante un capricho de Napoleón III y el partido conservador. No sé si escuchaste de mí al alejarme de Oaxaca o me perdiste la pista en el sitio, pero me pareció prudente escribir esta letra para que no te preocuparas pues aún me encuentro con vida. Tal vez lo hayas leído en tus cartas o por medio de otras artes adivinatorias.

El mariscal Bazaine resolvió que la mejor manera de deshacerse de mí sería recuperar el plan original que tenían de llevarme hasta Europa y encerrarme ahí. Esta vez no podría escaparme tan fácilmente: llevaba una escolta numerosa y bien armada, con la orden de disparar si acaso yo intentara escapar.

¿Es que acaso queda algo de la república? ¿Seguirá vivo nuestro presidente republicano en el norte?

Con dudas y miedo me llevaron hasta Puebla. Primero nos encerraron en el fuerte de Loreto, donde descubrí que entre los prisioneros estaba mi buen amigo Justo Benítez. Al menos tuve un momento de sonreír durante el viaje, aunque duró poco, porque después nos llevaron hasta el convento de Santa Catarina. Supuse que si nos ponían juntos en la misma celda tendríamos más vigilancia, así que fingimos pelearnos y nos separaron. Me llevaron a otra celda donde, según cuentan, hace muchos años vivió una monja milagrosa cuyo fantasma ahora se aparecía por las noches. Esta religiosa tenía un pozo de aguas medicinales, donde yo fui dejando la tierra que iba sacando para excavar junto a una de las paredes un túnel que me llevara lejos del convento.

Por otro lado, un sargento austriaco llamado Juan de Cizmadia comenzó a seguirme a todos lados hasta volverse mi sombra. Él se aseguró de que yo estuviera bien. Incluso permitió que me bañara sin compañía de otros presos, aunque él siempre estuvo presente, cosa que hizo que no disfrutara estos baños. Me ofreció su amistad y más de un domingo me llevó a su casa a comer, y luego a los toros. El punto central de nuestras pláticas fue la política, y recuerdo que alguna de nuestras conversaciones terminó cuando yo declaré que el Imperio Mexicano no duraría mucho tiempo.

Después me manifestó su confianza: me iba a dejar en libertad en la ciudad, pues su trato conmigo le había hecho comprender que era un oficial honorable, y que le bastaba que yo supiera que si abusaba de la libertad que me iba a conceder perdería su empleo de primer teniente del ejército austriaco y su título de barón. Diciendo esto, llamó al oficial de la guardia y le notificó que podía yo salir sin previo permiso todos los días, desde el toque de diana hasta el de retreta. Se despidió de mí cariñosamente, y aunque en los primeros días no hice uso de esa licencia poco después comencé a salir, haciéndolo por primera vez para visitarlo en su casa y darle las gracias.

Había preparado mi escape para el 15 de septiembre, día de mi cumpleaños. Aquella fecha era también casi del aniversario de la independencia y las calles de Puebla estaban muy iluminadas. Me enteré, por comentarios de los guardias, que el emperador Maximiliano había conmemorado el grito de Miguel Hidalgo el día 15, y no el 16 como es costumbre.

Esperé hasta el 20 de septiembre. Luego que pasó el toque de silencio, me fui a un salón sin techo —que por esa circunstancia estaba convertido en azotehuela— donde la entrada y salida de los prisioneros no llamaba la atención de los soldados. Me dirigí a ese lugar llevando conmigo las tres reatas envueltas en un lienzo gris; arrojé dos de ellas a la azotea y con la tercera lacé una cala de piedra, que me pareció muy fuerte. Me resultó difícil pues no podía distinguir el canal; era una noche muy oscura. Subí por la cuerda y la recogí junto con las otras dos que había tirado de antemano.

Mi marcha por la azotea para la esquina de San Roque era muy peligrosa, porque en la azotea del templo, que dominaba toda la del convento, había un destacamento y un soldado que tenían por objeto cuidarnos. Así es que me deslicé entre las medias esferas acostado sobre el suelo, mis pasos debían ser sigilosos, debía convertirme en el viento para que éste disfrazara mis ruidos. Llegué por fin a tocar el muro del templo, y como allí no podía verme el centinela sino inclinándose mucho, seguí de pie y vine a asomarme a una ventana muy elevada que daba a la guardia de prevención, con objeto de ver si había alguna alarma. El piso estaba muy inclinado y resbaladizo por las lluvias frecuentes. Di un mal paso hacia los cristales, que eran poco resistentes, y me vi en peligro de rodar al precipicio, pues la altura de la ventana era muy grande.

Bajé a la azotea de la casa del capellán en el momento en que entraba un joven que vivía en ella y que probablemente venía del teatro. Esperé a que se metiera en su pieza y al poco salió con una vela encendida y se acercó al lugar donde yo estaba. Tragué saliva. Me escondí para que no me viera y esperé a que regresara.

Una vez pasado este peligro, seguí mi marcha para la esquina de San Roque y una calle nueva que se llama de Alatriste y que corta el convento, quedando de un lado las casas que han edificado los compradores y del otro lado el propio convento. Me pareció que si descendía yo de esa esquina para la calle podía ser visto por algún transeúnte en el acto de descolgarme por la cuerda, o vista ésta por el primero que pasara por la calle. Por ese motivo me propuse bajar a un lote del ex convento que estaba cercado. Como al descender giraba un poco la cuerda, el roce que sufría yo por la espalda con la pared del edificio ocasionó que la daga que llevaba al cinturón cayera, aunque sin alertar a nadie. Seguí vigorosamente mi marcha para la casa, donde tenía mis caballos, a mi criado y a un guía. Cuando pude escapar de Puebla escribí dos cartas, una para ti y una para Delfina, al menos para hacerles saber que estoy bien. Aún hay que derrotar al imperio.

Porfirio Díaz

Capítulo XXII

AQUELLOS TIEMPOS DE GUERRA fueron los más complicados de mi vida. Muchas veces nos vimos en la necesidad de pedir prestado a los hacendados que apoyaban nuestra causa ya sea dinero, parque o alimento; en otras no nos quedó más que tomarlos con la promesa falsa de que algún día los devolveríamos. Desde luego, hubo que desnudar a muchas vírgenes de oro en los altares, entre otros muchos santos. Cuando no había qué agarrar, pues no había. Te quedabas con los ojos abiertos en la noche tratando de matar el hambre con la mente en blanco.

Había inditas y soldaderas que nos ayudaban en la difícil tarea de preparar los alimentos. Si estábamos en campo abierto y nos encontrábamos alguna madriguera o un nido de ve tú a saber qué pájaro, pues lo matábamos y ellas lo cocinaban. Muchas eran de pueblos cercanos y no viajaban con nosotros, pero solíamos encontrarlas al pasar por el mismo lugar, y por eso quiero detenerme un momento a contarte de una soldadera muy especial que el destino o la Divina Providencia pusieron en mi camino.

La vi haciendo una fogata, con su falda larga y su blusa de algodón. Cuando me miró de reojo noté sus mejillas manchadas por el lodo y las trenzas a sus lados; un ventarrón se movió por aquel campo. Me acerqué a ella, me presenté y le pregunté qué estaba preparando, no por interés, sino para escucharla hablar. Seducirla no fue tan difícil: una sonrisa de vez en cuando, una caricia en el hombro, miradas largas en silencio..., hasta que una tarde recosté su espalda desnuda sobre el pasto, cubrí su pecho con el mío y palpé la forma de sus senos morenos hasta hacer círculos en sus pezones. Su vientre no era plano; adivinaba la vida en su temblor nervioso. Sus muslos eran como el barro, su aliento detuvo mis pulmones..., y así, con suavidad, la hice mía. Me adentré a su ser hasta que sus labios se abrieron y pronunciaron mi nombre en un gemido largo. Con las yemas rocé sus muslos, con mi lengua su cuello. Por fuerza de la fricción y de la lujuria ambos pudimos tocar las estrellas, y sólo entonces acaricié los rulos negros que habían perdido la forma durante el jugueteo.

No es que no pensara en Delfina, pero pues uno es hombre y tiene sus necesidades. Por eso quedé prendado de Rafaela, en Oaxaca, y muchas veces la encontré en secreto mientras hacíamos la guerra contra el Imperio de Maximiliano de Habsburgo, y me hacía gozar como si fuera su misión de vida.

Cuando escapé de Puebla me fui en secreto a Oaxaca. Me la encontré en un campo con toda su gente, y después del éxtasis que acompañaba cada uno de nuestros encuentros me advirtió que el estado seguía tomado por el ejército francés. Así que monté el caballo que había robado y me fui directamente a Guerrero. En el camino me reconocieron varios hombres que habían servido bajo mis órdenes en las diferentes batallas de mi vida, y así fue como empecé a organizar el ejército. Ellos me ayudaron a hacer crecer mi batallón, pero en el más absoluto secreto. Teníamos que ser discretos porque si el enemigo se enteraba exactamente por qué camino o sierra andaba, seguramente me iban a apresar de nuevo.

De todas maneras, aproveché el tiempo para escribir una carta a Juana Cata y otra a Delfina para avisar que me encontraba bien. Ellas dos se encargarían de hacer saber a mis amigos y familiares que había logrado escapar.

Una noche una figura se acercó al campamento, y mis soldados la arrestaron y la llevaron ante mí. ¡Cuál no sería mi sorpresa! Se trataba nada más ni nada menos que del general Manuel González.

—¡Compadre! ¿Qué hace por acá? —lo saludé efusivamente.

—¡Compadre! Hasta la pregunta ofende. Ahorita todo México ya se enteró de que se escapó del convento de Puebla; lo andan buscando por todos lados, y usted cree que no iba a venir a ayudarlo. Con tal de matar a uno que otro franchute por el bien de la patria soy capaz hasta…, de marchar con usted. ¿Me acepta en su ejército?

—Usted no tiene más que pedirlo.

Siempre nos hablamos de usted, a pesar de la amistad y el compañerismo. Anduvimos así por el sureste mexicano hasta que en octubre de 1865, ya sin recurso alguno, don Manuel y yo decidimos lo imposible: buscar apoyo en Juan Álvarez. ¿Recuerdas el nombre? Había votado por él cuando se hacía un plebiscito para ver si caía Antonio López de Santa Anna durante el Plan de Ayutla. Por entonces, Juan Álvarez tenía un rancho llamado La Providencia. Llegamos una tarde de otoño, y descubrimos la profunda pobreza en la que habían caído los edificios. Recubiertos de un moho verde que se difuminaba en manchones negros de las paredes, los macetones estaban cuarteados desde la base, y las plantas hacía mucho que se habían vuelto amarillas. Se notaba el abandono en las hojas secas que crujían bajo nuestros pies.

Después de algunos minutos salió un hombre joven a nuestro encuentro. Se presentó como Diego Álvarez y nos invitó a la sala principal. Don Manuel y yo aceptamos. Sólo entonces vimos a don Juan Álvarez, ahora de movimientos torpes y con las patillas crecidas. Aquel lugar apestaba a humedad y polilla.

—Sean ustedes bienvenidos a mi casa —sonrió—. No tengo mucho que ofrecerles, pero en lo que pueda ayudarles, lo haré gustoso por la causa. Yo estoy con la república, y si la edad me lo permitiera ahí estaría con ustedes, cabalgando por los montes de Oaxaca, viviendo mil aventuras, matando franchutes…, pero ya ven. Soy el espejo de su futuro.

—No se preocupe, don Juan. Con lo que pueda usted ayudarnos para hacer la guerra estará bueno. Como verá, apenas si tenemos para luchar y comer.

—A buen santo te arrimas, hijo —se burló, y le ordenó a su criado que nos sirviera algo de cenar.

Durante una semana completa nos quedamos en la hacienda. Don Juan estaba muy interesado en que le contara de todas las batallas en las que había participado desde que era jefe político allá en Ixtlán. Al cabo de ese tiempo comprendí que no podíamos seguir imponiendo nuestra presencia y decidimos partir. Salí de ahí con doscientos rifles, veinte soldados adicionales, algunos caballos y mucho parque. ¿Sería suficiente para ganarle a un ejército bien armado? Había que intentarlo. No había de otra más que sacrificarse por la patria.

Busqué más ayuda en los pueblos y hasta del gobierno de Guerrero, pero no me quisieron ayudar. Años más tarde supe que había sido por recomendación del hijo de don Juan Álvarez, quien no creía mucho en nuestra causa. De todas maneras, ya estábamos en eso y no nos íbamos a rajar.

Marchamos hacia Tlalpa en noviembre y decidí que la mejor forma de enfrentar al enemigo era lograr que nos tuviera miedo. Mandé a mis soldados a que amenazaran a todos los indios de la región para que marcharan con nosotros. No tenían parque, pero eran suficientes para intimidar al enemigo.

Al caer la mañana de un día cualquiera, se escuchó el sonido crispante de las trompetas y el grito infame de los tambores. Los indios rodearon Tlalpa de la nada e hicieron un escándalo terrible, como si se tratara de una de sus fiestas patronales. Mis soldados iban al frente y yo al mando. Al jefe austriaco le dio miedo cuando vio tanta gente y pensó que yo tenía un ejército enorme, sin detenerse a considerar un momento que muchos de los indios que había ahí no estaban armados. Salió huyendo y yo pude tomar la ciudad.

Después siguieron Comitilpa, Silacayoapan y Tlaxiaco. Mi nombre volvió a escucharse en los rumores de ciudad y Justo Benítez (quien, por cierto, también se había escapado del convento de Puebla) escribió que yo me había convertido en una leyenda viviente. La gente empezó a creerlo y mi ejército a crecer, lo que me permitió ganar cada vez más batallas.

Lo peor es que yo también me lo creí.

El 3 de octubre de 1865 Maximiliano expidió una ley en la que declaraba que todos los ligados a bandas o reuniones armadas, después de ser juzgados por cortes marciales, debían ser pasados por las armas si se les encontraba culpables. La ley se publicó en los principales periódicos y pegaron el documento por todo el imperio. Imagino que se buscaba apaciguar a la gente con miedo, pero sucedió todo lo contrario. Los pueblos, alebrestados, se unieron a los ejércitos republicanos (como el mío y el de Mariano Escobedo) para sacar al enemigo del país.

Los intentos de los generales imperiales, como Miguel Miramón, Ignacio Mejía y el propio Bazaine, fueron cada vez más patéticos, pues las plazas empezaron a caer y el imperio se volvió una sombra que se disuelve al amanecer. Si te soy honesto, Carmelita, lo que menos me importaba era que Maximiliano hubiera confirmado la Constitución de 1857 y las Leyes de Reforma; lo único que hizo con ello fue que el partido conservador le diera la espalda.

Hubo circunstancias políticas que jugaron a mi favor, quiero decir, al de la causa republicana que representaba Benito Juárez. Te las cuento para que entiendas el contexto de aquellos tiempos. En primer lugar, Francia había entrado en guerra con Prusia y necesitaría la mayor cantidad de tropas en el Viejo Continente, por lo que poco a poco empezó a llevarse a sus soldados de México. La verdad es que yo empecé a notarlo cuando vi los ejércitos diezmados.

Por otro lado, Estados Unidos había terminado su guerra civil y había ganado el norte, que era lo mejor que nos podía pasar porque apoyaba al gobierno de don Benito. Aunque habían asesinado al presidente norteamericano, Abraham Lincoln, en un teatro, el gobierno resultante había hecho presión sobre Maximiliano para que renunciara a su poder y regresara a Europa. Todo por una doctrina escrita por James Monroe y que decía algo así: "América para los americanos".

En última instancia, llegó a México la noticia de que había muerto el papá de Carlota y, dicen, eso provocó que quién sabe qué demonio se le metiera en la cabeza a ella y perdiera la razón. En Oaxaca se rumoraba que una de sus criadas le había dado toloache con el chocolate del desayuno, acto que la llevó a la locura. Recuerdo que a mediados de ese 1865, bajo la noche seca de estrellas y carente de luna, me dediqué a caminar entre la tropa y me acerqué a escuchar a un grupo de soldados que cantaban junto al fuego. Se veían contentos, casi borrachos, pero sin haber tomado alcohol. Les pregunté que qué se traían y ellos respondieron entre risas:

—Que se nos fue Mamá Carlota, agarró un bote y se regresó pa' su Europa.

Y luego me dieron un papel donde venían impresas las estrofas de Vicente Riva Palacio. Disculpa si no entono, pero hace muchísimos años que no canto esta canción:

Alegre el marinero
Con voz pausada canta,
Y el ancla ya levanta
Con extraño rumor.
La nave va en los mares

Botando cual pelota.
Adiós, mamá Carlota;
Adiós, mi tierno amor.
De la remota playa
Te mira con tristeza
La estúpida nobleza
Del mocho y del traidor.
En lo hondo de su pecho
Ya sienten su derrota.
Adiós, mamá Carlota;
Adiós, mi tierno amor.

Y dicen que cuando Carlota fue a ver al Santo Padre se volvió loca de atar, y la que alguna vez fue la emperatriz de México terminó recluida en un castillo en Bélgica, donde hoy se alimenta de la idea de que Maximiliano aún la espera en el Castillo de Chapultepec. Tal vez, no lo sé... Después de todo, ella es la última sombra del imperio.

Justo Benítez comunicó la noticia de mi escape a nuestro ministro en Washington, y éste se lo hizo saber a don Benito, quien se encontraba cerca de El Paso. Ahí, con algunos de sus ministros, decidieron devolverme el mando de la Línea de Oriente.

—¿Adónde ahora, compadre? —me preguntó Manuel González después de haber ganado batallas pequeñas por todo el sureste mexicano.

—A Oaxaca, compadre —respondí con determinación—. A Oaxaca.

Y para allá nos fuimos, marchando con brío y con la esperanza de que Oaxaca fuera una de las ciudades que estuviera sufriendo de la nueva falta de soldados franceses. Pronto me llegó el olor familiar a tierra húmeda por las lluvias de otoño y, entre los cielos nublados escuché, en mi memoria, las leyendas que mi madre me contaba antes de dormir. Así, recordé sus manos morenas al pasar el rosario de papá el día que me dijo que nos iríamos del Mesón de la Soledad. ¡Qué curiosa es la vida! ¿No es cierto? Mientras recorría la Mixteca salió un grupo de hombres a mi encuentro, y de momento ordené a mis hombres que estuvieran listos para cualquier ataque, pero pronto descubrí que al frente de ellos estaba nada más y nada menos que mi hermano.

—¡Chato! Ya hasta pensé que estabas muerto —lo saludé con un abrazo.

—¡Muerto yo! Como si no me conocieras, Porfirio —se burló.

Juntos nos alejamos de todos mientras le narraba mis aventuras desde mi arresto en Oaxaca, en tanto él se reía en silencio como si fuera algo gracioso. Cuando terminé le di un golpecito en el hombro.

—¿Y tú qué, Chato? ¿Dónde has estado?

—Ah, cómo eres, Porfirio. Si a mí no me arrestaron como a ti, no soy tan tonto. Dejé encargado mi parque y a mis hombres, y me largué para Estados Unidos el año pasado. No me preguntes dónde estuve porque yo no conozco bien el territorio yanqui, de puro güerito que se olvida que esos territorios fueron nuestros. ¡Palurdos! Me quedé con nuestros vecinos del norte poco más de un mes, cuando me dijeron que me iban a necesitar en México. Luego anduve ayudando al gobierno de Chihuahua, con el general Terrazas, hasta que ocuparon la capital y me llegaron los rumores de que te habías escapado. Dejé todo y viajé hasta acá. Ahí medio fui recuperando a mis hombres en los pueblos. Les quitamos los mosquetones a los franceses y nos fuimos derechito a la sierra de Ixtlán, pero nos derrotaron y, en la huida, ya ves…, ¿quién iba a decir que te iba a encontrar por acá?

—Siempre fuiste cabeza dura, Chato. ¿Para qué te andas arriesgando a golpear así al enemigo sin un plan? Pero ya que estás aquí te propongo algo; creo que tú lo has pensado, y sólo juntos lo vamos a lograr.

—¿Tomar Oaxaca? —preguntó intrigado. Yo asentí con una sonrisa.

Y volvimos al campamento principal para planear cada detalle de la batalla que íbamos a librar. Todo debía ser perfecto para sorprender al enemigo y recuperar la plaza. Nadie me iba ganar en mi propia tierra, cuantimenos unos mesiés que quién sabe qué pensaban de nuestro país.

Al caer la madrugada del 3 de octubre de 1866 alisté a los soldados para la batalla. Cubiertos de oscuridad, llenos de miedo, podía escuchar hasta el mínimo crujir de sus dientes. Se sentían inseguros, lo sé. Habíamos ganado batallas pequeñas hasta entonces, pero ninguna grande, y por ello la moral del grupo no estaba en su mejor momento.

Incluso los ojos de Manuel González estaban abiertos, alertas a cualquier motivo que diera razón al enemigo de que nosotros nos encontrábamos por ahí. Sabíamos que los franceses estaban en Mihuatlán y ahí es donde debíamos sorprenderlos. Así, al amanecer me volví hacia el Chato y le hice una seña con la mano, y él partió con todos sus hombres por la vía más corta a colocarse al norte de la ciudad de Oaxaca, con orden de tomar la plaza si el enemigo la debilitaba sacando alguna tropa en mi persecución. Si no, a lo menos serviría para distraer a la columna que me persiguiera.

Desde luego, no todo sucedió como yo quería, porque el enemigo se había dado cuenta de mi presencia y se movía hacia mí. Me di cuenta por el polvo que levantaba en su marcha.

—Coronel González —dije pronto.

—Dígame, general Díaz —respondió.

—Emprenda su marcha con toda la infantería por el camino de Cuixtla desde la salida de Miahuatlán.

Así lo hizo. Yo con mi numeroso estado mayor y mi escolta como de treinta hombres de caballería marché hacia el camino que traía el enemigo, habiendo mandado que luego que estuviera ensillada y lista la caballería siguiera mi movimiento, para recibir nuevas órdenes al incorporárseme.

Seguí yo la marcha hasta una colina que parte por la mitad la carretera a Oaxaca y que distará un kilómetro de la plaza de Miahuatlán. Ordené a mis hombres que se colocaran sobre la cumbre de la colina, agachados bajo el rayo del sol. Engañamos al enemigo: creyó que allí había una fuerza con la que tenía que combatir y vino hacia nosotros justo cuando apareció la columna de caballería por una de las calles principales del pueblo, y minutos después, por el camino de Cuixtla, la infantería de mi compadre Manuel González. Mis adversarios supusieron que se trataba de una retirada y que mi presencia era una distracción para que la infantería se alejara de aquel lugar. ¡Tontos! Ni siquiera se imaginaban que precisamente don Manuel González era la distracción.

El enemigo cayó en el juego. Reunieron la caballería y la infantería y cargaron hacia nosotros. De inmediato pedí que cincuenta hombres de infantería, que no estaban en la colina conmigo, se fueran al cementerio del pueblo. Era importantísimo que nadie los viera.

Como era de suponerse, la caballería enemiga inició su retirada. Escuché sus cascos y sus órdenes, y cuando pasaron cerca de mí grité:

—¡Ahora, muchachos! ¡Ataquen a los traidores!

Y mis hombres atacaron con cuanta arma pudieron, cuchillos, machetes, fusiles. Se volvió un caos de soldados que luchaban por su vida hasta que el ruido llamó la atención de los hombres de Miahuatlán, quienes armados y organizados por su cuenta iniciaron el ataque.

Los cincuenta hombres tiradores que había apostado en la montaña comenzaron a disparar también y escuché las balas zumbar.

—¡Ataquen, muchachos! ¡Eso es!

La caballería enemiga quiso reincorporarse hacia el cementerio, pero pronto descubrieron que ahí también tenía soldados dispuestos a atacar, así que volvieron a donde yo estaba y continuó la lucha.

Tengo que decirte, Carmelita, que los hombres de Miahuatlán eran muy atrevidos y estaban muy ebrios. Era fácil acabar con ellos. Ese día conocieron la muerte, y su valentía sin estrategia los llevó directamente al más allá.

Aquél era un momento decisivo; podía ganar o perder la batalla. Los tiradores de la montaña volvieron a esconderse y yo aproveché para reunirme con Manuel González. Mandé que la caballería tomara distancia como para cubrirse de los fuegos del enemigo, y como todos estábamos en la cima de la colina, a pocos pasos la caballería quedaba fuera de la vista.

El enemigo no quiso desperdiciar la oportunidad. Se preparó y comenzó a disparar, una y otra vez, en un momento sin fin que puso en riesgo la vida de todos porque apenas nos daba tiempo para responder. Sus armas eran muy superiores a las nuestras y no teníamos municiones suficientes. Mandé a la infantería descender a la barranca y luchar contra el enemigo en la ribera opuesta, y en esos momentos di la señal que servía tanto para la caballería como para los tiradores escondidos. Entonces nosotros tuvimos la delantera en aquella batalla.

Al notar el enemigo nuestro brusco movimiento nos lanzó su caballería, pero la derrotamos. Entonces se desorganizaron, aplastamos su moral, se volcaron sus cañones. Mientras los atacábamos con la espada les arrebatamos los caballos y todo el parque que les quedaba. A los que huyeron los perseguimos y los arrestamos. Ellos eran más, pero habíamos sido nosotros los que habíamos ganado la batalla en Miahuatlán. De inmediato escuché los gritos de júbilo, el vitoreo de mis soldados. Manuel González corrió hacia mí.

—¡Ganamos, compadre! ¡Ganamos! —nunca lo había visto tan feliz.

—No se emocione, que aún nos queda mucho por hacer.

Pero fue como si no me hubiera oído; la euforia entorpece a los hombres, les impide darse cuenta de lo que sucede a su alrededor.

Durante la noche recogimos armas y heridos. Cuando el amanecer derramó su jugo rojo sobre la plaza me di cuenta de los muertos que habían quedado ahí, desde los oficiales franceses hasta los pobladores de Miahuatlán. Mandé montar un hospital improvisado para los heridos. Luego fui a olvidar los horrores de la guerra en los pliegues de Rafaela Quiñones, pero cuando me quedé dormido fue la imagen de Delfina la que llegó a mí.

Todavía quedaban batallas por luchar y muertos que enterrar.

Capítulo XXIII

Unos días después llegó un hombre al campamento con un parte de la Secretaría de Guerra. Abrí el sobre y leí su contenido: don Benito me ordenaba fusilar a todos los prisioneros, sin excepción. Se la di a Manuel González para que la leyera, y al terminar la dejó sobre la mesa y exclamó:

—Estamos a sus órdenes, general Díaz.

Me senté ante el escritorio que mis hombres habían dispuesto para mí, y acaricié mi bigote. Me apretaban las botas, hacía días que no me bañaba y la pestilencia amarga era insoportable.

—Ejecute lo que nos pide la Secretaría de Guerra, pero con una pequeña modificación: sólo aniquile a los mexicanos, son traidores, no lo olvide. Cambiaron la patria por un capricho y eso no lo voy a permitir.

—¿Y los franceses? —preguntó don Manuel, así quedito para que no pareciera que cuestionaba mis órdenes.

—Son invasores, no traidores. Que se los lleven a la sierra de Oaxaca y enciérrelos.

—A la orden, mi general —respondió con seguridad.

Si estaba de acuerdo con mi proceder o no, jamás lo expresó. Se limitó a cumplir mis órdenes al pie de la letra, y aquella tarde fusilamos a todos los mexicanos traidores hasta que llenamos el aire de pólvora y el campo de tumbas. Algunos de los prisioneros quisieron defenderse antes de sus ejecuciones, pero no se lo permití. Ellos sabían bien lo que hacían cuando apoyaron a los extranjeros y a los conservadores; en cambio, los franceses sólo seguían las órdenes de sus superiores.

Después de algunos días en Miahuatlán, ordené al ejército que se acercara a Oaxaca. Uno de los hombres del Chato me encontró en el camino; se veía cansado. En tanto se secaba el sudor de la frente con un pañuelo sucio, me hizo saber que mientras nosotros ganábamos la batalla de Miahuatlán mi hermano había logrado atacar el norte de la capital, pero no había podido tomarla.

Seguimos el avance. Un día después llegó otro parte del Chato. Esta vez confirmó que había tomado la capital, que sus tropas ocupaban la parte sur y el enemigo quedaba reducido a la plaza de Santo Domingo, el Carmen y el cerro de la Soledad. Al mismo tiempo llegó un segundo comunicado: venían mil trescientos franceses y austriacos que tenían como misión recuperar Oaxaca para la causa imperial.

De inmediato preparé a mis tropas y mi hermano se me unió. Planeamos la batalla, y el día 18 de octubre desde temprano avanzamos hacia La Carbonera. Sabía que el enemigo se dirigía para allá y era importantísimo que yo ocupara la plaza antes que ellos. Corrimos; nuestros corceles avanzaron tan rápido como pudieron. La Carbonera se veía tranquila, y de inmediato coloqué a mis tropas en posición de ataque. No había terminado cuando escuché los estallidos de los mosquetones. ¡Ahí estaban los francotiradores franceses! Fue necesario un ataque formal con dos pequeñas columnas, y esto ocasionó que el enemigo emprendiera un ataque decisivo sobre nosotros.

Me vi obligado a retroceder por el empuje del enemigo. Su caballería era húngara y con mucho mayor entrenamiento que la nuestra. Entonces metí al combate toda la reserva y la caballería que me quedaba, y me di cuenta de que el enemigo había llegado desorganizado y sin preparación. Aproveché esto para diezmarlo mientras uno de mis coroneles lo atacaba por la espalda. Esto cortó la carretera, que era su única retirada.

Mi ataque por el frente determinó la fuga de la caballería traidora y una parte de la húngara, abandonando en el campo cinco de sus cañones. Huían desordenadamente. Los perseguí un buen tramo; conseguí otro cañón y más de setecientos prisioneros, entre los cuales había muchos oficiales austriacos.

Así fue como terminó la batalla de La Carbonera, que, modestia aparte, me dio fama en toda la región. Mi fuerza se componía de cosa de mil seiscientos hombres y la enemiga de unos mil trescientos. Así es que más o menos andábamos parejos, pero fue nuestra preparación y el conocimiento del terreno lo que nos dio el triunfo.

Como sabrás, hasta hoy las batallas de Miahuatlán y La Carbonera se cuentan entre mis victorias militares más importantes, y fueron consideradas decisivas para la causa republicana, que aún hacía su lucha por mantenerse en pie.

Ya más tranquilos, y tras limpiar el campo de batalla, volví a fusilar a los soldados mexicanos que consideraba traidores y arresté a los extranjeros.

Sin más amenaza de los franceses, Oaxaca fue mía. Entré en medio de fanfarrias y festejos. Se oyeron tambores, la gente aplaudía mientras mi ejército marchaba en la capital. Las calles estaban llenas de flores y había algo eléctrico en el ambiente, como si todo fuera a salir bien. Fui sol, todos se volvían a verme y seguramente se preguntaban cómo había logrado obtener mi triunfo. Ahí distinguí a mis hermanas, a Delfina y a Rafaela, a compañeros del seminario y del Instituto de Ciencias y Artes de Oaxaca. Le hice un ademán a don Justo Benítez.

Llegué hasta el Palacio de Gobierno y entré de nuevo al despacho del gobernador. Tomé el control del estado. Muchos vinieron a felicitarme, entre ellos un sacerdote bastante joven, vestido de levita pero que no pude reconocer por su porte. Tímido y cabizbajo llegó hasta el escritorio. No se presentó. Le pregunté qué quería.

—Vengo de parte del obispo Covarrubias, que quiere saber si usted le da alguna garantía ahora que regresó a Oaxaca. Anda rete asustado y no sabe si quedarse aquí en la capital o jalarle pa'l norte.

—Ah, y el obispo Covarrubias es de los que anduvieron apoyando a los enemigos de la república, ¿no es cierto? Bueno, pues dígale de mi parte que no le caerían mal unas vacaciones ahí donde quiere esconderse, porque si lo veo lo voy a llevar personalmente al paredón. ¿Me oyó?

—Sí, general —tartamudeó y, sin darme la mano, se fue con la misma poquedad.

Así, recibí a un titipuchal de personas durante varios días, pero había pasado tanto tiempo fuera de casa que noté, por primera vez, la situación tan precaria de mis hermanas y otras mujeres en Oaxaca. Éramos una tierra que trataba al género femenino como a ciudadanos de segunda clase. ¡Ya no! Ordené que se construyera una academia de educación secundaria para niñas que, lo creas o no, aún funciona. ¡Qué diferente hubiera sido nuestra situación si Desideria, Manuela y Nicolasa hubieran tenido esa oportunidad!

Pasé el tiempo con mis hermanas pero también sufrí los silencios terribles a los que me sometía Delfina. Cada vez que nuestras miradas se cruzaban ella bajaba la cabeza; no permitía que estuviéramos solos y más de una vez al Chato se le salió un "¿Y ésta que se trae?". Yo me alzaba de hombros.

Mi hermano y yo compramos una casa pequeña porque, la verdad, no podíamos ya estar tan arrejuntados con Desideria y Nicolasa. Ellas tenían a sus familias y nosotros éramos un estorbo.

Las tardes que tenía libres, huía para sudar en las sábanas de Rafaela Quiñones y que ella palpara mi cuerpo de general de la república, mientras yo disfrutaba su cuerpo de mujer valiente. Una de esas noches, exhausta por la doma de la que había sido objeto, exclamó una frase terrible pero maravillosa: "Creo que ando de encargo, ya no sangro". Se acurrucó y nos quedamos dormidos. Ahí, en ese mundo fantástico de lo que existe y no, soñé con el cuerpo suave de Delfina cubierto de estrellas y coronado por la luna.

Los siguientes días tuve enfrentamientos en La Chitova y Tehuantepec, pero aún faltaba mucho que hacer si queríamos tirar el imperio del príncipe austriaco.

Capítulo XXIV

Para principios de 1867 las últimas tropas francesas se habían embarcado de regreso a Europa. El sueño loco de Napoleón III había terminado y la pesadilla de Maximiliano de Habsburgo apenas se iniciaba.

Yo seguía en Oaxaca. Por alguna extraña razón, cada vez que veía a Rafaela panzona me acordaba de mi hermana Manuela y su romance con el doctor Ortega, y eso me hacía pensar en el fruto de esa relación. Otra vez Delfina inundó mi mente hasta desbordarla en sueños cargados de erotismo que me hacían despertar a la mitad de la noche con un calor conocido entre mis piernas y el corazón acelerado en el pecho.

Durante ese tiempo mis encuentros con Delfina habían sido incómodos, tal vez porque los dos pensábamos en el beso que nos habíamos dado y considerábamos pecaminosa la relación entre tío y sobrina. Puede ser que tuviéramos miedo al qué dirán de la familia. Después de todo, nuestro enamoramiento pasó gracias a nuestro distanciamiento. Mientras más me ausentaba, más ansiaba ella mi regreso y yo también. Félix se dio cuenta, porque empezó a mirarme como si yo tuviera un secreto que no le quisiera contar, pero calló.

Fue también al inicio de aquel año cuando recibí una última petición del emperador Maximiliano de Habsburgo para que me uniera a su gobierno. Su patético intento de reclutar generales de la república con el único fin de mantener su imperio fallido me causaba una lástima tremenda. ¿Quién lucharía por un caído? ¿Por qué elegiría el bando perdedor cuando el resto de mis compañeros de armas ya tomaban las diferentes plazas de todo el país? Le respondí, en una carta, que jamás traicionaría a mi patria, y eso fue lo último que supe de él.

Días después nos llegó la noticia de que Maximiliano, junto con sus generales Miramón y Mejía, había huido de la Ciudad de México. Él se convirtió en el regente errante, mientras que el regreso de don Benito era sólo cuestión de tiempo.

Poco después decidí que era momento de seguir acumulando triunfos para nuestra causa, y le informé a mis hombres que se alistaran, que partiríamos derechito para Puebla a vengar la afrenta del sitio que perdimos. Me acompañaron Manuel González y Carlos Pacheco, porque además de ser amigos entrañables eran militares muy capaces.

La mañana que partí me levanté muy temprano, esperé afuera del cuarto de Delfina y cuando salió la sorprendí con mi presencia.

—Fina, vengo a despedirme, vamos a recuperar el país.

—Lo sé bien, tío —respondió con las mejillas sonrosadas.

—Pero no te preocupes, que volveré antes de lo que crees para…

Entonces vi la lluvia que cegaba los cristales de sus ojos y me apiadé de ella. Levanté su barbilla y, a forma de consuelo, volví a imponer mis labios sobre los suyos.

—Yo…, perdóname, Delfina, se me hace tarde para salir.

—Tío Porfirio —escuché su voz cuando salía del patio—. No se preocupe, que lo esperaré aquí hasta que vuelva.

Y dejé Oaxaca con una sonrisa en los labios que mi tropa no supo explicarse. Sin embargo, el sabor de Delfina había quedado en mi boca; ni el agua ni el aguardiente pudieron quitármelo. Cuando estábamos por Tehuacán pedí papel y tinta, y, en la soledad de la noche y con una vela como testigo, escribí la siguiente carta:

Querida Fina:

Estoy muy ocupado y por eso seré demasiado corto no obstante la gravedad del negocio que voy a proponerte y que tú resolverás con una palabra, una vez que lo hayas meditado en tu conciencia y tengas la convicción de tu respuesta.

Es evidente que un hombre debe elegir por esposa a la mujer que más ame entre todas las mujeres si tiene seguridad de ser de ella amado, y lo es también que en la balanza de mi corazón no tienes rival.

Éste es mi deseo y lo someto a tu juicio, rogándote que me contestes lo que te parezca con la seguridad de que si es negativamente, no por eso bajarás un punto en mi estimación. En ese caso te adoptaré judicialmente por hija para darte un nuevo carácter que te estreche más a mí y me abstendré

de casarme mientras vivas para poder concentrar en ti todo el amor de un
verdadero padre.

Si me quieres dime sí, o no, claro y pronto.

En lo sublime del amor hay algo desconocido para el idioma, pero no
para el corazón, y para no tocar lo común en él me despido llamándome
sencillamente tuyo.

Porfirio

La cerré bien en un sobre y se la di a unos de mis hombres en la más
estricta de las confianzas.

—¿Sabes dónde vive mi hermana Nicolasa?

—Sí, mi general —respondió solemne.

—Pues te me vas derechito para allá y le entregas la carta que te
acabo de dar a mi sobrina Delfina, y sólo en la mano. ¿Me oíste? Y no
te mueves de Oaxaca hasta que tengas una respuesta.

—No tenga pendiente, general. Se hará como usted ordena.

Y cumplió.

Continué mi camino hacia Puebla con las armas que don Justo Benítez me había traído desde Estados Unidos y hombres de la región
que se me habían unido. Me sentía una vez más al mando de un ejército, y con él estaba decidido a recuperar la república.

Cuando llegué a Puebla, el 9 de marzo, comencé a rodear la población por el sur y el oriente, sin cerrar el sitio por el norte porque
me lo impedían los fuertes de Loreto y Guadalupe. Justamente ahí,
donde Ignacio Zaragoza había defendido de forma tan valiente un
año atrás estaba ocupado por el enemigo, que me hice de los barrios
de La Luz y El Alto, aunque no pude incomunicarlos por los cerros.

¡Vaya cambio! Ahora nosotros, los soldados de la república, habíamos creado un perímetro contra el enemigo, un cerco que cada vez
era más pequeño. Además, mientras estuvimos en Puebla llegaron
más hombres a unirse a nuestro ejército, como don Diego Álvarez
con seiscientos efectivos y don Mucio Maldonado con cuatrocientos
caballos de Texcoco.

Con el pasar de los días nuestra línea avanzó por la parte occidental
de la ciudad hasta dominar tres lados de la plazuela de San Agustín,

occidente, norte y sur, y el enemigo el lado de oriente. De allí continuaba nuestra línea hasta el convento de la Merced. Ocupamos todas las calles del occidente y el enemigo las del oriente. Por el sur ocupábamos la línea de manzanas donde estaba la aduana y todas las siguientes hasta el barrio de La Luz, donde nuestra línea doblaba hacia los cerros por el puente.

Durante todo marzo la situación fue particularmente tensa, y Manuel González me lo recordaba cada vez que cerrábamos el cerco sobre la ciudad.

—A los enemigos no les va a gustar nada esto. En cualquier chico rato van a saltar y nos las vamos a ver negras.

—No se preocupe, compadre —respondía yo siempre—. Vamos a ver si son más inteligentes y capitulan a nuestro favor.

Y con su mueca silenciosa me daba a entender que no estaba de acuerdo.

Se fue marzo y con él mi paciencia. ¿Por qué tardaría tanto Delfina en mandar su respuesta?

Sucedió el 2 de abril a unos minutos de las tres de la mañana. Había repasado muchas veces el plan. La vida en el campo de batalla me había enseñado que la única forma de ganar es adentrarse, gobernar la emoción de la lucha pero sin perder el útil influjo de esta.

¡Vamos, muchachos! Es nuestra oportunidad de obtener un poquito de gloria.

Ordené que mis hombres atacaran las trincheras del convento del Carmen y el enemigo se echó para atrás, asustado. Mi parque no era mucho; sin embargo, resultó suficiente para ensangrentar la tierra árida. La noche permanecía estática, no se percibía viento o calidez. Tras las nubes quietas, una luna menguante iluminaba nuestro camino y las estrellas titilaban con suma violencia. Al detenerse la metralla mandé una primera columna de hombres, no para atacar, sino para tantear las aguas, y el enemigo la repelió. Envié una segunda y una tercera columna con la orden de pasar las trincheras, pero tampoco pudieron hacerlo. Dejaron, sin embargo, más cuerpos sin vida.

En aquel momento tomé el clarín en mis manos y lo hice sonar con tal fuerza que los soldados que estaban a mi alrededor permanecieron ignorantes del miedo que sentí; el militar que no reconozca su propio temor ante la batalla es un cobarde. Se encendió un lienzo entre las dos torres del cerro de San Juan y así le hice saber a toda mi tropa que había ordenado un asalto general.

La noche, que hasta ese momento había sido un sepulcro, estalló al unísono con el ataque de todos mis hombres. Los disparos fueron una orquesta deliciosa; la pólvora, la carne quemada, la sangre muerta; los gritos de horror y triunfo fueron un banquete para mis sentidos. No había manzana o calle que no escuchara los estruendos, el golpeteo contra las paredes, el estallido de las ventanas. La noche era muerte y la muerte era noche. Por espacio de quince minutos reinó el caos en toda la ciudad de Puebla.

Confié en mis generales. Ya antes les había advertido que no iba a tolerar ningún tipo de robo, y estuvieron al pendiente de que sus hombres respetaran ese acuerdo. Una cosa era tomar la ciudad, otra muy diferente saquearla.

Tras los quince minutos de ataque se me informó que todo lo que quedaba del enemigo estaba recluido en las torres de la Catedral y en los conventos de San Agustín y el Carmen. Los hombres de la ciudad, despertados por el ruido de la artillería, se nos habían unido con la idea de sacar al enemigo de la ciudad.

Las trincheras del convento del Carmen permanecían seguras. Los enemigos aprovecharon las zanjas abiertas en la tierra para repeler los ataques y atacar a mis hombres. Por lo mismo, Carlos Pacheco supuso que la única forma de acabar con esa situación era ir hasta la trinchera y sacar al enemigo de ahí.

¿Con todo y el fuego enemigo? Sí, no había de otra. Fue con todos sus hombres y lo hizo; en el proceso lo hirieron en el muslo izquierdo y en la mano. Manuel González fue herido en un brazo.

Después de estos hechos, el ataque duró casi veinticinco horas más para lograr acabar con todos los enemigos y sus puntos de apoyo en toda la ciudad, hasta que logramos que capitularan sus últimos reductos.

Una vez que terminamos la batalla e hicimos el recuento de daños y prisioneros, descubrimos que Puebla había quedado casi en ruinas por los eventos de los últimos años. Edificios coloniales habían caído, los otrora palacios estaban completamente destruidos; tardaríamos muchos años en volver a darle vida a la ciudad.

Me llevaron a los prisioneros para que los viera y mandé fusilar a los mexicanos traidores. No me interesaron sus excusas. Luego hice lo mismo con todos los jefes y oficiales de mayor categoría aunque fueran extranjeros. Entonces noté unos ojos grises que conocía muy bien. Me acerqué a él y lo estreché, ordené que lo liberaran, ante el asombro de mis soldados. Se trataba del barón Juan de Cizmadia, al que yo recordaba perfectamente. Ordené que le dieran algo de comer y lo trataran bien.

De inmediato se me informó que a don Carlos Pacheco se le habían infectado sus heridas y había poco que hacer. Tuvieron que amputarle un brazo y una pierna, pero siempre estuvo muy orgulloso de sus heridas de guerra.

—¿Dónde está el coronel Manuel González? —pregunté, pero mis soldados se negaron a responderme de inmediato.

—Díganme dónde está el coronel —insistí.

Me llevaron hasta uno de los edificios destruidos donde trataban a mis hombres heridos. Los gemidos y el olor nauseabundo obligaron a que me tapara la boca, mas sólo un momento. Sobre una mesa del fondo noté que mi Manuel González arqueaba la espalda en una contorsión dolorosa. Las gotas de sudor resbalaban por su frente hacia la mugre y la sangre ajena.

—¡Ganamos! ¡Les ganamos a esos cobardes traidores! —gritaba de júbilo.

Yo noté que habían amarrado un trapo a su brazo derecho y que uno de los médicos destapaba una botella de aguardiente. Comprendí lo que iba a pasar y no tuve compasión para dirigirle la palabra. Sólo le di unas palmaditas en el hombro. Cuando acercaron el alcohol a sus labios, lo escupió y empezó a gritar con los ojos bien abiertos.

—¡No deje que me lo corten! ¡No deje que me lo corten! ¡Porfirio! ¡No deje que me lo corten!

Pero fue demasiado tarde. Le ofrecieron otro largo trago de aguardiente y trajeron la segueta. Los dientes metálicos tocaron la piel de su brazo, y con un movimiento rápido empezaron a cortar a través de la carne, del hueso, de la sangre; quedaron expuestos tendones y músculos, vísceras y venas, y entre los gritos de dolor sólo escuché el metal yendo de un lado para el otro, de un lado para el otro, de un lado para el otro…

Aquélla fue una de las batallas más importantes de mi carrera y de la Intervención francesa; durante muchísimos años y hasta hoy me han llamado el Héroe del Dos de Abril.

Además, recibí la carta que estaba esperando. Regresó el hombre que había mandado a Oaxaca, con un papel enrollado y cerrado con un pedazo de cuerda. Me miró pensativo y esperó a que desatara el nudo como quien abre un regalo de Navidad. Aún puedo citar las palabras de aquella carta:

Mi muy querido Porfirio:

Tengo ante mis ojos tu amable carta. No sé cómo comenzar mi contestación: mi alma, mi corazón y toda mi máquina se encuentran profundamente conmovidos al ver los conceptos de aquélla. Yo quisiera en este instante estar delante de ti para hablarte todo lo que siento y que mis palabras llegaran a ti tan vivas como son en sí, pero ya que la Providencia me tiene separada de tu presencia, tengo que darte la respuesta tan franca y clara como tú me lo suplicas, pero me permitirás el que antes te diga que varias reflexiones se me ocurren que debiera exponértelas previamente, pero sacrifico este deber sólo porque te quiero dar una prueba de que vivo tan sólo para ti, y que sin prejuicio de que alguna vez tenga derecho a explicarte las citadas reflexiones, me resuelvo con todo el fuego de mi amor a decirte que gustosa recibiré tu mano como esposo a la hora que tú lo dispongas, esperando que mi resolución franca la recibirás no como una ligereza que rebaje mi dignidad sino por no hacerte sufrir incertidumbres dolorosas. [...] Te ruego que te cuides mucho sin ajar tu buen nombre, y entre tanto saber que soy y seré tuya.

Delfina

Una sonrisa coronó mi rostro aquel día, y el soldado, en su timidez, adivinó lo que había en esas palabras.

—¿Vamos de regreso a Oaxaca?

—Aún no, México todavía nos necesita.

Y comencé a planear mi siguiente paso, con la noticia de que Mariano Escobedo había sitiado Querétaro pues ahí estaba acuartelado el emperador con sus generales.

Jaque. Las piezas empezaban a acomodarse en el tablero a cuadros. Yo continué mi camino, y Delfina, en Oaxaca, corrió al Registro Civil.

Capítulo XXV

CUANDO IBA CAMINO A LA CIUDAD DE MÉXICO recibí varias cartas de Oaxaca. La primera de ellas tenía la letra quebrada y varias faltas de ortografía.

Hermano:
Delfina me acaba de enseñar la letra que le escribiste en las últimas fechas, y la respuesta que te dio después de consultarlo con su conciencia. De inmediato me sentí muy contrariada. ¿Cómo osas pedirle matrimonio a tu sobrina carnal? Te vas a condenar por faltar a las leyes de Dios. No te has detenido a pensar en lo que hubiera dicho mamá o tu hermana Manuela, que la Virgen de la Soledad las tenga en la gloria de Dios, o no hubieras cometido semejante abominación. Te pido, encarecidamente, que lo pienses con rectitud y elijas como mujer a Rafaela, quien se rumora está por dar a luz a un hijo tuyo.

Desideria

Mi respuesta fueron unas breves palabras:

Hermana:
Recibí tu carta y sólo tengo un comentario al respecto. El matrimonio entre Delfina y yo se llevará a cabo. Me gustaría que Nicolasa y tú ayudaran a Delfina a prepararse para el matrimonio. Ya sabré yo qué cuentas darle a Dios, pues cada uno sabe qué tratos tiene con Él. En caso de que se nieguen, me dará mucha pena que pierdan a un hermano y a una sobrina a causa de un amor.

Porfirio

Ya no volví a recibir ninguna letra suya, tampoco de Nicolasa. Creo que nunca estuvieron de acuerdo con nuestra relación, pero se mantuvieron al margen sólo para llevar la fiesta en paz. Eso no impidió, por supuesto, que hubiera silencios incómodos y miradas de reprobación. Ni hablar. Tuve que haber pensado que nadie vería bien que un tío se casara con su sobrina, pero ¿qué podía hacer contra los designios del corazón? O quién sabe si confundía el amor con la lujuria. No lo sé.

Poco tiempo después, llegó una carta más:

Porfirio:

He dado a luz a una niña sana. Espero tu vuelta pronta a Oaxaca para que podamos apalabrarnos sobre su futuro.

Rafaela

Los soldados que estaban a mi alrededor han de haber pensado que eran malas noticias, pues por un momento me sentí irreal. Mi palidez fue otra forma de mostrar que me sentía vivo y no, sin aire, sin más latidos en el pecho que saltos bruscos del corazón, y comprendí, con la respiración entrecortada, que era padre de una criatura hermosa que por siempre llevaría mi sangre y mi apellido. Preferí callar la noticia, sobre todo porque entre la tropa corría el rumor de que estaba por matrimoniarme pronto y no se veía bien que se supiera que había tenido un hijo con otra mujer.

La Ciudad de México era mi siguiente blanco. Emprendí la marcha de Texcoco para San Cristóbal Ecatepec y la Villa de Guadalupe. Esta última estaba defendida, pero el enemigo se replegó a la capital en cuanto supo que yo me encontraba por ahí. Entonces establecí una línea de aproximación sobre la ciudad, pero tomando por base los terraplenes que forman las riberas del río del Consulado.

Así ocupé todo el frente occidental de la ciudad desde el rancho de Santo Tomás hasta cerca de Chapultepec. Establecí primero mi cuartel general en la Villa de Guadalupe. No tenía ganas de derramar más sangre mexicana, mucho menos de invadir la capital a la mala. Con su emperador a punto de caer en Querétaro y el imperio convertido en un sueño cenizo, debía recuperar la confianza de la gente. Ya estaba bueno de matar cristianos, ¿no crees, Carmelita? Quise que aquel sitio fuera suficiente para que entregaran la plaza, durara lo que tuviera que durar. Por supuesto, eso perjudicó a los habitantes, que se volvieron prisioneros en su propia ciudad, pero pues ni modo. Era hambre o palo.

El sitio de la Ciudad de México fue lento. Mientras, llegaban noticias de todo México, entre ellas de Delfina, que volvió a escribirme.

Porfirio:

Quise apurar nuestra unión y fui presurosa hasta el ministerio público para preguntar si nuestro matrimonio tendría algún impedimento por la parentela que existe entre nosotros. El juez resolvió que para ello se puede pedir un permiso especial, pero que existe un agravante, pues mi padre natural nunca me reconoció. Por lo mismo, fui a buscarle hasta su consultorio, pero, en cuanto se enteró que estaba presente, pidió a la criada que me dijera que no tenía intenciones de recibirme, pues ya ni siquiera guardaba el grato recuerdo de mi madre.

Si acaso no pudiera llevarse a cabo esta unión que me has propuesto, y yo he aceptado con la meditación propia que nace del corazón enamorado, entonces consentiré que me adoptes como tu hija, en cuanto todo el asunto de la guerra haya terminado.

Delfina

¿Cómo no me iba a hervir la sangre con semejante carta? Te juro, Carmelita, que si me hubiera topado con el doctor Ortega entonces, le hubiera metido dos plomazos en la cabeza, uno por mi hermana Manuela y otro por Delfina. Pero ya me conoces, soy hombre, y cuando la sangre hierve es más fácil pensar con el estómago que con la cabeza.

—A ver, ustedes dos, vengan para acá —llamé a dos de los hombres de mi entera confianza.

—Díganos, general.

—Necesito que se vayan para Oaxaca ahorita mismo. Preguntan por el doctor Manuel Ortega, y si no quiere recibirlos se meten a su casa como si fuera la suya. Necesito que me lo amenacen, a gritos o a punta de pistola, ahí ustedes ven, pero van a lograr que acepte a Delfina como su hija. Si necesitan métodos más drásticos, nada más que no se les pase la mano; no me sirve en el panteón.

—De acuerdo, mi general.

—Y luego se me van al Palacio de Gobierno y le entregan este poder al licenciado Juan Mata. Él sabrá qué hacer, y les dará la orden de regresar en cuanto sea necesario para darme noticias. ¿Está claro?

—Así lo haremos, general.

Y se fueron aquellos dos pelados hasta Oaxaca y, según lo que me contaron después, a saber si es cierto, pues no les resultó difícil encontrar la casa del doctor Ortega, entrar hasta la cocina y amenazarlo sin necesidad de sacar la pistola. Por supuesto que el médico sabía quién había enviado a los hombres y reconocía mi importancia militar. Movido por el miedo más que por otro sentimiento aceptó darle a Delfina su reconocimiento como hija, y a partir de ese día iniciaron la relación familiar de padre e hija que nunca habían tenido.

El papel que mandé para Juan Mata, entonces presidente del Superior Tribunal de Justicia de Oaxaca, era un poder para que pudiera casarme con Delfina a la brevedad. Yo no podía ir hasta mi tierra, pero quise apresurar las cosas. Los hombres volvieron con un papel que todavía puedo recitar de memoria.

En la Capital de Oaxaca a los tantos días del mes tal de mil ochocientos sesenta y siete a las siete de la noche, reunidos en la casa habitación del C. General Porfirio Díaz, el C. Presidente del Ayuntamiento en ejercicio de las funciones del Juez de Estado Civil, manifestó el C. Presidente del Superior Tribunal de Justicia, Lic. Juan de Mata Vázquez, que según las diligencias que anteceden tiene legalmente comprobada la aptitud legal para contraer matrimonio a nombre del digno General C. Porfirio Díaz con la Srita. Da. Delfina Ortega Díaz, según el poder que testimoniado se encuentra en acta de presentación, siendo el mencionado General, natural y vecino de esta población, soltero, de treinta y cinco años de edad y actual General de División del Ejército Republicano y en jefe de la Línea de Oriente e hijo de los finados D. José Faustino Díaz y Da. Petrona Mori...

Y tal y tal. Incluso estuvo presente el doctor Manuel Ortega para entregar a su hija, firmar como testigo y estrecharla con fuerza cuando terminó la ceremonia.

Por lo pronto, el sitio continuó hasta los últimos días de junio. El enemigo intentó algunos escapes, pero no rindieron fruto. El principal fue el que encabezó Márquez, por La Piedad, en los últimos días, y probablemente con objeto de abandonar la plaza y salvar la fuerza que le quedaba. En todos sus conatos de salida, frustramos sus planes y lo desmoralizamos.

Me sentí un hombre completo, y Delfina se convirtió en una razón más para seguir con mi empresa de capturar la capital del país sin el derramamiento de sangre.

Poco sabía que el sitio duraría tres meses.

La corona de México es como la de Cristo: sus espinas siempre auguran martirio. Pero ¿cómo iba a saberlo un príncipe austriaco que pensaba que sería más fácil gobernar a este pueblo que al reino lombardo-véneto?

Me llegaron noticias de cómo Maximiliano había sido juzgado en un teatro; chismes, más bien. Ya sabes que en México la forma más fácil de difundir una noticia es a través del rumor. Lo que sí es cierto es que su destino ya estaba decidido desde el momento de su captura, y que lo único que dilató su muerte fue la necesidad de don Benito de hacerlo a través de la vía legal.

El fallido emperador, junto con Miguel Miramón y Tomás Mejía, estaba destinado a morir. Los hombres rectos siempre son mártires de su propia causa. Imagino el horror que habrá sido para ellos subir cada día al escenario para los interrogatorios, cuando todos los involucrados ya sabían en qué terminaría todo. ¡Vaya juego! A mí me hubiera gustado que me dijeran desde el principio: te equivocaste, no te tocaba gobernar México, ensangrentaste un país que no es el tuyo y te vamos a matar. Así, de frente.

La sinceridad siempre se pierde cuando está de por medio la vía legal que persiguen todos los abogadetes y tinterillos.

Dicen que a Maximiliano le dijeron que su esposa estaba muerta para que perdiera toda esperanza. Encima, su madre le advirtió que lo mejor era enfrentar su destino de frente. Todos lo habían abandonado y, sin embargo, dicen que en medio de aquel cuadro desolador el austriaco mantuvo la calma. Se confesó en privado, y una madrugada de junio se levantó muy temprano para ser llevado a su Gólgota particular. Lo hicieron entrar al carruaje junto con sus generales Miramón y Mejía, y se lo llevaron hasta el Cerro de las Campanas. Lo dispusieron en el lugar en el que habrían de morir: como Cristo, el emperador al centro, y sus generales a un lado, pero Maximiliano hizo algo inaudito: invitó a Miramón a tomar su lugar con las palabras "Los valientes merecen honores a la hora de la muerte", y luego, el otrora emperador pidió que le dispararan en el corazón para que su madre pudiera reconocer el cuerpo.

Levantó su mirada al cielo y exclamó su última plegaria:

—Que mi sangre selle las desgracias de mi nueva patria. ¡Viva México!

Y los disparos lo arrebataron de este mundo. Hizo falta que le dieran un tiro de gracia porque aún se movía y balbuceaba quién sabe qué cosas.

Así fue como terminó, por fin, la aventura del Segundo Imperio Mexicano, y la derrota sobre los conservadores fue total.

La Ciudad de México se rindió al día siguiente del fusilamiento; ya no tenían nada por qué luchar. Además, el sitio de dos meses sobre ella había causado gran daño. Había pocos víveres, y sus habitantes sufrían enfermedades y hambre. Sería cuestión de días que don Benito regresara a la capital en calidad de presidente y héroe, símbolo de la libertad y la soberanía. Me dio tiempo de preparar la confección de una gran bandera para enarbolarla en Palacio Nacional y prohibí que se izara hasta que lo hiciera personalmente el presidente Juárez.

Reuní un ejército de 35,000 hombres y lo esperé, pero el Benito Juárez que vino a mí no era ya el que me había presentado don Marcos Pérez en Oaxaca…, y no tardaría en descubrir el porqué de su gesto duro.

Yo había dejado de ser el buen Porfirio.

Capítulo XXVI

La única forma
de levantar una
república es sobre
los huesos de
sus hijos y
la sangre de
sus hermanos, pues
no puede haber
democracia mientras las
opiniones se acuerden
a través de
la pólvora y
no por medio
de la razón
dada a los
hombres desde el
inicio de los
tiempos.

Ay de mí, Llorona, Llorona,
Llorona, llévame al río,
Tápame con tu rebozo, Llorona,
Porque me muero de frío.

Dicen que no tengo duelo, Llorona,
Porque no me ven llorar,
Hay muertos que no hacen ruido, Llorona,
Y es más grande su penar.

FIN DE LA PRIMERA PARTE

EL LLORÓN
DE ICAMOLE

SEGUNDA PARTE

"Que ningún ciudadano se imponga y perpetúe
en el ejercicio del poder, y ésta será la última revolución".

Capítulo XXVII

SE AGOTA EL AIRE y aún tengo mucho que contar. Hace meses entendí que la muerte a la que debes temer es aquella que llega sin un certificado, que se hace presente cuando aún quedan suspiros en el pecho. París es sólo un instante de mi historia, una lágrima con la que puedo enhebrar una aguja e hilar recuerdos. Me siento como una roca que se desmorona mientras más se adentra al pasado.

Durante el Imperio de Maximiliano de Habsburgo luché como nunca y entregué mis mejores años por el bien de México. Sabía que el pueblo me veía como un gran héroe y me lo creí. La fama alimentó mi orgullo. Por eso me dolió cuando don Benito hizo su entrada triunfal a la Ciudad de México, con papelitos de colores que flotaban en el aire. Se levantó un altar a la patria y se le hicieron ofrendas, pero junto a don Benito no estábamos Mariano Escobedo ni yo, los generales que le dieron el triunfo. Prefirió la compañía de los tinterillos que conformaban su gabinete: Sebastián Lerdo de Tejada, José María Iglesias e Ignacio Mejía. Ellos se llevaron las felicitaciones y recorrieron los palacios de la capital como ídolos.

Yo estaba con la gente, como si no hubiera arriesgado la vida, escapado de la cárcel, levantado ejércitos con poco dinero, tomado ciudades... ¡No! A los militares nos mandaron al carajo; los políticos quisieron toda la gloria.

Cuando el grupo principal llegó a Palacio Nacional, don Benito izó la gran bandera que yo había mandado preparar para la ocasión. Hubo aplausos y brindis por los políticos, pero no por quienes habían disparado el fusil incontables veces para que México fuera un país libre.

Mexicanos:
Hemos alcanzado el mayor bien que podíamos desear, viendo consumada por segunda vez la independencia de nuestra patria.

Cooperemos todos para poder legarla a nuestros hijos en camino de prosperidad, amando y sosteniendo siempre nuestra independencia y nuestra libertad.

¿Y el buen Porfirio? Tal vez murió en la Guerra de Reforma, como la amistad que alguna vez hubo entre Juárez y yo. Tuvo miedo de que mi popularidad aplastara la suya. Rechazó a los generales que lucharon por la república y no reconoció nuestros logros.

Tal vez el buen Porfirio nunca existió, y sólo se trataba de un tonto que obedecía las órdenes de un político que no era militar. ¿Cómo explicar, entonces, la decepción que me produjo don Benito? La furia, el enojo; me sentí un imbécil.

Me dije que si así iba a querer Juárez las cosas, bien. Él podía llevarse toda la gloria como si hubiera dirigido todos los ejércitos, sitios y ejecuciones; como si su sombra hubiera sido suficiente para ganar batallas y derrotar a los franceses en el campo.

Terco y duro como la piedra que se asemejaba a su piel, lo dejaría en su postura de héroe falso, lleno de gloria vana pero sin amigos.

Por mi orgullo, y por el suyo, nos alejamos.

La ciudad había cambiado desde que la visité por primera vez. La guerra destruyó edificios y alimentó el hambre de sus habitantes. México sufría las consecuencias de todas aquellas batallas por mantener viva la Constitución de 1857 y la república soberana ante los designios de Napoleón VIII. Uno caminaba por los mercados y veía escasez, precios altísimos y miseria. Manos huesudas se estiraban al paso de los soldados para ver si podían traducir su piedad en unas cuantas monedas. Las paredes habían quedado marcadas por los hoyos de las balas, los cementerios habían duplicado sus tumbas y más de una fosa había sido excavada para soldados sin nombre. México, que siempre había sido un país colorido en su cultura, música y gastronomía, ahora se mostraba gris, lleno de fantasmas errantes y lamentos en las iglesias.

Caminé por las calles polvosas y la terracería de las banquetas. Iba con el uniforme manchado, el bigote mal recortado y el alma destrozada. Cuando volví a casa, una cabeza morena que conocía bien se asomó.

—¡Delfina! ¿Qué haces aquí? Iba a visitarte en unos días.

—No me quise esperar, Porfirio. Ya somos marido y mujer.

Se hizo a un lado y entré. La seguí hasta el patio; a la primera luz mortecina de la noche vi aquella figura lánguida que había admirado por años.

Delfina se aclaró la garganta, se acomodó el rebozo de algodón sobre los hombros y se adentró a las sombras; parecía tímida. Yo, en cambio, estaba deseoso de probar aquellos labios con los que había fantaseado todas aquellas noches solitarias en el campo de batalla, satisfaciendo mis deseos con Rafaela pero llamándola Delfina en lo oculto, como si pudiera hacerla una mujer distinta en la intimidad. ¿Sabes? Tuve miedo, no sé si de ella o de mi propia virilidad. Nos encerramos en el cuarto. La tomé de las caderas y me perdí en su mirada negra, pero fue ella quien me besó. Apenas acarició mis labios con temor y, en aquellas sombras, me percaté de que tenía las mejillas encendidas.

—Ven —me tomó de la mano y me llevó hasta su cuarto.

Encendió una vela y se iluminaron los ladrillos de la pared. Su tez era tan parecida a la tierra de Oaxaca. Había amado a Delfina en la lejanía, pero era la primera vez que podía verla como mujer. Nos preocuparon poco las convenciones de la época. Ella se quitó la blusa de algodón mientras yo me despojaba de la casaca. Había estado desnudo con muchas mujeres, me había sentido poderoso en su presencia, y era la primera vez que me importaba mi aspecto, atlético por las batallas pero flacucho por el hambre; con la misma piel que ella, la misma sangre.

Delfina se recostó en el catre y yo lo hice sobre ella. Sentí su corazón palpitar con miedo, al igual que el mío, pero eso no impidió que me dejara llevar por primera vez, y una vez que probé su aliento, hasta lo más profundo de su ser, quedé embriagado con lo que bebí de su alma. No pude dejar de conocer sus labios, de permitir que mis manos sintieran la forma de sus senos, delinearan sus pezones y bajaran por su vientre. Quise tocar sus muslos por primera vez y apretarlos con mis palmas como si fueran los míos. Le quité los aretes, deshice su trenza…

Entré en ella con mucho cuidado. Cerró sus ojos, aferró sus largos dedos a la sábana y yo inflé mi pecho como un toro; hice un baile etéreo en el que sus caderas y las mías hicieron un mismo salto. Inventamos un ritmo propio que obligó a las estrellas a rodearnos; alargamos el tiempo hasta que la noche duró siglos enteros, y los gemidos fueron el único lenguaje que encontramos para comunicarnos. Me hundí en el aroma salado de su cuello. Ella arqueó su espalda. Practicamos la alquimia por la cual dos carnes se vuelven una y los latidos se extienden hasta los rincones más insospechados del ser. Hasta que me convertí en el más dulce de los volcanes; fui lava, semilla, fui sudor y cansancio, fui el más profundo de los éxtasis lujuriosos; fui pecado y silencio; fui hombre.

Sin cubrir mi desnudez, me recosté en la cama con las manos en la nuca y Delfina se aferró a mí. No hubo brisa que rompiera el momento ni preocupación que debilitara el amor. Tan sólo éramos dos amantes que habíamos compartido la noche de bodas y dado rienda suelta a la pasión que sentíamos. Bastó un orgasmo para que dejáramos de ser tío y sobrina, y nos convirtiéramos en esposos. Ahí estaba, tan chiquita e indefensa, fuerte, Díaz en todas sus formas. ¿Qué tragedia podía arrebatarnos ese momento? Aquél no era el principio de la felicidad ni un dejo de complacencia; aquél era el momento para el que nace un hombre, para el placer personal y el de otros.

No quise cerrar los ojos, adentrarme en el sueño hubiera sido un error. Me arrullé con los grillos y aspiré cada segundo de la noche mientras velaba por el sueño de mi Fina.

Luego el cielo se iluminó de un rosa pálido y mi cuerpo se llenó de luz. Lo conocí en todas sus formas y humores, en sus muslos torneados y en mi sexo flácido que descansaba sobre la pelvis. Fina despertó y me vio de reojo, jugó un rato con mi ombligo y yo acaricié su pelo. Aquella mañana fue cómplice de lo que sentíamos, y ninguno quiso levantarse hasta que nos llegó el aroma del desayuno.

—¡Ay, Porfirio! Ya sé que te gusta desayunar temprano, y yo en estas fachas. Déjame ver cómo va la casera, igual y le ayudo a cocinar.

Me dio un beso y se vistió para salir del cuarto. Yo me quedé fantaseando en ella, en su cuerpo moreno y sus senos juveniles. ¿Qué más le hubiera pedido a la vida que una esposa, una hija en Oaxaca y el título militar más alto en el ejército mexicano? Las sorpresas aún estaban a la vuelta de la esquina.

Me imagino la preocupación de don Benito al saberse presidente de la República sin el peso nefasto de los conservadores. Se apuró a dispersar el ejército en cinco divisiones de 4,000 hombres cada una. Los otros 50,000 quedaron fuera del ejército, y no les dio ni las gracias por haber participado en la guerra contra los franceses. Tampoco había con qué pagarles: el país estaba quebrado y endeudado con el mundo entero. Además, con el fusilamiento de Maximiliano de Habsburgo las potencias europeas nos vieron como una nación de seres bárbaros y rencorosos.

Pues bien, a Mariano Escobedo lo mandaron para el norte, a Corona para el occidente, Régules se quedó en el centro y Juan Álvarez en el sur. Yo me quedé con toda la zona oriente, cuya sede estuvo en Tehuacán. Se me informó de ello en una carta, con la advertencia de que debía partir lo más pronto posible; en cuando se la enseñé a Delfina, exclamó:

—¿A Tehuacán? ¿A qué nos mandan para allá?

—Seguro para no estorbarle a Juárez, pero ya verá que ni aquí ni allá va a dejar de sonar mi nombre.

—Al menos allá estaremos más cerca de las tías —atinó a decir muy divertida.

Por no repelar más, dispuse el traslado de la tropa que me había tocado y de la casa donde íbamos a vivir. Mis amigos y partidarios me despidieron con una comida en mi honor, y me regalaron una espada que llevaba la frase: "Destrucción del imperio. Miahuatlán, Oaxaca, Puebla, México. Al C. Porfirio Díaz, sus amigos. 15 de julio de 1867".

De camino a Tehuacán me quedé pensando en México. Era 1867. Durante diez años habíamos estado en guerra, desde que la nueva Constitución había convertido al país en un polvorín. No habíamos tenido un momento de paz. La política estaba muy por los suelos; no te cuento el Poder Legislativo, el comercio, la situación de la gente y las relaciones con la Iglesia católica. Era como tratar de recoger los pedazos de una nación rota y volverlos a unir para encontrarles sentido. ¿Lo iban a hacer los tinterillos de Juárez y Lerdo, que habían pasado todo ese tiempo huyendo como si aquello fuera suficiente para defender la soberanía de nuestro pueblo? Estaba por verse, pero en mi opinión era una situación bastante ridícula.

Y como don Benito necesitaba fortalecer su nombre a como diera lugar, se le ocurrió publicar un referéndum, que no estaba contemplado por la ley:

Se convoca al pueblo mexicano para que, con arreglo a la Ley Orgánica Electoral de 12 de febrero de 1857, proceda a las elecciones de diputados al Congreso de la Unión, de presidente de la República y de presidente y magistrados de la Corte Suprema de Justicia.

Todos se apuntaron para algún cargo. Justo Benítez, Manuel González y hasta el Chato buscaron su hueso en el gobierno. Ellos, a través de cartas, me instaron a tomar el poder. Mi popularidad rivalizaba con la de Juárez, y en una de ésas hasta le ganaba.

Me postularon candidato. Los periódicos que no estaban de acuerdo con las elecciones propuestas por don Benito me apoyaron. Era común que Delfina interrumpiera mis desayunos o comidas para traerme ejemplares de *El Globo*, *El Correo de México* y *El Padre Cobos*, cuyos editorialistas se expresaban bien de mi persona.

Justo Benítez viajó desde Oaxaca sólo para encontrarse conmigo. Lo hice sentar y Delfina nos preparó un atole delicioso. Discutimos algunos chismes políticos y, cuando surgió el tema de las elecciones, se apuró a decirme:

—Ya tenemos todo listo, habrá manifestaciones de apoyo en todos los estados.

—¿Y yo? ¿Qué suponen que haga mientras el país grita mi nombre?

—Que tengas mesura, Porfirio. Toma un carácter reservado. Ya vimos tus declaraciones a la prensa de que no estás de acuerdo ni apruebas la convocatoria a elecciones, y eso está bien, pero ya no queremos que hables de más. Nosotros nos haremos cargo.

—Pero, pues, los reporteros van a venir a buscarlo —interrumpió Delfina.

—Sí, y estamos contando con ello. Si vienen a buscarlo, Porfirio sólo tiene que decir que el pueblo tiene derecho a elegir para el destino del país a quien mejor le convenga. Nada más. En boca cerrada no entran moscas.

—Si ya lo tienen planeado, me callo y no hay moscas..., o eso que dijiste —respondí.

Y Delfina aprovechó para cambiar de tema y preguntar por el clima de Oaxaca, a lo que Justo Benítez respondió con monosílabos aburridos, hasta que cayó la tarde y se despidió de nosotros.

No quise quedarme en Tehuacán durante las elecciones, y me fui para Oaxaca. Además aproveché para visitar a Desideria, Nicolasa y el Chato, así como a mis sobrinos, y conocer a la nueva esposa de mi hermano, Rafaela Varela.

Hacia finales de 1867 el país entero se volcó a discutir el proceso electoral. Todos los días había un nuevo rumor, que si don Benito esto, que si Sebastián Lerdo de Tejada lo otro, que si yo había dicho tal... Cuando los resultados empezaron a llegar desde cada rincón de México, Justo Benítez eran quien me traía las noticias: que si gané en Oaxaca pero perdí en Veracruz; que gané en Puebla pero perdí en..., y así sucesivamente. Delfina parecía más nerviosa que yo. Apretaba sus manos a la altura del pecho como si sus rezos pudieran influir, de alguna manera, en el resultado de los comicios.

Finalmente supe el resultado de aquellas elecciones y se publicaron en los periódicos más importantes: Benito Juárez obtuvo 7,422 votos y yo solamente 2,709. Para la presidencia de la Suprema Corte, puesto para el que también fui candidato, perdí con 2,841, mientras que Sebastián Lerdo de Tejada obtuvo 3,874 votos.

Te imaginarás la decepción que sentí, la frustración por no poder traducir mi popularidad en número de votos y por la sospecha de que había sido víctima de fraude electoral. ¡Por Dios! Era uno de los héroes más importantes que tenía el ejército y no había sido capaz de conseguir tres mil votos con mi nombre.

—¿Qué vas a hacer, Porfirio? —me preguntó mi hermano, alguna vez que me fue a visitar.

—Retirarme de la milicia, largarme a ver a dónde y olvidarme de todo esto. Al menos tú te quedaste con la gubernatura de Oaxaca. A mí no me dejaron nada, ni siquiera un triste puesto de diputado.

—¿Cómo? ¿No te han dicho? La legislatura del estado te otorgó la hacienda de La Noria como pago por tus servicios a la patria.

—Sobras, migajas. Es lo que me dan para tenerme contento, Chato.

—Es lo que hay, Porfirio. Ya no repeles y vive en paz lo que te quede de vida.

187

Lo traspasé con la mirada, me fui al otro cuarto y le dije a Delfina que nos mudábamos para la hacienda de La Noria.

—¿Y qué vamos a hacer allá?

—Vivir lo que nos queda antes de morir— respondí, imitando la voz de mi hermano.

Empaqué lo poco que tenía y me fui de la capital, derrotado en mis aspiraciones políticas.

En el primer momento que tuve le escribí a Juárez para renunciar a mi cargo al mando del Ejército de Oriente. Le dije que no podía luchar contra los mismos con cuya cooperación obtuve las victorias más favorables para la independencia nacional.

Juárez aceptó, sin más, mi renuncia.

Capítulo XXVIII

Dos cosas heredé de mi madre, el rosario de madera y una fotografía que le tomaron poco antes de morir. En ésta miraba con desconfianza a la cámara y mostraba su recelo ante aquel invento que parecía estar hecho por el diablo. Yo nací en una época en que la única forma de recordar a alguien era a través de la memoria o de la pintura, pero éramos muy pobres para retratar a la familia en un lienzo virgen. Ah, pero con la llegada de este invento tan maravilloso, las facciones de un ser querido quedaban atrapadas para siempre en el tiempo en un pedazo de papel con manchones sepia. Así mi madre venció al olvido de la historia, con su mejor rebozo de algodón.

Durante la Guerra de Reforma y la Intervención francesa me habían tomado uno o dos retratos que no supe dónde acabaron. Por eso, en mis primeros meses al mando de la hacienda de La Noria fui dos o tres veces a tomarme fotografías, aunque poco contaba con que se harían copias sin mi permiso que se harían circular por todo el país. Delfina me acompañó en una de esas ocasiones. Su retrato fue posando con una canasta de flores en sus manos; llevaba un peinado elegante, propio de la época, un vestido pesado y un camafeo al cuello.

Poco después de eso me dijo que estaba esperando un niño, y la abracé con fuerza. Me reí con ella. Retozamos en las sábanas como si fuéramos adolescentes, mis manos sobre sus montes y las suyas sobre mi pelvis, con el temor de bajar un poco más hasta el centro de mis fantasías oscuras. Callé la existencia de Rafaela porque no respondía a mis cartas, y la única vez que fui a buscarla para conocer a mi hija, había huido de su pueblo horas antes.

La Noria estaba muy descuidada. Recluté peones de un pueblo cercano y nos dimos a la tarea de sacarla adelante. Quitamos la hierba mala, pintamos el edificio principal y hasta me animé a armar un comedor yo solo, con los conocimientos que había adquirido en mi juventud. Mi labor principal, sin embargo, fue el cultivo de caña de azúcar, mientras Delfina se quedaba en casa, cada vez más panzona y con un abanico enorme que usaba para espantar las gotas de sudor que solían rodar por sus mejillas. Una noche despertó con dolores incontrolables y gritos de espanto. Las criadas corrieron por las parteras y así fue como nació mi primogénito, Porfirio Germán. Antes de terminar la noche lo tenía en mis brazos; era el exquisito milagro de la vida, la posibilidad de engendrar a otro de mi carne y sangre, con mi espíritu de lucha y voz de mando. Quise saber lo que mi padre pensó al tenerme en sus brazos. ¿Se sintió igual que yo?

El día que lo bautizamos preparamos un banquete en La Noria para que vinieran todos nuestros amigos y familiares. El Chato se sentó junto a mí a la mesa principal.

—Porfirio, ya decidí quién estará en la Suprema Corte de Justicia en representación de Oaxaca. Te acuerdas que te mencioné a un juarist...

—¡Chato, por Dios! —respondí—. No vengas al bautizo de mi hijo a agriarme el mole. Yo ya te dije quién nos convenía, pero tú eres el gobernador. Tú sabrás.

—Pues yo sabré. También tengo que jugármela con la política de la capital.

—Pero en política, a menos que seas parte del pueblo, tienes que pensar con la cabeza, no con el estómago.

—Tú lo dijiste, yo soy el gobernador —hizo énfasis en esa última palabra y luego continuó—: Ya sabré yo lo que más le conviene a Oaxaca.

—Porfirio, estamos en una celebración familiar, guarda la política para otro momento —intervino Delfina y no tuve más que darle la razón.

Ya me conoces, Carmelita, no pude separarme de la política oaxaqueña por mucho tiempo, y con frecuencia asistía al Palacio Municipal de Oaxaca a solicitarle a Félix que hiciera las cosas a mi manera. No porque fuera la mía, sino porque conocía mucho más al pueblo. Él había pasado mucho tiempo en el colegio militar y haciendo la guerra en el centro de la República. Él sólo se quejaba de los indígenas de la sierra, de la falta de dinero, de tener que jugar conmigo y con Juárez para que le salieran las cosas, pero no fue tan mal gobernador. Bueno, salvo uno que otro incidente.

Recuerdo que en uno de esos días recibí una carta de Juana Cata.

Porfirio:

Espero que estas letras te encuentren a ti y a tu esposa con bien. Quise escribirte antes de que leyeras de este incidente en los diarios, y para que consultes muy bien con tu conciencia cuál será tu proceder en los próximos días.

Hace unas horas supe, de boca de algunos juchitecos de la zona, que las tropas del gobernador Félix Díaz entraron a su territorio con el expreso fin de hacer cumplir una ley, según la cual aumenta el impuesto de la madera a un precio exorbitante. Tú conoces su pobreza, el día a día de sus labores, y sabes que no tienen más dinero para costear y que tampoco han mantenido buenas relaciones con la capital del estado. Las tropas entraron, fusilaron sin miramientos, destrozaron cuanto pudieron e ingresaron a la iglesia del pueblo. Ahí bajaron a su santo patrono, san Vicente Ferrer, y enfrente de todos los juchitecos lo arrastraron por el pueblo, le quebraron los pies, le quemaron las plantas y lo hicieron pedazos. Se escuchaban gritos de "maldito blasfemo" y otras aún peores. Hay un gran descontento en la región, y ya se comenta que el gobernador abusa de su poder para justificar su autoridad.

Tu hermano es radical, intransigente y jacobino. Cuídalo mucho, porque hay quienes lo felicitan hipócritamente por este tipo de actos, y el veneno podría terminar por incendiar su figura política.

Juana Catalina

Delfina me preguntó si lo que había en esa carta era cierto. Yo me encogí de hombros. Félix no hizo el menor intento por negarlo cuando se lo pregunté en una carta. Sólo dijo que era necesario porque no tenía dinero para gobernar el estado ni tampoco ganas de ceder a los caprichos de los juchitecos. Tan terco él como yo, alguna vez lo discutimos a gritos en persona, pero no llegamos a nada. Él quería gobernar Oaxaca y yo también... Pero me faltaba el cargo para cumplir aquel sueño.

Delfina estaba tan feliz con la maternidad que se preocupó poco de todas las horas que empecé a pasar en la bodega de la hacienda, ni me preguntó qué escondía ahí. Se sentía plena, satisfecha y por lo mismo empezó a engordar. Yo pensé que era por el tiempo que pasaba en la cocina, pero me sorprendió con la noticia de que una vez más se encontraba de encargo. Volví a abrazarla y yo también me sentí en la gloria. Fueron, quizá, los años más felices de toda mi vida.

Tienes que entenderme, Carmelita. Después de tanta pérdida, lucha y muerte, al fin podía gozar de la paz suficiente que me permitiera vivir. Por eso festejé con brincos y gritos de alegría cuando otra noche cobijada de estrellas volvió a abrirse el cuerpo maravilloso de Delfina para que naciera mi segundo hijo.

Fue una época fructífera; la venta de caña era buena, y hasta logré financiar el primer enlace telegráfico entre Oaxaca y la Ciudad de México. Comencé a preguntarme qué era la fama, es decir, qué significaba que la gente me detuviera en la calle para felicitarme por mis victorias militares. Mucho de lo que hacía o decía terminaba en los periódicos. Con frecuencia se me inventaban chismes. También era tema de comidas, cenas y reuniones clandestinas. En más de una ocasión los levantamientos de Tehuacán utilizaron mi nombre como bandera de lucha, pero fueron sofocados por los soldados de Benito Juárez.

Para mí todo eso era sumamente extraño, pues no tomé las armas para conseguir reconocimiento. Las ambiciones políticas surgieron durante mi lucha por el país, nunca fueron la causa inicial de ella, como ahora dicen mis enemigos. Sin embargo, ya no era aquel muchacho escuálido del seminario; me había convertido en un personaje de leyenda, un mito inverosímil llamado Porfirio Díaz.

Un resentimiento histórico llamado don Porfirio.

Conforme se acercó el fin del periodo presidencial, la felicidad comenzó a disiparse como el día, cuya existencia se ve amenazada por el atardecer. Los gritos de enajenado llenaron toda la casa principal de La Noria, horrores que brotaban de la garganta de mi Delfina: "Tienen fiebre, mis niños tienen fiebre". Y yo le pedí que se calmara, que les pusiera unos trapos fríos en la frente mientras mandaba traer al médico. Éste llegó unas horas después, entró al cuarto de los niños y luego de revisarlos exhaustivamente nos pidió que les diéramos unas medicinas que nos dejó ahí anotadas.

Durante los siguientes días Delfina perdió peso, también color en el rostro. Dejó de dormir a mi lado y se fue al cuarto de los niños, pero no se les fue la fiebre. Al contrario, en lugar de mejorar padecieron aún más. Sus llantos de dolor penetraron los misterios de la noche. Perdían el conocimiento con frecuencia, y a finales de abril de 1870 ella me pidió que fuera otra vez por el médico. Una vez más vino a la casa y se encerró en la habitación para revisarlos. Cuando salió pude notar la tristeza en su rostro.

—Porfirio Germán está mejorando.

—¿Y Camilo? —preguntó Delfina con la voz entrecortada.

El doctor colocó su mano en mi hombro y sólo exclamó:

—Lo siento mucho.

Y esas tres palabras bastaron para quebrar a Delfina. Entró a la habitación y abrazó el cuerpecito muerto con fuerza. El niño apenas tenía cuatro meses cuando dejó de respirar. Las lágrimas de mi esposa cayeron sobre la cabecita sin vida mientras arrullaba el cadáver, pero no tuve el valor de quitárselo de las manos.

—Porfirio se ve mejor, ¿no es cierto? No nos mentiría el doctor, ¿verdad?

Sólo asentí en silencio.

Menos de una semana más tarde lo encontraron sin vida a la primera luz del amanecer. A Delfina tuve que sostenerla en ambos funerales y la dejé llorar sobre los pequeños ataúdes. Cohetes tronaron en el cielo, campanadas anunciaron las misas, los murmullos del rosario se mezclaron con el humo de las velas.

Todo esto sucedió de día, pero ahora lo recuerdo de noche, sin color alguno y con un dolor punzante en el pecho, como si un enramado de espinas creciera en mi corazón y se enredara en mis músculos y huesos, hasta hacerlos doler y arrebatarme el sueño.

En público no quise llorar; mantuve la fuerza por Delfina, pero lo cierto es que en privado me senté en el piso, hundí el rostro en mis manos y lloré hasta que el silencio ahogó mis sollozos. No busqué consuelo, supuse que el tiempo curaría mis heridas. Hasta que llegó un telegrama de Nicolasa.

Nicolasa no había venido a los funerales de Porfirio y Camilo por cuidar a nuestra hermana, pues llevaba unos meses con una infección intestinal que terminó por matarla. Con el alma hecha pedazos, quise quedarme en casa y llevar ahí el luto, pero Delfina insistió.

—Quiero despedirme de la tía.

Fuimos hasta Oaxaca y todavía nos tocó verla mientras la velaban. Era muy parecida a mi madre, con mechones de canas entremezclados en sus trenzas; en su piel morena pintaba una palidez mortuoria. Vestía un camisón inmaculado y tenía las manos sobre el vientre. Aquello era una muñeca macabra, con los ojos cerrados y el pecho inerte. A sus pies descalzos habían dispuesto varias coronas de flores blancas, y alrededor de la cama goteaban velas también blancas de diferentes tamaños. Un sacerdote cantaba la novena al tiempo que inundaba el ambiente con el incienso amargo. Le besé la frente, y me mantuve alejado de las oraciones. Delfina sí participó en ellas. Un par de días después volvimos a La Noria.

Pasarían meses antes de que la vida regresara a la normalidad, los trabajadores curaran su tristeza por la muerte de los niños, se volviera a escuchar mi risa y el aroma a manteca volviera a surgir de la cocina por órdenes de Delfina. Ella misma recuperó su peso, el color de su rostro y su eterno interés por la política. Una vez más aderezó las comidas con su opinión sobre la gubernatura del Chato y la presidencia de Benito Juárez. Hasta que una tarde se dio cuenta de las horas que yo pasaba en la bodega de La Noria y me pidió ir conmigo. La llevé, abrí la puerta y vio los cañones y las pistolas acumulados junto con sacos de parque y pólvora.

—¿Qué planeas hacer, Porfirio?

—Democracia —respondí tajante.

—Y yo, tener un hijo. Otra vez estoy de encargo.

Capítulo XXIX

Un día a principios de 1871, mientras trabajaba el campo, Delfina me buscó con suma preocupación.

—Fina, ¿qué haces aquí? Regrésate a la casa y descansa. Estás de encargo y…

—Estoy bien, Porfirio. No molestes. Esto es más importante.

Me dio el periódico y me señaló un recuadro que decía más o menos así:

> Después de una prolongada y dolorosa enfermedad, antes de ayer, a las cuatro y treinta y cinco minutos de la tarde, ha dejado de existir ya la muy respetable y digna señora DOÑA MARGARITA MAZA DE JUÁREZ, esposa del ciudadano Presidente de la República.

Otros periódicos relataron la muerte con más detalles y describieron a don Benito Juárez partido en lágrimas durante los últimos segundos de su esposa, mientras ella se iba a la eternidad con una sonrisa franca en los labios.

Esa noche le escribí una carta que nunca respondió; apenas recuerdo una frase de ella: "Nuestra antigua amistad y las desgracias que yo también he sufrido en lo más amado de la familia, me hacen simpatizar con usted en su justo pesar, con la más sincera cordialidad", pero te puedes imaginar el resto de la epístola.

Mentiría, Carmelita, si te dijera que mis cuatro años en La Noria habían alejado mis aspiraciones presidenciales, y don Benito lo sabía. Los partidarios de uno y otro habían mantenido viva esa disputa. Los periódicos que me apoyaban habían criticado cada medida de Juárez en la presidencia. Ignacio Ramírez, o el Nigromante como lo llamábamos todos —al igual que tu padre—, se expresó así del presidente:

En Hacienda despilfarra los dineros; en Fomento se deja engañar por extranjeros; en Justicia no sabe sino matar sin figura de juicio; en Gobernación ensaya el centralismo; en Relaciones Extranjeras compromete con facilidad los recursos del erario, y para colmo no ha sabido inventarse una política personal [...].

Las acusaciones de fraude electoral no aparecían en papel, pero eran plática común. Las caricaturas impresas hacían franca burla de sus decisiones, dichos y hasta de su rostro zapoteco, con su nariz de dimensiones gigantescas y su peinado típico de raya al lado.

Pero aquel 1871 habría elecciones, y bien sabes que la política es el veneno que mama y nutre a la sociedad mexicana. Una vez más se levantaron pasiones y los periódicos intensificaron sus críticas y halagos. Mi hermano, don Justo Benítez, Manuel González y otros tantos hicieron campaña a mi favor, imprimieron consignas y planearon manifestaciones que recordaban mis victorias militares durante la Intervención francesa.

Delfina, cada vez más panzona, no estaba muy a gusto con la situación. Pasaba el tiempo con el bordado y las indicaciones a las criadas de la cocina, o cualquier detalle mundano que la alejara del proceso electoral. Yo estaba acostumbrado a sus opiniones sobre todo lo que sucedía en el país, pero en los últimos meses de su embarazo se volvió callada, casi como un fantasma lánguido que recorría la casa a todas horas del día. Su piel se puso ceniza y pálida, aunque tenía la hinchazón propia de su estado. Luego tomó el rosario de madera que guardaba en el cajón y pasó las cuentas tan rápido como se le iban los días.

—Tranquila —le dije una noche que la encontré con los ojos abiertos y las mejillas húmedas—. Todo va a salir bien. Esta nueva criatura no va a tener el mismo destino de Porfirio y de Camilo.

—Es que Dios nos está castigando porque tú y yo tenemos relaciones a pesar de ser parientes carnales. Y no quiero..., no voy...

Su voz se ahogó. La tranquilicé y la recosté una vez más en la cama. Yo también tenía miedo y compartía sus pesadillas, pero el silencio de mi debilidad le dio fortaleza.

En mayo me fueron a buscar cuando la tarde era como el algodón de dulce. "La señora ya tiene los dolores, las parteras están con ella." Dejé a los peones en lo que estaban y corrí hasta la casa. Me dejaron en la sala, junto a una mesa ovalada, y caminé de un lado al otro hasta que se nos fue el día. Encendieron las lámparas y las sombras oscurecieron los cuadros religiosos de las paredes. Recuerdo muy bien un florero de capullos cerrados. Entré en un momento de desesperación y, repentinamente, temí lo peor. Sin embargo, un llanto iluminó la noche, un débil quejido que me hizo correr a la habitación principal. Encontré a Delfina vestida con un camisón blanco y un bulto en brazos.

—Traje niña, Porfirio —exclamó.

—Y está sanita —agregó una partera.

El cabello de Delfina era una maleza y su piel iba adornada con un sudor frío. Se quedó dormida con una sonrisa suave, con el titilar de las velas y la frescura del fin de la primavera.

Antes de que terminara el mes, una concha de plata mojó la frente de la niña. La bautizamos con el nombre de Laura Delfina de la Luz Díaz Ortega.

Es ley de vida que los momentos felices son únicos, pero por su naturaleza son cortos.

Ignacio Ramírez, el Nigromante, escribió en algún periódico: "Tenemos un candidato, Porfirio Díaz. Lo hemos designado porque ni tiene pretensiones de hombre necesario ni presumirá jamás de que es posible gobernar en México sin la Constitución y sin el pueblo". Como él, otros aprovecharon el papel y la tinta para convertir mi nombre en uno honorable para ocupar la presidencia.

Se iniciaron las votaciones y, como la vez anterior, las noticias llegaron dispares desde los rincones más insospechados de la República. Al terminar el proceso, los periódicos publicaron los resultados y Justo Benítez aprovechó para visitarme con esta información: Juárez había logrado 5,837 votos, mientras que yo sólo 3,555; Sebastián Lerdo de Tejada obtuvo 2,874 votos.

—¡Carajo! —me levanté de golpe y algo se cayó en una mesita cercana—. Don Benito otra vez se va a salir con la suya.

—Todos en la capital hablan de fraude, la situación ya es insostenible...

—¿Y eso de qué me sirve? —interrumpí.

—Si no lo vas a dejar hablar, ¿para qué lo invitaste? —me regañó Delfina.

Volví a tomar asiento en el sillón y escuché lo que Justo tenía que decirme.

—No hay mayoría absoluta, así que al Congreso le toca tomar una decisión sobre quién será presidente, y ahí puedo meter la mano.

—¿Tú? Pero si todo el Congreso está lleno de aduladores de don Benito. Van a votar por él para conservar sus beneficios. ¿Cuándo la democracia mexicana no ha sido un acto de egoísmo?

—Ten fe, Porfirio. Todo va a jugar a tu favor —concluyó Justo Benítez antes de cambiar de tema.

Ahora, como puedes imaginarte, Carmelita, los diputados a favor de Benito Juárez, y también los que estaban a favor de Sebastián Lerdo de Tejada, encabezados por Manuel Romero Rubio, votaron por darle la reelección a Juárez, y ahí la cosa se jodió, porque no tenía ganas de que un compatriota de mi tierra jugara chueco... Y por eso tenía un plan.

¿Sabes? Cuando triunfaron las armas nacionales sobre las tropas francesas en 1867, llovieron halagos y felicitaciones de todo el continente para Benito Juárez. Si mal no recuerdo, fue el Congreso de la República Dominicana el que le dio el motecito chocarrero que arrastra hasta hoy y que lo mantiene como un santo inmutable: el Benemérito de las Américas.

¡Hazme el favor! ¡Benemérito del fraude electoral habrá sido!

No se me olvida que fue mi maestro en el Instituto de Ciencias y Artes de Oaxaca, ni la admiración que sentí por él durante la Guerra de Reforma, pero había perdido piso. Él y yo éramos rivales políticos e históricos, iguales en popularidad y estrellas con una sola aspiración: la silla presidencial.

Contra los deseos de Delfina, no tuve más opción que hacer mi democracia y escribir un documento que firmamos yo y muchos de mis compañeros de armas, el Plan de La Noria.

Anda, en el cajón tengo una copia de éste, dame los anteojos y déjame leerte algunas partes. Mira:

La reelección indefinida, forzosa y violenta, del Ejecutivo Federal, ha puesto en peligro las instituciones nacionales. En el Congreso una mayoría regimentada por medios reprobados y vergonzosos, ha hecho ineficaces los nobles esfuerzos de los diputados independientes, y convertido a la Representación Nacional en una cámara cortesana, obsequiosa y resuelta a seguir siempre los impulsos del Ejecutivo.

Más abajo continúa:

La ineptitud de unos, el favoritismo de otros y la corrupción de todos, ha segado esas ricas fuentes de la pública prosperidad: los impuestos se reagravan, las rentas se dispendian, la Nación pierde todo crédito y los favoritos del poder monopolizan sus espléndidos gajes.

Destacan más abajo estas líneas:

Los secretarios de la reelección indefinida prefieren sus aprovechamientos personales a la Constitución, a los principios y a la República misma. Ellos convirtieron esa suprema apelación al pueblo en una farsa inmoral, corruptora, con mengua de la majestad nacional que se atreven a invocar. Han relajado todos los resortes de la administración, buscando cómplices en lugar de funcionarios pundonorosos. Han derrochado los caudales del pueblo para pagar a los falsificadores del sufragio. Han conculado la inviolabilidad de la vida humana, convirtiendo en práctica cotidiana asesinatos horrorosos, hasta el grado de ser proverbial la funesta frase de "Ley fuga".

Y termino con una frase terrible, que hoy me atormenta y que pesará siempre sobre México: "Que ningún ciudadano se imponga y perpetúe en el ejercicio del poder, y ésta será la última revolución".

Vinieron todos mis amigos a la hacienda de La Noria y firmaron el larguísimo documento: Manuel González, Trinidad García de la Cadena, Jerónimo Treviño, Francisco Mena, Ireneo Paz y muchos más. Incluso mi hermano llegó desde Oaxaca, escribió su nombre con tinta fresca y me dijo:

—Vamos a perder. Juárez tiene toda la maquinaria para aplastarnos, pero tenemos que luchar, porque lo que es el indio, nos friega —exclamó Manuel González.

—¿Fregar? Ya nos fregó —respondí—. Pero si nos chinga, a ver quién defiende esta patria.

Repartí armas y pólvora, hubo levantamientos en todo el país y estoy seguro de que hice sufrir a Benito Juárez tratando de sofocarlos, porque cuando acababa con uno, se anunciaba otro en alguna parte del país.

Tengo que aceptar que no participé en esos levantamientos. Al inicio de la rebelión los seguía a través de los periódicos, y Delfina sólo me miraba de reojo para darme a entender que no estaba de acuerdo con lo que estaba haciendo, pero ante la ambición política ¿qué se puede hacer sino ceder?

De inmediato Ignacio Mejía, alguna vez partidario mío pero ahora ministro de Defensa y leal a Benito Juárez, fue hábil en derrotar a las fuerzas rebeldes en Puebla y Zacatecas. Uno de los primeros estados que quiso pacificar don Benito fue su propia tierra, y mandó a Oaxaca un destacamento que hiciera frente a la tropa que tenía mi hermano. El enfrentamiento fue corto, el Chato perdió y quiso huir. Ya no tenía el gobierno del estado y, sin ejército, quería llegar hasta un puerto para tomar un barco y salir del país. Al menos eso fue lo que me dijo en una carta de 1872, y le perdí la pista.

¿Qué te puedo decir de la rebelión de La Noria? Se perdió rápido. Salí de mi hacienda y traté de buscar apoyo en otros militares. Fue en vano. Mi protesta tenía los mismos cimientos que una casa de naipes: al caer los primeros se vino todo abajo, y ya nadie quiso participar en un proyecto que parecía efímero y loco. Mi viaje me llevó al norte del país. Huía de los soldados que buscaban apresarme, cuando me llegó otra carta, pero no era del Chato, sino de su esposa:

Tu hermano acaba de morir de una forma espantosa. Que Dios guarde su alma.

Y no fue sino hasta días después cuando supe cómo... ah, creo que esa sombra que se acerca es mi hermano, traído del Mictlán para atormentarme.

Chato, ¿qué ha pasado contigo? Tan sólo eres un guiñapo de vísceras...

Capítulo XXX

¡Éste es mi cuerpo sin piel! Mi alma que se desmorona como los carbones ardientes que una vez fueron mis huesos. ¡No te atrevas a desviar la mirada! Soy tu hermano, Porfirio. ¡Tu maldito hermano! ¿Quieres que te cuente cómo me asesinaron?

Soy tu historia. Las costras negras que ves en mis manos son de mi propia sangre. No puedes escapar de mí. Los fantasmas estamos aquí para juzgarte y condenarte. No te asustes, no cierres los ojos; detrás de esta putrefacción y estas cavidades sin ojos que escurren pus está una anécdota de tu ambición desmedida por llegar al poder. De verdad quise apoyar tu Plan de La Noria: el santo Porfirio, salvador de Oaxaca, merecía una oportunidad de estar en la presidencia... Contigo tomé la espada y el fusil, monté un caballo y me uní a las batallas.

¡Abajo Juárez! ¡Sufragio efectivo, no reelección! ¡Viva el general Porfirio Díaz!

Lo arriesgué todo por ti, mi hermano, alguna vez separados por una ideología estúpida y vueltos a encontrar por una causa común. Confié en ti, en que me protegerías como siempre lo habías hecho, como hermano mayor... ¡Da igual! Soy derramado como agua, y todos mis huesos se han roto; mi corazón es como cera. Los juchitecos me capturaron y me llevaron hasta su pueblo con la venganza en la sangre, ese puto rencor que nació desde que destruí su imagen de san Vicente.

Como Cristo ante Pilatos, me rodearon, todos ellos, mis enemigos arropados de noche y la luz de las antorchas. Mis calzones cubrieron mi vergüenza, mi panza quedó al descubierto, y mis pies descalzos sintieron la tierra entre sus dedos. Temblaba de miedo, mis labios, mis manos. ¡Todo! ¿Dónde estabas tú, Porfirio? ¿Dónde chingados estabas?

Me amarraron como un criminal, les importó poco que sudara frío y tuviera que aguantar la orina para no mostrar mi debilidad. Mi respiración era una con el crepitar del fuego. De mis manos, atadas tras la espalda, había un mecate largo, que tomó uno de ellos. Subió a un caballo y anduvo por todo el pueblo. ¡Sí, Porfirio! ¡Sí! Me arrastraron por el polvo, me trataron como al peor de los gusanos, mientras me golpeaban con palos y rocas, y yo lloraba pidiendo clemencia, pero nadie me otorgó el perdón. Les divertía ver la sangre y los morterones, picarme con palos y reírse con mi sufrimiento.

Es por san Vicente, decían.... Por una estúpida estatua de madera. ¡Me castigaban como si hubiera sido el asesino de su santo!

Cuando por fin me soltaron, picaron mis heridas, las tallaron con lodo, exprimieron hasta la última gota de agonía. Podrías contar las costillas a través de mi pecho abierto y así me despojaron del calzón. La humillación se derritió en medio de mis entrañas. Se me pegó la lengua al paladar. No hubo cielo que escuchara mis gritos, ni infierno que hiciera caso a mis plegarias.

Rebanaron la planta de mis pies, así en carne viva. Sentí el viento, el dolor, la sangre que escurría. Me levantaron a la fuerza y me hicieron caminar dos cuadras, hasta una forma de tortura que tenían preparada para mí, una cama de carbones ardientes. Como las nubes de un atardecer. Me ordenaron que caminara, y no les hice caso, me obligaron a hacerlo. ¡Carajo! Todavía, en la muerte, recuerdo cada paso como si hubiera durado un siglo, el calor que iba subiendo por mis pantorrillas, el dolor que latía en mi pecho con cada respiración. Y ni siquiera así Dios fue capaz de arrebatarme la vida para que dejara de sufrir.

Así es Dios, pasivo ante el sufrimiento de sus hijos.

Al llegar al final de los carbones, me hicieron caminar de regreso. Ya no tuve palabras para el perdón, se habían ahogado en los gritos de horror que brotaban como monstruos de mi garganta sin que yo pudiera controlarlos.

Y lo peor estaba aún por suceder.

Me recostaron sobre la tierra, pero no me dieron una sola oportunidad para descansar. El brillo de los cuchillos adivinó el final. Tomaron mi pene entre sus manos, mis testículos, y lentamente los separaron de mi cuerpo. Mi espalda hizo un arco, mi quijada fue reflejo de la tensión, el aire estaba empantanado con las burlas de aquellos indios juchitecos. Cuando terminó la castración, colocaron esos retazos de piel en mi boca para callarme y continuaron cortando pedazos de mí. Ya no recuerdo si perdí brazos, pies, orejas... Yo sólo cerré los ojos y en aquella oscuridad vi la mano arrugada de nuestra madre.

Ven a mí y sanaré tus heridas, dijo Petrona; y obedecí. Mi alma se elevó con ella, se despegó de mi cuerpo y dejó atrás el dolor. Sin embargo, aún tengo esas marcas de tortura para hoy y toda la eternidad, este pus, carne quemada, y huesos que muestran al mundo el dolor del verdadero México, consumido por el rencor de su pasado.

Quemaron cada uno de los pedazos de lo que fue mi cadáver y los guardaron en una caja para llevársela a mi esposa... ¡y todo por tu maldita sed de poder, Porfirio!

Dime, ¿a cuántos te llevaste entre las patas de la misma forma? ¿Cuántas familias separaste? Yo sí puedo descansar en Oaxaca, pero tú no. Todavía no, tus pecados llevan sombras muy largas, y aún debes continuar expiando tu historia en esta confesión en tu lecho de muerte.

¡Mírame! Quiero que pienses que tú también eres culpable de esta carne putrefacta que escurre pus por tu maldito Plan de la Noria.

Capítulo XXXI

DICEN QUE, en sus últimos momentos, Benito Juárez estaba ahí sin estarlo; era el indio de mármol, la estatua perenne en su pedestal opaco. La tos invadió sus pulmones, el insomnio le arrebató el sueño. Perdía control del país, pues aunque fuera ganando la Revolución de La Noria perdía su reputación política y los gritos de *sufragio efectivo, no reelección* eran cada vez más fuertes. Sus hijas pensaron que aún estaba triste por la muerte de Margarita y preocupado por los levantamientos militares; ignoraron los dolores que le oprimían el pecho y la forma como se tocaba la parte izquierda de éste mientras hablaba. Con frecuencia le faltaba el aire y se tornaba pálido.

Yo había huido a Nueva York, en un vapor llamado *Corcica*, para escapar de los agentes del gobierno que planeaban arrestarme. Ni siquiera había podido velar a mi hermano ni decirle a Delfina que me encontraba bien.

Después de pasar ahí unos días en un cuarto cerca del puerto, había planeado mi regreso sin saber que mientras Manuel González me recibía en Camargo, don Benito yacía recostado sobre su lado izquierdo. Sus facciones desdibujadas por los tintes de la noche, la figura de las proclamas liberales, eran digno monumento de las Leyes de Reforma. Me contaron que tenía la mano debajo de la cabeza. Una sonrisa apenas perceptible en su tez morena daba la apariencia de estar soñando con Guelatao, la suavidad de Margarita, el cadáver desgarrado del emperador austriaco y la sombra del buen Porfirio. Sus hijas lloraban al pie de la cama mientras los médicos echaban agua hirviendo sobre el pecho para mantenerlo vivo. Juárez, en tensa agonía, engarrotaba los dedos y contorsionaba los gestos, pero contenía los gritos.

—Me están quemando —habría dicho en un terrible susurro de ultratumba, ora por mi campaña política militar, ora por el agua que caía sobre su pecho izquierdo.

Su respiro fue cada vez más lento, su dolor más duro. Cada latido era un latigazo más, como los de Cristo en los peores momentos de su viacrucis. Poco antes de medianoche de aquel jueves 18 de julio se recostó sobre su lado izquierdo, apoyó su cabeza en una de sus manos y cerró los ojos como si se fuera a dormir... No respiró más.

Acercaron un espejo a su nariz, pero ya no había aliento. Carente de pulso, no hubo más opción que anunciar el sensible fallecimiento del que había sido en vida el Benemérito de las Américas.

El país estaba herido. De los discursos de Juárez quedaba el silencio, el tintero secaba la pluma; a los lejos revoluciones y disparos, en la habitación del muerto, llanto. Las jóvenes llamaron a su padre, lo abrazaron, lo cubrieron de lágrimas, humedecieron su frente de tristeza. Empezaba a sentirse frío, a pintarse de una palidez terrible.

¡Qué pequeño me describieron el cadáver! De alguna manera falso, como otro objeto más de la habitación, nunca más volvería a hablar, pero sus palabras ya hacían eco en la historia por la patria y la soberanía de la república. Sus ojos no volverían a abrirse, se habían opacado al desaparecer en el vacío. No más elecciones, ni fraudes, ni revoluciones, ni carruajes errantes, no más... El sueño de la muerte era muy diferente, y el oaxaqueño que alguna vez aplaudieron los liberales terminó en una tumba solitaria. Llegué a oír frases absurdas, como que las leyes del país se habían quedado sin padre y la magistratura sin cargo, incluso que los mexicanos habían quedado huérfanos, y nació el mito ridículo que lo ensalzó hasta el altar más grande que pueda tener esta patria, y yo tuve mucha culpa. Sí, demasiada culpa...

Tengo que ser honesto. La Revolución de La Noria hubiera fracasado si Juárez no hubiera muerto, pero fracasó precisamente porque murió. Mi lucha era contra él y su permanencia en el poder, pero con la silla presidencial vacía, poco o nada valía el esfuerzo que había realizado en esos meses. Me escondí en Durango para que no me encontraran los soldados, pues sabía que aún había una orden de arresto en mi contra.

En aquel entonces, cuando un presidente moría o no podía terminar su mandato, era el presidente de la Suprema Corte de Justicia quien tomaba el control; por lo tanto, Sebastián Lerdo de Tejada cumplió su sueño de gobernar.

Escribí a Sebastián Lerdo de Tejada porque quería que garantizara el bienestar de todos aquellos que se habían sublevado contra don Benito. También para pedirle que retrasara las elecciones; así, los que estuviéramos interesados podríamos armar una buena campaña. En pocas palabras, Lerdo se pasó mis peticiones por el arco del triunfo e insistió en que yo y todos mis adeptos estábamos fuera de la ley. Hizo correr una amnistía por el país, y fue mi compadre Manuel González quien me la llevó impresa al cuarto donde estaba escondido. Sebastián Lerdo de Tejada quería que firmáramos un papel en el cual renunciábamos a nuestros cargos y salarios militares, y nos comprometíamos a entregar las armas a cambio de que nos perdonaran la Revolución de La Noria.

Esa amnistía, ese perdón "misericordioso" era una burla a nuestro alto grado. No éramos delincuentes, Carmelita, porque teníamos la conciencia de haber combatido una administración abusiva. Otros sí firmaron. Yo no.

Se llevaron a cabo las elecciones. Lerdo fue elegido casi de forma unánime y ni ganas me quedaron de hacer política. Me sentí derrotado.

Le dije al gobernador de Durango que estaba listo para entregarme y firmar la amnistía. No había nada más que hacer, era una ceniza en el viento furioso de la historia y la política. Sentí que había perdido toda posibilidad de aspirar a un cargo público o hacer negocios. Sin Félix, había perdido el último reducto de mi infancia y la gloria que me había coronado años antes. Un militar es tan héroe como el resultado de su último enfrentamiento militar. Entregué las armas, partí a la Ciudad de México entre las burlas de mis conciudadanos y me quedé en silencio mientras escuchaba insultos a mi persona y a mi familia. Monté a caballo con la idea de que unas cuantas palabras en mi contra no podían dañarme, pero ¡cómo me hacían hervir la sangre! Me llenaban el corazón con lágrimas de impotencia que no quería que vieran otros para no mostrarles que soy un ser humano ante todo, vulnerable, imperfecto, sensible y con la capacidad de conocer la derrota.

Ya en la Ciudad de México fui hasta Palacio Nacional, donde Sebastián Lerdo de Tejada me hizo esperar largamente antes de recibirme.

No lo entendí entonces. Era la misma materia que yo conocía de tiempos de Juárez: libros, escritorio y ventana, hasta las cortinas, pero

Sebastián Lerdo de Tejada hacía que tuviera un aspecto diferente, casi vulgar. Ahí estaba, parado junto a la ventana, con su calva y sus ojos de sapo.

—Ay, general Díaz... Perdón, señor Díaz. Ya no tiene rango. Vaya que nos ha dado un buen dolor de cabeza terminar con su berrinche.

—Sabe usted bien, señor presidente, que no era un berrinche —respondí.

—Por supuesto que sí, a la presidencia de México sólo se llega así. Míreme, tuve que esperar a que Juárez se muriera para tomar el poder. Yo estoy aquí para hacer respetar la Constitución de 1857 y usted no, y me quedaré en tanto el pueblo así lo decida.

—Después de todo, siempre gana el que cuenta los votos.

No le gustó esta última frase y, con una sonrisa pícara, se sentó frente a su escritorio.

—No escarmienta, ¿eh, Díaz? Usted ya no puede hacer nada, es un cero a la izquierda. Mientras su imagen permanezca derrotada ante el pueblo, usted no será capaz de levantar un ejército, mucho menos una revolución, y yo podré gobernar este país como debe ser. Se lo advierto: no soy Juárez, no siento la simpatía que él tenía por usted; si se atreve a desafiarme, no me tentaré el corazón para fusilarlo. Este país ya es mío, pero puedo compartirlo con usted si se comporta como algo más que un indígena mestizo de Oaxaca. Lo dejaré que haga los negocios que quiera siempre y cuando no se meta en política o milicia. ¿Estamos de acuerdo?

—Pues ya qué me queda —respondí.

Me despedí de él con la sonrisa más hipócrita que produjeron mis labios, y volví a Oaxaca.

¿Cómo podría prepararme para lo que iba a encontrar en La Noria? Había quedado en completa desolación, los plantíos se habían secado, el silencio recorría la tierra seca y el cielo claro. Apenas escuché mi respiración en aquel paraje muerto. Caminé los últimos metros; pareciera que había dejado la casa principal por años y no unos meses. Entré y me encontré a Delfina sentada en la sala, su cabello recogido en una trenza larga, sus manos posadas sobre su regazo. Me traspasó con una mirada de impotencia y dolor, pero al mismo tiempo de enojo.

—Ya volví, Fina —respondí.

Sólo arqueó las cejas y apretó los labios.

—¿Dónde está Luz?

—¿Luz? La enterré hace meses, yo sola porque botaste tu hacienda así nada más. Estabas quién sabe dónde luchando por quién sabe qué. Aquí me dejaste, Porfirio.

Cerré los ojos un momento y me percaté de las paredes desnudas, la falta de muebles y las ventanas sin cortinas.

—¿Qué pasó aquí?

—¿Qué querías que pasara? Te levantaste contra el presidente de la República y las personas que te compraban la cosecha nos dieron la espalda, los peones se fueron y tuve que vender lo poco que teníamos para comer. Para ti fue muy fácil —tú sacas la pistola y piensas con los testículos—, pero a la que castigaron fue a mí, a Luz. Tuve que pedirle dinero a la tía Nicolasa para enterrarla, y guardarme el vacío porque no estabas para consolarme.

—Ya estoy de vuelta, podemos volver a lo que teníamos antes.

—¡Mira, qué bien! ¿Quieres que te aplauda o esperabas que corriera a tus brazos? Me dejaste con nada y me las tuve que arreglar yo sola. Así que perdona que no me sienta feliz de tu regreso y que no te prepare algo de comer, pero queda poco en la casa.

Se levantó y me dejó solo. Fui a la cocina y encontré en una cazuela de barro un guiso de frijoles que no era del día. Los siguientes días no fueron muy diferentes. Había poco que comer, los peones se negaron a regresar a la hacienda y debí malbaratar lo que quedaba en la hacienda para llevar pan a la mesa. Nadie quería venir a trabajar, y los gobernadores de Puebla y Oaxaca me eran hostiles. Cuando encontraba conocidos por la calle me preguntaban si ya estaba por dejar esa vieja hacienda, o si ya había aprendido mi lección de no levantarme contra el gobierno. Supe entonces que no podría prosperar en aquella región.

Puse en venta la hacienda de La Noria, cuando me llegó una carta del Congreso local de Veracruz. Me ofrecían la hacienda de La Candelaria, en Tlacotalpan, como un regalo para que me fuera para allá a trabajar. No tuve que preguntar de dónde venía el obsequio; seguramente Sebastián Lerdo de Tejada pensaba que si me dedicaba a la vida privada, a mi familia y la cosecha, no tendría tiempo para aspiraciones políticas.

Delfina aceptó a regañadientes, y partimos hacia Veracruz.

Capítulo XXXII

PASARON SEMANAS antes de que Delfina me dejara tocarla. Al principio era enojo lo que la separaba de mí, luego volvió a ser la adolescente tímida que había conocido en Oaxaca. Había insistido en dormir en una habitación separada de la mía, por lo que no había podido saborear sus delirios carnales, pero una noche que mantuvimos una agradable plática durante la cena la escuché entrar a mi cuarto. Sabía que era ella por su perfume de mujer, las caricias en mis brazos y sus labios sensuales sobre los míos.

—Te perdono, Porfirio —dijo en un hilo de voz cubierto de lujuria. Los dos sabíamos que esos meses de deseos reprimidos, sueños prohibidos y actos solitarios no eran lo mismo que sentirse amado por otro ser humano.

Ahí manchamos el silencio. Me despojé de la camisa que usaba para dormir y ella delineó mi pecho moreno con sus manos, hasta la pelvis, hasta el segundo corazón de los hombres, el sexo que palpita con sentimientos insólitos. Entré en el cuerpo de Delfina, traspasé su cuerpo con el mío y sudamos durante horas hasta que caímos rendidos al primer destello del amanecer. A partir de ese día volvimos a dormir en la misma habitación, y semanas más tarde me daría la feliz noticia de que estaba esperando un niño.

El pueblo de Tlacotalpan fue un sueño de opio. Había un sentimiento de tranquilidad y calma; el ritmo de vida era muy diferente al de la Ciudad de México y Oaxaca, como si no pasara el tiempo. El sopor de la tarde me llevaba a la terraza para tomar el café propio de la zona. Vinieron a mí los recuerdos de los múltiples oficios que había desempeñado en Oaxaca durante mis años mozos, y volví a dedicarme a aquellas manualidades. Con un torno improvisado, labré muebles, sillas, mesas y una que otra canoa. También compré piel y nos hice unos botines muy elegantes para que fuéramos a misa los domingos.

Era muy propio que cada 2 de febrero se organizaran unas fiestas suntuosas para festejar a la Virgen de la Candelaria, y toda la comunidad participaba en ellas. Las mujeres vestían su traje veracruzano tradicional con encajes, joyas, abanicos y peinetas de carey; salían ufanas, perfumadas de los pies a la cabeza y con maquillaje. Delfina quiso imitarlas y aprendió a bailar como ellas, a preparar tamales y a aplaudir cuando caía la noche. Las estrellas desaparecían tras los fuegos artificiales de varias formas y colores.

Más tarde la tomaba de la cintura cuando caminaba por los pasillos de la hacienda, entrecerraba los ojos y me adentraba en su boca, me bajaba los pantalones y la llevaba al clímax.

Deodato Lucas Porfirio Díaz Ortega nació una tarde de octubre cuando el cielo parecía un pastel. Aquella primera vez que lo tuve en brazos temí que terminara como sus hermanos en el cementerio.

Además, por aquellas fechas sucedió que vino un hombre de Oaxaca.

—Señor, me mandaron buscar a un tal…, a un tal…, Porfirio Díaz. Que es dueño de esta hacienda y que es muy importante que dé con él.

—Ese Porfirio que buscas ha de andar por allá en el campo. ¿Para qué lo quieres? —respondí, porque pensé que se trataba de algún empleado de gobierno que quería chingarme.

—Para unos asuntos personales, pero sólo se los puedo decir a él.

—Híjole, es que no sé si lo vaya a recibir. Pero usted dígame de qué se trata y yo lo convenzo de que venga y hable con usted. A ver, dígame, ¿para qué quiere al tal Porfirio Díaz?

El hombre, de unos cuarenta años, jugó con el borde de su sombrero considerando mi propuesta, y al final aceptó.

—Me mandó la señorita Rafaela Quiñones, que dice que le urge hablar con el tal Díaz para contarle no sé qué cosas de una niña.

—Pues yo soy Porfirio Díaz. ¿Usted me va a llevar con Rafa? Mire, quédese hoy en mi casa y mañana vamos juntos hasta Oaxaca.

—Mejor lo vengo a buscar mañana temprano; yo tengo un cuarto en el pueblo donde puedo quedarme, y no quiero imponer.

¡Qué iba a imponer ese hombre con su piel cuarteada! Preferí no contrariarlo. Seguí trabajando y cuando volví a casa encontré a

Delfina dándole de comer a nuestro pequeño Firio. Avergonzado, me acerqué a ella.

—Porfirio, espérame tantito y te sirvo la cena. Ya casi está lista.

—Fina, es que antes de cenar yo te quería decir... Mira, es que hoy me vinieron a buscar porque..., bueno, porque..., no te vayas a enojar, pero es que tengo que ir a conocer..., a conocer a mi hija.

—Ay, Porfirio. ¿Y tú crees que no lo sé? Si toda Oaxaca hablaba de eso. Lo que hayas hecho antes de mí es cosa tuya; no me fuiste infiel, tu hija nació antes de que te casaras conmigo. Si quieres ir a verla, ve. Es tu hija.

No tocamos el tema durante la cena, que fue un silencio largo y tenso. Al día siguiente me desperté temprano y encontré al hombre en la puerta de la casa. Cruzamos el río Papaloapan y caminamos hasta Tuxtepec. Ahí, en una casa humilde, volví a encontrarme con Rafaela Quiñones. Había perdido la cintura y se le habían hundido los ojos. Su sonrisa era la misma, pero las hendiduras que se le formaban en los labios eran más profundas.

—Buenos días, Rafa.

—Buenas, general.

—Ya no soy general, ni militar ni nada.

—Eso escuché.

Luego nos quedamos callados, mirándonos como si no hubieran pasado los años y, estoy seguro, quisimos saber qué habría debajo de nuestros trajes típicos.

—Tú me dirás para qué soy bueno —añadí.

Con la mano me hizo la seña de que la esperara un poco y fue a otro cuarto. Cuando regresó tenía una niña de ocho o nueve años, menudita, fina y a la vez tan indígena como su madre y yo.

—Amada, éste es tu papá.

Me puse de cuclillas para verla mejor y le sonreí. Ella en cambio se escondió en las faldas de su madre y se tapó la cara.

—Hola, Amadita. Mucho gusto —le dije, pero no me hizo caso.

Yo también hubiera tenido miedo si, después de muchos años de orfandad, me hubieran presentado a mi papá. Aquélla fue la primera vez que me encontré con mi princesa y, aunque de momento éramos un par de desconocidos, de inmediato inicié los trámites para reconocerla como hija propia. No quería que tuviera los mismos estigmas que Delfina.

De regreso en La Candelaria, fui al mercado a comprarle la muñeca más grande y bonita que pude encontrar, y se la mandé. Así, poco a poco, me fui ganando su afecto hasta que, en una de mis tantas visitas a Tuxtepec, al fin salió de las faldas de su madre y me dio un beso en la mejilla. Así pude sentirme pleno, con una gran esposa, un niño sanote en casa y una princesa al cruzar el río. Lejos quedaron los sueños de revoluciones fallidas, franceses muertos y vástagos bajo tierra; poco quedó de la desdicha cuando la calma y la alegría entraron en mi vida.

Está bien, lo acepto. Me conoces tan bien que no puedo ocultarte nada. La felicidad no destruyó mis aspiraciones políticas ni mi interés por el porvenir de nuestro México. Las cartas salieron de Veracruz a todos los rincones del país, a mis compañeros de armas e ideología; quería conocer los chismes jugosos de la capital, las conspiraciones que se armaban en lo oculto a favor y en contra del presidente.

Como te lo habrá dicho tu padre, Sebastián Lerdo de Tejada continuó con su política liberal en la que apoyaba la pureza de la Constitución, la causa liberal, etcétera. Hasta propuso una segunda cámara para legislar, y no pudo deshacerse de las declaraciones de católicos y conservadores que lo acusaban de ser anticlerical. Si Lerdo creyó que una vez que llegara al poder iba a recibir el reconocimiento unánime del pueblo, se equivocó. Manuel Lozada se levantó en Tepic, y en Sonora, en mero territorio yaqui, José María Leyva. Para acabarla de fregar, el Gran Círculo Obrero de México organizó una serie de huelgas textiles y mineras.

Luego lo contactó el gobierno de Estados Unidos para construir una línea de ferrocarril que uniera el territorio yanqui con el mexicano. Los empresarios mexicanos andaban medio contentos de poder vender sus productos en Estados Unidos; Lerdo, en cambio, temió que nuestros vecinos inundaran México con los suyos. Por eso rechazó el proyecto, y perdió el apoyo de los empresarios de la capital.

Si te dijera que su presidencia fue cavar su propia tumba, me quedaría corto. No porque hiciera mal las cosas, sino porque le hacía falta tacto para tratar con todas las fuerzas políticas y pactar con ellas.

Llegar a la presidencia de México no te da conocimiento de cómo tratar a su pueblo; eso se forja al estar con ellos, en la marginación y la pobreza. Juárez y yo éramos héroes de dos guerras, pero Lerdo, aunque estuvo presente en ambos conflictos, no tenía dichos honores.

Para colmo de males, Oaxaca no había podido alcanzar la paz desde la muerte de mi hermano. El vacío de poder enfrentó a los dos grupos políticos de la región. Mi nombre surgió, desde luego, entre los rumores: que si apoyaba a Miguel Castro, que si apoyaba a José Esperón. El Congreso federal tomó partido y mandó tropas a poner orden, mientras yo vivía feliz en Veracruz con Delfina y el niño.

Tampoco le ayudó a Lerdo el lugar privilegiado de Manuel Romero Rubio sobre políticos más capaces y militares de honores.

Él se preparaba para la reelección.

Mi vida en Veracruz cambió la forma de mi cuerpo y me volvió más bonachón. Aunque atlético, porque todos los días realizaba ejercicios de calistenia con la primera luz del amanecer, me ensanché. Puedes ver las fotografías de aquella época: mi rostro, una vez delgado, se volvió redondo. Aparecieron las primeras canas en la que alguna vez fue una lustrosa cabellera, y al fin me vi acorde con mi edad: cuarenta y cinco años.

Delfina estaba embarazada cuando lanzaron mi candidatura al Congreso. Gané el puesto. No podía yo continuar esa comedia de empresario cuando lo que más me importaba era participar en la política. Dejamos encargada la hacienda, empacamos todo y nos fuimos a vivir a la Ciudad de México, a una casa cerca del Congreso. Mi retorno a la capital fue en silencio, en una tarde en que nadie nos esperaba. Una vez más pude recorrer sus calles, como el día que se rindió ante mi ejército y ganamos sobre los anhelos del Segundo Imperio Mexicano. Era una población relativamente pequeña, aún colonial, de casones de piedra, calles sin pavimentar, mercados aquí y allá, mugre en todos lados; faltaba drenaje público, lo que provocaba una peste terrible.

Entonces era posible ver los montes cubiertos por un velo dorado al amanecer y, en los días despejados, los volcanes abrigados por una capa de nieve.

Más tarde, del brazo de Delfina y de la mano de nuestro pequeño Firio fuimos a rezar a la Catedral. Luego caminamos entre los árboles que había en la plaza de enfrente. Otro día los llevé al pueblo de Tepeyac para que pudieran entrar a la Basílica de Guadalupe y vieran la tilma donde, dicen, quedó plasmada la Santísima Virgen. El aire era frío pero tenía vida propia, nos rodeaba y agitaba, nos acompañaba en cada paso del camino y nos invitaba a cerrar los ojos para rezar.

Quizá la vida era más sencilla porque el pueblo tenía menos malicia, porque la tecnología y el progreso del siglo XIX aún no habían entrado a México. Pensé en aquellas ideas cuando tomamos el tranvía de regreso a la capital. Quería prepararme muy bien para mi labor como diputado.

Cuando entré a la Cámara de Diputados llevaba mi mejor levita y mi corbata de moño, y el sombrero bajo el brazo. Curiosamente, cuando me vi al espejo me dio la impresión de no estar en mí. Como si aún fuera demasiado indígena para representar este papel y mi vestimenta no fuera más que un disfraz cómico. Desde las primeras sesiones me di cuenta de que todo era un ir y venir de insultos y descalificaciones personales, de grandes oratorias y servilismo a Sebastián Lerdo de Tejada (o a quien se dejara comprar por algún empresario). ¿Qué podía hacer ante tal circo político? Quedarme sentado, reflexionar sobre lo que veía y pensar en que ya no quería ser parte de eso. El Congreso no era para mí.

Es verdad, Justo Benítez estaba ahí para presentarme con todos, para orientarme sobre quién estaba a favor de mi causa o no, pero la mano de Manuel Romero Rubio era muy larga. Tenía a muchos legisladores a su favor y, por lo tanto, en mi contra. Yo no quería participar en los debates ni nunca me interesó mucho la oratoria. Dejé que pasara el tiempo, y de Delfina nació Luz Aurora Victoria Díaz Ortega. ¿No sabes por qué le puse ese nombre? ¿Nunca te lo conté? Porque nació el 5 de mayo y recordé la batalla que habíamos ganado en Puebla. Mi hermana Nicolasa fue su madrina y la mandamos traer de Oaxaca unos días para que participara en la ceremonia.

Volví a las labores usuales de la Cámara de Diputados, a las que me mantuve ajeno hasta que se lanzó una propuesta de ley que establecía bajarle el sueldo a todos los veteranos de guerra. La verdad sí me enojé; pedí la palabra, pasé a la tribuna y muy inspirado me dirigí a todos:

—Es una gran injusticia la que se quiere cometer aquí..., aquí, hoy..., contra los servidores más fieles de la nación porque..., es una injusticia ya que ellos son fieles y..., y... los veteranos que lucharon...

No pude más. Había fracasado.

Nunca he sido bueno para hablar en público de forma improvisada, y aquello fue una idea disparatada que terminó en la burla de mis compañeros. Hubo risas. Con el amargo sabor de la derrota en la garganta y las mejillas húmedas de tantas lágrimas bajé muy digno de la tribuna y no volví a ella.

Le informé a Delfina que lo mejor sería que nos volviéramos a Veracruz. Allá estábamos felices, no había política y nadie se iba a burlar de mí. Además, los hombres del presidente, bajo las órdenes de Manuel Romero Rubio, me seguían a todos lados. ¡Cómo lo odiaba entonces! Estoy seguro de que fue él quien le sugirió a Lerdo que la mejor forma de deshacerse de mí era mandarme lejos del país.

En México, Carmelita, siempre que un presidente quiere deshacerse de alguien sin matarlo, le ofrece una embajada. Este caso no fue la excepción. Lerdo me envió una carta: "Señor Díaz, le ruego encarecidamente que acepte la embajada de Berlín. Desde ahí dará honor a la patria". Le di el papel a Delfina para que lo leyera:

—Porfirio, tú no sabes hablar alemán. ¿Qué vamos a hacer allá?

—Nada, porque no vamos a ir.

Escribí mi respuesta al asunto: "Don Sebastián, no tengo méritos diplomáticos para tal puesto; por tanto, debo considerar su oferta como un favor, y los favores sólo los acepto de mis amigos".

Cuando le llegó la carta, Sebastián Lerdo de Tejada no tenía muchas ganas de insistir; la prensa lo atacaba con furia y las elecciones estaban a la vuelta de la esquina. Yo había decidido no participar en ellas.

Capítulo XXXIII

Mi querido Porfirio:

Tehuantepec no ha cambiado mucho desde que lo dejaste hace veinte años. Entonces, la forma de vivir era más simple y tú parecías preocuparte más por la salud de tu madre que por el estado de la patria. No tienes que decirme nada, conocí bien tu alma en aquellas noches largas de conversaciones humanas. Yo vestía con mis bordados típicos de las tehuanas, y tú un uniforme de alguien que juega a la guerra sin saber cómo hacerla. Pareciera que esa misma vida, el destino, la divina providencia o la decisión de algún dios anónimo, decidió que tuviéramos un rumbo separado.

Sin embargo, y a pesar de haber transcurrido veinte años desde que te vi por última vez, el tiempo se ha detenido por estas tierras. Una mirada al desarrollo de Tehuantepec a lo largo del siglo revelaría poco. Aún veo las mismas casas con roturas, humedades, pobreza y hambre, analfabetismo, y la superstición propia de los mexicanos. Con frecuencia me llaman bruja por tirar las cartas, y creen que todos los brebajes medicinales que preparo con hierbas tienen origen sobrenatural. Quisiera decirte que fuera de Oaxaca las cosas son diferentes, pero en este México mágico que nos ha tocado vivir aún no estamos tan lejos de otros siglos, en que un choque cultural y sangriento entre los nativos de América y los conquistadores de Europa, hicieron parir una nueva raza mestiza que albergaría, por siempre, un rencor terrible sobre su origen.

Pienso que tú y yo no somos tan diferentes. Ambos hemos conocido la pobreza, y hemos salido adelante a través del trabajo arduo.

En todo el país se comenta de tus lágrimas en el Congreso y de tu oportuno retiro a Veracruz. Sé que has dicho a los periodistas que planeas retirarte a Durango, y no quieres saber nada de las elecciones. Sin embargo, la baraja me dice que tu mente tiene otros pensamientos, y que una derrota próxima marcará tu vida y tu corazón. Las lágrimas que derrames sobre el campo de batalla serán recordadas por muchas generaciones.

Como en las otras cartas, debo recordarte que tengas fe en que volveremos a encontrarnos cuando los dos océanos se junten. Yo me preocuparé por el crecimiento de Tehuantepec. Sólo Dios sabe el destino que te ha puesto enfrente y las decisiones que has de tomar. Aunque el futuro está escrito, sólo tú decides cómo has de vivirlo, tomarlo para crecer o sacrificar tu aspecto histórico para huir del porvenir.

Recuerda que el éxito y el fracaso, el fusil que dispara y el que calla, todo lleva un costo personal y político. Nadie puede recibir aplausos sin críticas, ni ataques sin defensas. Tú no eres diferente, eres humano. Un hombre común con un destino extraordinario.

Juana Catalina Romero

Capítulo XXXIV

EL TIEMPO POLÍTICO es inescapable, los plazos se cumplen, los periodos expiran y, una vez que tomas el poder te mantiene en una guillotina constante. Sospecho que Sebastián Lerdo de Tejada no lo vio venir: estaba muy cómodo en el poder y seguro de su propia reelección orquestada desde Palacio Nacional. Y fue tonto, porque su popularidad no era mayor a la de Juárez; al contrario, era frágil.

En 1876 se llevaron a cabo las elecciones, pero sólo hubo dos candidatos, el propio Lerdo de Tejada y José María Iglesias. Mis partidarios quisieron lanzarme, pero no me dejé. La Revolución de La Noria aún era una herida emponzoñada en mi corazón; no estaba listo para otra decepción electoral. Hubo quien votó por mí, es cierto, y no faltó el periódico que quiso lanzar mi nombre.

Ah, y no puedo olvidar la carta de Justo Benítez en la que me advertía que no me lanzara de candidato, pues no podría ganar y sólo desgastaría el poco prestigio que me quedaba.

Me mantuve al margen. Como todos los mexicanos, el día de las elecciones me levanté temprano, me vestí elegante y fui a votar. Luego me llevé a Fina y a los niños a un restaurante. Tenía tanto dinero y estabilidad, que recién había vendido la Candelaria y pensaba establecerme en Durango. Recuerdo que guardaba la vajilla en cajas, cubriéndola con papel periódico para que no se rompiera, cuando llegó Justo Benítez para anunciar la reelección de Lerdo de Tejada.

—¿Eso te sorprende? Yo te lo pude haber dicho desde hace meses —respondí.

—Porfirio, ¿no lo entiendes? Mira esto, Sebastián Lerdo de Tejada se llevó casi todos los votos, hay descontento en todo el país. Juárez se excedió en su función del poder y esperábamos que Lerdo no forzara su estadía en la presidencia.

—¿Y? Es digno discípulo de Juárez: con tal de defender la Constitución de 1857, son capaces de quedarse ahí hasta la muerte.

—Habrá levantamientos y necesitamos una cabeza. Tu nombre ha sonado en las conspiraciones de la capital y queremos saber si te interesa.

No necesité ver a Delfina para conocer su mirada.

—No, hagan ustedes su juego. Luchen; si como dices Lerdo se ha vuelto tan impopular, no les será difícil derrocarlo —respondí.

Don Justo no quiso quedarse a tomar algo. Se fue decepcionado por mi respuesta y no volví a verlo en mucho tiempo.

No estaba convencido de andar en semejantes trotes. Todavía no. Mi posición era clara para todos los periodistas: me iría a Durango, estaría en paz… Y sí, compré una casa por allá y me llevé todas mis cosas en carretas. Me aseguré de que Delfina estuviera bien instalada.

Continué hacia el norte, lejos de los periódicos y de la mayoría de mis amigos. Tomé un vapor con un boleto que había comprado días antes con el plan de llegar hasta Nueva Orleans. Ahí había algunos mexicanos, y yo quería su apoyo, el mismo que habían otorgado a Benito Juárez durante la Guerra de Intervención francesa. Pronto descubrí rostros familiares en el barco. ¡Maldita sea, Manuel Romero Rubio mantenía a sus espías pegados a mí!

Tuve que cambiar rápido mis planes. Cuando llegué a Nueva Orleans dejé una de mis maletas detrás y me perdí entre la gente. Corrí, no sé cómo llegué hasta la estación del ferrocarril y de ahí viajé al sur.

Ya en Brownsville, justo enfrente de Matamoros, inicié una serie de cartas a mexicanos que, sabía, vivían en Estados Unidos. Les advertí de los peligros de la permanencia de Sebastián Lerdo de Tejada en el poder. Los invité a apoyarme en una campaña contra el gobierno mexicano, y a cambio les daría algunas concesiones si llegaba al poder. Era un juego arriesgado, pues cualquiera de ellos podría haberme denunciado, pero gringos y mexicanos me ofrecieron dinero, armas y parque para la lucha.

Permanecí en Estados Unidos durante diciembre de 1875. Un mes después estaba de vuelta en México.

El 10 de enero, Fidencio Hernández lanzó en Oaxaca una proclama que llegaría a ser conocida como el Plan de Tuxtepec. Seguía instrucciones mías, pero consideré que sería mejor si una voz ajena iniciara el grito de "¡No reelección!". Firmaron el documento Justo

Benítez, Ignacio Vallarta, Protasio Tagle, Jerónimo Treviño, Manuel González y Pedro Ogazón. En poco tiempo ellos mismos se levantaron en armas por todo el país para dar la impresión de que el plan tenía apoyo nacional.

Debes entender, Carmelita; corríamos el riesgo de perder y queríamos mantener una ilusión de controlar México. Juan Méndez estaba en Puebla y Manuel González en el noreste del país, conmigo.

Sólo hasta que entendí que la revolución tuxtepecana sería un éxito mis hombres avanzaron sobre Palo Blanco, Tamaulipas, tomando la ciudad al grito de "¡Sufragio efectivo, no reelección!", y decidí unirme al Plan de Tuxtepec de forma pública. Los caricaturistas se burlaron de esto por muchos años; seguro llegaste a ver dibujos de mí en el periódico, con un mazo en la mano que decía "palo blanco".

Hubo también una reacción en el campo político: diputados y hombres de todas las ideologías se declararon en contra de la reelección de Sebastián Lerdo de Tejada. Ni siquiera Manuel Romero Rubio, tan hábil como siempre, pudo cambiar la situación. No tenía suficientes espías ni podía alterar la opinión de tantas personas.

El que no sabía cómo iba a reaccionar era Mariano Escobedo. Alguna vez había sido mi compañero de armas y habíamos luchado juntos contra el ejército francés, pero ahora estaba a cargo del Ministerio de Guerra y parecía leal a Lerdo. Sólo después de varios días llegó su reacción: acabar con la revuelta. Yo era el enemigo. Nunca entendí si en verdad le era leal a don Sebastián o solamente quería proteger sus intereses políticos. Poco importaba, estaba en mi contra. Concentró su fuerza militar en el norte con el firme propósito de derrotarme, y así la revolución creció en el sur.

Me convertí en una bandera de lucha. Los periódicos recordaron mis épocas de triunfo en la Guerra de Reforma y contra el Imperio de Maximiliano. Apoyaban la guerra porque estaban de mi lado, y por eso fui nombrado jefe del ejército reformador. Aunque no lideraba las batallas, cada victoria militar era mía, y así las coleccioné. Me llegaban cartas de todo el país para anunciar estos triunfos, y yo a su vez se las presumía a Delfina a través de la tinta y el papel. Ella se mantuvo alejada y segura.

Marché hacia Icamole para tomar la plaza y Mariano Escobedo hizo lo mismo. Me sentía poderoso por las batallas que mis hombres ganaban en el país, pero se me olvidó que el mayor enemigo de un hombre es su orgullo. Estaban conmigo Naranjo y Treviño con sus tropas. Nosotros éramos mil hombres y Mariano Escobedo tenía un número muy parecido.

Nos enfrentamos a finales de mayo de 1878, en una mañana calurosa y bajo un cielo despejado. Ambos ejércitos eran valientes, bien armados, contaban con suficiente parque y, sin embargo, no hubo igualdad. ¿Qué pasó, Carmelita? Incluso ahora no lo entiendo. Mis hombres se desmoralizaron rápido, murieron en el campo de batalla y en cuestión de minutos el número de los hombres de Mariano Escobedo nos superó. Mis hombres tenían miedo; algunos intentaron huir de ahí.

—Carajo, parecen niños con armas.

—¿Qué esperaba, general? No son oaxaqueños —se burló el general Treviño.

La batalla terminó rápido. El coraje me quemaba la garganta. Un sentimiento de derrota me invadió el estómago. No me di cuenta de que lloraba hasta que sentí el frío en las mejillas y las risas del contrario. Ordené la retirada, a un costo de vidas muy alto, y me vi solo.

Me volví a sentir como en la Revolución de La Noria y, por un momento, el poder me pareció lejano, imposible. Volví a llorar bajo la luna, como Hernán Cortés, como un ninfo, como una sombra a punto de desaparecer de la historia de México. Pronto descubrí que me seguían los espías de Sebastián Lerdo de Tejada, y sabía que las pistolas que llevaban al cinto no eran para asustarme.

Capítulo XXXV

Poco DESPUÉS de la batalla de Icamole, un médico homeópata, cubano extravagante, se embarcó en un vapor llamado *City of Havana* rumbo a Estados Unidos. Lo hubieras visto: llevaba puesto un abrigo blanco de algodón, había aclarado su bigote con polvo de arroz pero su piel era tan morena como la de cualquier cubano que viviera en la costa. Solo cargaba un maletín de piel que sonaba cada vez que lo agitaba. No tenía papeles, pero sí dinero con qué sobornar a los oficiales para que lo dejaran abordar.

Ya instalado en su habitación, y antes de que partiera el barco, se dio a la tarea de escribir una carta para enviarla antes de partir:

Mi querida Petra:

Recibí las fotografías de los niños. Gracias por esa amabilidad que tanto bien me hace y gracias también por el aviso que me das de haber pagado las cuentas de Pancho. Yo me encuentro bien, pero me preocupa que a mis hijos pueda faltarles algo. Dile a Porfirio que espero que cuando yo llegue, ya se sepa el alfabeto. Dale muchos abrazos a Luz y a Firio.

Crisanto

Aquellas palabras se enviaron en un sobre bien sellado. Partió el barco, pero el clima no era muy bueno, el aire salado golpeaba a estribor y babor, preludio de que una tormenta estaba por caer.

En los primeros días de navegación hubo mucha incertidumbre, pues con frecuencia se veía a este pasajero bailar por el barco, tropezarse con las sillas y pedir más copas en el bar. Llamó la atención por su alegría singular y buena conversación, pero su acento cubano no era muy bueno y los polvos de arroz de su bigote se caían con la llovizna de la tarde.

Pronto hubo habladurías y rumores. ¿Y si aquel pasajero sólo fingía su borrachera? ¿Y si estaba disfrazado?

Estos chismes llegaron hasta él, así que no tuvo más opción que huir. Regresó a su camarote y se desnudó por completo. Cuando abrió la puerta descubrieron que el verdadero doctor homeópata era yo, en su esplendor varonil y vergüenzas fálicas.

Sin pensarlo más, me tiré por la borda y comencé a nadar al tiempo que la tormenta soltaba su furia. Fui rápido, mis brazadas me resultaban útiles y, aunque escuchaba el grito de los pasajeros que me advertían de los tiburones, mi deseo de escapar era más importante. Los hombres de confianza del capitán bajaron a su bote y remaron hacia mí. Yo quería escapar, pero no pude. Ellos eran jóvenes y, cuando me vi perdido, me rendí. Me subieron al bote y me llevaron de vuelta al vapor. Me encerraron en uno de los cuartos y me cubrieron con una manta mientras me secaba.

Cuando me dejaron solo me levanté y fui hasta la puerta. Estaba cerrada con llave. Las ventanas lo mismo. Tal vez si las rompía podría escapar de nuevo hacia el mar.

Mientras planeaba un segundo escape se abrió la puerta y entró el capitán. Le bastó una mirada para esbozar una sonrisa.

—Vaya, general Díaz. ¿Quién hubiera dicho que terminaría usted en mi barco? ¿Ya sabe que todo el país lo está buscando?

—¿Piensa usted entregarme?

Suspiró, me vio directamente a los ojos.

—La recompensa por usted es bastante cuantiosa. Lerdo de Tejada no se anda por las ramas para deshacerse de sus enemigos, pero no todos simpatizamos con él. Yo estoy de su lado, Porfirio, aunque le parezca raro. Voy a ordenar que hagamos un cambio en el itinerario y lo voy a dejar en Veracruz para que siga con su luchita contra el presidente.

—Pero quiero irme para Estados Unidos.

—¿A poco me va a salir collón? Nada de eso. Lo voy a dejar en Veracruz, y ya ahí verá. Sus amigos aún atacan a las tropas del gobierno. La lucha sigue. Por todos lados se escucha su nombre y un rechazo a la reelección. No nos va a defraudar. ¿Verdad?

—Soy un hombre de tamaños bien puestos.

—Pues ahí está, general. Y no me diga que no es general porque Lerdo le quitó el rango, porque usted se lo ganó en el campo de batalla. Lerdo de Tejada no puede decir lo mismo. Le voy a decir a mis hombres que le traigan su ropa y algo de comer. Usted es mi invitado especial.

Un par de días después desembarqué en una costa solitaria de Veracruz y emprendí la marcha hacia Oaxaca. El capitán del vapor tenía razón: la revolución que había iniciado continuaba alzada en todo el país. Los militares que estaban a mi favor permanecían en lucha a pesar de mi derrota. Los periódicos de oposición me llamaron "El Llorón de Icamole" y hasta hicieron caricaturas de mí con lágrimas en los ojos. Me dolió, no puedo negarlo, pero las burlas, aunque las llevo conmigo hasta hoy, no evitaron que me detuviera. Mientras hubiera vida y lucha, había oportunidad de triunfo.

Es importante aclarar que don Sebastián tampoco la tuvo fácil en el aspecto político. José María Iglesias era entonces el presidente de la Suprema Corte y también ambicionaba el poder. Se proclamó, públicamente, en contra de la reelección como un acto que atentaba contra la soberanía del pueblo y quiso pactar conmigo. Yo iba llegando a Oaxaca cuando me encontré a Justo Benítez.

—¿Qué te traes? —le pregunté—. ¿Por qué tanta prisa por encontrarme?

—Todos te andan buscando. Desde que Iglesias se rebeló contra Lerdo, quedan pocos soldados lerdistas.

—Y tal vez quedan pocos porfiristas.

—No seas tarugo, Porfirio —me reclamó—. Manuel González está armando un ejército en el norte, y con el que juntes en Oaxaca podrás tomar la capital. Es tu momento.

Le di la razón.

Tras dos semanas de reclutar hombres, avancé hacia Tecoac. Mis únicas armas eran palos, cuchillos y viejas carabinas que disparaban cuando se les daba la gana. Lerdo mandó a su mejor general, Ignacio Alatorre, para acabar conmigo. Ellos tenían armas, parque y entrenamiento.

La batalla se inició al alba. Nos encontramos en el campo de batalla y desde el principio supe que iba a perder. Ellos eran más numerosos y estaban mejor preparados. Por una carta que había recibido aquella mañana me enteré de que iban a recibir refuerzos al mediodía. El Llorón de Icamole volvería a perder. ¿Qué podía hacer? No pensaba rendirme; moriría luchando. Creí que aquél sería el fin de mi vida. Mi corazón se detuvo cuando vi una polvareda a lo lejos: caballos y hombres venían hacia nosotros. Creí que se trataba de las tropas lerdistas; el general Alatorre lo creyó también, porque se dibujó una sonrisa burlona en los labios.

Aquél era el fin. Estaba listo para saludar a la muerte, al menos hasta que un viento del sur permitió que el polvo se alejara un poco y pudiera ver quién estaba al mando de aquella tropa tan numerosa.

¡Carmelita, era nada más y nada menos que mi compadre Manuel González con los refuerzos que había prometido tantas semanas atrás! Tenía armas y parque. Pudimos vencer con facilidad y terminar la batalla en menos de una hora, aunque eso no evitó que el general González cayera herido. Las mentadas tropas lerdistas que esperaban nunca llegaron. Se perdieron en el camino, y eso me dio la ventaja.

A pocas horas del triunfo me avisaron que Sebastián Lerdo de Tejada se había dado por vencido. Él y su gabinete habían salido de la Ciudad de México y avanzaban hacia Veracruz. Así se lo hice saber a mi compadre González cuando lo fui a visitar en la enfermería.

—Pero no se preocupe, ahorita les cortamos el paso, compadre —me dijo Manuel González, con un trago de aguardiente en la mano, con el que festejaba la victoria.

—Ya, ya, serénese. Deje que se exilien donde quieran. Lerdo y Romero Rubio se lo merecen. Además usted necesita descansar. Ya tendremos oportunidad de celebrar cuando se recupere. Le debo a usted la victoria y será ministro de Guerra.

—Un honor, compadre —fue su respuesta de agradecimiento.

Luego me dirigí a mis tropas.

—¡Soldados! La victoria ha coronado sus nobles esfuerzos y han adquirido un hermoso título de gratitud por parte de sus conciudadanos... La patria les debe su libertad.

Aplaudieron, vitorearon y exclamaron: "¡Viva el general don Porfirio Díaz! ¡Viva el Plan de Tuxtepec!", y con ellos gran parte del país. Una vez más me había coronado como héroe nacional.

Intercambié una serie de cartas con José María Iglesias en las que más o menos fuimos acordando cómo estaría la cosa si ganábamos. Él se sentía con el derecho de quedarse con la presidencia y me ofrecía el Ministerio de Guerra. Acepté porque sabía que quien controlara el ejército estaría al mando del país. Pero Iglesias me la quiso voltear: quería convocar a nuevas elecciones y elegir un presidente. Ése quería fregarme, quedarse con mi gloria, y ahí terminó nuestro diálogo.

Luego el muy ridículo redactó su Plan de Salamanca: "Todo lo que sea separarme de la Constitución de 1857 será rechazado por mí, que soy el representante de la legalidad. Sobre la Constitución, nada: ¡Nadie sobre la Constitución!".

Me pasé su opinión por el arco del triunfo y ocupé la Ciudad de México en noviembre de ese año.

Iglesias hizo un último intento de pactar conmigo. Me invitó a la hacienda de La Capilla en Querétaro y no sé qué tantas tonterías me ofreció, pero ¿para qué hacerle caso? Yo tenía el control del país, yo era el militar triunfador. Sebastián Lerdo de Tejada estaba en Nueva York con sus colaboradores. El pueblo me acompañaba.

El encuentro duró poco. Iglesias se retiró y decidió exiliarse en San Francisco.

De vuelta en la Ciudad de México convoqué a elecciones, pero sólo como mero trámite constitucional, porque yo sabía cuál sería el resultado. Porfirio Díaz, no sería más el Llorón de Icamole, sino presidente de la República. Volví a tener a Delfina entre mis brazos. La vida pintaba bien, próspera y larga. Aún quedaba mucho camino para mí. Es verdad, Carmelita, aún falta que tú entres en esta historia, y que otros tomen el protagonismo que se merecen.

¡El Mictlán se abre de nuevo!

Don Sebastián, ¿qué designios podría tener el dios de la muerte para traerlo hoy? Pensé que su espíritu ya había sido olvidado...

Capítulo XXXVI

No hay quien crea las razones para tomar el poder, Díaz.

Sé que siempre tuvo una única y gran ambición, sentarse en la silla presidencial a cualquier costa. No me va a negar que usted es de los que consiguen todo lo que se proponen, aunque deban pasar sobre amigos y familiares, aunque deban traicionar todo aquello en lo que alguna vez creyeron. Sí, lo supe desde que Benito Juárez se llenaba la boca al hablar con halagos para el buen Porfirio. Usted, señor Díaz, es igual de indio que Juárez e igual de terco que yo; pero le aseguro que aunque seamos tan parecidos, la historia nos tratará muy diferente a los tres.

Mire cómo vengo ante usted, con la carne dura y la frente pulida; si me agachara, saldrían las canicas que me han puesto por ojos; soy un cadáver sin vísceras, un cuerpo incorruptible, un cadáver en perfecto estado de conservación, un hombre de principios rancios, un emblema del liberalismo jacobino, un sueño del destierro en Nueva York, un presidente caído, un sueño roto, un títere de Juárez, un esto y un lo otro; que me insulten como se les dé la gana. Mi carrera política fue brillante, mi viaje con el Benemérito de las Américas durante el Imperio de Maximiliano de Habsburgo se contará por generaciones; mi paciencia fue sabia, pues sólo tuve que esperar a que don Benito falleciera en su dolor para arrebatarle la presidencia de la República. No tuve que levantar a nadie en armas ni sacrificar hermanos en lucha; por la gloria de mi nombre no corrieron ríos de sangre ni se hundió el país en la pólvora de la ambición.

No necesito conocer el futuro para saber que lo llamarán golpista y traidor a los principios liberales, usarán cualquier excusa para insultar su nombre, el veneno caerá sobre su efigie histórica y será símbolo de los horrores del porvenir que ni siquiera tendrán que ver con usted. Una vez que haya dejado este mundo, sus opositores dirán que todos los vicios y males de la patria serán culpa suya; y yo, Sebastián

Lerdo de Tejada, sonreiré con ellos, no porque tengan la razón, sino porque disfrutaré que recuerden el golpe que tuvo que dar para llegar al poder, y olvidarán los tejes y manejes que don Benito y yo hicimos para mantenernos en él.

En México, todos los que han llegado al poder han cometido el mismo error: se han sentido indispensables hasta querer volverse padres de un pueblo huérfano.

Estas manos estáticas, estos pies de plástico, ¿qué sentido tiene que mi cuerpo esté embalsamado cuando mis recuerdos han caducado? ¿Acaso mi gloria está en la firmeza de mis restos o en la permanencia de mis obras? ¿Da más honor un estudio de nuestra historia o un monumento de mármol? ¿Tus errores borran los aciertos o es al revés? ¿Alguna vez se ha preguntado qué es un héroe patrio sino la imagen descarnada y deshumanizada de alguien que creyó que hacía lo mejor para México?

Alguna vez estuve en cama como usted, acosado por los muertos que me juzgaban antes de arrebatarme al Mictlán, y nunca imaginé verlo aquí, derrotado por el tiempo, rechazado por su patria. Por un momento me da lástima, y luego recuerdo la forma tan cruel en la que me arrebató el poder. Yo salía en un barco hacia el amargo destierro, a la añoranza de la patria perdida, y usted dejaba de ser el Llorón de Icamole y volvía a vestirse con el sobrenombre de Benemérito de la Patria.

¿Sabe? Ahora que lo pienso, usted y yo no somos tan diferentes, tampoco de Juárez. Los tres marcamos un siglo y terminaremos siendo una memoria violada para beneficio de las generaciones futuras.

Sigue con tu narración a Carmelita, lo más interesante de tu biografía aún está por venir.

Capítulo XXXVII

Y PORFIRIO EXCLAMÓ, *que ningún ciudadano se imponga y perpetúe en el poder y esta será la última revolución.*

Y la voz de Dios se escuchó potente en cada rincón de la patria: vuelve tu espada a su lugar; porque todos los que tomaren la espada, a espada perecerán.

Bajó un cuervo y contó los minutos con un reloj de plata que tenía marcado el quinto mes y tres unos.

Ni siquiera la historia patria puede escapar a los designios de los cielos.

A un santo Cristo de fierro, Llorona,
Mis penas le conté yo,
¿Cuáles no serían mis penas, Llorona,
Que el santo Cristo lloró?

Ay de mí, Llorona, Llorona,
Llorona de un campo lirio.
El que no sabe de amores, Llorona,
No sabe lo que es martirio.

FIN DE LA SEGUNDA PARTE

EL BENEMÉRITO DE LA PATRIA

TERCERA PARTE

"Fuimos muy duros, algunas veces hasta llegar
a la crueldad, pero todo esto fue necesario
para la vida y progreso de la nación".

Capítulo XXXVIII

Porfirio:

Éstas son las letras que nunca quise escribir, y Dios sabe que es difícil aguantar el dolor que llevo en las entrañas. En más de una ocasión he despertado en la tierra, sin saber cuánto tiempo estuve ahí, y el que me quema en el vientre es tan grande que no sé cómo describirlo. Los médicos de Oaxaca no me tienen buenas noticias al respecto, y no tengo dinero para pagar las medicinas que me han recetado; sólo puedo confiar en las infusiones que me preparan en el pueblo para calmar mis dolencias.

No quiero escribirte para pedir dinero, no sacrificaría mi dignidad por ello. Tampoco quiero que tu Delfina me recrimine. Fue a ella a quien elegiste, a pesar de las veces que te acompañé en la lucha y las ocasiones en que curé y alimenté a tu ejército durante la guerra. El cariño que pude haber sentido por ti se convirtió en odio, pero de eso nada queda. Tengo, sin embargo, una preocupación que me quita el sueño y que Dios me habrá de recriminar en la muerte si no la aclaro de una vez. Deseo que tu hija Amada viva contigo, que la críes junto a sus hermanos y la procures hasta donde te sea posible.

No me queda mucho tiempo, si acaso unos meses de vida, y lo dejo a tu conciencia para que me ayudes a morir en paz.

Espero no dilates tu respuesta.

Rafaela Quiñones

Capítulo XXXIX

MI HISTORIA pudo haber terminado ahí, con mis triunfos en la Guerra de Reforma, la Intervención francesa, la Revolución de La Noria y la de Tuxtepec. Como un cuento de hadas, vivieron felices por siempre, en la gloria que baja desde el altar de la patria y cubre a todos sus héroes hasta convertirlos en mármol. Si la muerte hubiera hecho el favor de llevarme en ese momento de la historia, tal vez hubiera sido recordado como un gran héroe y otros hubieran llevado mi legado. A México no le gusta que sus héroes sobrevivan.

A don Sebastián Lerdo de Tejada, derrotado, no le quedó más que embarcarse a un exilio forzoso en Nueva York con sus allegados, entre ellos Manuel Romero Rubio y su familia. Yo celebré la decisión porque no quería tenerlo cerca y, de haberse quedado en México, le hubiera ofrecido una embajada lejos para que no me estorbara.

Recuerdo aquella noche en la que entré por primera vez a Palacio Nacional tras asumir el poder como jefe del Ejército Constitucionalista. Recorrí los pasillos de piedra y el patio principal. No era la primera vez que lo hacía y, sin embargo, en esta ocasión se sentía diferente, como si todo aquello fuera mío, desde la fuente hasta las columnas, los cuartos privados y las pinturas. Apenas probaba la gloria embriagante. Habían terminado las campañas en la selva, el hambre, el miedo de saber si iba a morir en la siguiente batalla.

Subí por los escalones hasta el primer piso y aspiré la noche. Tenía una sonrisa imposible de borrar. En plena oscuridad fui hasta el despacho presidencial y entré. Lerdo había dejado papeles sobre el escritorio, libros abiertos, cortinas pesadas y la silla…, esa silla maldita que parece que confiere poder pero en realidad es un símbolo de la locura. Ahí me senté, con el pecho inflado, y disfruté el silencio, el poder, el logro obtenido tras años de lucha y ambición.

¿Quién hubiera dicho que el hijo de una indígena mixteca de Oaxaca que luchó por darle de comer a sus hijos tendría el mayor cargo al que puede aspirar un mexicano? El mundo real estaba allá afuera; este despacho sería mi santuario. La presidencia es el odio, meta y fin de todos aunque lo nieguen.

Sólo entonces comprendí que una cosa es alcanzar tu sueño y otra mantenerte en él. ¡Vaya que eso cuesta!

Delfina vino de Durango y compramos la casa 1 de la calle de Moneda (su padre se mudó al final de la calle y le ofrecí una diputación; vivió en la Ciudad de México hasta su muerte). La propiedad, de dos plantas, se llenó de vida con la llegada de los niños. Colgamos cuadros y llenamos los floreros, cubrimos las mesitas con manteles tejidos en Oaxaca y fusiles en recordatorio de cada una de mis campañas militares.

Ya que estuvimos solos me llevé a Delfina al nuevo dormitorio.

—Estoy tan feliz, Porfirio —dijo por fin—. Éste será el inicio de nuestra nueva vida.

—Así será, Fina —respondí mientras la cubría de besos tan rápido como mis manos podían desnudarla.

La recosté sobre las sábanas limpias. La circulé con la misma intensidad con la que mis piernas habían corrido por el territorio nacional; su cuerpo era suave, desde sus caderas a su cuello, y, perdona que lo diga así, pero ardía en ganas de probar el sabor de sus pechos antes de adentrarme en ella como tantas veces. El poder de mi hombría era capaz de dominar batallas y seducir mujeres, de encender llamas ocultas dentro del cuerpo de mi Delfina, de hacer brotar su alma a través de gemidos deliciosos. El corazón bombea y lo sientes en cada parte del cuerpo; es fisiológico pero también espiritual, es carnal, sexual, eterno y momentáneo, y sin pensarlo te vuelves estrellas, dejas tu cuerpo por un momento y te sientes morir, pero en realidad vives en ella.

Así fue como celebramos mi nueva presidencia y ella su nueva postura como esposa del presidente. Desnudos y húmedos, acurrucados.

—Porfirio… Tengo algo que confesar.

—Mmm… —respondí medio dormido.

—No te enojes, pero leí una carta que dejaste en la sala; tenía tu nombre pero me ganó la curiosidad.

—Mmm…

—Puedes traer a Amada. Es tu hija.

—Dispondré que así se haga —susurré.

Así desnudos nos acurrucamos en los cuernos de la luna y soñamos con el mismo futuro juntos.

Pronto comprendí que la presidencia sería muy difícil. Para los mexicanos yo había logrado derrocar a un presidente que quería mantenerse en el poder a través del fraude electoral, pero para el mundo entero yo era un golpista que le había arrebatado el poder a Sebastián Lerdo de Tejada por un simple berrinche. Parecían dos formas de ver la situación, pero no fue así. La primera es un hecho histórico-político, y lo segundo estaba destinado a convertirse en un chisme de letrina para no reconocer mi nombre.

Me enfrentaba a un hecho innegable: necesitaba el reconocimiento internacional si quería gobernar. Matías Romero, a quien había nombrado secretario de Hacienda, me lo hizo saber.

De inmediato puse mi atención al asunto de las relaciones exteriores. Me enfoqué en cuatro naciones que me eran de interés muy especial: Inglaterra, Francia, España y Estados Unidos. Era imperativo que los inversionistas de aquellos países se volvieran a México para ver a un país con potencial. Era la única forma, pues tantos años de guerras habían creado un país sin crecimiento económico y con una deuda millonaria imposible de pagar sin un clima de paz y progreso.

Como bien sabes, siempre fui un hombre que hizo deporte en todas sus formas. Cuando era joven, en Oaxaca, instalé con mi hermano el primer gimnasio de toda la región, y practiqué ejercicios que leí en un libro de calistenia. Desde entonces procuré que mis tropas se mantuvieran en buena forma, y en los tiempos en que no participaba en la guerra me levantaba al amanecer para correr en la calle, en algún parque o en el Bosque de Chapultepec. También me gustaba nadar y comencé a ir a la alberca Paine muy temprano. Luego me iba desayunar unos chilaquiles y llegaba a Palacio Nacional para reunirme con el gabinete.

Me viene una pequeña anécdota a la cabeza. Fue hace años y, sin embargo, recuerdo bien los gritos de dos niños que se ahogaban. No sabían nadar bien.

—¡Auxilio, auxilio…!

Y me aventé al agua donde chapoteaban estos dos escuincles de seis y ocho años. Me aseguré de llevar a la orilla al más joven, luego al otro. Había muchos hombres ahí, que aplaudieron ante mi proeza aunque no la consideré heroica. Hasta llegó a uno que otro periódico que buscaba adularme, pero de eso ya nadie se acuerda. De ahí me fui a desayunar como siempre, y al entrar por los portones de Palacio Nacional vino corriendo don Ignacio Vallarta, a quien había designado ministro de Relaciones Exteriores.

—General, le tengo una buena noticia. Ya tenemos el primer reconocimiento internacional. No esperaba esto, pero ya es algo.

—¿De Estados Unidos?

—De España —sonrió.

Compartí su felicidad.

Así llevé a cabo mi gobierno, con la idea de poner orden en las finanzas.

Días después recibí una segunda carta de Rafaela para pedirme que me hiciera cargo de la educación de Amada, y esta vez respondí. Vino Rafaela Quiñones a la Ciudad de México, y me reuní con ella mientras Delfina hacía tiempo en el mercado para no tener que encontrársela. Si hubieras visto a Rafaela en su juventud también te daría pena su aspecto en aquel último encuentro. Su rostro redondo se veía alargado y hundido, y sus mejillas rosadas se habían tornado grises. La noté frágil y fuerte a la vez, pues a pesar de la enfermedad que invadía su cuerpo no había perdido la entereza de su carácter.

—Rafa...

—No quiero una explicación, Porfirio. Tú sabes con quién te casaste y a quién quisiste escribirle mientras andabas a salto de mata con tus revoluciones.

—Pero déjame decirte algo...

—Y tú déjame terminar. Si por mí fuera, Amada estaría siempre conmigo, pero Dios no ha querido que sea así. Si alguien la puede cuidar eres tú. Y antes de que empieces a buscar excusas, quiero que sepas que no tengo ganas de escucharte. Los resentimientos son míos y no puedes cambiarlos. Tú eres un hombre, yo una mujer; estamos claros en que mi destino es siempre perder. Ahora, si no te importa, voy a pedirle a Amada que pase.

Y no dije más. Esperé a que Rafaela saliera unos momentos de la casa y volviera con una niña de carácter fortísimo, frente en alto y una belleza incomparable. Me recordó a mi hermana Nicolasa cuando tenía esa edad. Iba muy segura, con un faldón y una blusa manchada. Su peinado era una trenza con listones rojos.

—Estás muy bonita, chula —respondí.

Y ella fue a esconderse detrás de su madre, como la primera vez que la conocí hacía años, pero esta vez no era vergüenza, sino enojo.

—No me quiero quedar con mi papá, quiero regresarme contigo —dijo Amadita.

—Ya hablamos de eso, escuincla. Aquí vas a estar bien y te van a cuidar mucho. Yo ya no puedo. De verdad, m'ija, ya no puedo.

Le ofrecí mi mano y Amada la tomó con desgano. Me abrazó con frialdad; la escuché suspirar con tristeza.

—Te la encargo mucho, Porfirio. Soy capaz de venir desde el más allá a jalarte las patas.

Se despidió de Amada con un beso largo en la frente y un abrazo muy fuerte.

—Espérate, Rafa. ¿No necesitas nada más? ¿Tienes dinero para tus medicinas?

Se volvió hacia mí con una dignidad de mujer que no he vuelto a ver.

—De usted, señor presidente, no necesito nada más.

Con lágrimas en los ojos, le dio un último vistazo a Amadita y salió de la casa.

Unas horas después, cuando llegó Delfina, se descubrió madrastra de una niña, y ambas sabían que entre ellas había un silencio incómodo. Las comidas familiares eran embarazosas, sin palabras, sólo el chocar de los cubiertos y la vajilla; mucha frialdad.

Una tarde de sábado, Delfina y yo estábamos en la sala, pero no juntos pues ella se encontraba pensativa, casi en otro mundo. Se levantó del sillón, fue hasta mi despacho por tinta y papel, y subió al primer piso de la casa. La seguí a una distancia cautelosa.

Delfina tocó a la puerta de Amadita, entró y cerró con llave.

—Amadita, yo no quiero que seamos enemigas. Yo no quiero remplazar a tu mamá, sé que ocupa un lugar muy especial en tu corazón y deseo que permanezca así. Yo te voy a querer mucho, y tú decidirás cuando quieras hablar conmigo. Te traje papel y una pluma para que le escribas a tu mamá, y yo misma me aseguraré de que tu carta le llegue.

La niña no dijo nada. Apenas tuve tiempo de retirarme de la puerta antes de que Delfina me descubriera; sin embargo su acto de generosidad dio fruto. Dos días después, Amada llegó a comer con una sonrisa y por primera vez comenzó a hablar de todo lo que había aprendido en la escuela, de los números y las letras, y Delfina respondió a ese gesto con más palabras. Luz y Firio también rieron y jugaron.

Fuimos, por un momento, una familia feliz.

Mi relación con Estados Unidos era lo contrario. Había intentado pagar nuestra deuda con ellos, pero no aceptaron a mi enviado con el pretexto de que no reconocían a mi gobierno. Eso sí, mandaron un embajador a México, seguramente con el único fin de espiarme.

Reunido con Matías Romero y Justo Benítez tramamos un plan que nos ayudaría a obtener el reconocimiento. La cuestión era muy sencilla: haríamos una invitación a inversionistas de Chicago para que visitaran el país, les propondríamos negocios y, una vez que el gobierno de Estados Unidos viera que México era estable y que el capital extranjero rendía fruto, no tendrían otra opción que reconocerme.

Matías Romero se encargó de redactar la invitación y de mandarla. Justo Benítez estaba preocupado porque, así como el embajador gringo nos espiaba, él espiaba al embajador, y se había dado cuenta de que éste enviaba informes muy malos sobre mí.

Fuimos muy pacientes. Un día llegó la aceptación de que los empresarios vendrían en un mes. Teníamos poco tiempo para prepararnos, pero los llevaríamos a las ciudades más cercanas, a ruinas arqueológicas y a los campos para que conocieran el esplendor natural de México.

Justo Benítez llegó con la noticia de que el embajador norteamericano había mandado una carta a los mismos empresarios con el único fin de disuadirlos con la excusa de que éramos una nación de incultos y bandoleros, y que todo progreso se perdería en la siguiente revolución.

—¿Qué vamos a hacer, Porfirio? —preguntó Justo.

—Esperar. ¿Qué le vamos a hacer? Si vienen, salimos ganones, y si no, pues ya nos fregamos.

Mandé a Matías Romero a seguir preparando la visita, aunque lo hizo a regañadientes y sólo porque yo se lo pedía.

El día que habíamos escogido para la llegada de los inversionistas, dejé a Delfina en la casa, con el médico que monitoreaba su nuevo embarazo, y fui a la estación de ferrocarril con una comitiva de ministros y una banda de guerra. El tiempo fue largo y el tren demoró un poco. No teníamos noticias de que los dichosos gringos hubieran desembarcado en Veracruz, así que estábamos a la espera. Una hora después se oyó el silbato del tren. El humo llenó la estación. Había llegado, pero ¿estarían los empresarios?

Esperamos y esperamos... Cuando los vimos bajar del último vagón, comenzó a sonar la banda y corrí a su encuentro. Los saludé animado y Justo Benítez tradujo. Ya sabes que no me gusta hablar mucho.

Durante las siguientes dos semanas cumplieron con un itinerario extenuante, comieron y bebieron hasta hartarse y conocieron lo mejor de nuestro país. Hicieron pocas preguntas, y cuando fue el momento de partir yo mismo los despedí en la estación. El embajador norteamericano, quien estuvo ausente de la vida nacional en todo ese tiempo, aprovechó la oportunidad para escribirles y recomendarles invertir su dinero en otra parte.

Las cartas estaban puestas sobre la mesa y sólo el tiempo diría si habíamos hecho un buen trabajo.

Pronto comenzaron a llegar las inversiones que tanto necesitábamos y el gobierno de Estados Unidos se volvió para ver a mi gobierno como una nueva oportunidad de diplomacia. A través de nuestros respectivos ministros de Relaciones Exteriores negociamos, porque ellos decían que les preocupaba que las ciudades fronterizas mexicanas tuvieran un alto nivel de criminalidad y prostitución, y a nosotros que a sus soldados gringos les gustara cruzar la frontera cada chico rato.

Dieciocho meses después de haber tomado el poder, Estados Unidos reconoció oficialmente mi gobierno.

No, Carmelita, no estaba feliz. ¿Recuerdas que te dije que Delfina estaba embarazada? Dio a luz a un niño que en apariencia se veía sano, pero únicamente vivió veinticuatro horas. Fue Delfina quien lo encontró en su cuna muerto de asfixia. Lo abrazó con fuerza y lo arrulló con lágrimas. Otra vez volvió a hablar de esa supuesta maldición que teníamos por habernos casado siendo parientes carnales, y no hubo forma de consolarla mientras rezábamos sobre el pequeño ataúd que velamos en nuestra casa.

Esta vez fue Amada quien la acompañó en su dolor, y silenciosa, no desaprovechaba la oportunidad de abrazarla.

El siglo XIX fue muy cruel con los niños. ¿Así habrían llorado mamá y papá por mis hermanos muertos en la infancia? Tal vez Amada sólo buscaba ser consolada ella misma, pues su madre había dejado de escribir.

¿Dónde enterraron a Rafaela? No lo sé, pero su cuerpo permanece en mi memoria aún, como prueba de que alguna vez pisó este mundo.

Unas semanas después del reconocimiento de Estados Unidos llegó otro más, el de Francia. ¿Recordarían el Cerro de las Campanas o la Guerra de los Pasteles? Nosotros, los mexicanos, nunca los olvidaremos.

Capítulo XL

Tú HAS ESCUCHADO MI HISTORIA. La increíble aventura de tener un país llamado México a pesar de las constantes intervenciones de otros países, las guerras fratricidas, las ambiciones políticas… ¿Cómo no iba a querer imponer la paz a la fuerza? ¿Cómo no iba a hacer todo lo que estuviera en mis manos para lograr la prosperidad de mi patria? Pero no podía construir un progreso cuando todo el país estaba revuelto, le debíamos dinero a varias naciones y no teníamos cómo pagar las deudas. Desde que llegué al poder me desayunaba con rumores de levantamientos en mi contra y, aunque Delfina no los mencionaba, sabía que se preocupaba. Ni hablar del bandolerismo constante, los salteadores de caminos y la inestabilidad política.

La gota que derramó el vaso vino de los medios de comunicación, que no perdieron la oportunidad de echarme la culpa. *El Monitor Republicano* llegó a mencionar: "El desencadenamiento del bandidaje ha adquirido proporciones monstruosas; la alarma se ha difundido en la sociedad entera, y casi no hay día en que no consigne la crónica nuevos atentados contra las personas y la propiedad de los ciudadanos".

¿Cómo no iba a poner mano dura?

Con el estudio de cuáles eran los puntos más conflictivos del país, nombré jefes militares para cada zona, porque sólo las personas de cada lugar sabrían controlar a su gente. En pocas palabras, "para que la cuña apriete ha de ser del mismo palo". Así logramos arrestar y ahorcar o fusilar a varios delincuentes famosos, como Macario Romero, Heraclio Bernal y Chucho el Roto.

Para los grupos apaches que siempre estaban en contra del gobierno sin importar quién estuviera a cargo, seguí la política de Benito Juárez y Sebastián Lerdo de Tejada: acabar con ellos. Los generales Escobedo y Terrazas fueron los que estuvieron a cargo de la labor.

Al acomodar en las gubernaturas a mis amigos que me secundaron en la Revolución de Tuxtepec, al menos me aseguraba de que no hubiera levantamientos políticos y de que me informaran oportunamente de cualquier situación que me fuera contraria.

Destaca el caso de Luis Mier y Terán, gobernador de Veracruz, quien hizo el favor de avisarme, mediante un telegrama, que había una conspiración en mi contra en ese estado. Los cabecillas habían sido aprehendidos. Yo cenaba cuando llegó el telegrama, y Delfina se me quedó viendo en silencio, siempre interesada. Era difícil ocultarle las cosas, porque leía todos los periódicos y escuchaba las conversaciones que yo mantenía con mis ministros de gobierno.

—Una cosa de nada en Veracruz, estoy seguro de que Luisito Mier lo va a resolver.

Más me valdría no haberlo dicho. De inmediato dejó caer el tenedor y me traspasó con la mirada.

—Firio está en Veracruz, no le vaya a pasar nada.

—No, mujer. No te preocupes.

—Malahaya la hora en que lo mandamos a pasar unos días a casa del gobernador. ¿Y si está en peligro?

—Lo mandaría traer, no te preocupes.

—¿Y si sí?

—Mujer, ten un poco de fe en que sé controlar este condenado país —y ahí terminó la discusión, pero yo sabía que el silencio de Delfina albergaba algo más serio. No me perdonaría si le llegara a pasar algo a nuestro hijo.

En un segundo telegrama, Luis confirmaba que se trataba de una conspiración a favor de Sebastián Lerdo de Tejada. Todos aquellos que estaban en contra mía, de mi gobierno, añoraban al presidente anterior, como si la nostalgia que había por Lerdo y Juárez fuera mayor que el proyecto que yo intentaba establecer.

Pedí un coche que me llevara a Palacio Nacional. No hizo falta que viera los periódicos que habían dejado en mi despacho. Sabía que todos los caricaturistas se daban vuelo con mi figura por las decisiones que tomaban día a día y por mi origen oaxaqueño. ¿Gobernaba yo diferente a mis antecesores liberales a los que tanto invocaban? Los mexicanos nunca han estado contentos con su gobierno; siempre idealizan a los candidatos perdedores y a los presidentes que ya no están. En Estados Unidos la democracia funciona porque una vez que el presidente es elegido todos se suman para apoyarlo, pero en México todos se suman para quitarlo.

Volví a leer los telegramas. ¿Una conspiración lerdista? En el juego del poder no se pueden tener amores ni odios, porque si no te apuñalan en el pecho, lo hacen por la espalda. Por eso escribí un telegrama cifrado con un código que usaba Julio César en los tiempos que Roma gobernaba el mundo. Decía:

frjhorvhqlqiudjdqwlpdwdorvlqfrqwlqhqwl b glhcpdodojxduqlflrq

Lo mandé con la esperanza de que Luis Mier y Terán entendiera su significado, y me senté a esperar toda la noche. No llegué a dormir a la casa. El despacho presidencial de Palacio Nacional fue mi cobija.

A la mañana siguiente llegó un telegrama de Veracruz. Don Justo Benítez me lo llevó personalmente y lo dejó sobre la mesa. Tardé algún tiempo en abrirlo. Sólo contenía: "Juan 19:30".

—¿Quieres que vaya por una Biblia, Porfirio?

—No es necesario. Sé lo que dice: "Consumado es".

Cuando llegaron los periódicos leí sobre el juicio sumario que les habían hecho a los lerdistas arrestados, y cómo los habían fusilado a la mitad de la noche. Ahí nació la leyenda de que Mier y Terán había recibido un extraño telegrama con tres palabras: "Mátalos en caliente".

De inmediato fui a casa para tranquilizar a Delfina. La encontré en la sala, leyendo uno de los periódicos. Cuando me vio, pálida, bajó el papel y me traspasó con la mirada.

—Porfirio, ¿qué pasó?

—No sé.

—¿Cómo que no sabes? Yo no soy uno de los periodistas que mareas con tus discursos. ¿Qué pasó en Veracruz?

—Firio está bien. No te preocupes.

Sus respiraciones eran furiosas. Aún pálida, le temblaba el puño.

—¿Y eran culpables?

—¿Quiénes? —pregunté.

—Los muertos, Porfirio.

—Sé tanto como tú, Fina.

—Una cosa es que no quieras decirme y otra que creas que nací ayer.

Y se fue de la habitación.

Las acusaciones crecieron en los periódicos. Luis Mier y Terán presentó su renuncia a la gubernatura de Veracruz y la fama del dichoso telegrama creció algunas semanas hasta que fue olvidado. El mismo fue quemado la noche en que murieron los nueve lerdistas; nadie pudo presentarlo como prueba.

A Luis Mier y Terán lo protegí siempre porque me había ayudado en la Revolución de Tuxtepec. Eso no impidió que distintos caricaturistas lo mostraran en situaciones bastante vergonzosas, como en la que me ofrecía un sacrificio de carne y sangre para mantenerme contento, como si yo fuera un dios prehispánico cuya furia sólo podía ser calmada a través de la víctima. Diarios como *La Patria Festiva* y *La Casera* se dieron vuelo con este incidente.

¿Sabes qué decía en verdad el telegrama que mandé?: "Cógelos in fraganti, mátalos in continenti y diezma la guarnición", pero sin el original, el "Mátalos en caliente" sólo pasará a ser una leyenda urbana de mi gobierno, una especulación histórica.

Delfina se embarazó por última vez antes de que terminara el año, con el país en calma, y la atención de los mejores médicos. ¡Al fin tendría un hijo en calma! Llené la casa de flores, y por un momento olvidé que los periódicos hablaban de los mártires de Veracruz. Quise dedicarle tiempo a la familia. Firio regresó, Luz y Amada cantaban por la casa y hasta Félix, mi sobrino, estuvo unos días con nosotros para organizar una posada.

En aquel 1879 hubo levantamientos militares importantes: del general Manuel Márquez en Sinaloa, del general Jesús Ramírez en Baja California y otro más del general Miguel Negrete en Tepic, pero ya estaban bajo control. Tenía bastantes razones para festejar y preparar 1880, pues sería un año electoral y ya empezaban a sonar los nombres de dos candidatos: Manuel González y Justo Benítez.

Así anduve algunos meses en el juego electoral, hasta que el 2 de abril me fueron a buscar a mi despacho de Palacio Nacional. Era uno de los mozos que ayudaban a Delfina en el cuidado de la casa.

—General Díaz, que dice la patrona Delfina que ya va a tener al bebé. Que vaya por la partera y el médico, y le avise a su merced.

—¿Y ya fuiste por ellos?

—Vine primero con usted.

—Pues pícale y te veo en la casa —respondí haciéndome el enojado.

En cuanto me encontré solo, fui por mi levita y salí de ahí. De camino a nuestra casa en la calle de Moneda le compré unas flores. Los soldados del Estado Mayor me abrieron y entré. El doctor estaba en el vestíbulo; secaba el sudor de su frente con un pañuelo. Me preocupó su palidez, el temblor de sus labios.

—¿El niño? ¿Cómo está?

—Fue niña —respondió con la voz temblorosa.

—Niña… —dije para mí—. Se llamará Victoria, para conmemorar la batalla que gané hace tantos años en Puebla. Sí, Victoria…

—Señor Díaz —me interrumpió el médico—. La niña vino muy mal, no sé si sobreviva a las próximas horas. Haré todo lo posible, pero creo que ya está en manos de Dios.

—¿Cómo está Delfina? ¿Puedo verla o está dormida?

—Sé que son católicos. Aproveche que está dormida para traerle un cura que la confiese. La señora está muy mal de salud.

Por primera vez en muchos años, fui a buscar el rosario de madera de papá y recé tantas veces que me quebré por dentro. Encerrado en el despacho, comencé a llorar.

El cura bautizó a Victoria antes de que muriera por anemia congénita. Sólo vivió veintisiete horas. Delfina estaba postrada sobre la cama, sin color en la piel y los ojos, el pelo hecho una maraña, con la voz en un hilo y las manos huesudas. No quería levantarse de la cama porque le dolía todo el cuerpo, y decía una y otra vez que se iba, que vivía sus últimos momentos, y tenía una última petición que hacerme.

—Nada de peticiones, Delfina. Tú te vas a poner bien, por mí, por nuestros hijos.

No quise escucharla entonces.

Después de unos días regresé a trabajar a Palacio Nacional. Cuando volví a casa me encontré al arzobispo Pelagio Antonio Labastida y Dávalos, grande, canoso y con su sotana negra. Me esperaba en el vestíbulo y, cuando me vio entrar, vino hacia mí.

—Hijo.

—¿Qué sucede aquí? —pregunté.

—La señora Delfina me mandó llamar. La peritonitis avanza en su cuerpo y ya le ha envenenado toda la sangre, no hay nada que hacer y quiere morir en paz con Dios.

—Es cierto, don Porfirio —secundó el médico—. Sólo es cuestión de horas.

Tragué saliva.

—Pues vaya, confiésela.

—Delfina es una mujer profundamente católica, cada domingo asiste a misa y no deja pasar ninguna celebración religiosa sin conmemorarla como se debe. Me apenaría mucho que un alma así cayera en manos del diablo.

—¿Del diablo? Si es tan buena como dice se va a ir directito al cielo.

—No comprende, señor Díaz. En su situación no hay nada que hacer: morirá en pecado mortal y ella lo sabe. Me mandó llamar porque usted se negó a escuchar una petición que ha querido hacerle en estos últimos días.

—¿Qué pecado podría tener esa mujer? La conozco de pe a pa y es incapaz de cometer un acto de maldad.

—Sin embargo, así es. Está en pecado. En primer lugar, señor presidente, es su sobrina sanguínea. En segundo lugar, porque vivió con usted como concubina durante más de una década y hasta tuvieron hijos. ¿Le tengo que recordar, señor Díaz, que jamás obtuvieron la bendición de Dios para formar una familia? Si usted permite que Delfina muera en estas circunstancias, será el responsable y habrá de cargar con esa piedra en su conciencia por el resto de su vida.

—¿Y casarme con ella la salvará?

—Es la única manera —sentenció el arzobispo.

No lo pensé dos veces, sólo exclamé:

—Pues no se diga más. Cásenos, absuélvala y dele la extremaunción.

—No puedo, es su sobrina. Y yo puedo hacerme de la vista gorda, pero Dios lo sabe todo y a él no se le engaña. Yo puedo darle un permiso especial, pero hay otro impedimento que sí no puedo obviar: su apoyo a la Constitución de 1857. Atacó nuestro patrimonio y privilegios divinos. Usted está excomulgado desde ese año y no puedo casar, de ninguna manera, a un excomulgado.

—Yo también soy católico, habrá algo que podamos hacer, ¿no? —pregunté.

—Su lucha condenará a Delfina al lugar de castigo. No lo hago yo, sino Dios, a través de sus leyes divinas...

—Padre...

El arzobispo carraspeó un poco, hizo un ademán de respeto y caminó hacia la puerta.

—Padre, por favor... —insistí ante la sorpresa del médico—. Aún debe haber esperanza.

Se detuvo y giró sobre su eje.

—Dios es muy claro en sus leyes, señor Díaz, y no hay nada que pueda hacer. A menos que... No, olvide que dije algo. Mejor rece por Delfina.

—No, dígalo. Quiero escucharlo.

Una sonrisa se dibujó en los labios del arzobispo.

—A menos que reniegue de la Constitución de 1857.

—Si quiere, lo hago en este momento.

—Su palabra, general, no es suficiente. Tiene que hacerlo por escrito...

Juro, Carmelita, que en ese momento sentí la mirada de Benito Juárez y Marcos Pérez sobre mí, desde el más allá.

Mi reacción en las siguientes horas sería decisiva para Delfina.

Un par de horas después entré a la habitación en la que Delfina había estado recostada. El aire se sentía pesado y la única fuente de luz eran dos cirios puestos junto a la cama. El alcanfor me hizo recordar aquella noche lejana en que murió papá.

—¿Qué decidiste, Porfirio?

Por mi rostro caían lágrimas y no tuve el valor de responderle. Sólo pude tomarle la mano y sonreírle con lástima. Recordé la primera vez que le robé un beso, la carta en la que le declaré todo el amor que sentía por ella, la alegría de nuestros hijos vivos y el dolor de los muertos, las veces que le hice falta y las que estuvo a mi lado.

—¿Hiciste lo que te pidió el arzobispo? —insistió con su pregunta desesperada.

Ahí estaba Delfina, tan parecida a Manuela; pedacito de la tierra de Oaxaca, dulce como el chocolate, hermosa como el barro negro, eterna como el Árbol del Tule que la hice visitar el día que murió su madre, y cómo mandé amenazar a su padre para conseguir que nos casáramos. No hizo falta que le respondiera, pues en ese momento entró el arzobispo Pelagio Antonio de Labastida y Landa con el papel que le había entregado. Lo abrió y con tono burlón comenzó a leer:

El suscrito, Porfirio Díaz, declaro que la religión católica, apostóli-ca y romana fue la de mis padres y es la mía en que he de morir: que cuando he protestado guardar y hacer guardar la Constitución Política de la República lo he hecho en la creencia de que no con-trariaba los dogmas fundamentales de mi religión y que nunca hubo voluntad de herirlos. Declaro igualmente que habiendo estado re-petidas veces en posición encumbrada, y aun suprema, en la admi-nistración, nunca cultivé el pensamiento que a todos nos asalta, de aprovecharme de las leyes que nacionalizaron los bienes eclesiás-ticos y que no poseo cosa alguna por ese tratado. Declaro por último que decepcionado de los motivos que me impulsaron a afiliarme en la masonería me he separado de hecho de ella. Aunque con el propósito de no dar por rotos los deberes que contraje referentes a la recíproca protección fraternal masónica; pero con el de practi-carlos sobre todo hombre, cualesquiera que sean sus creencias re-ligiosas y políticas. Porfirio Díaz.

Estaba avergonzado de haber escrito ese papel, pero ¿qué otra cosa podía hacer? En cuestión de unos minutos Delfina y yo estuvimos ca-sados, no sólo ante la ley, sino ante Dios. Entonces dejé que el cura se quedara solo con ella para que pudiera darle los santos óleos y ella pudiera confesar todos los pecados que albergaba en su interior.

A la tarde siguiente apareció una nota en todos los periódicos del país: "Hoy, a las nueve y media de la mañana, falleció de metrope-ritonitis puerperal la señora Delfina Ortega de Díaz, de treinta y dos años, casada con el ciudadano Porfirio Díaz, presidente de la Repú-blica Mexicana".

Mientras, yo preparaba los funerales de Estado y la tumba en el cementerio del Tepeyac, donde habría de reposar hasta hoy.

Capítulo XLI

PORFIRIO, *vengo a ti con el camisón ensangrentado y el peinado lleno de tierra; mi vientre es una maraña de espinas y agujeros pusilánimes; túnel hacia la muerte. De ocho criaturas que traje al mundo sólo dos sobrevivieron; el resto se volvieron estatuas de carne de ojitos perennes y silencio en los labios. Los levanté de la cuna y los arrullé junto a mi pecho, lloré su pérdida, lancé un grito al cielo para que me liberara de la maldición, pero no los hizo vivir. Mi creador no quiso consolarme. Me abandonó a la suerte de un mundo árido que consume la bondad, la ahoga en tristeza.*

Muchos muertos habrán de venir hoy; son muchas las deudas que tienes con ellos. Abandono, doble moral, sangre derramada, ambición, guerra, amor; toda una vida que se hila con un país, fuiste padre para un pueblo, protector para su ideología, hijo de un zapoteco al que después traicionarías con las armas, pero te faltó lo más importante: ser esposo.

Mira estas manos secas, este rostro con hambre, este busto cadavérico con los senos chupados. ¿Cómo querías que les diera leche a mis hijos si tenía sed? Por algún derecho divino que sólo tú quisiste comprender, tomaste las armas y defendiste al país de la imposición de Benito Juárez, hiciste campaña política contra ellos, hiciste que te siguiera de Tehuacán a la Ciudad de México, de vuelta a Oaxaca, a La Noria, a Veracruz. Te perdí por tu ambición, y mis tías me ayudaron a cuidar a nuestros hijos.

¿Acaso no recuerdas a Porfirio Germán, Camilo, Laura Delfina? Los parí para el mundo, y la voz de Dios retumbó fuerte desde el firmamento: 'Maldita sea tu descendencia por haber mantenido relaciones carnales con tu propia sangre', y entonces los parí por segunda vez, para la muerte. No hubo doctor que pudiera evitar que las cunas callaran o que arropara pequeños cadáveres, ejemplo de mi desdicha.

¿Quién me iba a consolar si tú estabas más preocupado por las elecciones que por tus hijos? Pero mi vientre rancio arrojó dos despojos más al mundo, Deodato Lucas Porfirio y Luz Victoria, que sobrevivieron para siempre atados a tus designios como presidente de México.

Más tarde daría a luz a la muerte, una niña, asfixia; y tú por el país luchando contra la imposición de Sebastián Lerdo de Tejada. ¿De qué te servía ese sueño de querer convertirte en padre de la nación si no podías ser padre de tus propios hijos? Ni siquiera te reclamé el día que llegaste con una niña de la mano, me miraste como si fuera a tener compasión de ti y dijiste: 'Ésta es Amadita'. Y por amor a ti callé. Me hice de la vista gorda cuando la gente cuchicheaba a mis espaldas y me llamaba cornuda, aun cuando Amadita hubiera nacido un par de meses antes de nuestro matrimonio. ¿Sabes por qué? Me dije: al menos mi esposo tiene los tamaños de reconocer a una hija, como mi papá nunca pudo..., o quiso.

A veces me siento Ofelia, tan loca por estar a la sombra del gran hombre. Me quedé esperando que tuviéramos la oportunidad de disfrutar una vida juntos.

Cuando me convertí en la esposa del presidente pensé que era nuestro momento de ser al fin, Porfirio, y sonreí al saberme embarazada una vez más. Creí que la vida por fin me sonreía: no más hambre, sed, dolor, decepción, no más sufrimiento por el cual lamentarme. Iba a disfrutar el pináculo de tu carrera política y militar, y de un momento a otro me convertí en este fantasma despreciable de camisón ensangrentado y gusanos en las entrañas... La muerte es irónica, porque al final descubrimos que somos el mal chiste de un dios que tampoco ha comprendido el significado de la existencia.

Te amé hasta el último aliento, y no sé si valió la pena. Fui luna cuando pude ser el sol; y en unas horas descubrirás por qué todo hombre está condenado a la noche para saber si se ha convertido en una estrella más.

Capítulo XLII

ME SUMÍ EN LA MISERIA. Los días no tenían luz. El sol se había cubierto de hielo. La Ciudad de México esparcía cuchicheos y rumores. No quería escuchar a mis amigos ni gobernar el país, ardía en ganas de que llegara la noche para recostarme en silencio con las cortinas cerradas. En la soledad, sólo miraba al techo hasta que me vencía el sueño. Toda la felicidad se había ido del mundo. Me despertaba cansado, con un tambor punzante en la sien derecha. El pecho me dolía con cada latido y Delfina no estaba para calmar la furia que sentía contra Dios, la vida, la muerte, el destino, mí mismo.

Sentía un desánimo latente y el agobio de saber que el tiempo era cada vez más lento. Las condolencias me resultaban palabras vacías. Los halagos a Delfina me parecían una muestra de completa hipocresía. Si no la conocían, ¿por qué habrían de llenar su memoria con flores? A ella, la incomparable, Coatlicue, la que sufrió mis ambiciones políticas y orígenes oscuros. Sólo yo conocí su alma y la protegí del mundo; sólo yo vi sus primeros suspiros; y los últimos también.

Una tarde soñé que mis pies desnudos pisaban el polvo de la Ciudad de México. Vestía uniforme de militar con el pecho lleno de medallas. Era de día pero no había sol ni vida; faltaban animales, plantas y personas, los edificios eran de arena gris y ventanas rotas, desde el Castillo de Chapultepec hasta las casonas de la colonia española. El viento era una fuerza gélida que soplaba en mi contra, me llenaba los huesos con escarcha, me hacía temblar la quijada. Era un paraje desolado de ramas torcidas, un caminar eterno por un tiempo sin tiempo, en una capital que oscilaba entre el pasado y el futuro.

Anduve sin rumbo. La ciudad era un cadáver y en los jardines secos frente a la Catedral encontré un ataúd abierto. Sumergido en agua cristalina yacía el cuerpo desnudo de Delfina, el pelo cubierto de flores y los labios cosidos con hilo negro, los pezones morenos y el vientre inflamado. Ahí también lloraban mi hermana Manuela y el doctor

Manuel Ortega, como dos cuerpos hechos de lágrimas, dos momentos de tristeza. ¿Qué sería de mí sin Delfina? ¿Cómo podría cuidar de mis hijos?

Sería un tonto si negara el hecho de que mi primer gobierno no fue bueno. Hubo poco crecimiento económico, no se edificaron muchas obras públicas. Quizá sea recordado por el sofocamiento de levantamientos armados en mi contra y el constante golpeteo de la prensa. Como ya dije, aquel año se realizarían las elecciones y no podía competir en las mismas, puesto que mi lema de lucha en la Revolución de Tuxtepec hacía sido la no reelección, que había elevado a rango constitucional.

Sin embargo, no estaba listo para dejar el poder.

Volví a la alberca Paine a olvidar la pena de haber perdido a Delfina y retomar el ejercicio diario. Los hombres de ahí me preguntaban con frecuencia quién ganaría las elecciones ese año, y siempre les cambiaba el tema; les contaba alguna anécdota de la Guerra de Intervención francesa. Yo sabía bien que dos nombres se mencionaban para sucederme, tanto por su pasado político como por su amistad conmigo.

El primero era don Justo Benítez. Recuerda que lo conocí en mi adolescencia, cuando entré al seminario por la vocación que me había impuesto mi tío José Agustín. Había estado conmigo en el Instituto de Ciencias y Artes de Oaxaca, y en las incontables guerras y confrontaciones políticas a lo largo de los años. Era casi como una sombra, un ángel guardián que me daba consejo cuando lo necesitaba.

Por otro lado estaba mi compañero de armas, aunque con menos popularidad que Justo Benítez. También empezó a sonar en los periódicos como un posible candidato mi compañero de armas, Manuel González. Aunque tuviera menos popularidad que Justo Benítez, fue un colega incomparable desde que lo conocí en Puebla, y sin su ayuda no hubiera podido ganar la batalla del dos de abril ni la Revolución de Tuxtepec.

Dos nombres: Justo Benítez y Manuel González, ambos con méritos suficientes para ocupar la presidencia de la República.

El misterio perduró en los medios varias semanas, y tanto Justo Benítez como Manuel González hicieron su luchita porque su nombre apareciera en los periódicos, ya fuera en ocasión de un acto público o aludiendo a mis proezas de guerra en algún discurso.

Los dos organizaron sendas comilonas en mi honor y en privado me preguntaron: ¿seré yo? Y yo me sentía como Jesús en la última cena. Los periodistas tampoco perdieron la oportunidad de preguntarme si yo consideraba a alguno de mis amigos como candidato.

Vino mi sobrino Félix de Oaxaca a visitarme y ofrecerme las condolencias por la muerte de Delfina. Estuvo conmigo varios días, en los que me pareció que era mi difunto hermano el que me acompañaba. En diversas ocasiones lo llevé a Palacio Nacional y a la alberca Paine para que pudiera experimentar mi día a día. Él era todo un joven y sentía un poco de pena por la forma como había muerto su padre.

En una de esas visitas a la alberca me comentó:

—Oiga, tío, he escuchado cosas en la ciudad y...

—¿Qué cosas, Félix? Anda, habla.

—Pues que se acercan las elecciones y que don Ignacio Vallarta, don Vicente Riva Palacio, los generales Trinidad García de la Cadena y Jerónimo Treviño quieren ser candidatos, pero que don Justo Benítez y el general Manuel González son los que más oportunidad tienen.

—¿Y tú qué piensas?

El joven meditó antes de responder.

—Que los que quieran ser presidentes deberían lanzarse y ver si el pueblo los elige.

—Félix, la democracia es muy importante como para dejarla al azar.

—Entonces, tío, ¿a quién apoyará?

Sin pensarlos dos veces, me zambullí y nadé un rato. Cuando saqué la cabeza, exclamé:

—A mi compadre González.

Y los medios y los rumores se encargaron de difundir el incidente.

Desde luego, no quise apoyar directamente a Manuel González, pero todos lo sabían. Fue algo así como el candidato oficial, lo que se ha conocido como "el tapado". Eso no impidió que Justo Benítez hiciera su lucha; después de todo él era más popular. El problema de destapar al tapado, es que luego queda muy descobijado.

Las elecciones se llevaron a cabo a finales de 1880 y el Colegio Electoral procedió a contar los votos.

Bien. Lo que voy a contarte es secreto y puede que no lo encuentres en los libros de historia. Una semana antes de que se realizaran las elecciones, mandé llamar a Manuel González a mi casa. Mis hijos ya estaban dormidos, la servidumbre se había retirado. Lo hice pasar a mi despacho. Todo era oscuridad, el olor a carbón de la calle era penetrante, la lluvia golpeaba contra los cristales.

—Dígame, qué se le ofrece.

—Se lo voy a decir directo —respondí—. No vaya a pensar mal, usted bien sabe que la no reelección fue el lema de la Revolución de Tuxtepec, y no podemos dar marcha atrás con ese principio.

—Lo sé, Porfirio, lo sé. Yo mismo impulsé la ley para la no reelección, como usted me lo pidió.

—La no reelección..., inmediata. No lo olvide.

Se recostó en la silla y acarició la barba espesa que se había dejado crecer en los últimos tiempos.

—¡Ah, qué mi compadre! Usted no se anda por las ramas. Creo que ya sé por dónde va, pero a ver, cuénteme que trae en la cabeza.

—Que cuatro años es muy poco tiempo para consolidar un proyecto político, y a usted le tengo plena confianza de que si le entrego la presidencia en bandeja de plata usted hará lo mismo cuando termine su gestión. Justo Benítez es mi amigo, pero siempre ha demostrado independencia en sus ideas, va a gobernar a su modo, y si le conviene encontrará la forma de deshacerse de mí.

—En algo estamos de acuerdo usted y yo: la democracia es un cuento que termina tragándose el que lo cuenta, pero me interesa su propuesta.

—¿Le entra?

—¿Cuándo le he quedado mal? Usted se encarga de lo suyo y yo de lo mío.

Nos dimos la mano y partió a la tormenta que se había desatado.

Por eso no me extrañé de ninguna forma cuando el Colegio Electoral comenzó con el conteo de votos y una tendencia clara empezó a mostrarse. Además, el mismo Manuel González había ido a Sonora a traer las papeletas electorales del estado, y cuando regresó, las 224 habían sido para él.

El resultado fue éste: Justo Benítez logró 1,368 votos, pero mi compadre González 11,528. Para el país la cosa había sido clara: el verdadero ganador de esas elecciones había sido yo, y no andaba con ganas de desmentirlo.

En mi último día en el poder presenté un reporte sobre lo que había acontecido en aquellos cuatro años de gobierno. Vestido con mi uniforme de general de división, y el recuerdo de Delfina en lo más profundo de mi pecho, me paré ante el Congreso y comencé a leer un discurso. Siempre que me encuentro ante un público siento que olvido lo que tengo que decir, que la mente y la lengua no entran en sincronía. Por eso había preparado mis palabras en un papel:

> Ciudadanos diputados: hoy vengo ante ustedes para aclarar que la paz es un hecho en toda la República y ha sido así durante los últimos cuatro años; lo que considero uno de los mayores logros de mi gobierno, pues ha permitido un progreso sin precedentes en la vida nacional.
>
> Además, aseguré el principio constitucional de la no reelección, propuesto el 2 de abril y aprobado el 5 de mayo para que coincidiera con la batalla que ganamos hace tantos años sobre el ejército francés. Mañana honraré este principio, que enarbolé durante la Revolución de Tuxtepec, al dejar el gobierno presidencial en manos muy capaces.
>
> Tuve claro, señores, que la única forma de ejecutar un gobierno efectivo para toda la población es con poca política y mucha administración; es decir, el buen gobierno por encima de faccionalismo político y los conflictos ideológicos. Es bien sabido por todos que las necesidades más apremiantes del país se encuentran en la administración, y no en la política, aunque parezca lo contrario.
>
> Los principales logros de mi administración, más bien, son la medida de lo que falta por hacer, que de lo que ya está hecho. El proyecto del partido liberal debe establecer instituciones representativas para lograr el desarrollo material y social. Ése será el trabajo de mi sucesor, por el bien de México.

Cuando terminé de leer, el aplauso fue unánime, aunque no honesto. Muchos de los diputados no estaban de acuerdo con el incidente de "Mátalos en caliente" o con las elecciones que me habían llevado al poder, e incluso con que hubiera luchado tanto por el reconocimiento internacional (por cierto, acababa de recibir el de Inglaterra). Cuando yo mandaba en el país, nadie decía las cosas así nomás porque les hacían falta tamaños para dar su opinión, y creían que si seguían la mía les iba a ir mejor. En resumen, la política mexicana suele ser la práctica del servilismo.

Al día siguiente, primero de diciembre, volví a la Cámara de Diputados, esta vez para entregar el poder a mi compadre. Manuel González llegó tarde, también con su uniforme de general, pero distaba mucho de aquel militar de pecho orgulloso que había conocido al inicio de la intervención extranjera; ahora parecía mutilado, sexagenario, con el cuerpo tan arrugado por el tiempo que parecía imposible que pudiera sacar fuerzas para gobernar. Lo acompañaban su esposa, Laura Mantecón (con la que se peleaba todo el tiempo, al menos cuando se veían), y sus hijos. Yo también llevaba a mis tres hijos.

Manuel González se colocó la banda presidencial al pecho y dijo con voz potente:

—Juro desempeñar leal y patrióticamente el encargo de presidente de los Estados Unidos Mexicanos, conforme a la Constitución de 1857, las Leyes de Reforma y aquellas que de éstas emanen, mirando en todo por el bien y la prosperidad de la Unión.

Una vez más llegaron los aplausos, los brindis…, y algo más. Una chispa entre mi ahijado Fernando, hijo menor del general González, y Amadita.

Capítulo XLIII

EL REGRESO de Manuel Romero Rubio al país no pasó desapercibido para los medios. De inmediato se preguntaron si Sebastián Lerdo de Tejada terminaría su largo exilio en Nueva York. Estaba claro que había sido el propio Romero Rubio quien había ejecutado parte de la presidencia de Lerdo, y mis amigos hicieron bien en recordarme que había mandado espías a seguirme durante la Rebelión de Tuxtepec. Así que lo mantuve alejado. Su agenda política fue un completo misterio.

Se comenzó a hablar de Manuel Romero Rubio en bailes y banquetes. Con frecuencia se mencionaba en los rumores que había estado presente en la tertulia de ve tú a saber quién junto con toda su familia, porque su esposa, doña Agustina Castelló, no podía dejar de ser notada por su elegancia y buen gusto. De forma que empecé a evitar los eventos de sociedad con la excusa de mi viudez. Imagínate lo incómodo que sería encontrarme a uno de mis rivales políticos así nada más. ¡Nombre! Para pasar malos ratos, mejor me quedo en mi casa.

Además, mi compadre González me había ofrecido la Secretaría de Fomento y yo estaba muy feliz de ver los logros de mi presidencia. Me tocó ir a inaugurar el primer tramo del ferrocarril entre Matamoros y Monterrey, entre otras obras públicas. Desde luego, el apoyo que venía de Estados Unidos, España, Inglaterra y Francia era constante, y con frecuencia me invitaban a pequeñas reuniones en sus embajadas.

Recuerdo muy bien cierta tarde que la embajada norteamericana organizó un pequeño convivio y llegué tarde porque Amadita quería que la ayudara con su tarea de la escuela. La reunión estaba bastante concurrida. Al fondo del salón tocaba una orquesta, se movían los vestidos largos por el piso de mármol y los meseros ofrecían copas de licor, champaña y canapés. Recuerdo los techos altos y las miradas, los cuchicheos que llevaban mi nombre, pero nadie se acercaba. Era el famoso intocable porque así lo habían decidido otros. Yo me sentía solo. Uno que otro me saludaba y se iba.

Tomé una copa de champaña y caminé hasta uno de los rincones a escuchar a la orquesta. Pensaba en cuánto tiempo debía estar presente sin parecer grosero al retirarme.

Entonces se acercó una mujer que no conocía, delgada, de rostro muy alargado y canas bien peinadas. Llenaba el cuarto con un aroma a jazmín que hacía que todos se volvieran a verla. Su vestido era de seda negra. En la mano llevaba un abanico pintado a mano.

—Bastante aburrida la fiesta, ¿no le parece, general?

—Mucho. Todos parecen conocerme, pero yo a ellos no.

Sonrió levemente.

—Bueno, usted ya entró a los libros de historia por sus proezas militares, y eso hay que reconocérselo. No cualquiera. Además, gobernó este país un periodo completo, y eso no lo pueden decir la mayoría de los presidentes de este siglo.

—No, supongo que no —respondí divertido—. Disculpe, tengo la impresión de haberla visto en algún lado, tal vez en alguna ilustración del periódico. ¿Nos han presentado antes?

—No, general. Aunque seguramente ha escuchado mi nombre, María Agustina Castelló de Romero Rubio.

—Mucho gusto —respondí. Me había caído una piedra en el estómago.

No podía esperar el momento de irme, pero doña Agustina me tomó del brazo.

—Venga, general, le voy a presentar a mis hijas.

—¿Y su esposo? —pregunté. Lo último que quería era encontrarme con Romero Rubio en ese evento.

—Por ahí, conspirando. Ay, general, pero no ponga esa cara, es una broma. De seguro se encontró con alguien y anda brindando por la patria. Mire, aquí tenemos a mis dos hijas mayores: Sofía y María Luisa.

Eran dos jóvenes virginales y un poco bobas, al menos así me parecieron en ese momento. Se presentaron tímidas y volvieron al silencio. Entonces apareciste tú, de dieciséis años pero ya mujer a pesar de tu niñez. Sin maquillaje en el rostro, con chongo divino y unas manos muy suaves.

—Ésta es mi hija menor, general —dijo Agustina—, María del Carmen.

Me adelanté, embelesado.

—Mucho gusto, Carmelita.

Y tú compartiste mi sonrisa.

¿Recuerdas aquel momento? ¿Qué pensarías de este viejo militar con canas en el bigote y la corbata chueca? Desde luego me pareció un momento sencillo. Yo pensé que quería conocer más de esa joven a la que había visto tan brevemente. Esa noche ya no volví a soñar con la ciudad desierta, sino con la música de las estrellas. A la mañana siguiente resolví que me acercaría a ti por cualquier método que me fuera posible.

A pesar de que tu padre no llevaba mucho tiempo en el país, había conseguido un puesto en el Congreso, y aproveché que no estaba en casa para escribirle una carta a tu madre con una petición muy singular. Como yo era ministro de Fomento y debía tratar con inversionistas norteamericanos en todo momento, me era imprescindible aprender a hablar inglés. Por lo tanto, sugería que tú me enseñaras.

Doña Agustina respondió de inmediato que se le hacía muy buena idea, y me invitó esa misma tarde a ir a su casa.

Tenía miedo, no puedo negarlo. Luego lo pensé mejor. ¡Para qué carajos me iba a servir el inglés si tengo traductores! Todo era para tenerte cerca. Ese día me puse mi mejor levita y caminé a casa de tus padres. Salió doña Agustina a recibirme y entré al vestíbulo. Los floreros relucían cubiertos de rosas y el particular olor del jazmín inundaba la casa. Todo estaba muy limpio. Los sirvientes iban de un lado al otro.

—Venga, general, mi hija lo espera en el comedor.

La seguí hasta un salón anexo, coronado por una araña de cristal que colgaba del techo. En una mesa larga había varios adornos de porcelana sobre carpetas tejidas. Era un ejemplo de elegancia y, sin embargo, no pude quitar los ojos de ti. Tu belleza era acentuada por un vestido blanco con patrones bordados y aretes de perla. Tu mirada era como la nuez y en tus mejillas aparecían hoyuelos cada vez que sonreías en tu timidez.

Me senté a tu derecha, y tu madre lo hizo a la izquierda. Entonces me explicaste algo de inglés. Que si *you play*, que si *I do*, y *father* es padre, y *mother* es madre. Yo la verdad como que no entendía muy bien todo lo que me decías, pero ahí andaba de tarugo con preguntas largas nada más para oír tu voz suave, delicada, casi como un susurro.

Siempre han dicho que lo nuestro empezó como una clase de inglés, pero la maestra era muy joven y el alumno muy tonto. Podríamos haberle dedicado mil horas y apenas hubiera aprendido unas frases.

Pasaron los días, y yo no podía esperar para correr a tu casa y escucharte hablar en aquel idioma tan feo. Yo también me sentía tímido, y así como tú te sonrojabas conmigo, mi corazón saltaba cuando te acercabas para explicarme algo en alguno de tus libros. Me hubiera gustado tener el valor para declararte de viva voz todos los sentimientos que pasaban por mi corazón, pero tuve miedo al rechazo.

Una noche, después de que mis hijos se fueron a acostar, escribí varias cartas en las que intenté poner en palabras las locuras que albergaba en mi corazón. Al llegar la madrugada, y a la luz de una vela moribunda, escribí un solo pliego, que luego llevé a tu casa con un nudo terrible en el estómago, como un montón de lombrices que se enroscaban en mi intestino.

¿Aún tienes la carta contigo? Me gustaría que la leyeras.

Carmelita:

Yo debo avisar a usted que la amo.

Comprendo que, sin una imperdonable presunción, no puedo esperar que en el ánimo de usted pase otro tanto, y por eso no se lo pregunto; pero en un corazón bueno, virgen y presidido de una clara inteligencia como el de usted puede germinar ese generoso sentimiento, siempre que sea un caballero el que lo cultive y sepa amar tan leal, sincera y absolutamente como usted merece y yo hago ya de un modo casi inconsciente.

Yo deseo emprender esa obra; estoy en la necesidad de seguirla si usted no me lo prohíbe y a ese efecto espero su respuesta, en el concepto de que si usted me dice que debo prescindir no necesita usted decirme por qué, yo siempre juzgaré poderosas sus razones e hijas de una prudente meditación, y puede estar segura de que obedeceré su consigna sin permitirme calificarla de injusta por cruel que la sienta.

Piense usted que va a resolver una cuestión de vida o muerte para su obediente servidor que espera sumiso y anticipadamente pide perdón.

Porfirio Díaz

Esperé y esperé, y esperé un poco más.

Llegó la hora de la clase de inglés y llegué a tu casa, y con las piernas temblorosas toqué la campana. Pareciera mentira que una carta de amor diera más miedo que una batalla en los montes de Oaxaca. Tu madre me hizo pasar a la sala sin hacer comentarios y tú me diste la clase de inglés como siempre. Me sentí decepcionado, hasta que me disculpé, dispuesto a retirarme a casa, y escuché tu voz, casi un susurro:

—Acepto, Porfirio.

Tu madre sonrió y fue por tu padre, que en la otra habitación ya preparaba el vino espumoso para brindar. ¿No habrás olvidado el abrazo que te di y el beso largo que te planté en la frente? Nunca, en toda la Revolución de Tuxtepec, hubiera imaginado que el hombre más importante de mi enemigo terminaría siendo mi suegro, pero al menos nuestro compromiso, Carmelita, sirvió para establecer la paz entre porfiristas y lerdistas.

Al día siguiente te presenté con Amadita (hasta ese momento me di cuenta de que tienen casi la misma edad), luego con Firio y con Luz. Al fin pudimos deshacernos de las clases de inglés. Aprovechamos las tardes y los sábados para hablar sobre nuestro futuro. Eras una muchacha tímida, me dejabas platicar horas y horas sobre las batallas en las que había participado y comentabas poco.

Nunca te interesó la política; pocas veces me cuestionabas, como si desde antes de la boda tomaras tu papel de esposa abnegada. Yo había renunciado a la Secretaría de Fomento para acallar los rumores de nepotismo que pesaban sobre mí. Lo mío en aquel momento era el romance. Ya tendría harto tiempo para dedicarme a la política.

Harto tiempo...

El 5 de noviembre de 1881, sábado, fui con mi uniforme de general hasta tu casa. Ahí estaban los políticos y los empresarios más importantes del país. Hubo ruido y brindis, y en seguida llegó el juez con el acta:

La contrayente de Tula, Tamaulipas de diez y siete años, doncella, vive donde tiene lugar este acto, hija del ciudadano Manuel Romero Rubio y señora Agustina Castelló; casados, viven con sus hijas; el primero de México, abogado; la segunda de Tampico.

En virtud de ser cierto lo expuesto por los contrayentes, los interrogué si es su voluntad unirse en matrimonio, y habiendo contestado afirmativamente, yo, el juez, hice la solemne y formal declaración que sigue: En nombre de la sociedad declaro unidos en perfecto, legítimo e indisoluble matrimonio al ciudadano General Porfirio Díaz y a la señorita Carmen Romero y Castelló.

Volvieron a correr el vino y los aplausos. Tú y yo compartíamos una sonrisa cómplice, porque bien sabíamos que para nuestros familiares la verdadera boda que contaba era la otra; ésta era solamente un mero requisito que contemplaba la Constitución de 1857.

El siguiente lunes fuimos hasta el altar. Tú de blanco, yo de levita; ellas de velo, ellos de catrines. Tocaron los violines, comulgamos. Fue ahí mismo, el 7 de noviembre, cuando coloqué un anillo en tu dedo y juré amarte por siempre; en lo próspero y en lo adverso, en la salud y en la enfermedad, hasta que la muerte nos separe... Entonces yo te llevaba treinta y seis años, y un monaguillo cantaba el Ave María a los lejos.

Pelagio Antonio de Labastida y Dávalos nos dio la bendición. Fue una de las pocas veces que lo vi sonreír.

Eras lo más hermoso de todo el universo. El compás de la orquesta, la música hecha cuerpo. Tus ojos, estrellas de la patria, tus caderas, sinuosas como los volcanes de Puebla, y el sabor de tus labios como el mole recién hecho. En tus mejillas se adivinaba el rubor de los santos. Temblabas, al igual que yo, de nerviosismo y felicidad, de saberte dueña y propiedad de otro.

Éramos dos tórtolos dispares, anfitriones de un banquete...

Al terminar nuestro primer baile, te miré a los ojos y te besé en la boca por primera vez. Tú correspondiste el beso.

Así, de blanco, te llevé a mi casa. Al pie de la escalera te ofrecí mi mano y tú dudaste antes de tomarla. Sabrías lo que vendría, ¿no es cierto?

—Sea gentil, Porfirio.

Te sonreí. Desde entonces y hasta ahora, nunca logré que me hablaras de tú. Tu refinamiento y educación nunca te lo permitieron.

Ya en el segundo piso de la casa te cargué y llevé hasta la habitación que alguna vez compartí con Delfina. Ahí nos esperaba una cama matrimonial. Ahuyenté la noche con algunas velas. No se me olvida tu figura en el rincón, asustada, como si el sexo fuera algo a lo que uno debiera tenerle miedo.

—No pasa nada, Carmelita. Estamos solos. Mis hijos están con mi compadre González y a la servidumbre le di el día libre. ¿O me vas a decir que hay un fulano llamado Francisco debajo de la cama?

—Por supuesto que no, Porfirio. La idea es ridícula. Es que...

—¿Tienes miedo? Ven, siéntate aquí. No te voy a comer, a menos que tú quieras. Confía, ya soy tu esposo, y para bien o para mal vamos a estar juntos muchísimos años.

¿Qué pensarías de mí como para suspirar varias veces antes de sentarte a mi lado? Después de todo yo no era un príncipe de cuento, un Adonis griego o el protagonista de una novela rosa, pero sí un héroe de la patria y un ex presidente de México. Mis dedos deshicieron los botones de tu vestido, acariciaron tu fondo y tu corsé.

—¡Porfirio! La sábana marital.

¡Claro! Delfina y yo no la habíamos usado, pero sabía que era una costumbre en las clases refinadas de México y ya la tenía lista. La tendimos sobre la cama y tú te acomodaste debajo.

—Porfirio... —susurraste.

—Dime, Carmelita —respondí.

—Yo no..., ¿sabe usted?, creo que no estoy lista.

—Los hombres estamos listos, pero ustedes nunca. Les da no sé qué...

—Por favor, Porfirio, quiero esperar un poco.

Me recosté a tu lado en lo que tú doblabas la sábana, tu vestido, mis pantalones y levita.

¿Te confieso algo? En secreto me dio gusto porque ya empezaba a tener problemas de disfunción, por cuestiones de la edad, y entre tanto baile y brindis aquello no funcionaba, digamos, como debiera. Esa noche dormí bocarriba y soñé contigo, con el baile de bodas, con la misa ante el altar y con las estrellas de tus ojos.

Creo que no fue hasta dos semanas después cuando pude sentir tu cuerpo de niña y hacerlo mujer. No te ruborices, yo me estoy muriendo y quiero contarlo todo. ¿No quieres? Dejaré que tu primera vez quede en la historia como un secreto que morirá con los dos, pero no podemos decir que no sucedió.

¿La luna de miel? Nos embarcamos hacia Nueva York. Tú querías ver a Sebastián Lerdo de Tejada y yo conocer bien Estados Unidos sin la presión de una guerra.

Ah, pero bien sabes que el Porfirio que se fue no fue el mismo que regresó. El país entero viviría esa transformación conmigo.

Capítulo XLIV

CUANDO VOLVÍ a Palacio Nacional los presentes notaron un cambio; mi bigote de aguacero propio de Oaxaca lucía bien recortado, mi piel tostada se cubría con polvos de arroz para blanquear mi rostro. Los soldados que me dejaron pasar al patio principal notaron que mi ropa era de mejor calidad. El sol era una lumbrera otoñal en medio de las nubes de azafrán. Subí por la escalinata de piedra hasta el segundo piso y esperé a que mi compadre González me dejara pasar a su despacho. Lo encontré con su levita negra y cara de hartazgo. Me saludó con su mano izquierda.

—Ay, compadre, mientras usted se andaba paseando por Nueva York, todo aquí era un desmadre. Vienen a pedirme cosas un día sí y al otro también, y yo ya no sé de dónde sacar el dinero. Hasta pensé en subir los impuestos...

—Va a saltar el pueblo, compadre —respondí mientras me sentaba frente al escritorio—. De por sí no tienen dinero y luego les va a salir con algo así.

Fue hasta un mueble cercano para servir dos copitas de licor.

—Eso mismo creo yo, y la prensa no deja de golpearme. Todos los días me acusan de algo, que si soy un borracho y mujeriego, que si me estoy haciendo rico a costa de los impuestos. ¿Usted no tendrá algo que ver en eso?

—¿Cómo cree, compadre? —respondí con una sonrisa mentirosa en los labios, pues mis amigos, por debajo del agua, les pagaban a los medios para hablar mal de mi compadre González—. Yo sería incapaz de armarle una campaña semejante. Ya ve cómo son los periódicos, de repente les entra la nostalgia y andan extrañando a Lerdo como si les hubiera ido tan bien con él.

—Tiene razón, Porfirio —respondió al darme la copa de licor. Las levantamos al aire y brindamos por mi reciente matrimonio—. Hablando de Lerdo, ¿pudo verlo allá en Nueva York?

—Carmelita se moría de ganas. Hasta le escribió una carta y me convenció de acompañarla, pero Lerdo no nos quiso recibir. Dicen que anda muy amargado desde que los lerdistas están de mi lado. ¿Quién iba a decir que mi matrimonio con Carmelita fuera a solucionar un problema político?

—Si mis problemas se solucionaran con un matrimonio... —se sentó y suspiró mientras veía hacia la ventana. No me había percatado de lo delgado que se veía. En un par de años había envejecido diez.

—Ya no sé qué hacer, Porfirio. He trabajado por consolidar la política ferroviaria, fundé el Banco Nacional de México y hasta negocié nuestras fronteras con los gringos. Encima estoy arreglando el Castillo de Chapultepec para que se convierta en la residencia oficial del presidente.

—Pero todo eso se lo pedí yo antes de irme a mi luna de miel.

—¿Y qué importa, Porfirio? Para efectos prácticos yo fui el realizador, y así es como lo ve el pueblo. Entonces, ¿por qué chingados tanto golpeteo en la prensa? Se me hace que le voy a dejar el cambio de las monedas de oro y plata a níquel.

—Usted lo acordó cuando le di la presidencia.

Se veía furioso, pero trataba de no expresarlo.

—En sus peticiones nunca estuvo el acuerdo de que me iba a tragar toda la mala prensa. Hágalo usted si tanto le conviene.

—Es que..., no sé si quiera la presidencia de regreso, compadre. Mejor écheselo usted, termine mi obra.

De inmediato, Manuel González comenzó a abrir todos los cajones de su escritorio y a revolver papeles, a mover los libros.

—¿Le puedo ayudar en algo? —pregunté—. ¿Se le perdió algo de valor?

—Sí —respondió molesto—. Al pendejo que se crea lo que me acaba de decir.

Yo también me levanté, y exclamé:

—Haga usted el cambio de monedas, compadre. Es justo y necesario. Los periódicos van a hablar mal de usted lo haga o no lo haga. ¿Qué puede pasar?

Me retiré ese día. Volví a tu lado; la decoración había cambiado, la habías hecho más refinada.

Tú me habías convertido en otra persona, Carmelita. Por ti dejé de hablar con la boca llena y de escupir en los rincones. Hiciste un esfuerzo por mejorar mi forma de expresarme, aunque hubo mañas que no pude quitar, como decir *máis* en lugar de maíz. Le hubieras caído bien a mi mamá, aunque hubiera dicho que eras demasiado fina para un terco oaxaqueño como yo.

—Porfirio, vinieron unos periodistas a verlo. Los hice pasar a su despacho, ¿está bien?

—Muy bien, Carmelita. ¿No me vas a preguntar para qué los mandé llamar?

—No es mi lugar cuestionar las decisiones de mi esposo, dice mamá que...

—Te mueres de ganas por saber, pero tus deseos de conservar las buenas costumbres son más grandes, mujer. Te lo voy a decir, con la condición de que guardes el secreto.

Asentiste nerviosa, yo continué.

—La mejor forma de volver al poder con aplausos es lograr que en el intervalo haya un gobierno mucho peor que el mío; así la gente dirá: estábamos mejor con don Porfirio, y yo les cumpliré. Aún soy un héroe nacional y me tienen respeto.

No hiciste preguntas, me miraste en silencio y sólo dijiste que nos llevarías té y café al despacho, claro, si yo no disponía otra cosa. Acepté la sugerencia y desaparecí tras una puerta.

Manuel González cumplió su parte y puso en circulación la moneda de níquel, lo que provocó que ésta se depreciara más de sesenta por ciento. Las críticas a su gobierno fueron cada vez más intensas. Hubo protestas y disturbios en la Ciudad de México, y por eso te recomendé que tuvieras mucho cuidado con los niños, sobre todo con Amadita, que todavía era pretendida por mi ahijado Fernando.

Un día, cuando llegué a Palacio Nacional, me encontré con una muchedumbre que gritaba injurias en contra del presidente. Mi compadre, en un acto inusitado de valentía, salió de su coche de caballos y gritó:

—¿Qué quieren, al presidente de la República? ¡Pues aquí me tienen!

Y le cayó una lluvia de monedas de níquel con la petición de que volvieran las monedas de oro y plata. Mi compadre entró a su despacho en Palacio Nacional y ordenó que retiraran el níquel y regresaran las monedas anteriores.

¿Te acuerdas de que llegó una carta de mi compadre González? Era jueves y terminábamos de comer. Le habías enseñado a Luz y a Firio a utilizar correctamente los cubiertos de plata, y Amadita había seguido el buen ejemplo de sus hermanos.

Abrí el sobre y leí con cuidado.

—¿De quién es, Porfirio?

—Del presidente González —respondí—. Me quiere ofrecer la candidatura de mi estado.

—¿De Oaxaca?

—Ajá...

—Porfirio, se lo pido, no hable con la boca llena —exclamaste—. ¿Y va usted a aceptar?

—Un rato en mi tierra no me caerá mal. ¡Lástima de mi compadre! Hubiera sido un buen gobernante de no ser por su invencible tendencia a tomar lo que no le pertenece.

—Porfirio, los chismes en la mesa no. Carreño dice...

—Sí, ya sé lo que dice el manual de Carreño —respondí.

No sabía yo que mi compadre ya había dispuesto todo para que me fuera a Oaxaca, le hubiera aceptado la gubernatura o no. Cerré la casa con todos los muebles y me fui contigo y los niños. Semejante berrinche me hizo Amadita por no querer separarse de Fernando. Pasó días sin hablarme la condenada; hija de Rafaela tenía que ser.

Carmelita, ¿qué puedo decirte de Oaxaca? Me he cansado de describirla en su perfección. Cuando bajé del coche me llegó el mismo olor del mercado, del ajo y el tomillo, la cebolla y el tomate, como cuando mamá preparaba sus salsas cincuenta años atrás.

—Mira, por aquel camino regresaba del seminario cuando apenas tenía quince años, y por ese otro hice mi entrada triunfal después de vencer a los franceses. El sol que hoy nos acaricia fue el mismo que vio Benito Juárez.

Con una emoción indescriptible, fui hasta el Mesón de la Soledad y lo contemplé desde fuera. ¡Y pensar que en aquel edificio medio abandonado nací tantos años atrás! Hice lo mismo con el solar del

Toronjo, ya convertido en locales comerciales; visité las tumbas de mamá, de papá y mis hermanas.

La Catedral permanecía intacta, lo mismo el convento de Santo Domingo. ¿No moraría en sus pasillos el fantasma de don Marcos Pérez?

Volver a la gubernatura de Oaxaca era, sin duda, un grato reencuentro con mis raíces, pero también con los recuerdos y los fantasmas de aquellos que había perdido. Ahora no tenía al ejército francés en mi contra, ni a los juaristas; el estado que me había visto nacer era únicamente para mí. ¿Cómo olvidar que el Chato había ocupado ese cargo y había aumentado impuestos a lo tarugo? Lo primero que hice fue eliminarlos, y los pueblos de la zona lo agradecieron. El flujo de dinero se aceleró, comencé a pagar deudas y logré terminar el año con una ganancia.

A ti, Carmelita, te vi un poco desorientada, como si no comprendieras a la sociedad oaxaqueña. Tu labor era ir al mercado, cuidar a los niños y asegurarte de que la casa siempre estuviera limpia. No preguntabas con quién pactaba o hacía negocios. Ni siquiera hiciste un comentario cuando coloqué alumbrado público en todas las calles, o cuando mandé inaugurar una sucursal del Monte de Piedad. Allá por el río Atoyac mandé poner un puente que necesitaba la comunidad, y además hice que se abriera la Escuela de Artes y Oficios.

Hubo un proyecto en particular que me dio muchísimo gusto: el ferrocarril de Tehuantepec. ¡Ah, Tehuantepec! No había cambiado tanto desde aquellos días en que tuve que permanecer ahí por la mentada Guerra de Reforma. Tenía la esperanza de hablar con Juana Cata, pero me dijeron que por esas fechas había realizado un viaje al norte; sin embargo, los indígenas me hablaron muy bien de ella como mujer sabia, empresaria, trabajadora y experta en el arte de la adivinación con la baraja. ¡Lo sabré yo!

Me hubiera gustado hacer más por el estado, pero se acercaban las elecciones para presidente de la República y yo tenía que estar presente. Solicité permiso al Congreso local para separarme de mi cargo, empacamos lo poco que teníamos en Oaxaca y nos subimos a un coche con los niños.

Había un riesgo latente de que Manuel González me traicionara en cualquier momento.

La campaña periodística en contra de Manuel González había continuado en la Ciudad de México. No importaba qué obras o proyectos emprendiera, siempre eran criticados con dureza. Por lo mismo, cuando llegué a la capital lo primero que hice fue reunirme con tu padre, quien me informó que mi compadre pensaba poner a su candidato en las próximas elecciones.

—¿De quién se trata, suegro?

—No sé. Se manejan varios nombres, pero aún tenemos control de los medios —me advirtió.

—Bien, ahora escuche muy bien lo que va usted a hacer entre todos sus colaboradores: necesito que corra el rumor en el Congreso de que mi compadre González quiere matarme para imponer a su candidato.

—¿Está usted seguro?

Tomé mi pañuelo y me sequé la frente.

—¡Qué calor hace en la ciudad! ¿No le parece? Le haría falta una buena tormenta para apaciguar un poco el clima.

Y me fui de regreso a casa.

El rumor como forma de manipulación política es altamente efectivo. Siempre que escuches algo de una persona pública, pregunta quién difunde los rumores y con qué fin. Puedes levantar héroes de la nada y destruir reputaciones. Es una estrategia electoral que siempre da resultado en México.

Con titulares de periódico logré destruir la reputación de mi compadre González. Nunca supe si entendió el mensaje, pero en las semanas antes del proceso electoral su actitud cambió, sus discursos volvieron a llenarse con mis proezas militares de antaño y cualquier candidato oficial que pudiera haber tenido desapareció.

Como en la batalla del 2 de abril, en la que perdió el brazo, entendió que la única forma de salvarse sería probando su lealtad. Él así actuaba en lo público, pero ¿lo haría en lo privado? Lo sabría al contarse los votos...

Capítulo XLV

LAS ELECCIONES se llevaron a cabo en 1884. Yo logré obtener 15,766 votos; fui el ganador indiscutible.

El primero de diciembre, con mi mejor levita, volví al Congreso de la Unión. Mi vida era tan diferente a la de cuatro años atrás, que sentí que era otro hombre el que subió las escaleras del podio y aceptó la banda presidencial de manos de un aletargado Manuel González.

Se hizo un silencio en todo el recinto. Con miedo, y al mismo tiempo alegría, debía aparentar total fortaleza, que no se notara que me temblaban las piernas. El hombre que no teme ante los momentos importantes de su vida, miente; pero lo que marca la diferencia es la valentía con que uno decide enfrentarlos.

Suspiré profundo y exclamé:

—Juro desempeñar leal y patrióticamente el encargo de presidente de los Estados Unidos Mexicanos, conforme a la Constitución de 1857, las Leyes de Reforma y aquellas que de éstas emanen, mirando en todo por el bien y la prosperidad de la Unión.

Lo que vino a continuación fue un aplauso atronador, de esos que te hacen sentir en el cielo. Sonreí, pero me sentí vacío, como si necesitara algo más que ese reconocimiento. Quería verdadero apoyo, amistad, unas palabras de aliento. En política, Carmelita, no debe haber amores ni odios, porque a los que tienes cerca sólo les importa aprovecharse de tu posición para su beneficio personal, o darte una puñalada por la espalda si tienen la oportunidad. Había decidido no rodearme de los hombres que me secundaron en la Revolución de Tuxtepec; sería darles mucho poder. En lugar de eso armé un gabinete de chile, mole y manteca: juaristas, lerdistas, porfiristas y todo aquel que me ayudara a levantar el país.

Once días después el Congreso me otorgó el poder de reformar las leyes de impuestos federales, así como para reducir gastos y reorganizar las oficinas de gobierno. ¡Y vaya si era necesario! Había recuperado el país con una economía bastante debilitada.

Estaba ahí, en el poder, en el silencio político, sin la oposición de los lerdistas ni de los gonzalistas, sin guerras ni revoluciones, sin conflicto entre la Iglesia católica y el Estado mexicano. Indiscutiblemente, el progreso sólo podía ser resultado de la paz.

Para evitar el derramamiento de torrentes de sangre fue necesario derramarla un poco. La paz era necesaria, aun una paz forzosa, para que la nación tuviese tiempo de pensar y trabajar.

Sentado en mi despacho, recibí una carta del gobernador de Sonora donde me explicaba ampliamente que yaquis y mayas se habían levantado en una revuelta armada para pedir lo de siempre: tierra. Desde luego, le enseñé la carta a tu padre: Manuel Romero Rubio era mi secretario de Gobernación. Después de una junta con el gabinete vino a mi despacho, la leyó y exclamó:

—Esos indios siempre han dado lata, señor presidente. A don Sebastián también lo molestaron durante su presidencia. Necesitamos arreglarlo ya, antes de que..., usted sabe.

—Dígalo, don Manuel. Cuando hable con los periodistas puede ser políticamente correcto, a ellos les conviene saber que todo está bien, pero a puerta cerrada nos puede salir caro que la gente no diga lo que piensa. Necesitamos arreglarlo antes de que ese entusiasmo por los levantamientos contagie a otros grupos indígenas del país, y si no quieren aceptar mi autoridad y mi gobierno, hay que hacerlos entender. Más vale una tumba que un cementerio.

—Señor presidente, quiso usted decir lo que estoy pensando.

—En la cocina de mi tierra, don Manuel, las tortillas no se hacen con buenas intenciones: hay que prender el carbón, calentar el comal y amasar la tortilla. Sólo así pueden ser el complemento de un platillo. Y guajolote que se sale de guacal termina en mole. Luego lo invito a cenar a mi casa para que conozca bien cómo se hacen las cosas en Oaxaca.

Hubo un breve silencio antes de que respondiera:

—De acuerdo, señor presidente. Se hará como usted ha dicho.

Y se inició el traslado, de momento secreto, de los yaquis a Valle Nacional, en el sur del país.

La relación de mi gobierno con la Iglesia católica también debió cambiar. No podía seguir con la política jacobina de mis antecesores, tampoco podía oponerme a todo lo que fuera católico. Es verdad que había luchado contra los curas en la Guerra de Reforma, y también que había tenido una mala experiencia en el seminario de Oaxaca; pero era innegable la influencia de los sacerdotes en la opinión del pueblo.

De modo que inicié una política de reconciliación en todos los sectores de la sociedad. Se establecieron más de cuarenta organizaciones laborales católicas durante mi gobierno y se comenzó la restauración de iglesias y conventos. Los críticos dijeron que pactar con la Iglesia era negociar con el diablo, pero lo mismo opinaron los conservadores al emitir una opinión sobre mi gobierno.

Los católicos violan todos los días los mandamientos, ya que es imposible cumplir rigurosamente con cada uno de ellos, y la misma imposibilidad existe para el gobierno de siempre cumplir al pie de la letra lo mandado por la Constitución. Además, era yo consciente de la existencia de otros credos dentro de nuestro territorio nacional. ¿No te acuerdas cuando acudí a la inauguración de una iglesia protestante en 1885? ¿O cómo me reuní con los grupos mormones para expresarles mi apoyo?

Estos pastores contribuyeron al progreso material del pueblo, pues ayudaron en el desarrollo del ferrocarril, fueron maestros de escuela, construyeron iglesias, hospitales, etcétera. No se me olvida que Eulogio Gregorio Willow, un gran amigo de mi infancia fue consagrado obispo de Oaxaca por el arzobispo Labastida y luego le organizamos un banquete en la casa.

Desde luego, el pensamiento más extremista de la política y la fe hizo que continuara esa pelea entre la autoridad civil y la religiosa. No faltaba la publicación que me acusara de ser enemigo de Dios, o la que pidiera la aplicación rigurosa de las Leyes de Reforma para quitarles privilegios a los curas; pero eran las menos.

¡Carajo! Si todos vamos a vivir en el mismo país, ¿por qué no podemos llevar la fiesta en paz? Además, ¿cómo iba a poder gobernar si se presentaba otro levantamiento como el de la Guerra de Reforma? A ver, Carmelita, dime cómo. Hay que ser prácticos en esta vida. Cada uno sabe lo que tiene que hacer y qué límites no puede cruzar.

No era ningún tonto con banda presidencial, sabía bien que para gobernar un pueblo tan cabrón como el nuestro se iba a necesitar un cabrón y medio. Hay que tratar a las personas tal como ellas lo harían en privado, porque la política es la profesión más hipócrita del mundo.

Los mexicanos están contentos con comer desordenadamente antojitos, levantarse tarde, ser empleados públicos con padrinos de influencia, asistir a su trabajo sin puntualidad, enfermarse con frecuencia y obtener licencias con goce de sueldo; no faltar a las corridas de toros, divertirse sin cesar, tener la decoración de las instituciones mejor que las instituciones sin decoración, casarse muy jóvenes y tener hijos a pasto, gastar más de lo que ganan y endrogarse con los usureros para hacer posadas y fiestas. Los padres de familia que tienen muchos hijos son los más fieles servidores del gobierno por su miedo a la miseria; a eso es a lo que tienen miedo los mexicanos de las clases directivas: a la miseria, no a la opresión, no al servilismo, no a la tiranía; a la falta de pan, de casa y de vestido, y a la dura necesidad de no comer o sacrificar su pereza.

Siempre han sido así; siempre serán así.

¿Recuerdas aquellos días? El Castillo de Chapultepec era la residencia oficial de la presidencia, pero era un edificio muy pomposo. Aún conservaba los arreglos que habían hecho Maximiliano de Habsburgo y Manuel González cuando tenía ganas de gastar mucho dinero. Así que decidimos quedarnos en la zona centro de la capital. La casa en la que vivimos al principio me causaba pesadillas y una gran melancolía. Parecía que Delfina me miraba desde los rincones y juzgaba mi segundo matrimonio. Te pedí que nos mudáramos a un lugar más grande y de inmediato dijiste que sí. Supongo que también llevabas tiempo con esa idea en la cabeza, pero no sabías cómo decírmelo.

Poco tiempo después compramos una casona vieja en el número 8 de la calle de Cadena y nos mudamos con los niños. Comenzamos las obras de remodelación para el despacho, el comedor y la sala de armas.

De día y en paz atravesamos el umbral por primera vez. Nos iríamos de una forma muy diferente...

Capítulo XLVI

Tú no lo sabías, pero había tomado la tarde para estar a tu lado. Era junio, el sopor húmedo se me metía en los huesos y me empapaba la piel. Bajo el cielo se mezclaban los últimos rayos del sol con el aviso de una tormenta próxima; el aire, quieto, llevaba los sonidos de los caballos y de la apertura de las pulquerías, el aroma del jabón fresco que impregnaba el ambiente y del carbón de aquellas cocineras que empezaban a preparar la cena. En mis manos tenía un ramo de rosas con tu nombre implícito en cada giro de los pétalos, en los botones inocentes impregnados de una fragancia dulce.

La casa, sin embargo, era un espacio frío de sombras en cada rincón y velos transparentes y dorados que entraban por la ventana. No te encontré en la sala, donde recién habían colgado una pintura mía con traje de militar; tampoco en la cocina. No estabas con los niños ni en tu habitación. Bajé la escalinata y escuché murmullos, sollozos. Las puertas del comedor estaban cerradas, acerqué el oído. La voz de Amadita se oyó clara.

—No, Carmelita, Fernando González no se ha portado mal conmigo. Es que desde que todos hablan mal de su papá, ha cambiado. Se le fue el ánimo y yo no quiero estar con él.

—Pero ¿no te ha ofendido de ninguna forma?

—Para nada, Carmelita. Es sólo que siempre está callado, como si su mente estuviera en otro lugar; ya no quiere bailar y parece que no disfruta de mi compañía. No sé cómo decirlo, pero yo…

Hubo un silencio corto.

—Sientes que ya no lo quieres, ¿verdad? Claro que es ahijado de tu papá, y a él le gusta para yerno, pero sólo si tú quieres. El amor no es manda ni sacrificio. Si quieres sufrir, te llevo al convento, pero si quieres ser feliz espera a que llegue el hombre correcto. Tu papá te quiere mucho y va a entender. Si no, yo estaré ahí para apoyarte, lo mismo contigo que con Firio y con Luz.

Después de otro silencio, intuí que se daban un abrazo.

—Pero, Carmelita —insistió Amada—, ¿usted no sufre en su matrimonio?

—Algunas veces sí, pero dice mamá que es una parte fundamental de la vida, que aprendemos de los momentos felices y de los tristes. Me ves siempre con una sonrisa, acudo a los actos importantes del brazo de tu padre y siempre llevo una palabra amable en los labios, pero tengo un gran deseo en la vida que nunca he podido cumplir y, según me han dicho los médicos, no podré.

—¿Tener hijos?

—A veces uno propone y Dios tiene otros planes. Con un matrimonio conseguí tres hijos maravillosos. Ustedes no serán de mi carne, pero los quiero como si lo fueran, porque lo son. Los quiero tanto como quiero a tu padre.

Otro silencio.

—Gracias, Carmelita. Necesitaba que alguien me escuchara.

Oí cómo se movían los pesados vestidos de tela y corrí a la sala para esconderme. Cuando se abrieron las puertas del comedor, vi a Amadita salir con los ojos hinchados y un pañuelo de seda en la mano derecha. En silencio subió las escaleras y se encerró en su cuarto. Un par de minutos después apareciste, acomodándote el vestido para quitarle unas arrugas. Te saludé con una sonrisa y te di las flores.

—Porfirio, ¿qué hace usted aquí? Yo lo hacía en Palacio Nacional.

—El presidente también necesita descansar de vez en cuando. Dejé todo listo para pasar la tarde contigo.

—No debió usted, tengo muchas cosas que hacer.

—Si el presidente puede darse la tarde libre, supongo que su esposa también. Me dijiste el otro día que yo gobierno de aquella puerta para fuera y que tú eras la gobernante de esta casa, pero también quiero consentirte. Te lo mereces. ¿Me permitirías invitarte a la ópera que se estrena hoy en el Teatro Nacional?

—De acuerdo, Porfirio.

Por años guardé esa conversación que mantuviste con Amadita, y nunca mencioné la falta de hijos hasta hoy. Creo que el fin de todo matrimonio es el amor. El fruto de ello son los hijos de carne y hueso; otras veces son las tardes en el Castillo de Chapultepec y las cenas con los amigos, y las noches en que el pecado se convierte en un encuentro santo entre dos amantes.

Días después pasó una reforma constitucional al artículo 78 que permitía la reelección del presidente por un solo periodo inmediato.

Capítulo XLVII

LA PRIMERA VEZ que escuché el nombre de Ignacio de la Torre fue por un artículo de periódico que contaba sobre los nuevos hacendados que habían surgido en el país gracias a la ley de tierras y enajenación de baldíos. Expedida en 1883, le concedía al empresario el derecho de adquirir, a través de una sencilla denuncia, terrenos baldíos sin límite de superficie. El propósito era lograr que las haciendas tuvieran más terreno para cosechar. Haciendas pequeñas duplicaron y triplicaron su terreno a lo largo de los años. Las industrias de azúcar, tabaco y henequén absorbieron terrenos y pueblos enteros.

En un país de diez millones de personas había ochocientos treinta grandes hacendados, e Ignacio de la Torre era uno de ellos. Era el huérfano menor, el séptimo hijo de Isidoro Fernando José Máximo de la Torre, y parecía ser muy bueno en los negocios. Aunque su hacienda se encontraba en Morelos, venía a la capital a participar en las fiestas de sociedad. Quizá por eso no me sorprendí una tarde familiar de domingo en que Amadita dejó a un lado su bordado, te echó una mirada cómplice y exclamó:

—Papá, ¿conoce usted a don Ignacio de la Torre?

—¿Para qué quieres que te diga lo que yo sé de él? Mejor dime tú lo que quieres contarme.

—Bueno, quiere venir a conocerlo para que usted sepa que es un hombre honorable.

—Yo he oído algunas cosas que no te van a gustar, Amadita —terció Firio.

—Chismes. También dicen cosas malas de nosotros y no son verdad. Me gustaría que Nacho pudiera venir a la casa para que lo conozcan y entonces decidan.

—Dile que venga el viernes a cenar y todos lo recibiremos. Carmelita, por favor, invita a tus hermanas para que nos acompañen.

—Así lo haré, Porfirio —respondiste.

No se habló más del asunto durante días. Estaba más preocupado por las elecciones y lo que significaría mi primera reelección inmediata. Necesitaba el voto en todos los estados para mantener el poder; aunque a decir verdad, no tenía candidato opositor que valiera la pena. No veía a nadie con los tamaños para entregarle el poder, y había que mantener el orden y el progreso; de modo que violar los preceptos de la Revolución de Tuxtepec se convirtió, para mí, en una situación forzosa por el bien del país. Pasé del "Sufragio efectivo, no reelección" a "¿Sufragio efectivo? No, reelección", porque no me quedó de otra. Ah, no imaginaba que la historia no perdona a nadie.

En ese orden de ideas, y después de una semana larga en la que escribí a todos los gobernadores del país para buscar su apoyo en las próximas elecciones, llegué a casa el viernes tan sólo para envolverme con el olor de un pavo con mantequilla en el horno. Cada salón estaba iluminado por luz eléctrica. A través de los vitrales agonizaba el atardecer. Entonces recordé la cena, pero no había tiempo de cambiarme de levita; dejé el sombrero sobre la mesa de la entrada y me dirigí a saludar a tus padres, a tus hermanas, a mi sobrino Félix y, en un rincón, a Amadita y a un hombre bien parecido, delgado, de bigotes largos.

—Nacho de la Torre —exclamé.

Me dio la mano con una reverencia casi gatuna.

—Señor general, mucho gusto en conocerlo. Déjeme decirle cuánto admiro su obra y su gobierno.

Me reí.

—Tenga cuidado, Nacho, eso sólo me lo dicen los políticos y los intelectuales cuando andan buscando su máis.

—Maíz, papá. Se dice maíz —me reprendió Amadita al igual que lo haces tú.

—A decir verdad, general, sí busco algo —respondió Nacho—. Tiene usted una hija muy chula, y me haría un hombre muy feliz si me entregara su mano.

Entendí el silencio que me rodeaba, la complicidad que había durado meses. ¿Cuánto llevarían saliendo sin que yo lo supiera? ¿Quiénes de los presentes sabían que Ignacio de la Torre me haría esa pregunta antes de la cena?

—Haré lo que Amadita decida —respondí.

Nacho se volvió hacia ella y le preguntó si deseaba casarse con él. Sabía que todos los presentes intentaban escuchar lo que sucedía. Con un rubor infantil, Amadita respondió:

—Claro que sí, acepto.

Y entonces llegaste tú, con una botella de champaña recién abierta y copas de cristalería fina, y después de algunos aplausos realizamos un brindis por el bienestar de la futura pareja. Perdona que no recuerde lo que sucedió el resto de la cena, pero como todos hablaban de música, vestidos blancos, ramos de flores e iglesias, hice que mi suegro se sentara junto a mí para conversar de las próximas elecciones: la prensa no estaba contenta con mi reelección, y lo había demostrado con algunas caricaturas políticas ocurrentes, pero humillantes.

El lunes 16 de enero de 1888, vestido con una levita negra, me paré frente al espejo de cuerpo entero y arreglé mi bigote; llevaba guantes blancos en la mano. Tenía más canas sobre la cabeza que mechones negros. Entraste con tu vestido amplio, tu peinado lleno de horquillas y un maquillaje tenue.

—Ya está lista, quiere verte antes de que vayamos a la iglesia —dijiste.

Asentí en silencio y recorrí la casa hasta su habitación. Amadita me esperaba con un suspiro en los labios. En verdad su vestido era hermoso, de un blanco celestial, bordado desde los hombros hasta la falda, y de la tiara que llevaba al cuello bajaba un velo inmaculado. Tenía la mirada perdida, pero forzaba una sonrisa en los labios.

—Nunca se me va a olvidar cuando te conocí en Oaxaca. Eras una pirinola que me tenía miedo y te escondías en la falda de tu madre para no verme. Conocerte me hizo sentir feliz, pleno, y aquí estás, tantos años después, convertida en toda una mujer. Te ves tan hermosa, te pareces tanto a tu madre.

—Papaíto —y se arrojó a mi cuello en un abrazo largo; sentí sus mejillas húmedas.

—Siempre serás mi pequeña, nunca lo olvides. No importa que estés casada y seas toda una señora.

—Te quiero, papá.

Y compartimos los recuerdos de su infancia y de Rafaela Quiñones hasta que viniste para avisarnos que el coche estaba listo para llevarnos a la iglesia.

La ceremonia fue un acontecimiento social. Todos los ministros de gobierno estaban ahí, algunos gobernadores y hacendados, y desde luego periodistas de todas las corrientes.

Cuando la música fluyó en el aire, Amadita no fue a su esposo, sino a mí. Me tendió la mano y me llevó al centro de aquel lugar, donde otras parejas hacían lo propio. Quise llorar, no sabes cuánto tuve que retener las lágrimas, pero me aguanté. Era un sentimiento de felicidad y tristeza; no perdía una hija y, sin embargo, lo hacía. Aquél fue uno de los momentos más felices de mi vida. Esperaba que mi hija pudiera tener un matrimonio y una vida más feliz que la mía. ¿Cómo iba yo a conocer la verdadera naturaleza de Ignacio de la Torre?

Ese mismo año, el 30 de abril, el gobierno de Francia me otorgó la Gran Cruz de la Legión de Honor, como soldado que había combatido contra ellos desde la primera batalla del 5 de mayo hasta la toma de la Ciudad de México.

Aprecié el honor. Fue una muestra de que Francia y México dejábamos atrás nuestras diferencias.

Las elecciones de 1888 llegaron.

No creas que no recordé la bandera que había enarbolado durante la Revolución de La Noria. Me soñé joven, parado sobre una roca con la forma de Benito Juárez. A mis pies se encontraba todo el territorio mexicano en miniatura, con las fronteras de los estados perfectamente delimitados, con árboles pequeños, montañas y volcanes. En mi mano derecha llevaba una bandera blanca con letras negras: "Sufragio efectivo, no reelección". Yo mismo estaba hecho de oro y brillaba como el sol. Escuchaba los terribles abucheos de los disidentes, invisibles o pequeños, pero sonoros.

La mayoría fue aplastante, sabía que el pueblo me quería, pero ¿era solamente eso o influía el que yo fuera el único candidato de peso en ese proceso electoral?

Cuando se acercaba la fecha en que debía tomar protesta, acudí con Matías Romero, secretario de Hacienda, y una comitiva a San

Luis Potosí para inaugurar la línea de ferrocarril que iba de la Ciudad de México a Nuevo Laredo. Ya me había acostumbrado a estos actos, eran todos iguales: muchos aplausos, discursos aburridos, adulaciones y, cuando llegaba al silencio del hotel o al cuarto donde habría de quedarme, un vacío tremendo. La nada. Y entonces, como ahora, permanecía en el cuarto oscuro con mis recuerdos.

¿Es tan difícil ver la vida privada de una persona pública?

Al volver a la Ciudad de México hice lo de siempre. Esperé a diciembre, me vestí con mi mejor levita, recortaste mi bigote, polveaste mi cara, peinaste mis canas y me acompañaste al Congreso, donde recité una frase usada frente a la Constitución encuadernada en piel.

—Juro desempeñar leal y patrióticamente el encargo de presidente de los Estados Unidos Mexicanos, conforme a la Constitución de 1857, las Leyes de Reforma y aquellas que de éstas emanen, mirando en todo por el bien y la prosperidad de la Unión.

Más aplausos; mi plan de gobierno se fortalecía con ellos. El tiempo ayudaba a cimentar el progreso que México necesitaba.

Unos días antes de terminar el año, el general José Ceballos, gobernador del Distrito Federal, vino a buscarme a mi despacho de Palacio Nacional. Me sorprendió que apareciera sin anunciarse, pero lo hice pasar. Se sentó con la espalda recta, suspiró y fue directo al grano.

—Señor presidente, disculpe que venga sin avisar, pero tengo el deber de informarle que desde que su yerno regresó de su luna de miel se le ha visto en algunas fiestas muy…, particulares.

—General, mi yerno es un miembro importante de la alta sociedad de este país, es normal que se le vea en muchas fiestas. ¿Me quiere decir qué tienen de *particular* las fiestas que usted menciona?

—Me parece fuera de lugar que sea yo quien se lo diga, pero las fiestas a las que asiste su yerno son frecuentadas únicamente por varones, y algunos de ellos, su yerno mismo, aprovechan alguna habitación de la casa para vestirse de mujer.

—¿Está usted seguro?

—Muy seguro, señor presidente —respondió.

—Bien, yo me encargo. Se lo agradezco mucho.

Aunque en un primer momento dudó ante mi falta de instrucciones de cómo actuar, se levantó, estrechó mi mano y se despidió. De inmediato le escribí a mi yerno a su hacienda para pedirle que me visitara a la brevedad posible. Dos días después, llegó bien peinado, con sus grandes bigotes y una chistera bajo el brazo. Como siempre, iba muy contento. Por un rato lo dejé hablar de sus exportaciones, la vida con Amadita, su luna de miel y su viaje a la capital. Tardó media hora en preguntarme para qué lo había mandado llamar. Sin esperar más, se lo dije:

—Yerno, dicen que de repente viene a la Ciudad de México a tener fiestas inmorales donde lo han visto vestido de…

—Disfrazado, don Porfirio —se apuró a interrumpirme—. Tampoco me gusta que anden comentando cosas por ahí que no son. Algunos de mis amigos y yo organizamos una que otra fiesta donde nos disfrazamos para divertirnos, y a veces a uno le toca usar una falda. Una diversión sana que se mantiene privada. No haga caso de chismes, seguro quieren desprestigiar a toda la familia.

Y, de momento, decidí confiar en Ignacio de la Torre.

Capítulo XLVIII

EN UNA SITUACIÓN DE PODER, la peor droga que puedes consumir son los aplausos y las adulaciones, porque te arrebatan la vista y el oído, enturbian el habla y te convierten en un títere ridículo hasta que la resaca, que ahora sufro, te hace comprender lo que en realidad sucedió. No puedo describir mi presidencia como algo completamente bueno o malo. Hice lo mejor que pude, y no me faltó amor a la patria por la que luché en el campo de batalla. Hoy me aplauden por mis aciertos y me condenan por mis errores, pero ¿alguna vez se han detenido a pensar que sólo fui un hombre?

Estoy tan cansado de todo…, tan cansado… Sólo quiero terminar la historia de mi vida y cerrar los ojos en un momento en que los fantasmas del pasado ya no existen.

En abril de 1889, mientras estaba en una reunión con tu padre, llegó un telegrama urgente de Nueva York. Imaginé que se trataba de alguna cuestión de gobierno o de algún empresario gringo que deseaba establecer aquí una compañía.

—Parece que ha terminado una era de la política en México —exclamé.

—Disculpe, señor presidente, ¿de qué habla?

Nunca logré que mi propio suegro utilizara mi primer nombre, siempre era señor presidente.

—Este telegrama que acaban de poner sobre mi escritorio: Lerdo muerto. Lo siento mucho, don Manuel. Sé que eran buenos amigos y estuvo con él en Nueva York un tiempo.

—Pero se distanció mucho de la familia desde que regresé a México —respondió; quería aparentar que no le importaba, pero su voz quebrada lo delataba—. Ya ve que no lo quiso recibir en su luna de miel, señor presidente, y por más que le escribí, no respondió a ninguna de mis cartas.

Pensé en todas las veces que nos habíamos enfrentado en los periódicos. Él y yo nos sentíamos, de alguna manera, herederos de la filosofía juarista. Éramos tan diferentes que habíamos llevado al país a una costosa guerra para demostrar quién era el mejor para gobernar México. La Revolución de Tuxtepec había quedado atrás, los viejos rencores habían desaparecido.

—Bien, zanjado el asunto de Lerdo de Tejada, tenemos que volver al tema en cuestión. ¿Qué haremos con el general Manuel González? ¿Permitirá que regrese a la Ciudad de México o lo dejará como gobernador de Guanajuato?

En silencio recorrí el despacho presidencial, eché un vistazo a la Plaza Mayor, escuché las campanadas de la Catedral.

—Señor presidente... —escuché la voz de Romero Rubio—. ¿Está con nosotros? ¡Señor presidente!

Mi mente volaba con el recuerdo de la batalla de Icamole y de cómo la prensa lerdista se había burlado de mis lágrimas y mi derrota.

—Ordenaré que el cuerpo de don Sebastián sea embalsamado y que lo traigan a México, aquí le rendiremos honores por sus servicios a la patria. Era soltero, ¿no es cierto? Permitiré que lo despidan sus familiares en México y luego lo enterraré en el cementerio que el mismo don Sebastián mandó hacer: descansará para siempre en la Rotonda de los Hombres Ilustres.

—Es muy noble de su parte, señor. Tal vez usted mismo descanse algún día en ese mismo cementerio.

—Tal vez... —respondí abrazando aquel deseo, ahora irrealizable—. Y en cuanto a mi compadre González, no me interesa traer su política a la capital; que se quede lejos donde no pueda manchar la mía. Le ofrecí la gubernatura de Guanajuato por los logros que obtuvo durante su presidencia; allá tiene dinero y poder para disfrutar con su familia y sus amigos. Allá se va a quedar mientras yo viva. Le escribiré para recordárselo, ya luego tendremos una reunión con todo el gabinete para ver quién nos conviene.

Así se hizo. Sebastián Lerdo de Tejada volvió a su patria y descansó entre los grandes. Fue mi enemigo, pero no por eso he de borrar su historia.

Yo también espero que mi nombre esté asegurado en la historia.

Pronto comprendí que una de las mayores dificultades de gobernar un país tan extenso como México es que el presidente está casi siempre en la capital, y a veces es complicado que sepa lo que sucede en las zonas más remotas. Existían, sin embargo, formas de mantenerme informado de todo. Yo quería saber qué pasaba o dejaba de pasar en la patria, por lo que escribía frecuentemente a gobernadores y alcaldes, y también a mis amigos.

Por un lado, me ayudaba a entender el contexto de lo que sucedía en cada estado, y entonces podía actuar de acuerdo con lo que yo consideraba lo mejor para la sociedad y el país.

Era importantísimo, además, tener gente de mi confianza en puestos clave si quería que mi proyecto de nación marchara viento en popa. En ese sentido la democracia, que siempre he respetado como una forma de hacer valer el derecho del pueblo, se volvió ineficiente. Si permitía que el Congreso funcionara sin mi control, podrían darme la espalda en cualquier chico rato. Si dejaba que los gobernadores de los estados no me fueran fieles, luego iba a tener que sofocar levantamientos armados o intentos de independencia que sólo derramarían sangre.

Recibir cartas de todo el país tenía un inconveniente: dependía de que el emisor tuviera el criterio suficiente para decirme todo lo que acontecía en su estado, o de que tuviera los tamaños suficientes para aplicar los castigos que yo pedía, especialmente para bandoleros, criminales y salteadores de caminos.

Sólo con la paz forzada, que algunos burlones llamaron la *paxporfiana* haciendo paráfrasis de la *pax romana*, pudo el país recuperar su rumbo hacia la modernidad y llegó el capital extranjero, se construyeron vías de ferrocarril y apareció la clase media.

Mi gobierno tenía dos soportes importantes, Manuel Romero y Matías Romero, aunque eso no duraría mucho.

Algunos meses después el antiguo Banco de Londres se organizó en el Banco de Londres y México, el general Bernardo Reyes asumió su segundo mandato para el estado de Nuevo León y el arzobispo Antonio de Labastida y Dávalos celebró sus bodas de oro sacerdotales.

Un día, yendo yo en un coche de caballos sobre Paseo de la Reforma, vino a mi mente la historia de la avenida. Maximiliano quería conectar el Castillo de Chapultepec (entonces llamado Castillo de Miravalle) y el Palacio Nacional mediante una calle que se pareciera muchísimo a los Campos Elíseos. En un primer momento la había llamado Paseo de la Emperatriz en honor de su Carlota Amalia, pero el Segundo Imperio Mexicano había sido breve, y lo mismo pasó con su obra.

Benito Juárez le había dado nueva forma a la avenida, y Sebastián Lerdo de Tejada le había cambiado el nombre a Paseo de la Reforma y ordenado que se construyeran en él cuatro glorietas principales.

Se habían empezado a construir casas a lo largo de toda la calle, con jardines cuidados, fachadas francesas y flores en las ventanas. El plan original era llenar todo de copones, pero el escritor Francisco Sosa en su columna del diario *El Partido Liberal* propuso usar los pedestales para honrar a los héroes de la Reforma, y yo acepté la idea.

Así, mientras iba por la avenida en mi coche, contemplé los pedestales, las estatuas, los árboles plantados, las glorietas vacías, y quise realizar una celebración en la que todos participaran, al menos para borrar la memoria del emperador Maximiliano de Habsburgo. Recuerdo que pasé algunos días ensimismado, hasta que una noche, Luz me preguntó qué tenía.

—Seguro es porque extraña a Amadita —sugirió Firio.

Tú levantaste la mirada para desaprobar el comentario en silencio, pero yo preferí responderle con mi dilema de hacer algo en Paseo de la Reforma.

—¿Por qué no haces algo con flores? Algo así como un desfile de carruajes para todos.

Y me pareció una excelente idea, por lo que dispuse que fuera así.

El domingo 27 de abril de 1890 decenas de carruajes desfilaron por Paseo de la Reforma con decorados coloridos, vivos y que consiguieron aplausos de todas las clases sociales. Damas de alcurnia, como la propia Beatriz Montejo, salían a sus ventanas llenas de flores a saludar a todos aquellos que les gritaban. Al terminar, un grupo de hombres del ayuntamiento votaron por el carruaje más bonito y desde luego ganó el tuyo, Carmelita.

¡Ah, qué tiempos aquellos! ¿Adónde se habrán ido?

Antes de que terminara el año, el Congreso me otorgó la facultad de convertir y consolidar los créditos de las empresas ferroviarias, y

México aún tenía paz y festejos. Si tan sólo todo el siglo xix hubiera sido tan feliz.

¿Te imaginas que el siglo xx sea mejor?

Capítulo XLIX

Existía un inconveniente grave. Mi proyecto de nación aún no estaba completo y se acercaba la fecha para el fin de mandato. De acuerdo con la ley ya no podría volver a ser presidente. ¿Quién iba a sustituirme en el poder si no veía a nadie para ocupar mi lugar? Si acaso Bernardo Reyes, pero le faltaba experiencia; o Mariano Escobedo, aunque su vejez no se lo permitía.

Me condené a darle la espalda a mi propio Plan de La Noria cuando hice que mis amigos presentaran ante el Congreso una iniciativa que permitía la reelección presidencial de manera indefinida, siempre y cuando el pueblo estuviera de acuerdo.

Llegaron las críticas. Filomeno Mata, director del periódico *El Diario del Hogar*, había apoyado abiertamente el Plan de Tuxtepec y mi primera y mi segunda presidencia, pues no había habido reelección inmediata por haberse intercalado la de Manuel González entre ellas. Sin embargo, ya no estaba de acuerdo con que yo siguiera en el poder. En lugar de atacarme de frente con su pluma, me alabó por todos los sacrificios que había hecho para lograr la libertad de prensa, pero criticaba al caprichoso, obstinado y siniestro partido de aquellos que defendían la reelección.

Luego, con una caricatura y un poema donde me llamaba Don Perpetuo, me invitó a renunciar a mi próxima candidatura. ¡Hazme el favor! Por supuesto que me molesté, y Filomeno Mata pasó cuarenta y siete días en prisión para hacerlo escarmentar, pero sus publicaciones continuaron.

Para mí, una cosa era la libertad de expresión y otra los ataques abiertos a mi figura. Un presidente débil significa un país débil. Eso no lo iba a permitir, de ahí que el culto a la personalidad fuera tan importante.

Valiéndome de los discursos liberales y la corriente positivista me propuse crear una identidad para todos los mexicanos, un nacionalismo que nos hiciera sentir orgullosos lo mismo en Coahuila que en Oaxaca, en Baja California que en Yucatán, y la historia nacional y la antropología eran un campo perfecto para realizar aquella proeza.

Se inició la creación de mitos (como el de los Niños Héroes) y de héroes patrios sin mancha (como Benito Juárez), así como la enseñanza de batallas importantes (como la del 5 de mayo). Mi nombre figuraba entre los héroes más destacados, siempre presente en los eventos históricos más importantes.

En las fotografías de la época solía portar mi traje de general de división con medallas, mis victorias militares fueron fiestas nacionales y las adulaciones se amplificaron. Cualquiera diría que toda la vida nacional giraba en torno a mi persona, la de un hombre que había tenido que ahuyentar el hambre de su familia a golpes de trabajo duro en una zapatería y una carpintería. Comencé a recibir cartas de todo el país donde me daban gracias por el gobierno y me pedían todo tipo de cosas, desde medicinas para una madre enferma hasta ayuda en los trámites para abrir un negocio.

Una de esas cartas fue de una mujer llamada Matilde Montoya. ¿Nunca te conté de ella? Estoy seguro que sí, pero tal vez habrás olvidado su aflicción.

Ella era de la Ciudad de México y se había titulado como partera en Puebla a la edad de dieciséis años. Ávida de conocimiento y de ayudar al prójimo, se inscribió en la Escuela de Medicina, pero al ser la única mujer sus profesores la acusaron de ser masona, protestante, impúdica y peligrosa. No importaba que el gobernador la apoyara ni que las damas de sociedad hablaran bien de ella. Ante el cúmulo de calumnias y difamación, huyó a Veracruz.

Hizo un segundo intento. Vino a la Ciudad de México y se inscribió en la Escuela Nacional de Medicina, donde volvió a sufrir la murmuración desde el primer año. Varios de sus compañeros y profesores solicitaron que se revisaran su expediente y sus exámenes. Ante la presión, Matilde Montoya fue dada de baja. Desesperada, me escribió con la esperanza de que pudiera leer su carta. Era su última oportunidad, y Dios quiso que llegara a mis manos y la leyera con detenimiento.

¿Sabes? Me pareció tan extraño darme cuenta de que hasta ese momento no había conocido a una mujer médica. Había muchísimas curanderas en Oaxaca, pero ninguna que hubiera ido a la Escuela de Medicina. ¿Qué pasaría si en un país gobernado por hombres una mujer se atreviera a ser fuerte por ella misma?

Decidí apoyarla. Ordené al secretario de Ilustración Pública y Justicia, don Joaquín Baranda, que sugiriera al director de San Ildefonso permitir a Matilde Montoya cursar las materias que le faltaban para terminar el semestre. Así sucedió, y terminó la carrera.

Los alumnos y los profesores aún no querían que Matilde se titulara como médica; argumentaron que los estatutos de la escuela hablaban de alumnos, no de alumnas, y que no iba a haber una médica. Perdona que lo diga, Carmelita, pero ¡cómo chingados no! Me canso que todo se puede cuando el que tiene el poder tiene interés. Mandé una solicitud a la Cámara de Diputados para que se cambiara el reglamento, y lo hicieron.

Desde luego, mis opositores dijeron que Matilde Montoya se había titulado por decreto presidencial, lo cual no era cierto. Ella todavía tenía que presentar el examen de residencia. ¿Ya recuerdas la historia? Tú me acompañaste. Nos vestimos lo más elegantes que pudimos, de levita y traje largo, usaste un perfume francés que te había regalado no sé quién y caminamos hasta San Ildefonso. Abrieron el salón de actos solemnes y me senté hasta delante. Todos me miraban; no entendían qué hacía yo ahí.

En las siguientes dos horas se realizó el examen y Matilde Montoya contestó correctamente todas las preguntas que le hicieron sus sinodales. Fue aprobada por unanimidad. Al día siguiente, en compañía de tu padre, presencié su examen práctico en el hospital de San Andrés. Por último, la examinaron en el anfiteatro frente a un cadáver. Ahí también la aprobaron por unanimidad.

Matilde se había convertido en la primera médica del país, y después hubo muchas otras. La tendencia mundial era que la mujer participara cada vez más en los espacios públicos y políticos, y México no fue la excepción. Matilde fue un ejemplo entre muchos otros.

Todavía hoy ejerce. ¿Crees que me recuerde con cariño?

Aquéllos fueron años de progreso material para todos. Cambió el rostro de las principales ciudades del país, dejaron atrás su aspecto colonial y se convirtieron en algo más parecido a las capitales de Alemania,

Francia, España e Inglaterra. Recuerdo que un 6 de enero, antes de partir el roscón con tus hermanas, acudí a inaugurar el ferrocarril con tracción de vapor entre la Ciudad de México y San Ángel, sitio que luego adquirió fama para ir a pasear los domingos por la tarde.

Desde luego, también podías tomar un tranvía para ir a La Villa a visitar a la Virgen de Guadalupe, a la hacienda de Polanco o al lejano pueblo de Tláhuac. Las clases privilegiadas abandonaron el centro y formaron sus propias colonias en la Roma y alrededor del Hipódromo de la Condesa, sendos palacios señoriales con adornos en la fachada, grandes balcones, columnas por todos lados, salones enormes, escalinatas, vitrales y mucha opulencia. Eran colonias bien planeadas desde el inicio, que mostraban un contraste muy particular con aquellas menos privilegiadas.

Hubo que imponer un código sanitario para combatir las enfermedades en la capital y otros centros urbanos importantes. Por ejemplo, se iba de casa en casa a buscar enfermos de peste, cólera, tuberculosis o vómito negro; cuando encontraban alguno, se lo aislaba junto con toda su familia. Se desinfectaban las habitaciones y la ropa; se armaban campañas para combatir ratas y pulgas; se enterraba bien a los muertos y hasta se expidieron pasaportes sanitarios para salir de ciertas zonas. Ayudó que acabáramos con las aguas negras.

Los trabajadores del ferrocarril y algunos mineros gozaron de atención médica. Fueron decisivas también las campañas de vacunación forzosa y la educación sobre higiene que se brindaba a la población con acciones sencillas: lavarse bien las manos antes de comer y el cuerpo entero con regularidad (y con jabón). Les enseñamos cómo debían guardarse los alimentos en las casas, especialmente los lácteos, y hasta dónde debía ser la convivencia entre el ser humano y los animales de corral.

Tal vez para ti esto sea muy básico. Creciste de una forma privilegiada y conocías poco de los usos y costumbres de la mayoría de los mexicanos, pero estos cambios se volvieron fundamentales para erradicar ciertas enfermedades.

Los ricos construyeron salas de baño en sus casas nuevas. Como tenían agua potable podían hacer uso de sus tinas de hierro y sus lavabos de porcelana. Los demás podían ir a los baños públicos que había en toda la ciudad y que te cobraban entre 25 y 50 centavos por un baño. Allá en la Lagunilla inauguré uno de estos negocios, que tenía la peculiaridad de ofrecer espacios separados para hombres y mujeres, y uno podía pagar más por un zacate o un jabón perfumado. Terminado el baño uno podía reunirse con la familia para ir a pasear, o acudir a algunos de los billares que había por toda la ciudad.

Ayudó el primer servicio de recolección de basura y otros proyectos que limpiaron las ciudades por el bien de todos.

Tampoco te lo puedo pintar tan bonito. Recuerda que en 1891 hubo una rebelión en Tomóchic. Ahí vivía una mujer —que decían que era muy santa y mística— que se llamaba Teresa Urrea, la Santa de Cabora, y juraban que podía curarte cualquier cosa con sólo imponerte las manos. Los tomochitecos aprovecharon que el párroco no iba todos los días a la iglesia para poner la imagen de su santa en el altar.

Cuando llegó el párroco se ofendió muchísimo y dijo que no iba a dar misa mientras la imagen estuviera ahí. Las autoridades locales ya habían tenido problemas en aquella zona, en primera porque a la susodicha Teresa Urrea le gustaba dar discursos en contra del gobierno, y luego porque los tomochitecos solían protestar en contra de la explotación de recursos naturales que hacían algunas empresas. El problema entre los pobladores y el párroco fue la gota que derramó el vaso.

Inspirados por su santita, se levantaron en armas y trataron de rebelarse contra el gobierno. Las tropas federales trataron de calmar el asunto, pero fueron derrotadas vergonzosamente. Las tropas reviraron y mataron a casi todos los hombres del pueblo. Las mujeres y los niños corrieron a la iglesia a esconderse, pero también perecieron cuando los soldados la quemaron. Fue una verdadera masacre, un hecho tan lamentable que por varias noches tuve pesadillas, pero no había otra cosa que hacer si se quería mantener la paz.

Los periódicos me recordaron la masacre por muchos años, e hicieron lo posible por que Tomóchic tuviera el peso suficiente para hacerme perder el poder. Teresa fue acusada de haber provocado la sublevación, la arrestaron y la deportaron a Estados Unidos, donde vivió hasta el día de su muerte.

Al inicio de 1892 estaba implícito que yo sería presidente de nuevo. Mis partidarios no tardaron en hacer lo necesario para lograr este fin.

Pablo Macedo, Joaquín Casasús y José Yves Limantour —un nombre que empezaba a sonar— constituyeron la Junta Central Porfirista y lanzaron mi candidatura.

Hubo reacciones a favor y en contra, entre estas últimas la de un abogado loco llamado Nicolás Zúñiga y Miranda. ¡De verdad estaba loco! Allá por el 86 u 87 anduvo diciendo que se iba a sentir un temblor de tierra en la Ciudad de México, y le atinó de pura suerte. Luego le dio por hacer más predicciones que terminaron por no cumplirse, pero él seguía de terco con que iba a temblar en las fechas que él daba. Pues bien, en 1892 este hombre decidió que iba a contender en las elecciones federales, y hasta se autonombró "el candidato del pueblo" o quién sabe qué burrada. Hizo su luchita en campaña con la esperanza de arrebatarme el poder. Yo les tenía más miedo al Club de Obreros Antirreeleccionistas y a los estudiantes que se manifestaban en contra de la reelección, pero sus manifestaciones fueron sofocadas por la policía y los comicios se celebraron en paz.

El resultado fue evidente. Yo me quedé con 17,277 votos, mientras que Nicolás Zúñiga y Miranda apenas obtuvo la ridícula cantidad de 21. Hizo su escándalo; dijo que le había hecho fraude electoral, como si aquello fuera necesario, y lo metieron a la cárcel unos días para ver si se calmaba un poco. ¿Tú crees que lo hizo? ¡Para nada! El muy loco se proclamó presidente legítimo y anduvo de campaña los siguientes cuatro años para ver si ahora sí ganaba. Nadie le prestó atención.

Por aquellos días yo le dictaba mis memorias a Matías Romero, a petición suya, cuando me dijo que quería retirarse de la Secretaría de Hacienda, pues su salud y su edad ya no le permitían desempeñar la función. Le acepté su renuncia, con miedo sólo de pensar quién me ayudaría a continuar con el progreso material de mi proyecto de nación.

Lo consulté con tu padre en múltiples ocasiones. Poco sabía de las llagas que se maquillaba en el rostro para ocultarlas del mundo.

Capítulo L

MI COMPADRE Manuel González murió el 8 de mayo de 1893, después de una larga agonía a causa de un cáncer de páncreas. Ya en sus últimas cartas se mostraba fatalista, triste; decía que lo acosaban los fantasmas de su pasado, que al mirarse al espejo se le veía la piel amarilla y la mirada se desvanecía en una tormenta que de repente le había aparecido en los ojos.

Los médicos le habían recomendado que descansara, que dejara de beber y fumar, pero él había dicho que si le quedaba poco por vivir, al menos iba a disfrutarlo de la mejor manera. Su esposa lo encontró muerto una mañana, más delgado que de costumbre, con sus barbas largas y los párpados cerrados. Lo mandé embalsamar y traer a la Ciudad de México para enterrarlo muy cerca de Sebastián Lerdo de Tejada, en la Rotonda de los Hombres Ilustres.

Pocos lloraron su muerte. La mayoría recordaban su presidencia con desprecio, y ya sabes que el mexicano no siente mucho respeto por la muerte. Acudieron al entierro su viuda y sus hijos, también toda mi familia. Debió de ser un momento incómodo para Amadita y Nacho de la Torre encontrarse a Fernando González en el velorio. Yo era tres años mayor que mi compadre, y ahí estaba más fuerte que nunca, al frente de un país, y mi compañero de armas muerto a los cincuenta y nueve años.

Por si fuera poco, un año después murió en Coahuila mi gran amigo de la infancia Justo Benítez, también tres años menor que yo. Me vestí de negro y fui a rendirle los últimos honores al gran mexicano que había sido, y lamenté que hubiéramos estado tan distantes los últimos años de su vida. Él quería la presidencia y yo no se la quería dar. Siempre me guardó rencor por eso. En cambio, yo no olvidé todo lo que él había hecho por mí desde aquella primera mañana que lo conocí en el seminario de Oaxaca. El poder saca lo mejor y lo peor de cada persona, y eso siempre termina por reflejarse en amigos y compañeros que también desean un poco de ese poder. Espero que don Justo descanse en paz, porque no vino a visitarme como los otros fantasmas que hoy me acosan. Allá él.

Benítez me hizo reflexionar sobre la amistad. Hay personas que están contigo muchísimos años y de repente dejan de estar a tu lado, y sólo vuelves a saber de ellas cuando una desgracia afecta su vida, como si la amistad tuviera un fin marcado desde el momento en el que se inicia. Luego te toca enfrentarte a tu mortalidad, cuando amigos de toda la vida comienzan a morir y te preguntas si tú serás el siguiente; te aterra la idea de que todo, el país, tu familia y tus conocidos puedan continuar sin ti, de que no eres necesario para que el mundo siga girando, y es ahí cuando los recuerdos pesan y los fantasmas aparecen en la vida de un hombre.

¿Dónde están mis amigos, Carmelita? Los muertos hablan más que los vivos, porque están hechos de recuerdos y esperanza. Quieres acompañarlos en el Mictlán y al mismo tiempo quedarte entre los vivos.

Ahora, en la flaqueza de mi cuerpo, quisiera saber si viviré más allá del 2 de julio de 1915 y si aún habrá tiempo para redimir pecados. ¿A quién habré de acosar cuando no sea más que materia sin espíritu? ¿Qué sucede con los recuerdos una vez que su dueño ha muerto? Ahora lo que narro parece tan lejano, y sin embargo fue importante para todo el país mientras sucedió. ¿Tiene importancia ese pasado? Ya no sé... Quiero descansar, pero temo que si cierro los ojos permanezcan así hasta el fin de los tiempos.

Capítulo LI

CUANDO MATÍAS ROMERO terminó de editar las memorias que le había dictado, lo envié como embajador extraordinario y plenipotenciario de México en Washington, donde permaneció hasta su muerte en 1898. Era siete años menor que yo.

Desde luego, el problema era quién iba a ocupar la Secretaría de Hacienda, que tan buenos resultados había conseguido para México durante mi gobierno. Lo consulté con tu padre y con el resto de los ministros; todos coincidieron en un nombre, la mano derecha de Matías Romero en sus últimos años a cargo de esa dependencia, José Yves, aunque yo siempre lo llamé Pepe Limantour. Desde luego había escuchado hablar de él, lo había visto en actos públicos y habíamos cruzado una que otra palabra, pero esto era diferente. Estaba por nombrarlo secretario de Hacienda.

Mandé llamarlo a mi despacho de Palacio Nacional y llegó muy arregladito, con un poco de miedo. Pálido, larguirucho, de rostro ovalado y largos bigotes rubios. Ya se le empezaba a caer el pelo.

—General, buenas tardes —estreché su mano y lo invité a sentarse. Pregunté por su familia y fui al grano.

—Señor Limantour, como usted sabe, mi gobierno ha puesto énfasis en las finanzas. Ha sido necesaria la inversión extranjera, pero con un delicado equilibrio con la protección y el fortalecimiento de la economía mexicana en el territorio nacional.

—Desde luego, eso lo entiendo, pero...

—Y no es, como mis detractores dicen, que le estoy dando todo a los gringos. A ésos les das la mano y te agarran el pie, lo procesan y luego te lo venden de regreso. Para nada. Deben existir oportunidades iguales para los gringos que para los europeos. Se han dado estímulos para ambos, pero sólo para que vean en nuestro país un campo donde invertir. Y no haga caso de los que dicen que con lo que hacemos sólo beneficiamos a los extranjeros. Si quieren invertir los mexicanos, que inviertan; si no, que aprovechen las inversiones de otros. Cada uno apuesta de acuerdo con sus posibilidades. ¿Me entiende?

—Sí, muy bien, es sólo que...

—Ah, ¿no se lo he dicho, don Pepe? Está usted a cargo de la Secretaría de Hacienda. Vaya, sea usted un heredero de la obra de Matías Romero.

Confundido, me dio la mano y fue a ocupar su despacho. Se puso a trabajar de inmediato. Redujo sueldos de trabajadores de gobierno, abolió las alcabalas (que eran un impuesto tonto que los empresarios tenían que pagar cada vez que su mercancía cruzaba la frontera de un estado) y reorganizó el sistema monetario bancario. Además, reconvirtió todas las deudas (algunas de ellas que veníamos arrastrando desde los tiempos de la Independencia).

Por si fuera poco, también duplicó el valor de los bonos mexicanos en Europa, y en 1895 ¡logró un superávit! ¿Te imaginas, Carmelita, no terminar un año de gobierno en números rojos? En definitiva, era un verdadero mago de las finanzas. Un científico en toda regla.

Curioso, ¿verdad? Mis ministros y secretarios operaban bajo el concepto de que toda forma de gobierno debía tener una precisión científica, orientada a un objetivo común. Así lograron los resultados que se necesitaban. Siempre andaban con eso de que la ciencia, la cultura, la economía, la historia, y todo debía ser científico, hasta que el pueblo empezó a llamarlos "los científicos". Como a mis ministros y secretarios les gustó el sobrenombre, comenzaron a utilizarlo también y se les quedó.

El mismo Justo Sierra, que ya despuntaba en la cultura de nuestro país, también asumiría el mote.

Mariano Escobedo era entonces presidente del Congreso de la Unión. Me mandó llamar a su recinto para otorgarme un reconocimiento por haber ganado la batalla del 2 de abril de 1867. Acudí con mi uniforme de general de división a recibir una medalla. Me sentía rancio, viejo, cansado. El Porfirio de antes había sucumbido a la edad. Aún lucía el porte, pero carecía de la fuerza y la juventud, por más que mis amigos y tú misma se encargaran de decir lo contrario.

Me sentía disminuido ante los aplausos de aquellos que ahora veían la Guerra de Reforma y la Intervención francesa como algo romántico, porque no les tocó pelear, disparar los fusiles, enterrar a los muertos y soportar las noches de hambre. Mariano Escobedo sí las había sentido, pero quizá las había olvidado, y a regañadientes había puesto sobre mi pecho ese pedazo de metal que me condecoraba, pues ni él ni yo podíamos olvidar la batalla en Icamole.

Y una lágrima rodó por mi mejilla.

El cielo se volvió neblina, la tormenta se desenvolvía en cada rincón del cielo, la Ciudad de México era un silencio impenetrable. Portaba mi levita negra cuando entré a casa de tus padres y de inmediato sentí una pesadez que no pude comprender. Habían apagado la luz eléctrica y encendido velas a un sinfín de santos y vírgenes impresos en cartoncillos y estatuas de madera. Tus hermanas estaban ahí, sus esposos también. Te levantaste del sillón y fuiste a recibirme.

—Porfirio, qué bueno que llegó usted, y disculpe que lo haya sacado de Palacio Nacional, pero consideré que esto era muy importante. Estamos esperando a que baje mi mamá con el médico.

Te secabas las lágrimas con un pañuelo.

—¿Qué tiene tu padre? Un malestar de la edad, seguramente. Reumas o artritis. No se olvide que sólo es un año mayor que yo.

Mas tú negaste con la cabeza con una maraña de suspiros atorada en la garganta.

—Ojalá Dios hiciera el milagro de que sus dolencias fueran algo tan sencillo como lo que usted menciona. No se lo quisimos decir, Porfirio, porque mi papá nos pidió a todos guardar el secreto, pero su rostro está lleno de llagas de quemaduras pues se inyecta morfina casi a diario para olvidar el dolor que lo aqueja, pero ya no puede seguir así. Le pido que no le diga que yo le conté sobre su terrible enfermedad, pero es que ya no puedo seguir callando. Dígale que descanse, que renuncie a su puesto y viva tranquilo los últimos días de su vida. Hágalo por mí.

Te abracé con fuerza, dejé que mi hombro se humedeciera con tu tristeza y tus sollozos silenciosos pusieran en evidencia el dolor que sentías en ese momento. Yo también cerré los ojos y compartí el sentimiento.

Las criadas trajeron copitas de licor para aligerar la espera, pero el silencio pesaba más que el alcohol. Me senté contigo a ver pasar el tiempo inmutable, el reloj de la esquina, el segundero, y a la tormenta arrebatar cada pedazo de luz. Apenas eran las tres de la tarde, pero bien podían haber sido las ocho de la noche. Cuando por fin apareció el médico con su maletín y los lentes empañados, un rayo cayó tan cerca que hizo tronar las ventanas y la lluvia empezó a colarse por los vitrales.

—He hecho todo lo que podía hacer —exclamó ronco—. Ahora todo está en manos de Dios, pero les sugiero que traigan a un cura para que lo confiesen por última vez.

Te derrumbaste, abriste la boca en un gemido largo mientras tus dedos se aferraban a mi brazo, y yo, impotente, sólo alcancé a decirles a las criadas que cumplieran lo que el médico había dicho. Subí hasta el segundo piso contigo. Doña Agustina estaba pálida, despeinada, con los labios blancos y la mirada perdida. La habitación estaba cerrada por los cortinajes, y un incienso intentaba aliviar el olor a peste que ya impregnaba aquel lugar.

El sacerdote llegó tarde. Te quedaste sin padre, yo sin suegro y México sin secretario de Gobernación. Según dicen, en sus últimas horas lo acosó incesantemente el fantasma de don Sebastián Lerdo de Tejada.

En 1896 volví a ganar las elecciones presidenciales. Nicolás Zúñiga y Miranda me acusó de fraude electoral y se proclamó presidente legítimo.

Capítulo LII

HABRÁ QUIENES RECUERDEN mis años en el poder desde un punto de vista romántico, donde todo era prosperidad, orden y progreso material, cada noche con un vals y un invento nuevo. Las utopías no existen y mal harían los mexicanos en creer en los candidatos que ofrecen soluciones mágicas desde cualquier corriente política.

Fui ciego al sufrimiento de los pobres. Fueron excluidos de las ciudades que planeamos con un esquema simple: en la zona bonita van a vivir los ricos, y en la zona marginal, ellos. A los indígenas los vestimos de traje y levita, pero parecían más disfraces que ropa de todos los días.

Pensé que el progreso material sería una ayuda para todos, y ahí quedaron, los pobres, ignorantes y marginados; los sucios y olvidados, los de piel morena y el estómago hundido, los que trabajaban en las haciendas y los pueblos. Sólo ahora lo veo, hoy entiendo su reclamo. ¡Y pensar que alguna vez no fui tan diferente a ellos!

Uno es incapaz de gobernar para todos. El bien común no siempre es el más popular.

Además, ¿de qué les hubiera servido un sufragio efectivo si no había quien pudiera remplazarme? Ningún presidente en México ha gobernado democráticamente por la sencilla razón de que el pueblo mexicano no es demócrata..., y tal vez nunca lo sea. Razones siempre habrá para quejarse del que lleve la banda presidencial, pero nunca para apoyar iniciativas o tomar ellos mismos el poder. ¿Cómo perder la oportunidad de echarle la culpa a alguien más? Si el pueblo mexicano se alimentara de críticas, no tendría hambre.

Como el famoso mito de que cambié la fecha de la independencia de México del 16 al 15 de septiembre para que coincidiera con mi cumpleaños, sólo para apuntarme con el dedo y llamarme ególatra y dictador. Se les olvida que Maximiliano de Habsburgo, diez años antes de que yo tomara la banda presidencial, ya conmemoraba el

Grito de Dolores el mismo 15 de septiembre. Los mexicanos no tienen memoria cuando se trata de perpetuar mitos.

En una de esas noches festivas, un 15 septiembre cualquiera de la última década del siglo XIX, salí como siempre a mi balcón de Palacio Nacional. Era una noche fría, la gente estaba reunida en la plaza, se escuchaba la música, se percibía el olor de las frituras y el carbón. Era costumbre que el presidente diera un discurso sobre la lucha independentista y otros valores positivos de la guerra, pero estaba yo cansado y olvidé lo que tenía que decir. La mente se me quedó en blanco y se me revolvió la lengua. Llevaba yo mi traje de militar y en mis manos una bandera verde, blanco y rojo con el águila bordada en oro. La gente me observaba. Los veía pestañear confundidos y, antes de que tuvieran tiempo de chiflarme o hacerme mofa, recordé el grito que había dado Miguel Hidalgo aquella madrugada de septiembre de 1810.

¡Vivan los héroes que nos dieron patria!, grité…, y el pueblo de inmediato gritó ¡Vivan! Y así me seguí, alabando a Hidalgo, Allende, Aldama, Morelos y Matamoros. Cuando se me acabaron los nombres de los héroes patrios, continué con tres gritos de ¡Viva México!, y salí del balcón. Los fuegos artificiales engalanaron la noche, iluminaron las estrellas y pintaron, por un breve instante, la plaza con mil colores.

La gente esperaba el discurso de siempre, y en los días posteriores hicieron burla. Los dejé, también uno tiene que aprender a reírse de uno mismo.

En los años siguientes dejé que continuara esa tradición de salir al balcón para gritar vivas a nuestros héroes patrios, en parte porque pensaba que eso era mejor que dar discursos largos que cansaban a la gente y no estaban a la altura del tenor de la celebración, y por otro lado porque uno tiene su orgullo y es mejor conservarlo.

Fue también la década de…, bueno, me imagino que recuerdas bastante bien al señor Arnulfo Arroyo. Ese pelado pensaba cambiar el destino de México en compañía de una piedra.

Sucedió el 16 de septiembre de 1897. Salí de Palacio Nacional a eso del mediodía en una calesa descapotada. La gente se había apostado para gritar y aplaudir; llevaban sus mejores ropas para festejar la independencia. Los edificios estaban decorados con banderas y motivos tricolores. Se escuchaban música y cohetes. Era una fiesta para todo el pueblo.

Me dirigí rumbo a la Alameda Central. Recuerdo que iban conmigo el general brigadier Ortiz Monasterio, el general Pradillo y el teniente coronel Fernando González, hijo de mi compadre Manuel González, que en paz descanse.

Llevaba yo mi mejor uniforme, mis medallas al pecho, mi sombrero. Al llegar a la Alameda bajé de la calesa para dirigirme al pabellón morisco, cuando un hombre sucio, alcoholizado y zarrapastroso me saltó encima con una piedra e intentó golpearme.

—Para que vean que soy hombre —gritó, mientras su brazo bajaba sobre mi cabeza, pero sólo alcanzó a tirarme el sombrero, y caí hacia delante.

Lo siguiente sucedió muy rápido: mientras unos soldados me ayudaban a levantarme, el general brigadier Ortiz Monasterio rompió su bastón de ébano sobre aquel hombre, el señor Pradillo también se lanzó sobre él en tanto que Fernandito intentaba detenerlo. Finalmente, fue el general Pradillo quien logró someterlo y lo entregó a la tropa para que hiciera lo pertinente. Yo, una vez repuesto, intervine de inmediato:

—No, compadre, que no se le haga nada. Hay que entregarlo a la justicia para que ella se haga cargo.

Se lo llevaron entre los abucheos de la gente y vivas a mi persona. Aunque me temblaban las piernas y me hervía la sangre, hice como que no había pasado nada y, simulando tranquilidad, continué con las celebraciones de la independencia nacional. Se envió un parte a todas las embajadas para avisar del incidente, y un mensajero fue a darte la noticia. Corriste a Palacio Nacional a verme, a revisar cómo estaba, y te quedaste conmigo un buen rato. Nunca me preguntaste qué había pasado; con que yo estuviera bien era suficiente para ti.

Ya en casa, el gobernador del Distrito Federal vino a decirme que el agresor era un tal Arnulfo Arroyo, abogado con fama de pendenciero y borracho. Esperaba mis instrucciones.

—¿Mis instrucciones? Señor gobernador, para eso tenemos leyes. Haga que se cumplan.

—Sí, señor presidente, como usted ordene.

—Déjese de ideas tontas y vaya a investigar qué sucedió.

Se retiró de mi casa y yo me fui a descansar.

A primera hora de la mañana me despertó uno de los soldados que custodiaban la casa, insistió en que el gobernador del Distrito Federal quería hablar conmigo. Me puse mi mejor bata, medio me peiné el bigote y bajé por la escalinata hasta la sala. Don Nicolás Islas se limpiaba el sudor de la frente con un pañuelo blanco.

—Disculpe que lo moleste a estas horas, señor presidente, pero hay algo importante que usted debe saber.

—No se preocupe, don Nicolás, ya sabe usted que me gusta madrugar y hacer mi calistenia desde muy temprano. Dígame, en qué puedo ayudarlo.

—Verá usted, no me gusta ser quien le diga esto, pero un tropel de hombres del pueblo entró hoy a la una de la mañana al Palacio Municipal, subió las escaleras y arrollando a los gendarmes que hacían la guardia llegó hasta el despacho del inspector general de policía.

Luego se quedó callado.

—¿Y? ¿Qué sucedió? —insistí.

—Mataron a Arnulfo Arroyo, que se encontraba precisamente en aquel lugar, mientras se le bajaba la borrachera para poder presentar su declaración por el agravio que cometió contra su persona, señor presidente.

Mi puño golpeó contra una de las mesas, se cayó un jarrón, una de las sirvientas corrió a recoger los pedazos. El gobernador saltó hacia atrás espantado.

—Bonito favor me hizo la bola de estúpidos de la comandancia de la policía. A ver, dígame, don Nicolás, ¿ahora quién va a creer que yo no tuve nada que ver en eso? ¡Nadie! Un grupo de hombres que seguramente pasaron inadvertidos y ahora para encontrarlos vamos a tener que hacer milagros, ¿verdad?

—Ya estamos investigando, no se preocupe.

—Mire, el atole es muy rico cuando me lo traen de chocolate y puedo acompañarlo con unos tamales, pero si me lo dan con el dedo me echan a perder el sabor. Arreste al jefe de la policía y a todos los responsables.

—Como usted ordene, general —respondió, y salió de casa.

Desde luego, no hubo periódico en el país que no reprodujera la historia del fallido atentado contra mi persona y hablara del supuesto linchamiento de Arnulfo Arroyo, que luego se supo era un anarquista. A los responsables los arrestaron y juzgaron.

Esa noche, en secreto, me llevaron las fotografías del cuerpo de Arnulfo Arroyo. Estaba tendido sobre una mesa, todo lleno de hoyos y heridas, su barba de candado tenía sangre seca, su bigote carecía de forma. Lo habían destrozado. Tiré las imágenes al fuego con un miedo profundo.

¿Qué hubiera pasado con México si Arnulfo Arroyo hubiera tenido una pistola en lugar de una piedra?

Capítulo LIII

CUANDO ERA JOVEN, allá en Oaxaca, acudía a las tertulias a bailar. Recuerdo una canción en particular que me encantaba y que luego bailé en compañía de Juana Cata. Iba más o menos así:

Antenoche fui a tu casa
Tres golpes le di al candado
Tú no sirves para amores
Tienes el sueño pesado
Ay, Sandunga, Sandunga mamá por Dios
Sandunga no seas ingrata, mamá de mi corazón

Me ofreciste acompañarme
Desde la iglesia a mi choza
Pero como no llegabas
Tuve que venirme sola
Ay, Sandunga, Sandunga mamá por Dios
Sandunga no seas ingrata, mamá de mi corazón

A orillas del Papaloapan
Me estaba bañando ayer
Pasaste por las orillas
Y no me quisiste ver
Ay, Sandunga, Sandunga mamá por Dios
Sandunga no seas ingrata, mamá de mi corazón

Siempre que me viene a la cabeza, pienso en la juventud de Juana Cata vestida de tehuana, con su traje de holanes, encajes y terciopelo, con el huipil bordado y la falda larga. Siempre la recordaré así. Cada vez que recibía una carta suya, me la imaginaba inocente y fresca, como si el tiempo no hubiera pasado por su piel y sus ojos aún estuvieran llenos de fuego. ¿Recuerdas la carta que recibí antes de que terminara el siglo? Léela, Carmelita, la debo de tener en aquel cajón.

Mi querido Porfirio:

Disculpa el atrevimiento de no llamarte señor presidente, pero te recuerdo como el joven lleno de energía que hace muchos años visitó Tehuantepec. Entonces parecía tan lejano el nuevo siglo que ahora, a la entrada, es una realidad de la que no podemos escapar.

Cuando este siglo comenzó éramos parte del Imperio español, y por la lucha y la sangre nos convertimos en México, pero ¿alguna vez te imaginaste que tú serías el último presidente de esos cien años y el primero de los siguientes? Tu nombre ya estaba asegurado en los libros de historia, incluso antes de que te colocaras la banda presidencial por primera vez y juraras defender la Constitución de 1857. ¿Es tanto el amor que sientes por este país que eres capaz de traicionar tus principios de no reelección con tal de mantener la paz? Por un lado veo a los soldados con el fusil al hombro y por el otro el progreso material de mi tierra, pues yo también he luchado por el bienestar de Tehuantepec con la creación de escuelas y comercios, y me pregunto si de verdad vale la pena una paz forzada.

Tal vez sea la única forma de mantener a los mexicanos ocupados en su trabajo, o quizás el papel de padre que desempeñaste para tus hermanas y tus propios hijos te ha llevado a adoptar la misma actitud hacia México. ¿Te sientes el padre de los mexicanos, ese que te hizo falta? ¿Eres el hombre amoroso que quiere educar al país con lecciones duras? Tal vez así haya sido la forma de gobierno de los otros presidentes del siglo XIX, y faltará ver si el siglo XX será de la misma manera.

No sé cuánto tiempo será necesario para que la paz sea parte fundamental del país. ¿Cuántos yaquis hay que matar por el bien de los demás? Cada gota de sangre tiene un precio, Porfirio, nunca lo olvides, y el temible juicio de la historia se encargará de cobrarte en la vida o en la muerte. No es la primera vez que te lo escribo.

La otra noche soñaba con el Árbol del Tule cuando, entre la niebla de lo onírico, apareció tu figura en un traje de militar y las condecoraciones al pecho. Sacaste tu espada del cinto y levantaste la cabeza. Recuerdo tu voz como la de un trueno:

La que gime bajo la púnica maldición
y se ahoga bajo el peso de su oro,
antes de sanar, aún más enfermará.
Su boca viva engendrará moscones
y gusanos que en sus ojos bullirán.
Hombre alguno sabrá el día de su muerte.

Desconozco lo que estas palabras puedan significar, pues al decirlas desperté de golpe y corrí a escribirlas para no olvidarlas. Me parecieron misteriosas, sugerentes, el aviso de una tormenta que ahora pongo en tus manos para que seas tú quien las descifre en su momento.

Pronto descubriremos lo que nos aguarda el nuevo siglo. Podría ser más de lo mismo o un cambio radical. Los hombres que te llevaron al poder no son los mismos que ahora rigen la vida nacional, y sus ideas le darán nueva sangre a este viejo corazón que late bajo tierra.

A propósito, ¿has visto las profecías de los periódicos que dicen que el mundo acabará antes de que empiece el siglo XX?

Juana Catalina Romero

Pasaron muchos años antes de que entendiera lo que quería decir aquella estrofa.

Capítulo LIV

Don Pepe Limantour se convirtió en un "científico" muy popular. No me vas a negar, Carmelita, que tenía un cierto porte varonil que llamaba la atención de todas las mujeres. Desde sus patillas modernas hasta su vestimenta se notaba su ascendencia francesa. Hubo quien se atrevió a decir que su sangre europea no le debía permitir tomar un cargo público tan importante como la Secretaría de Hacienda; pero había nacido en México, y cuando tuvo edad suficiente eligió la nacionalidad mexicana. Así, yo decía: si sus detractores tienen suficiente conocimiento de negocios para lograr un superávit y equilibrar las finanzas, pues bienvenidos sean para tomar el cargo; si no, mejor que se callen.

Dicho esto, y como sabrás, nada en mi gobierno pasó inadvertido para mí. Por eso supe que hubo algunos hombres en el gobierno que mencionaron, en privado, que las obras de progreso que se emprendían en todo el país eran cosa exclusiva de Limantour, lo cual no era cierto, aunque sí era su trabajo.

La modernización de las ciudades fue una realidad, como pudiste comprobarlo la noche del 14 de febrero de 1898, cuando me acompañaste a una de las calles del centro de la capital. La oscuridad lo cubría todo y la noche cobijaba los horrores más profundos. Temblabas mientras caminábamos por esas calles, no sé si por el frío que se había posado sobre nosotros o por la loca idea de que pudiéramos encontrarnos el fantasma de una mujer que llorara por sus hijos muertos.

Nos detuvimos junto a un poste que había sido envuelto en una cinta tricolor. Miré mi reloj para asegurarme de que dieran las diez de la noche, y sólo entonces nos vimos envueltos por la luz. ¡No más candiles de gas y aceite! Había luz eléctrica para las calles principales, y pronto también para el resto.

La compañía alemana Siemens se había encargado de poner alumbrado público con un método perfeccionado por un gringo de apellido

Edison, que permitía que una resistencia colocada dentro de una bombilla diera una luz amarilla intensa. ¡Adiós a los fantasmas, adiós a los ladrones! La delincuencia en la Ciudad de México bajó considerablemente.

Eso no es todo. No me vas a negar que los aparatos telefónicos también cambiaron la forma en que nos comunicamos. En una ciudad tan grande como la capital, la única forma que uno tenía de hacerle llegar un recado a otra persona que se encontraba lejos era a través del telégrafo (tomando en cuenta que cobraban por palabra, uno tenía que utilizar un método de pensamiento llamado economía del lenguaje), o escribiendo una carta, y esperar a que llegara, el receptor la leyera y mandara la respuesta.

Entonces una compañía llamada Ericsson me ofreció una solución que parecía sacada de uno de esos libros de Julio Verne, que estaban tan de moda en la época: ¿y si uno pudiera escuchar ahí mismo la voz de la persona, por más lejos que estuviera? Me pareció un invento interesantísimo.

Antes de casarme contigo mandé hacer dos pruebas de este invento. La primera era una línea que conectaba el Castillo de Chapultepec con Palacio Nacional. La calidad de la voz no era muy buena, pero ¡imagínate que podía escuchar la voz de mi compadre González en el Castillo de Chapultepec mientras yo estaba en mero Palacio Nacional! Luego hicimos otra conexión entre la Ciudad de México y el lejano pueblo de Tlalpan, esto para probar lo que se llama larga distancia. El resultado fue todo un éxito, y comenzaron a conectar toda la ciudad.

Para finales del siglo XIX había más de cinco mil aparatos telefónicos funcionando, y por eso tuve que pedir que se editara un directorio telefónico de ocho páginas donde se tuviera el nombre de todos los suscriptores y el número asignado a su casa. ¿Te acuerdas del nuestro? El sesenta y cuatro.

Con la creación de la tan necesaria Secretaría de Comunicaciones y Obras Públicas, en 1891, quedaron bajo su jurisdicción los 23,000 kilómetros de líneas telegráficas, el teléfono y el correo, que hice entrar a la Unión Postal Universal, pues ya hacía falta.

Vaya, qué diferencia entre el México de hoy y la Oaxaca pobre en que nací. El siglo XIX tuvo tal avance en el ámbito científico que no creo que el siglo XX pueda superarlo. Era maravilloso cómo la

Revolución industrial cambiaba nuestra forma de vivir. Las comunicaciones formaban una verdadera red que envolvía a la República y enlazaba íntimamente sus diversas regiones.

¿Cómo podría olvidar otro invento maravilloso? Vinieron unos representantes de los hermanos Lumière a presentarnos un invento que parecía venir del diablo mismo. Hablaban de imágenes en movimiento y no sé de qué tanto, y yo me imaginé una fotografía o un daguerrotipo que se movía solo por la sala. Quisieron darme una demostración y les dije que eso sería lo más correcto.

Una semana después nos reunimos para ver qué tenían que mostrarnos. Todo el clan Díaz se dio cita en el Castillo de Chapultepec: Amada, Luz, Firio, tus hermanas y nosotros dos. Nos sentamos, cerraron las persianas y un aparato empezó a hacer un ruido muy interesante. Un cuadro luminoso apareció frente a nosotros, seguido de la imagen de una estación de tren. Había algo raro: las personas de la fotografía no estaban quietas, se movían, estiraban las piernas, agitaban los brazos, y de repente, a lo lejos, apareció un tren que avanzó por las vías hasta detenerse. Luz fue la única que se levantó, asustada.

—¡Viene el tren! ¡El tren! —gritó la pobre.

—Ay, Lucita, si serás…, mujer —se burló Firio.

Cuando terminó el espectáculo, que duró tan sólo unos segundos, pedí que lo volvieran a poner para nosotros. Aquello era magia, hechicería, y al mismo tiempo tecnología y progreso. Me preguntaron si estaba interesado y les dije que sí. ¿Cómo no iba a querer semejante espectáculo para México? Seríamos el primer país de América en tener un cinematógrafo. Ni los gringos tenían el suyo, aunque Edison no tardaría en desarrollarlo.

Los emisarios de los hermanos Lumière dijeron que querían filmar la primera película en nuestro país, para que pudieran verla los mexicanos y llevarla a todo el mundo. Habían sugerido que fuera yo la estrella en alguna acción cotidiana. No quise que me filmaran corriendo por las mañanas o haciendo mi calistenia diaria, pero sí en otra actividad que hacía con regularidad.

Decidimos que lo harían mientras cabalgaba en Chapultepec. Escogimos un día cualquiera, me monté en mi caballo y lo conduje algunos metros, mientras una caja negra registraba cada uno de mis movimientos. Días después organizamos una proyección privada en el castillo para ver las imágenes. ¡El blanco y negro cobró vida! Ahí estaba, claro, en una fotografía que se movía. Algunos segundos de mí, montado sobre un caballo, con los ahuehuetes plateados al fondo.

Así se filmó la primera película mexicana y me convertí en el primer actor que tuvo el país.

Fue una época en que otro hombre tomó fuerza en la vida nacional, y que luego también sería llamado científico, don Justo Sierra. Gordo, bonachón y culto, había apoyado mi primera presidencia como un logro político. Siempre expresó admiración por el progreso que había emprendido durante mi gobierno, pero cuestionaba si valía la pena el sacrificio de la democracia. Yo siempre me justificaba con alguna frase como: "Estoy aquí porque ha sido la voluntad del pueblo".

Su tema, era uno que, desde luego, también me importaba: la educación. No olvido que una vez que hablábamos del tema me dijo:

—Así queda definido el deber; educar quiere decir fortificar; la libertad, la médula de los leones, sólo ha sido, individual y colectivamente, el patrimonio de los fuertes; los débiles jamás han sido libres. Toda la evolución social mexicana ha sido abortiva y frustrante si no llega a ese fin total: la libertad.

Bien que lo sabía yo. En el siglo XIX se habían hecho pocos esfuerzos reales por la educación mexicana. No en vano en mi gobierno se proclamó, por primera vez, una ley que establecía que la educación debía ser laica y gratuita. En la ideología positivista el conocimiento debía ser científico, es decir, comprobable. Nada de cuestiones metafísicas y teológicas que no aportaban mucho a la sociedad.

En 1887 se fundó la Escuela Normal de Profesores, que estuvo encargada de formar profesores positivistas.

El Colegio Militar también se benefició de estas reformas educativas. Aún instalado en parte del Castillo de Chapultepec, formaba a los elementos básicos del ejército, como la infantería y la caballería, la artillería y a los miembros del Estado Mayor. En muchas ocasiones acudí a ceremonias y graduaciones a entregar premios y distinciones a los cadetes más destacados, siempre con la imagen del Chato formando parte de sus filas tantos años atrás. Firio también pasó por ahí, pero él se tituló de Ingeniero Militar.

En resumidas cuentas, hice lo posible por reformar la educación de México. Recurrí a pedagogos internacionales, como el suizo Enrique Rébsamen, y mandé que se hicieran dos congresos nacionales de instrucción pública, en 1889 y 1891.

Suena bonito, ¿verdad, Carmelita? Si tan sólo hubiera llegado a toda la gente, pero la educación permaneció en las clases gobernantes y privilegiadas. Los pobres, los campesinos y los indígenas quedaron relegados en la ignorancia a pesar de mis esfuerzos, y el analfabetismo se mantuvo y aún hoy no se ha podido remediar. Pero entonces no lo vi…, me cegaron los aplausos y las adulaciones. El progreso visible no me permitió ver la miseria invisible…

Hubo también una inversión de tiempo y dinero en la promoción de la cultura y en subsidiar a los artistas. Por un lado apoyamos a los escritores de otra generación, como Ignacio Manuel Altamirano y Guillermo Prieto, y por el otro a los jóvenes modernistas, como Manuel Gutiérrez Nájera, Salvador Díaz Mirón, Joaquín Arcadio Pagaza, Manuel J. Othón y Amado Nervo. Recuerdo bien que leías a Luis Inclán, Rafael Delgado, Ángel Campos y José López Portillo y Rojas.

Después de las letras, la música fue el entretenimiento cultural que más disfrutaba el pueblo, desde los valses creados por Juventino Rosas hasta las óperas de temas mexicanos.

Ni hablar de los paisajes tan hermosos que pintaba José María Velasco por todo el país.

Se publicaron una serie de libros con el nombre de *México a través de los siglos*, que se definía como la historia general y completa del desenvolvimiento social, político, religioso, militar, artístico, científico y literario del país, desde la antigüedad más remota hasta la época actual. Participaron en esta obra intelectuales de mucho renombre, como Vicente Riva Palacio, Julio Zárate, Juan de Dios Arias, Alfredo Chavero y José María Vigil. Eran diez tomos muy bonitos con dibujos y textos explicativos; los encuadernaron en piel con portadas que describían el pasaje histórico que narraban. En verdad, una obra única en su género.

El asunto con intelectuales, periodistas y artistas, Carmelita, es que siempre están buscando cómo expresarse de formas dramáticas. Son como perros hambrientos, y cuando uno les da un hueso rara vez atacan la mano que les da de comer. Nunca lo olvides, es una regla política muy importante: perro con hueso en la boca ni ladra ni muerde. No importa qué ideología esté en el gobierno de México, es la única forma de controlar a estos hombres. Y siempre es mejor tenerlos de tu lado.

En diciembre de 1898 partí a Nuevo León para realizar diversas inauguraciones. Además de ti, me acompañaron ministros y empresarios, entre ellos don Pepe Limantour y su mujer. Fuimos a Monterrey, la capital del estado, para ver todo lo que Bernardo Reyes, gobernador, había realizado. En verdad había cambiado el rostro de la ciudad con pequeñas obras, pero muy precisas. Me quedé admirado de lo que había hecho.

La visita finalizó en el Teatro Juárez, donde estuve como invitado de honor. Salí al palco presidencial entre aplausos. Luego de que la banda tocó el Himno Nacional, me levanté, agradecí los aplausos y exclamé:

—Después de estudiar detenidamente los grandes beneficios que bajo su inteligencia y acertado mandato ha alcanzado este laborioso estado, considero justo decirle, condensando todos los elogios que inspiran sus obras: general Reyes, así se gobierna. ¡Así se corresponde al mandato del pueblo!

¿Te acuerdas? Los presentes aplaudieron a Bernardo Reyes. Algunas personas empezaron a verlo como mi sucesor; otras, a Pepe Limantour.

En todo mi gobierno siempre se habló de quién había de sucederme en el poder, quién tendría los tamaños para gobernar un país de pelados y de continuar con las obras de progreso. ¿Quién diría que mi sucesor sería la persona menos pensada? Ni yo en mis sueños más locos.

Capítulo LV

EL ASUNTO DE LAS TIERRAS también fue importantísimo. Todo lo relacionado con los terrenos abandonados y la propiedad de éstos era un caso que se venía arrastrando desde la Colonia. Si tenía tanta confianza depositada en los hacendados para ayudarme con la economía, ¿cómo podrían hacerlo con extensiones tan pequeñas?

En 1883, en tiempos de la presidencia de mi compadre González, se expidió la ley de tierras y enajenación de terrenos baldíos. Hubo haciendas que alcanzaron diez mil hectáreas, y otras hasta cien mil.

Como es normal en todo progreso, la labor de las haciendas absorbió el trabajo que hacían otros pueblos de tradición milenaria, pero cuya mano de obra artesanal no podía competir con las maravillas de la Revolución industrial. Lo mismo sucedió con las plantaciones de henequén y tabaco. Yo veía los resultados económicos y estaba complacido. En lo que a mí respectaba, no existía un problema de tierras. Los recursos naturales se explotaban de la manera más efectiva.

En un país con diez millones de personas, había ochocientos treinta hacendados que ofrecían trabajo y hasta construyeron tiendas de raya. ¿No sabes qué son? Cuando los trabajadores de esas haciendas cobraban su sueldo, ellos lo llamaban rayar. Algunos hacendados lo que hicieron fue construir tiendas donde los mismos empleados podían comprar productos básicos a cambio de su sueldo. De ahí el motecito de "tienda de raya".

Es verdad que algunos peones de la hacienda se endrogaban más de lo necesario, y que ciertos hacendados pagaban con una moneda que sólo se podía cambiar en este tipo de comercios, pero los gobernadores de cada entidad me reportaban que eran casos aislados, así que no vi razón. Y como habíamos firmado la paz con la tribu yaqui, creí que la *pax porfiriana* volvería a establecerse en todo el territorio nacional.

Poco antes de que se inaugurara el Banco Mercantil de Monterrey, celebramos el matrimonio de Luz con Francisco Rincón Gallardo, quien pertenecía a una de las familias más aristocráticas de la clase política del país. Cuando él pidió verme en casa supuse lo que iba a suceder, y no puedo explicar los sentimientos entremezclados que experimenté en aquel momento. Primero, porque una de mis hijas había encontrado un buen marido, pero al mismo tiempo perdía a la más pequeña. Francisco Rincón Gallardo siempre fue muy correcto hacia mi persona, como si le impusiera más temor que respeto, y aceptó sin protestar que la boda se llevara a cabo en la casa. Aquel noviembre, ataviada de blanco con un vestido lleno de encajes y un velo larguísimo, la entregué a su marido.

Ay, Carmelita, se veía tan chiquita mientras tomaba la mano de su nuevo marido frente al juez. Firio vino con su esposa Luisa y Amadita con Nacho de la Torre. Ahí anduvieron todos, y yo pensaba en lo difícil que sería perderlos. Tu madre fue la única que comprendió exactamente cómo me sentía.

—Descuide, general. Ya estuvieron con usted, aprendieron de sus obras y los educó lo mejor que pudo. Los hijos son para tenerlos, no para retenerlos. Ahora es cuando a ellos les toca vivir y cambiar el mundo.

—Tiene usted razón, doña Agustina.

—Además, los hijos no se mueren; van a vivir muy cerca y lo van a visitar muchas veces. Espero que más que Amadita, que casi no se deja ver.

—Ese Nacho me la tiene muy alejada en su hacienda, y nomás no encargan chamacos. Espero que con Luz no sea el mismo caso.

—Ah, qué don Porfirio, usted va a ser el abuelo con más fortaleza que haya visto. Y aprovecho que lo tengo aquí conmigo para brindar con usted. ¡Salud por el matrimonio de su hija!

Chocamos las copas.

Capítulo LVI

ERAN LAS ÚLTIMAS HORAS del siglo, el 31 de diciembre de 1899. Desde el Castillo de Chapultepec podía contemplar el último atardecer, el rasgado de nubes sobre los edificios de piedra, el cielo cobrizo sobre las cúpulas, el aire invernal que sacudía los ahuehuetes, el baile inexcusable de las primeras estrellas y la luna menguante en forma de cuna. Jamás imaginé llegar hasta ese día encumbrado por la gloria y el poder.

Respiré profundo. Fui hasta mi habitación para vestirme con mi mejor levita y luego me polveaste la cara con polvos de arroz. ¡Los invitados iban a llegar en cualquier momento y yo todavía no estaba listo! La orquesta comenzó a tocar el vals que te escribió Juventino Rosas y luego *Sobre las olas*, del mismo autor. Toda la sociedad de alcurnia estaba ahí, con una copa en la mano, y toda mi familia también. Es curioso, pero en aquel momento me sentí solo rodeado de tanta gente y me hubiera gustado apartarme a un lugar más solitario, pero me mantuve, cené con ustedes, di unas palabras por el nuevo siglo y, cuando menos lo pensaba, todos los relojes empezaron a sonar: una, dos, tres, doce veces, y siguieron los aplausos, las felicitaciones y los buenos deseos.

Salí del salón con mis recuerdos, al aire de la noche que escondía los fantasmas invisibles de mis padres, de Desideria, Manuela y Nicolasa, de Félix y hasta de mi querida Delfina. Todos ahí, sin estarlo, mi querido Manuel González y Justo Benítez, hasta Benito Juárez y Sebastián Lerdo de Tejada, piezas importantes de un siglo que había perecido. Sentí el toque delicado de tu tacto en mi hombro, tu abrazo.

—¿Está usted bien, Porfirio?

Y yo suspiré antes de responderte.

—Miro las estrellas y trato de imaginarme lo que habrán pensado los mexicas, que vieron en ellas a los muertos, porque si es cierto, entonces sólo hace falta levantar la vista y pensar que ahí estaremos una vez que termine nuestra vida en el planeta. No soy una pintura, ni una fotografía o una estatua. Siempre se les olvida que soy una persona que siente, vive, escucha a sus muertos y tiene una ideología de gobierno.

—¿Cómo se me podría olvidar, Porfirio? Si cada uno de mis latidos susurra su nombre y usted es el motor de todos mis sueños.

Me volví para verte. Una sonrisa compacta y un beso largo en los labios. El cielo quedó iluminado por los fuegos artificiales y los cohetes. Los demás invitados nos rodearon para ver el espectáculo. Amada, Firio, Luz, tú y yo compartíamos un momento especial en aquel aire tan cargado de pólvora.

¡Bienvenido seas, siglo xx!

Capítulo LVII

TAMPOCO PUEDO hacerme responsable de todo lo que sucedió en México en todos mis años de gobierno. Es cierto que si no hubiera impuesto la paz a la fuerza, no se hubieran construido tantas líneas de ferrocarril ni hubiéramos sido el primer país de América con cinematógrafo; tampoco hubieran florecido tantas industrias de las que hoy depende México. Me preocupé tanto por el país que no me di cuenta de lo grave que era ser indispensable para una nación, ni de que la sociedad que me había llevado al poder, en aplauso franco y felicitaciones por mis victorias militares, ya no era la misma que regía la vida nacional. Fui un tonto, Carmelita, un inepto disfrazado de poder supremo.

Siempre dije que los jóvenes no estaban listos para gobernar México. ¿Por qué? Después de todo, les faltaba experiencia en la política y en los campos de batalla, y así les fui cortando el paso sin saber lo que me costaría más adelante. Había personalidades políticas que crecían en popularidad, como Pepe Limantour y el general Bernardo Reyes. A este último, para tenerlo cerca, lo puse a cargo de la Secretaría de Guerra.

Días después del nombramiento de Reyes salí de mi despacho, muy temprano, para inaugurar las obras de desagüe del Valle de México. El edificio también fue una obra maestra de ingeniería y arquitectura; era bello y funcional, moderno. Quería representar a México a través de sus obras y, ¿sabes qué?, un presidente puede decir lo que quiera de su gobierno, pero si no logra representarlo de forma material, no importa. ¿Tú crees que al pueblo le importa si las leyes cambian una coma, o si firmas cuarenta tratados con otros países, si no cambia su realidad? Con el nuevo desagüe quería evitar que la ciudad se inundara tiro por viaje cada verano, como sucedía desde tiempos coloniales.

También en 1900 se acercaban las elecciones. Como en otras ocasiones, dediqué tiempo para ser candidato a la presidencia, es decir, aparecí en actos públicos y los discursos consabidos de siempre. Desde luego eran tiempos más sencillos; me quisieran o no en la presidencia, el pueblo mexicano sabía que nadie iba a tener tantos tamaños como yo.

Como era de esperarse, dos nombres empezaron a sonar con fuerza: el de Bernardo Reyes y el de Pepe Limantour, y me dije: ¿por qué no lanzarlos como candidatos? No pensaba que fueran a ganar. ¡Nadie votaría por ellos si los ponía a competir uno contra el otro! Pero si sólo uno se lanzaba, digamos Bernardo Reyes, entonces mi estancia en el poder peligraba. Recuerda, Carmelita: divide y vencerás. Todo político debe tener esas tres palabras en su refranero de cabecera.

Desde luego, el loco de Nicolás Zúñiga y Miranda contendió y se llevó a cabo el proceso electoral a final de año. Los resultados se me anunciaron en privado después de haber sido leídos ante el Congreso, y ese primero de diciembre tomé el poder por sexta ocasión. Las calles se llenaron de gente de todas las clases sociales, que vitoreaban y agitaban pañuelos.

Desde luego te acordarás que ese mismo día, antes del banquete que había organizado para celebrar la victoria, vino Manuel González Cosío. En aquel entonces estaba al mando de la Secretaría de Estado y del Despacho de Gobernación. En ese momento no te dije cuál fue la naturaleza de mi reunión. Tal vez la hayas adivinado después.

—Señor presidente —dijo don Manuel al tomar asiento en mi despacho—, urgía que volviera para que pudiera platicar con usted. Hay cosas que uno no puede, o no debe, poner por escrito.

—Hábleme claro, que no estoy para jueguitos.

—Verá usted, general. Sé que mi antecesor ya había hablado con usted de este tema, y que el buen nombre de la familia presidencial está en juego. Mire, para qué nos hacemos tontos si ya sabe lo que le voy a contar de su yerno.

—¿Nachito?

—Toda la ciudad lo comenta, señor presidente. Dicen que lo han visto en ciertas fiestas, digamos, inmorales, y pues...

—¿Y no se han hecho redadas en esas fiestas de maricones? Nunca han encontrado a mi yerno ahí. Yo hablaré con Nacho y usted deje de preocuparse.

—Cómo usted diga, señor presidente —respondió, aunque francamente el débil temblor de su voz me revelaba que no estaba seguro de mi respuesta. Lo cierto es que yo tampoco.

Volví al banquete y brindé como pocas veces, pero las sonrisas no eran las de otrora: se habían tornado falsas, cínicas. El siglo anterior había terminado, y el primer indicador que tuve de ello fue el anuncio de la muerte de la reina Victoria, por la que envié un telegrama de condolencias en nombre de todo el pueblo mexicano. Al menos ella tuvo el sentido común de morirse en su propio siglo. Yo fui más tonto.

El segundo indicador de lo grave de la situación del país se presentó en los primeros meses de 1901. Tú te has de acordar perfectamente de cuando me viste recostado una mañana que entraste a mi habitación para despertarme. No había luz con los cortinajes cerrados, pero supe que tu expresión era de horror y tu silencio delató la preocupación que sentías. ¿Por qué no me había levantado antes que tú? ¿Cómo es que el cochero no me había llevado temprano al Bosque de Chapultepec a correr o a Palacio Nacional a conversar con alguno de mis secretarios? No te lo explicabas porque jamás me habías visto quedarme en cama cualquier día que no fuera domingo. Estaba yo recostado bocarriba y cuando carraspeé te asustaste.

—Porfirio, ¿se siente bien? —preguntaste, como si aquello fuera un buenos días amargo.

—Sí, Carmen. Sólo ando un poco…

Y no me dejaste terminar, dijiste que ibas a buscar un médico y bajaste corriendo las escaleras de la casa, hasta la calle de Cadena, donde pediste que fueran por un matasanos porque "quién sabe por qué se siente mal el señor presidente". Tú creíste que no se iban a enterar todos.

En cuestión de una media hora yo ya era el chisme de toda la Ciudad de México y, antes de que terminara el día, no había alma en todo el país que no supiera que no me había levantado de la cama. Hubo un pequeño temblor en la economía, hubo negocios en el centro de la capital que no abrieron y una pregunta surgió en el debate nacional: ¿qué pasaría si don Porfirio llegara a morir?

No lo quise ver entonces, y me tomó algunos años darme cuenta de lo que sucedía. Por causa de una alquimia política que desconocía me había convertido en México. Si yo me enfermaba, el país lo resentía. Por lo tanto, mi larga permanencia en el poder había hecho que el país envejeciera conmigo y compartiera mis canas, mis reumas y achaques.

Fue a eso de las once de la mañana cuando entró el médico y me revisó a conciencia. Mis hijos, tus hermanas y hasta tu madre esperaron con impaciencia en la sala. Les llevaron café y galletas, pero no los bebieron ni comieron. Andaban demasiado preocupados. Poco a poco empezaron a llegar los miembros de mi gabinete y esperaron en silencio hasta que terminara el médico. Al final me dijo lo que yo ya sabía:

—Señor presidente, usted ya no está en edad para estos trotes de gobierno. La mejor medicina que yo podría recomendar serían unas buenas vacaciones. ¿Hace cuánto no descansa?

—¡Úchala! Descansar lo que se llama bien, yo creo que desde mi luna de miel o desde que tomé la presidencia. Si usted dice que es lo que necesito, entonces así lo haremos, me iré unos meses a un clima cálido. ¿Te gusta Guerrero, Carmelita?

—Lo que usted sugiera, Porfirio —respondiste con la sumisión de siempre, y acompañaste al médico a la puerta de entrada antes de poner al tanto a toda la familia y al gabinete de mi estado. No sé qué chisme corrió, pero fue suficiente para que al día siguiente los negocios se normalizaran y la economía, gracias a la magia de Pepe Limantour, volviera a su fortaleza regular.

El resto del verano nos fuimos a Morelos, Guerrero e incluso a Oaxaca. Permití que el verano del sureste mexicano me relajara. Mi tierra alentó los recuerdos de mi infancia, y eso permitió que el tiempo se me pasara volando. No podía, desde luego, dejar el gobierno por completo. Continué recibiendo cartas de todo el país, de gobernadores, diputados, alcaldes, con tal de mantener el control de todo México. Por la forma como apretabas los labios, sé que no estabas de acuerdo con que estuviera todo el día con los dedos manchados de tinta, y mensajeros que entraban y salían de la casa. Quizá por lo mismo disfrutabas la compañía de tu madre, de tus hermanas, de mi sobrino Félix y de mis hijos.

La cercanía del otoño fue razón suficiente para dejar mi taza de café a un lado y anunciar que estaba listo para regresar a la capital. Recuerdo bien tu voz de asombro.

—Porfirio, ¿no cree que eso debería decidirlo el médico?

—¡Qué van a saber esos matasanos! Yo ya me siento bien, y me regreso a la capital porque allá hago falta y, ultimadamente, ya le avisé a los soldados que mañana mismo nos escolten.

—Porfirio…

—¡Carmen! Ya tomé la decisión y se acabó.

Y te sumiste en un silencio que conozco bien. Sólo te mantienes recta en tu silla y tus mejillas adquieren un rubor natural. En otras ocasiones te hubiera dado la razón, pero en aquella ocasión necesitaba regresar a la Ciudad de México. Había perdido tiempo con las vacaciones.

A mi vuelta volví a levantarme temprano. Por tercera y última vez, me desnudé en aquel velo de noche para sentir mi cuerpo rancio, para que mis dedos palparan la piel seca de mis brazos y mi vientre. No era ya el atlético general de la república que había combatido contra los franceses, ni el varón que había llevado a dos esposas a su primera noche de bodas, y, sin embargo, aunque viejo, aún era hombre. Tal vez con dolencias de más y exceso de recuerdos en el cráneo, quizá con demasiadas canas sobre la cabeza y una voz ronca, pero era el mismo Porfirio que había dejado el seminario, tomado la Ciudad de México al final del Segundo Imperio Mexicano y ocupado la presidencia por dos décadas. Pero ni siquiera yo era inmune a la maldición del tiempo (como tampoco lo es Dios).

El olor de mi cuerpo era diferente, como diferentes eran su textura y consistencia, y la forma de mis huesos. El andar de mis caderas era lento. En mi rostro había arrugas, y bolsas bajo los ojos. Y así, con esa idea de mortalidad, me vestí con mi traje de viaje y bajé a desayunar los huevos rancheros que habían preparado pocos minutos antes. Y una hora después íbamos por el camino, escoltados por el Estado Mayor Presidencial, al tiempo que las tropas federales al mando del general Ignacio Bravo acababan con la resistencia maya del poblado de la Santa Cruz.

En México la paz siempre ha costado y costará sangre. Es la única forma de conseguirla. Yo tenía un proyecto de nación, y cualquiera que no estuviera de acuerdo tenía la opción de no participar en él. Aunque a veces no.

No la tenían.

Capítulo LVIII

¿Será que he vivido todo lo que digo? Tal vez la memoria sea una forma de locura.

Una noche, mientras soñaba con el cuerpo traslúcido de la Llorona al flotar sobre las calles húmedas de la Ciudad de México, sentí que me tomaban del hombro y me agitaban. Medio abrí los ojos y en la oscuridad alcancé a escuchar un susurro.

—Señor presidente —dijo la voz—. Tenemos un problema. El gobernador del Distrito Federal, don Ramón Corral, lo está esperando en su despacho.

—No despierten a Carmen —atiné a decir.

Me dejaron solo. Encendí la luz eléctrica y me puse la bata de seda. Intenté peinarme en el espejo; mi bigote era una maraña sin forma. Bajé las escaleras y pedí que me llevaran un poco de café al despacho, donde ya me esperaba el señor Ramón Corral con su levita mal planchada. Su cabello era blanco, pero su bigote y sus cejas de un negro espeso. Tenía los ojos cansados y los labios le temblaban cada vez que abría la boca.

—Dígame, señor Corral, ¿por qué mi Estado Mayor me ha sacado de la cama a la mitad de la noche?

Se acomodó la corbata y se aflojó un poco la camisa antes de hablar.

—Verá, señor presidente, temo decirle que hay un asunto bastante grave que resolver. Tenemos en la comandancia de policía a varios hombres que…, bueno, que…

—Señor Corral, no estoy para fábulas, que me voy a volver a dormir. Cuénteme la historia y déjese de temblorinas. A ver, qué pasó con esos hombres.

—Verá, señor presidente, los ciudadanos de la calle de la Paz se quejaron de una fiesta que había en una casa cercana. Que se oían ruidos, entraban y salían parejas de toda complexión, y, en fin, una tertulia que parecía bastante sospechosa. Fueron los policías a averiguar qué estaba pasando.

—Cuéntelo o le voy a hacer pagar el desvelo que me está haciendo pasar.

Ramón Corral siempre fue medio nervioso para decir las cosas, como si le faltara carácter, que no capacidad para ejercer sus puestos políticos.

—Fue un caos, señor presidente. Los que estaban en esa fiesta intentaron huir por donde Dios les dio a entender, el techo, las ventanas y el patio trasero. A los policías se les hizo rarísimo ese comportamiento y de inmediato iniciaron el arresto de los hombres…, y digamos que también de las mujeres. Digamos, porque eso de mujeres es un decir. No me lo va a creer: resulta que no había hembras en esa casa, eran todos machos de bigotes, disfrazados de mujer.

De inmediato cerré los ojos y se me secó el paladar. La boca del estómago me empezó a arder al tiempo que mi mandíbula se tensaba.

—Cuando todo se calmó —continuó don Ramón—, llevamos a los lagartijos a la comandancia de policía, donde en este momento rinden su declaración. Pero logramos hacer una lista de todos ellos, y se la vine a traer. Mire, aquí está el papel. Disculpe la premura, pero usted entenderá que no había tiempo para pasarla en limpio y creo que le interesará el último nombre, el cuarenta y dos.

Tomé el papel entre mis manos, coloqué los lentes sobre mi nariz y fui repasando toda la lista hasta llegar al último. ¡Maldita sea!

—Son cuarenta y uno, señor Corral.

—No, general. Cuéntelos bien.

Lo traspasé con la mirada y repetí:

—Cuarenta y uno. No se lo voy a repetir. Y una cosa más, en esa lista hay hijos de personas muy importantes para mi gobierno y no me conviene que se sepa que son maricones. Mi prestigio está de por medio. A discreción, quiero que les dé una buena reprimenda y los deje salir por la puerta de atrás, no me los vaya a encerrar en la celda J del Palacio de Lecumberri. Hace un año que la inauguramos y no tengo intenciones de que termine ahí el hijo de un empresario importante, mucho menos un familiar mío. Necesito que destruya la lista, las declaraciones y los expedientes; no quiero nada de esto en los periódicos.

—Va a ser complicado —respondió, otra vez aflojando el nudo de su corbata—. Verá usted, cuando hacíamos los arrestos había mucha gente en la calle y, ya sabe, cuando un rumor corre a la mitad de la noche, seguramente en unas horas se enterará toda la ciudad.

—¡Pues se asegura de que no haya nombres en el periódico o lo hago responsable a usted! ¿Me oyó? No necesito un escándalo para mi gobierno. Ah, y otra cosa, me voy a quedar aquí hasta que me traigan a Ignacio de la Torre. Vestido de una manera decente, espero.

Ramón Corral asintió. Me dio la mano temblorosa y salió corriendo del despacho. Yo ya no sabía ni qué horas eran. No quise tomar café ni volverme a dormir; el enojo es mucho mejor que la cafeína para quitar el sueño. Así me quedé veinte, treinta minutos o una hora. No sé. No importa. Se abrió la puerta y tímido, encorvado y con el rostro embarrado de maquillaje entró Ignacio de la Torre con una levita que no era la suya.

—Suegro... —su voz era un temblor miedoso que apenas se escuchaba.

Lo miré con asco, con odio. Apreté los labios e inflé el pecho.

—Señor general... —insistió con su falta de carácter.

Esperé a que el silencio le calara hasta los huesos y le doliera hasta el alma. Quise que lo llenara el miedo, que sintiera la posibilidad de la muerte. Y sí, me dieron ganas de fusilarlo, pero no lo hice porque pensé en Amadita. Ella no tenía que aguantar este tipo de "desplantes" de su esposo (por no llamarlo "hombre").

—¡Qué decepción, Nachito!

—Déjeme explicarle, yo sólo...

—¿Estabas en una fiesta de disfraces? ¿Eso ibas a decir? ¿Tú crees que yo he aguantado tantos años de gobierno escuchando excusas tan estúpidas? No creo que puedas decir algo bueno de..., tus cochinadas. Hasta hueles a perfume barato. Si decidiste casarte con mi hija es para que la respetes.

—Señor, yo...

—¡Cállate! No he terminado. Te voy a dar una oportunidad, pero sólo una, de no volver a hacer estas cochinadas, porque si te vuelven a arrestar no creo que vivas para contarlo. Tómalo como quieras. Si crees que es una amenaza de muerte y con eso vas a dejar de vestirte como Mamá Carlota, pues bien por ti. ¿Qué no has aprendido?

En México la familia presidencial es como una piñata, todos quieren darnos de palos para ver de qué estamos hechos, y no voy a permitir que tú seas la razón.

—Pero yo…

—Atrévete a contestarme y vas a ver cómo te va, Nachito. Salte de aquí, que te lleven a tu casa y si Amada pregunta algo le dices que estuviste conmigo. Que no se entere de lo que sucedió. Haz lo imposible por guardar el secreto.

Ni siquiera se despidió. Con el rostro enrojecido y cabizbajo, arrastró los pies fuera del despacho. Me quedé ahí hasta que amaneció. No me quedaron ganas de volverme a dormir. Di vueltas en mi despacho, tantas como mis pensamientos enredados lo permitieron. Se me hacía tan raro, tan en contra de todo lo que me habían enseñado, que dos hombres estuvieran juntos en… ¡No! ¡Impensable! Y luego que buscaran una mujer para ocultar sus desviaciones. Pero… Ya no sé ni qué pensar, Carmelita. Es una locura.

Lo callé lo más que pude. Mantuve el secreto entre mis amigos, familiares y colaboradores, hasta que una mañana, mientras leías el periódico, mencionaste:

—¿Ya vio, Porfirio? Una fiesta con hombres vestidos de mujer.

Los chilaquiles me picaron el estómago, casi se me van chueco y empecé a toser. Tuve que apurar el jugo de naranja para recomponerme.

—¿Ah, sí? ¿Qué dice?

—Sólo que hubo una fiesta, que arrestaron a cuarenta y un hombres. Éstos vestían elegantísimos trajes de señoras, llevaban pelucas, pechos postizos, aretes, choclos bordados y en la cara tenían pintadas grandes ojeras y chapas de color. Y que no dan más detalles a los lectores por ser en sumo grado asquerosos. ¿Qué habrá sido de ellos, Porfirio?

—No lo sé —mentí—. A lo mejor terminaron en Lecumberri o en el penal de las Islas Marías. Ve tú a saber. Mejor no preguntarse.

—Mejor así —concluiste.

Pero un escándalo tal no se olvida. Los rumores surgen, y la historia de que hubo cuarenta y dos arrestos ese día se difundió en todo el país, así como la presencia de Nacho de la Torre en el lugar de los hechos, al que empezaron a llamar, en privado, el cuarenta y dos.

Capítulo LIX

PARECIERA QUE MI BIOGRAFÍA se confunde con el gobierno, pero así sucede con los hombres que estamos en el poder. ¿A quién felicita el pueblo cuando hay una obra pública que lo beneficia? ¡Ah, qué bien lo hizo don Porfirio! Por el contrario, ¿qué sucede cuando algo afecta directamente a la sociedad? ¡Maldito Porfirio Díaz, represor y dictador!

Así es el pueblo. Reacciona desde el estómago, grita antes de pensar, y luego olvida que en la protesta también debe haber propuesta.

La única forma de gobernar es con actos concretos. Las promesas son para los candidatos, no para los gobernantes. Aquel que opine lo contrario sólo quiere vivir del erario y está condenado al fracaso.

Cuando yo fui presidente cambié al país porque pude y quise, y porque no me quedó de otra después de tantas guerras. Allá en Oaxaca mi mamá hacía el mole con diferentes chiles, manteca de puerco, nueces, pepitas, especias y otros ingredientes, pero cuando alguno de ellos estaba podrido podía echar a perder el sabor de todo el platillo. Entonces uno había sacrificado un guajolote en vano. Por lo mismo, lo mejor era remover ese ingrediente que se había echado a perder para preservar el resto de los sabores.

Con el gobierno sucede lo mismo.

Para inicios del siglo xx, las voces en contra de mi gobierno ya no eran susurros, sino gritos desesperados. Uno de aquéllos fue de los insufribles y anarquistas hermanos Flores Magón, principalmente Ricardo y Enrique. ¡Palurdos, Carmelita! Desde un periodicucho llamado *El Hijo del Ahuizote* (en referencia a *El Ahuizote* que había fundado para oponerme a la presidencia de Sebastián Lerdo de Tejada) se burlaban de la figura presidencial, cuestionaban mis decisiones y le recordaban al pueblo cosas que habían sucedido muchísimos años atrás. ¿Por qué diantres tenían que hacer memoria del "Mátalos en caliente" al inicio de mi primera presidencia?

Alguna vez me llegaron las caricaturas que publicaban de mí, siempre vestido de militar, con grandes bigotes blancos y oprimiendo al pueblo como si fuera el gran villano de la historia.

Ya antes habían fundado un periódico llamado *Regeneración*, y les había puesto un estate quieto mandándolos unos días a la cárcel. ¿No entienden que un presidente endeble sólo refleja un país débil? Creí que lo entenderían, pero lo primero que hicieron al alcanzar la libertad fue fundar *El Hijo del Ahuizote*. Comenzaron a llamar la atención con sus publicaciones, pero lo que realmente me enojó fue lo que hicieron un 5 de febrero, el de 1903, aniversario de la Constitución de 1857.

En las instalaciones de su periódico, muy temprano por la mañana, salieron al balcón y colgaron una manta que decía: "La Constitución ha muerto", y sobre ésta colocaron una imagen de don Benito. Desde luego, no iba a permitir que cuestionaran mi autoridad de forma semejante. Vi las fotografías y los mandé arrestar de inmediato. Estuvieron más o menos un año en la cárcel, y cuando obtuvieron la libertad se fueron para Texas con el resto de la familia. Ahí se volvió a publicar *Regeneración*.

Reunido con Justo Sierra, con quien siempre me gustaba discutir este tipo de temas pues lo consideraba un hombre culto e inteligente, leyó uno de los panfletos de los Flores Magón y lo dejó a un lado.

—General, perdonará usted lo que voy a decirle, pero esto es una consecuencia de la pregunta que le he hecho por años. ¿Vale la pena sacrificar la democracia y la libertad en favor de la paz y el progreso? Los hermanos Flores Magón son liberales radicales y buscan la no reelección. Hay que tener cuidado de los hombres que persiguen una causa y tienen poco que perder. Siempre habrá quien simpatice con ellos.

—Su opinión sobre la democracia y la libertad es igual a la mía. Si no he podido proceder según mi credo político ha sido por dificultades distintas en cada caso, que si usted conociera detalladamente lo hubieran llevado a resoluciones que no habrían sido diferentes a las mías. En cuanto a los hermanos Flores Magón, siempre habrá quien no esté de acuerdo con la forma de gobernar, pero de momento hay que analizar cómo vamos a actuar.

—Es complejo. Si los mata, si los encarcela o los desacredita desde su gobierno, entonces los convierte en mártires, y nuestro pueblo los adora, los hace héroes y santifica.

—Siempre digo que perro con hueso en la boca ni ladra ni muerde, pero cuando no quiere el hueso a causa de la rabia, no siempre muerto el perro se termina con ella. Ya le daré una pensada para ver cómo podemos acabar con ellos... Y luego citar a Juárez en mi contra. ¿Dónde se ha visto?

—Los hermanos son de Oaxaca, al igual que don Benito.

—¡Y yo también! Fui alumno de Juárez, forjé su mito. Lidié con él, luché con él y contra él. ¿Cómo pueden acusarme de matar la Constitución de 1857 cuando yo fui uno de los héroes de la Guerra de Reforma?

Don Justo se acomodó en la silla. Había posado sus manos sobre su estómago.

—Cuidado, general. No alimente su ego, que luego crece tanto que le nubla la vista y no le permite ver sus debilidades e inseguridades. Los hombres que gozan del poder no pueden permitirse esos errores.

—El país tampoco puede permitirse esos periodistas.

—Sólo el tiempo lo dirá, general. Serán otros quienes nos juzguen.

Y comenzó a hablarme una vez más sobre la propuesta que tenía para una Secretaría de Instrucción Pública y Bellas Artes.

Poco después realicé mi visita anual a la tumba de Benito Juárez. El acto fue solemne, la ceremonia cívica. Miembros del cuerpo militar me acompañaron al panteón de San Fernando, donde deposité una guirnalda de honor frente a la escultura de mármol. El Benémerito blanco, pétreo, al fin en paz en los brazos de la patria personificada en una figura trágica.

Ahí, mientras hacía guardia de honor, me permití odiar a los hermanos Flores Magón por tener razón en sus argumentos, no tanto así en sus acciones, que sólo lastimaban la imagen patria.

Durante aquella guardia me pregunté si estaba haciendo lo correcto al permanecer en el poder.

Dos días después murió el papa León XIII, y los países de América Latina enviaron sus condolencias al Vaticano. Yo me negué rotundamente a hacerlo desde que leí de su fallecimiento en el periódico. Supe que no estabas de acuerdo, y tu silencio a la hora del desayuno y la cena era una forma de protesta.

—Carmelita, ¿no vas a decir nada? —te pregunté después del cuarto día.

—Porfirio, le quiero pedir algo a título personal y espero que acepte.

—A ver, dime…

—Quiero que el gobierno de México envíe sus condolencias para León XIII. Después de todo se trata de un papa y en México hay un gran número de fieles católicos.

—Ya sabía que me lo ibas a pedir, y tú sabías lo que te iba a responder, pero el matrimonio es un juego de dos que se hacen tontos. Te lo voy a decir: mi gobierno tiene una ideología liberal que separa a la Iglesia católica del Estado, y por lo mismo no tiene relaciones con el Vaticano, así que no lo puedo hacer.

—Porfirio, se lo pido.

—Ya dije que no, y es mi última palabra.

Te levantaste de la mesa, con la cena a medio comer en el plato, respiraste con tranquilidad y volviste a tomar asiento.

—Entonces, ¿puedo mandar un telegrama a título personal?

—Ni se te ocurra, no necesito que mis detractores tomen eso para atacarme. Aunque Cuba y México sean los únicos países del continente que no manden condolencias, que así sea.

—Pero, Porfirio, se lo estoy pidiendo como un favor personal.

—Carmen, si tanto te preocupa el papa muerto, rézale hasta que te canses, pero aquí no se manda nada sin mi permiso. ¿Está claro?

Te enojaste, pero tu semana de silencio era preferible a más periódicos de oposición que me acusaran por no respetar los principios de la Guerra de Reforma.

Capítulo LX

Mientras estuve en la presidencia, mi rutina diaria permaneció invariable. Dormíamos en cuartos separados, a petición tuya, y sólo en contadas ocasiones compartimos la intimidad propia entre marido y mujer. En parte porque mi edad no me permitía desempeñarme como en mi lejana juventud, y en parte porque tus modales y tu timidez no daban pie a esos encuentros.

Me despertaba a las seis de la mañana en punto y realizaba mis ejercicios de calistenia. Si me encontraba en el Castillo de Chapultepec, bajaba al bosque —por una salida privada— y corría entre los ahuehuetes mientras me vigilaba el Estado Mayor. Me arreglaba con la levita y los zapatos de charol (a menos que algún evento de mi agenda requiriera mi traje de general de división), desayunaba a tu lado, mientras leía los periódicos del día, y en seguida salía a Palacio Nacional para iniciar un día de trabajo. Don Rafaelito, mi secretario particular, ayudaba a que mi agenda mantuviera un equilibrio entre las reuniones con mis diferentes ministros, las juntas de gabinete y las actividades familiares.

Te voy a decir algo: para tener un buen gobierno no hace falta sólo que haya un hombre apto en el poder: éste también debe armar un gabinete como Dios manda, que sea capaz de entregar resultados y actuar de forma cabal cuando se le necesita. Nada más que hay un pequeño problema: los ministros que trabajan bien suelen perder el piso, porque ante todo son hombres políticos y siempre están buscando poder. Tener un gabinete también demanda saber mantenerlo sin que opaque tu figura. Todo es cuestión de ser un poco maquiavélico: evitas que se hagan grupos de apoyo, creas discordia y concordia a voluntad, lanzas rumores de todo tipo, y cuando todo se ha convertido en un campo de batalla que puedes controlar sabes que has acertado. Por eso no me preocupé cuando Bernardo Reyes y Pepe Limantour compitieron por la presidencia en las elecciones anteriores;

sólo tenía que enemistarlos. Además, Limantour me salió muy francés y Reyes se disparaba solo.

Cuando propuse, en 1903, que la presidencia se alargara a un periodo de seis años y se creara la figura de vicepresidente, todos especularon sobre quién sería mi mano derecha. Los nombres más fuertes volvieron a ser Pepe Limantour y Bernardo Reyes; no olvides que en cada ocasión que tenían, los medios de comunicación los llamaban mis sucesores. Tras la aprobación de la ley se intensificó el debate.

Bernardo Reyes o Pepe Limantour... ¿A quién hubieras escogido tú? No me sorprendería que algunos miembros de la clase alta hicieran apuestas sobre el asunto, pero les di un revés a todos cuando escogí para la vicepresidencia al hombre que había sido gobernador del Distrito Federal, don Ramón Corral. Se mostraron sorprendidos e incrédulos, pero desde luego no se les ocurrió que no iba a poner a un hombre fuerte en la vicepresidencia. Preferí evitar a alguien que me opacara; más bien, que tuviera los pantalones suficientes para llamar a elecciones por si yo llegaba a faltar.

¿Por qué pones esa cara, Carmelita? Era normal que a mis setenta y tres años pensara en la muerte: mis amigos de la infancia habían muerto y yo mismo notaba cómo mi salud iba en declive. A veces pienso si no hubiera sido mejor morir en el campo de batalla con mis compañeros de armas, o en el momento más glorioso de la presidencia. ¿Crees que el pueblo me hubiera recordado con cariño si Arnulfo Arroyo hubiera portado una pistola en lugar de una piedra?

Se celebraron las elecciones en 1904, con una duda constante de si serían las últimas por mi edad. Desde luego, me veía fuerte para el pueblo. Los cuadros con mi imagen aún presidían todas las oficinas públicas, los polvos de arroz me daban un aspecto más catrín, mi bigote estaba bien estilizado. Era un indígena disfrazado de europeo. Mi traje militar rancio, las medallas con su chocar metálico. Entonces me sentía poderoso; ahora lo recuerdo como una parodia, una de esas caricaturas de la oposición con la que tanto me criticaban. En esas elecciones los Flores Magón no perdieron la oportunidad de atacarme, de repartir panfletos ridículos sobre los vicios que, según ellos, había impuesto sobre la sociedad mexicana.

Llamarme dictador con todo el bien que había hecho por el país, ¿a quién se le podría ocurrir? Era ridículo, pero fue suficiente para que después del proceso electoral sus seguidores tomaran fuerza y empezaran a fundar clubes políticos por todos lados, la mayoría de corte liberal que se sentían como si estuvieran en plena Guerra de Reforma, discutiendo si había que imponer de forma radical la Constitución de 1857 y otras tonterías.

Además del dichoso anarquismo, comenzó a sonar una palabrita: antiporfirismo.

Consideré sus críticas a mi persona de un tenor tan excesivo que no pensé que alguien pudiera tomarlas en serio. Me enfoqué en otras cuestiones. Uno de mis primeros actos en aquella presidencia fue fundar el Ministerio de Instrucción Pública y Bellas Artes, enfocado en una educación laica (en honor del espíritu de las Leyes de Reforma) y con una ideología positivista. ¿Quién más podría estar a cargo de él que el mismo Justo Sierra, un ejemplo altísimo de evolución intelectual?

Probablemente Justo Sierra fue el ministro que gozó de mejor reputación en todo mi gabinete. El sistema educativo que planeó y ejecutó uniformó la enseñanza primaria, actualizó el conocimiento y dio prioridad a los valores que eran importantes para el pueblo mexicano desde el gobierno de don Benito hasta el mío: la soberanía del pueblo, la democracia, la república, la libertad y los deberes del ciudadano.

Así, mi gobierno continuaba con su proyecto de nación a pesar de la oposición. Por ejemplo, ¿recuerdas que mandamos demoler el Teatro Nacional para que no estorbara la avenida? Pues fue precisamente en ese tiempo cuando se inició la construcción de uno nuevo junto a la Alameda. Además, había otros proyectos que preparaban el centenario de la independencia.

Mi misión era que México brillara más que nunca en 1910, y cada detalle tendría que salir perfecto. Era la única forma de callar a mis opositores.

La ideología de los hermanos Flores Magón llegó más lejos de lo que hubiera pensado o me hubiera gustado. En junio de 1906 recibí noticias de que las cosas no estaban bien en Sonora. Empleados mexicanos de la Cananea Consolidated Copper Company amenazaban con la huelga porque, según ellos, era injusto que los empleados extranjeros ganaran más.

Este tema se expuso en una de las reuniones de mi gabinete, y creo que fue el mismo Pepe Limantour quien me dijo que los barreteros mexicanos ganaban cuatro pesos por ocho horas de trabajo, mientras que el sueldo de los gringos era de tres dólares con cincuenta centavos.

—Si los gringos trabajan mejor ganarán más, ¿qué le vamos a hacer? Pero vayamos al grano del asunto. México no está para aguantar huelgas; si esos lujos se los pueden dar los países civilizados, allá ellos, pero México necesita orden para lograr el progreso. Don Ramón, escríbale al gobernador, dígale que necesitamos información de lo que está sucediendo allá para que podamos actuar. Y nosotros pensemos en un hombre que podamos enviar a mediar entre la empresa y los trabajadores. ¡No quiero huelgas en México!

Y don Ramón Corral le escribió un telegrama al gobernador Rafael Izábal, como yo se lo había pedido, pero lo que no sabía es que el primero de junio la compañía minera había aprobado que la plaza laboral de los trabajadores estaría sujeta a un contrato individual. Como era de esperarse, se inició la huelga; usaban la bandera de México y un billete de cinco pesos, que era el sueldo que demandaban. Las cosas se salieron rápido de control y los empleados norteamericanos se armaron y dispararon a los huelguistas para espantarlos. En su huida, los mexicanos quemaron depósitos de madera, semillas y forraje.

Lo peor vino al día siguiente, porque Greene, el empresario gringo, pidió ayuda a Estados Unidos y le mandaron doscientos cincuenta rangers que, ve tú a saber con qué permiso, cruzaron la frontera.

Mientras los mineros de Cananea organizaban una segunda manifestación, llegaron los gringos y comenzaron a disparar, lo mismo que la policía rural local. Te podrás imaginar el pánico, los hombres que corrían llenos de miedo y el olor a pólvora. Perdón por lo que voy a decir, pero ¿en qué chingado momento se le ocurrió a Rafael Izábal que la solución estaba en violar la soberanía del país? Cientos de hombres corrieron, veintitrés resultados heridos y veintidós murieron. Ese día volvieron los rangers a su patria y se comenzaron a publicar crónicas del atentado.

No me quedó de otra más que poner orden: los dirigentes de la huelga fueron arrestados y llevados a San Juan de Ulúa, Greene tuvo que decir que estaba dispuesto a subir los salarios de los empleados mexicanos (aunque nunca lo hizo realmente) y el gobernador Rafael Izábal fue consignado a la Cámara de Diputados, donde se le hizo un juicio. Unos días después, la compañía volvió a sus operaciones normales.

El Partido Liberal Mexicano no tardó en publicar un comunicado con demandas que, seguramente, provenía de la pluma de Ricardo Flores Magón:

> Una labor máxima de ocho horas, y un salario mínimo de un peso, es lo menos que puede pretenderse para que el trabajador esté siquiera a salvo de la miseria; para que la fatiga no le agote, y para que le quede tiempo y humor para procurarse instrucción y distracción después de su trabajo.
>
> La higiene en las fábricas, talleres, alojamientos y otros lugares en que dependientes y obreros deban estar por largo tiempo; la prohibición del trabajo infantil; el descanso dominical; la indemnización por accidente y la pensión a obreros que han agotado sus energías en el trabajo; la prohibición de multas y descuentos; la obligación de pagar en dinero efectivo.

Otras huelgas obreras empezaron a surgir en todo el país. El orden de mi gobierno palideció de repente. Siguió la huelga ferrocarrilera en el verano de 1906, y luego la textil en Puebla, Tlaxcala y Veracruz. Mi orden siempre fue la conciliación con todas las partes afectadas. Pedían mejores salarios y condiciones de trabajo, además de indemnizaciones en caso de accidente y la desaparición de las tiendas de raya.

El fallo al que llegaron los empresarios y los huelguistas, a través de mi gobierno fue, entre otras cosas, que se uniformarían los salarios para trabajos idénticos y las tareas excepcionales se pagarían conforme a convenio. Casi todos los huelguistas aceptaron este convenio y regresaron a trabajar el 7 de enero, según lo que se había dispuesto, pero en Veracruz la cosa no fue así. Los empleados de la Compañía Industrial de Orizaba, en Río Blanco, no aceptaron lo propuesto, y ese mismo día iniciaron una huelga que se salió pronto de control. Los empleados se amotinaron frente a la fábrica e intentaron quemarla, aunque la policía lo impidió. Saquearon comercios, incendiaron casas, destruyeron la tienda de raya y fueron a la cárcel local para liberar a los presos. También cortaron cables de energía eléctrica y detuvieron el sistema de tranvías.

¿Qué se supone que tenía que hacer? ¿Conciliar con criminales? A los que son ladinos hay que tratarlos igual. Sin pensarlo dos veces mandé a la tropa y a los rurales a instaurar el orden público, y la única forma de hacerlo era a través de la pólvora. Al igual que en Cananea, hubo confusión; la gente corrió y murieron más de quinientos empleados. Encarcelaron a más de doscientos operarios y a doce mujeres.

Yo vi las fotografías, a mí nadie me lo contó: los cuerpos tirados, el pavimento manchado de sangre negra, las mujeres llorando sobre los cuerpos de sus hijos y sus esposos, la destrucción que quedó, el humo de los incendios extintos, la tienda de raya hecha pedazos... Hubo que terminar la destrucción con otra destrucción. No había otra forma de actuar. Había que derramar la sangre mala para salvar la buena.

Capítulo LXI

EN MI OPINIÓN, al pueblo mexicano puedes decirle misa en cada espacio que tengas en los periódicos y venderle mentiras muy bonitas en los informes que cada año se presentan ante el Congreso, diciéndole que terminaste con tal enfermedad o ayudaste con la inundación de alguna colonia popular, pero si no se ve el cambio ¿de qué te sirve? El resultado del progreso incuestionable debe ser tangible: obras para todas las clases sociales.

Conforme se acercaba el centenario de la independencia, cada vez había más obras y más celebraciones. Sé lo que vas a decir, que al político mexicano le gusta vivir en inauguraciones para vender su imagen y, en muchos casos, aparentar una imagen alejada de la corrupción. Para gobernar yo seguí el principio de "Poca política y mucha administración"; el gobierno no debía aparentar que funcionaba, debía hacerlo en todas sus formas. Por lo tanto, esas inauguraciones eran la culminación de un trabajo bien hecho.

En términos de los ferrocarriles, por ejemplo, dejé más de veinticuatro mil kilómetros de vías, mucho más que Benito Juárez y Lerdo de Tejada. Ayudó a transportar bienes y personas de un rincón del país a otro, y eso contribuyó muchísimo al comercio local. Las concesiones se las pedían los extranjeros a don Pepe Limantour, y éste revisaba si le convenían al país antes de aceptarlas.

Como ya te he dicho, el asunto de las inversiones extranjeras es delicado por una cuestión de soberanía, porque los gringos siempre vienen con la idea de agarrarte la pata en cuanto les das la mano. Por eso mandé hacer una ley que creaba la compañía Ferrocarriles Nacionales de México, donde el Estado mexicano tenía una participación mayor a la mitad. Así estuvimos todos contentos. El ferrocarril cambió la forma como el mexicano percibía y conocía su país.

Era común que me invitaran a inaugurar líneas donde se ofrecían banquetes suntuosos de gastronomía francesa y jaletinas de frutas para el postre, muchos aplausos y las adulaciones de siempre con mantas de felicitación y vivas al señor presidente don Porfirio Díaz.

En 1907, un empresario de renombre y amigo personal mío, un inglés de nombre Weetman Pearson, me invitó a Tehuantepec a inaugurar una línea que conectaba el Pacífico con el Atlántico, desde luego un proyecto importantísimo y que se había intentado en diversos gobiernos, pero sin éxito. Al llegar nos encontramos con una comitiva numerosa, arcos triunfales y papelitos de colores que volaban por el aire. Parecía que todo Tehuantepec estaba a recibirme, y ahí, entre las figuras más importantes, reconocí unos ojos llenos de vida en un rostro marcado por el paso del tiempo.

Entonces recordé una frase, escrita mucho tiempo atrás en una carta: "Volveremos a encontrarnos cuando los océanos se junten".

Y ahí estaba ella, tan hermosa como siempre había sido, su falda larga y su traje de tehuana, su sonrisa sincera.

—Señor presidente —sonrió.

—Juana Catalina —respondí, y estreché su mano con delicadeza.

—Ha pasado mucho tiempo desde la última vez que nos encontramos y tú me perseguías como Apolo a una de sus ninfas. Se libraba la Guerra de Reforma, y desde entonces sólo he visto tu alma a través de la tinta y el papel. Hace más de cincuenta años que no nos veíamos. Pareciera una locura que desde entonces nos hayamos comunicado solamente por carta, y que tú hayas enviudado y contraído matrimonio de nuevo, y yo permanezca aquí, soltera, jugando billar y fumando puros por la noche.

—¡Cincuenta años! Nos separa toda una vida, y aquí estamos con la carne rancia y el espíritu fresco.

¿Sabes? Tantos años quise volverla encontrar, quizá con la idea romántica de que pudiera suceder algo entre nosotros, pero cuando la tuve frente a mí no supe qué decir. Ni yo estaba como para cumplir mis idilios de juventud, ni ella para rendirse al deseo que le externé medio siglo atrás. Sólo éramos amigos, más por tiempo que por distancia, y así disfrutamos el resto del festejo de inauguración.

Figúrate: hay quienes dicen que hice que las vías del ferrocarril pasaran frente a su chalet francés sólo para poder bajar rápidamente del tren y verla. Que llevaba años escapándome de tu lado para estar con ella. ¡Vaya estupidez!

No sé por qué me acuerdo de que poco después de regresar de Tehuantepec a la capital fue cuando tu madre comenzó a sentirse mal todo el tiempo. ¿Recuerdas? Se quejaba de que le dolía la cadera, se levantaba en la noche pensando en tu padre y comenzó a bajar de peso. Estaba pálida. La visitamos junto con el médico y le dijo que tenía que guardar reposo durante los siguientes días para recuperarse, mas su pobre corazón fallaba por la edad, y un día amaneció muerta; la encontraron bocarriba con los ojos bien cerrados y los labios incoloros. Su pecho inerte estaba cubierto por su pesada ropa de dormir. Creo que ha sido la única vez que te vi rota completamente. Cuando te dieron la noticia no te pudiste mantener en pie, te sentaste en un sillón de la sala y lloraste sin más pañuelo que mi hombro. Aún recuerdo tus manos aferradas a mi espalda, tus mejillas húmedas. No fui a trabajar ese día, te acompañé desde la mañana hasta que la tarde se volvió tormenta y las gotas de lluvia borraron los destellos de la luna.

Luego se sintió la oscuridad en toda la capital.

Capítulo LXII

De Estados Unidos llegó un periodista llamado James Creelman, que me quería entrevistar. Dijo que venía de la revista *Pearson's* y acepté. Lo que hicimos fue citarlo una tarde en el Castillo de Chapultepec y lo recibí en uno de los salones. Yo vestía de traje militar y él de levita. Lo que publicaría meses después sería una completa exageración, una adulación sin sentido. Uno de los primeros párrafos que leí, y puedo citar, me pareció detestable, empalagoso y de un barroco innecesario:

> Desde la altura del Castillo de Chapultepec el presidente Díaz contempló la venerable capital de su país, extendida sobre una vasta planicie circundada por un anillo de montañas que se elevan magníficas. Y yo, que había viajado casi cuatro mil millas desde Nueva York para ver al guía y héroe del México moderno, al líder inescrutable en cuyas venas corre mezclada la sangre de los antiguos mixtecos y la de los conquistadores españoles, admiré la figura esbelta y erguida: el rostro imperioso, fuerte, marcial, pero sensitivo. Semblanza que está más allá de lo que se puede expresar con palabras.

Luego continuó con una descripción de mí que sólo hubieran podido trazar los peores poetas románticos.

> Una frente alta, amplia, llega oblicuamente hasta el cabello blanco y rizado; sobre los ojos café oscuro de mirada sagaz que penetran en el alma, suavizados a veces por inexpresable bondad y lanzando, otras veces, rápidas miradas soslayadas, de reojo —ojos terribles, amenazadores, ya amables, ya poderosos, ya voluntariosos—, una nariz recta, ancha, fuerte y algo carnosa cuyas curvadas aletas se elevan y dilatan con la menor emoción. Grandes mandíbulas viriles que bajan de largas orejas finas, delgadas, pegadas al cráneo;

la formidable barba, cuadrada y desafiante; la boca amplia y firme sombreada por el blanco bigote; el cuello corto y musculoso; los hombros anchos, el pecho profundo. Un porte tenso y rígido que proporciona una gran distinción a la personalidad, sugiriendo poder y dignidad.

Desde luego, la entrevista que me hizo James Creelman daba a entender que yo había pagado por ella con el simple propósito de alimentar mi ego. Nada más falso, pero en política las apariencias de la clase gobernante suelen tomarse como verdades irrefutables por el pueblo, y los rumores parecen reales, como las vías del ferrocarril frente a la casa de Juana Cata.

James Creelman me hizo algunas preguntas sobre las próximas elecciones y le respondí que era un error suponer que el futuro de la democracia en México había sido puesto en peligro por la prolongada permanencia en el poder de un solo presidente; dije, con toda sinceridad, que el servicio no había corrompido mis ideales políticos y que creía que la democracia era el único justo principio de gobierno, aun cuando llevarla al terreno de la práctica fuera posible sólo en pueblos altamente desarrollados.

Me atreví a declarar que yo podía dejar la presidencia de México sin ningún remordimiento, pero lo que no podía hacer era dejar de servir a este país mientras viva. Supongo que son las mismas frases que un alcohólico usa cuando afirma que puede dejar el alcohol con sólo desearlo, y los únicos culpables de ellas son quienes las creen.

Lo cierto es que nunca pensé en las implicaciones que tendría esta entrevista, y supuse, tontamente, que sería leída sólo en Estados Unidos.

—¿Sabe usted que en Estados Unidos tenemos graves problemas por la elección del mismo presidente por más de tres periodos? —me preguntó.

A lo que yo respondí:

—No veo realmente una buena razón por la cual el presidente Roosevelt no deba ser reelegido si la mayoría del pueblo norteamericano quiere que continúe en la presidencia. Creo que él ha pensado más en su país que en él mismo. Ha hecho, y sigue haciendo, una gran labor por Estados Unidos, una labor que redundará, ya sea que se reelija o no, en que pase a la historia como uno de los grandes presidentes. Veo los monopolios como un gran poder verdadero en Estados Unidos, y el presidente Roosevelt ha tenido el patriotismo y el valor de desafiarlos.

Aunque poco me interesaba la política yanqui, de todas maneras intentarían meter su cuchara en México sin importar el nombre del presidente. Y a través de diferentes preguntas logré que la conversación volviera a nuestro país.

—Aquí en México —dije— nos hemos hallado en diferentes condiciones. Recibí este gobierno de manos de un ejército victorioso, en un momento en que el país estaba dividido y el pueblo poco preparado para ejercer los supremos principios del gobierno democrático. Arrojar de repente a las masas la responsabilidad total del gobierno habría producido resultados que podrían haber desacreditado totalmente la causa del gobierno libre.

"Hemos preservado la forma republicana y democrática de gobierno. Hemos defendido y guardado intacta la teoría. Sin embargo, hemos también adoptado una política patriarcal en la actual administración de los asuntos de la nación, guiando y restringiendo las tendencias populares, con fe ciega en la idea de que una paz forzosa permitiría la educación, que la industria y el comercio se desarrollarían y serían todos elementos de estabilización y unidad entre gente de natural inteligente, afectuosa y dócil.

"He esperado pacientemente a que llegue el día en que el pueblo de la República Mexicana esté preparado para escoger y cambiar a sus gobernantes en cada elección, sin peligro de revoluciones armadas, sin lesionar el crédito nacional y sin interferir con el progreso del país. Creo que, finalmente, ese día ha llegado.

Entonces él sugirió:

—Es una creencia extendida la de que es imposible, para las instituciones verdaderamente democráticas, nacer y subsistir en un país que no tiene clase media.

¿Cómo no iba a haber clase media, Carmelita? Es una tontería. De inmediato me apresuré a responder.

—La clase media es aquí, como en todas partes, el elemento activo de la sociedad. Los ricos están demasiado preocupados por sus mismas riquezas y dignidades como para que puedan ser de alguna utilidad inmediata en el progreso y en el bienestar general. Sus hijos, en honor a la verdad, no tratan de mejorar su educación o su carácter. Pero, por otra parte, los pobres son a su vez tan ignorantes que no tienen poder alguno. Es por esto que la clase media —surgida en gran parte de la pobre, pero asimismo en alguna forma de la rica—, que es activa, trabajadora, que a cada paso se mejora y en la que una democracia debe confiar y descansar para su progreso, es a la que principalmente atañen la política y el mejoramiento general.

La entrevista continuó sobre temas políticos, derechos indígenas y hasta recuerdo haber mencionado a la colonia española.

—Señor presidente, usted no tiene partido oposicionista en la República. ¿Cómo podrán florecer las instituciones libres cuando no hay oposición que pueda vigilar la mayoría o el partido del gobierno?

En verdad, su español era bastante malo. Tenía un acento demasiado marcado que me desesperaba mucho, y en más de una ocasión tuve que pedirle que repitiera la pregunta.

Respondí:

—Es verdad que no hay partido oposicionista. Tengo tantos amigos en la República que mis enemigos no parecen estar muy dispuestos a identificarse con una tan insignificante minoría. Aprecio en lo que vale la bondad de mis amigos y la confianza que en mí deposita mi patria; pero esta absoluta confianza impone responsabilidades y deberes que me fatigan cada día más. No importa lo que al respecto digan mis amigos y partidarios, me retiraré cuando termine el presente periodo y no volveré a gobernar otra vez. Para entonces tendré ya ochenta años.

Le conté lo que había hecho por las líneas de ferrocarril, la industria de todo tipo y las líneas telegráficas. Desde luego, mencionó que él había escuchado de ladrones, salteadores de caminos y toda clase de bandidos. Le expliqué cómo solucionamos el problema:

—Empezamos castigando el robo con pena de muerte y apresurando la ejecución de los culpables en las horas siguientes de haber sido aprehendidos y condenados. Ordenamos que dondequiera que los cables telegráficos fueran cortados y el jefe del distrito no lograra capturar al criminal, él debería sufrir el castigo, y en el caso de que el corte ocurriera en una plantación, el propietario, por no haber tomarlo medidas preventivas, debería ser colgado en el poste de telégrafo más cercano. No olvide usted que éstas eran órdenes militares. Éramos duros. Algunas veces, hasta la crueldad. Pero todo esto era necesario para la vida y el progreso de la nación. Si hubo crueldad, los resultados la han justificado con creces.

Le recordé que yo prefería la fuerza de la escuela a la del ejército para mantener a un pueblo en paz, y en esto Justo Sierra me dio la razón.

Le conté de mi infancia en Oaxaca, le narré algunas anécdotas de guerra y mi opinión sobre los pueblos indígenas. Se mostró muy interesado por el pueblo yaqui, aunque no entré en detalles sobre su deportación a Valle Nacional. Cuando le conté sobre las leyes recientes que habíamos aprobado se mostró muy interesado en el ámbito petrolero:

—Pasamos una ley que previene que ningún propietario de yacimientos petrolíferos tiene derecho a venderlos a ninguna otra persona sin previo consentimiento del Gobierno. No quiero decir con esto que objetemos la explotación de nuestros campos petroleros por el rey norteamericano, sino que estamos resueltos a que nuestros pozos no sean suprimidos para prevenir la competencia y mantener el precio del petróleo de Estados Unidos.

"Hay siempre algunos puntos sobre los cuales los gobiernos no hablan, porque cada caso debe ser tratado de acuerdo con sus propios méritos, pero la República Mexicana usará toda su fuerza en preservar para su pueblo un justo reparto de sus riquezas. Hemos mantenido el país en condiciones de libertad y de bonanza hasta hoy, y creo que podemos seguirlo manteniendo así en el futuro. Nuestra invitación a todos los inversionistas del mundo no está basada en vagas promesas, sino en el modo como los tratamos cuando vienen a nosotros.

Y así continuamos hasta que se terminó la tarde.

En 1908 se publicó la entrevista en Estados Unidos, y más tarde que temprano periódicos mexicanos la tradujeron. Empezó el diario oficial de mi gobierno, *El Imparcial*, y siguieron *La Iberia*, *Diario del Hogar* y *La Patria*.

Dos ideas pusieron patas p'arriba al país: que aquél fuera mi último periodo y que aceptaría la oposición.

Capítulo LXIII

FRANCISCO IGNACIO MADERO, o don Panchito, era nieto de uno de los empresarios más ricos y notables de Parras, Coahuila. Dicen que a los dieciocho años, cuando estudiaba en París, descubrió el espiritismo, una doctrina que se ponía de moda y que, francamente, se me hizo una extravagancia. La idea de que una persona sin cuerpo ha evolucionado solamente porque ha muerto, es risible. Hasta dicen que Benito Juárez se comunicaba con el señor Madero. ¿Puedes creer semejante tontería?

Pues bien, la primera vez que escuché de él fue en 1904, cuando se opuso a la reelección del gobernador de Coahuila, Miguel Cárdenas. En aquel entonces se me hizo raro que el hijo de un empresario incursionara en labores políticas, y don Ramón Corral me entregó una semblanza del señor Madero. Me importaba poco lo que él pudiera opinar en materia local; me convenía tener a Cárdenas ahí, y ésa era mi decisión final.

Pero el señor Madero insistió, les escribió a los hermanos Flores Magón y los apoyó con dinero durante un tiempo. Eso ayudó a que éstos financiaran su periódico *Regeneración*.

Lo cierto es que la naturaleza de don Panchito era pacifista, tranquila. Era educado, bien hablado y nunca bebía licor. Ayudaba a los trabajadores de las empresas Madero a través de la homeopatía, una forma de medicina alternativa. Los hermanos Flores Magón, a su vez, eran locos, anarquistas, y buscaban quién apoyara la revolución que andaban planeando. Era natural que Madero y los hermanos Flores Magón se distanciaran después de las huelgas obreras de Cananea y Río Blanco.

Sucedió que alguno de los supuestos espíritus que se comunicaban con él le dijo que estaba predestinado a liberar al pueblo, como si se tratara del pueblo israelita oprimido por el faraón. Después de la mentada entrevista que le concedí a James Creelman, el señor Madero escribió un libro bastante incendiario que, según él, le dictaron desde el más allá. Cuando lo publicó en un taller de Parras se aseguró de que su mensaje llegara lejos. Escribió cartas a diferentes periodistas y políticos de todo el país y les envió su texto, al que puso por nombre *La sucesión presidencial en 1910*.

También me envió una de las cartas. ¿Me harías el favor de leerla?

2 de febrero de 1909

Muy respetable señor y amigo:

Principiaré por manifestar a Ud. que si me tomo la libertad de darle el tratamiento de amigo, es porque Ud. mismo me hizo la honra de concedérmelo en una carta que me escribió con motivo de un folleto que le remití sobre la Presa en el Cañón Fernández. Por lo demás, creo ser más merecedor de ese honroso título hablándole con sinceridad y con franqueza, puesto que de este modo creo serle más útil para ayudarle con mi modesto contingente a resolver el problema de vital importancia que se presenta actualmente a la consideración de todos los mexicanos.

Para el desarrollo de su política basada principalmente en la conservación de la paz, se ha visto Ud. precisado a revestirse de un poder absoluto que Ud. llama patriarcal. Este poder, que puede merecer ese nombre cuando es ejercido por personas moderadas como Ud. y el inolvidable emperador del Brasil Pedro II, es, en cambio, uno de los azotes de la humanidad cuando el que lo ejerce es un hombre de pasiones. Por este motivo la nación toda desea que el sucesor de Ud. sea la Ley, mientras que los ambiciosos que quieren ocultar sus miras personalistas y pretenden adular a Ud., dicen que "necesitamos un hombre que siga la hábil política del general Díaz». Sin embargo, ese hombre nadie lo ha encontrado. Todos los probables sucesores de Ud. inspiran serios temores a la nación.

Por lo tanto, el gran problema que se presenta en la actualidad es el siguiente:

¿Será necesario que continúe el régimen de poder absoluto con algún hombre que pueda seguir la política de Ud., o bien será más conveniente

que se implante francamente el régimen democrático y tenga Ud. por sucesor a la ley?

Para encontrar una solución apropiada e inspirándome en el más alto patriotismo, me he dedicado a estudiar profundamente ese problema con toda la calma y la serenidad posibles. El fruto de mis estudios y meditaciones, lo he publicado en un libro que he llamado La Sucesión Presidencial en 1910. El Partido Nacional Democrático, del cual tengo la honra de remitirle un ejemplar por correo.

La conclusión a la que he llegado es que será verdaderamente amenazadora para nuestras instituciones y hasta para nuestra independencia, la prolongación del poder del régimen absoluto. Parece que Ud. mismo lo ha comprendido según se desprende de las declaraciones que hizo por conducto de un periodista americano. Sin embargo, en general causó extrañeza que Ud. hiciera declaraciones tan trascendentales por conducto de un periodista extranjero y el sentimiento nacional se ha sentido humillado.

Además, quizá contra la voluntad de Ud. o por lo menos en contradicción con sus declaraciones, se ha ejercido presión en algunos puntos donde el pueblo ha intentado hacer uso de sus derechos electorales.

Por estas circunstancias, el pueblo espera con ansiedad saber qué actitud asumirá Ud. en la próxima campaña electoral. Dos papeles pueden desempeñar en esa gran lucha, los que dependerán del modo como Ud. entienda resolver el problema. Si por convicción, o por consecuentar con un grupo reducido de amigos quiere Ud. perpetuar entre nosotros el régimen de poder absoluto, tendrá que constituirse en jefe de partido, y aunque no entre en su ánimo recurrir a medios ilegales y bajos para asegurar el triunfo de su candidatura, tendrá que aprobar o dejar sin castigo las faltas que cometan sus partidarios y cargar con la responsabilidad de ellas ante la historia y ante sus contemporáneos. En cambio, si sus declaraciones a Creelman fueron sinceras, si es cierto que Ud. juzga que el país está apto para la democracia y comprendiendo los peligros que amenazan a la patria con la prolongación del absolutismo, desea dejar por sucesor a la Ley.

entonces tendrá Ud. que crecerse, elevándose por encima de las venderías políticas y declarándose la encarnación de la patria.

En este último caso, todo su prestigio, todo el poder de que la nación le ha revestido, lo pondrá al servicio de los verdaderos intereses del pueblo. Si tal es su intención, si Ud. aspira a cubrirse de gloria tan pura y bella hágalo saber a la nación del modo más digno de ella y de Ud. mismo: por medio de los hechos. Eríjase Ud. en defensor del pueblo y no permita que sus derechos electorales sean vulnerados desde ahora que se inician los movimientos locales, a fin de que se convenza de la sinceridad de sus intenciones, y confiado concurra a las urnas a depositar su voto para ejercitarse en el cumplimiento de sus obligaciones de ciudadano, y consciente de sus derechos y fuertemente organizado en partidos políticos, pueda salvar a la patria de los peligros con que la amenaza la prolongación del absolutismo.

Con esta política asegurará para siempre el reinado de la paz y la felicidad de la Patria, y Ud. se elevará a una altura inconcebible a donde sólo llegará el murmullo de admiración de sus ciudadanos. Don Pedro del Brasil en un caso semejante al de Ud. no vaciló: prefirió abandonar el trono que a sus hijos correspondía por herencia, con tal de asegurar para siempre la felicidad de su pueblo dejándole la libertad.

Señor General: le ruego no ver en la presente carta, y en el libro a que me refiero, sino la expresión leal y sincera de las ideas de un hombre que ante todo quiere el bien de la patria, y que cree que Ud. abriga los mismos sentimientos.

Si me he tomado la libertad de dirigirle la presente, es porque me creo con el deber de delinearle a grandes rasgos las ideas que he expuesto en mi libro, y porque tengo la esperanza de obtener de Ud. alguna declaración, que, publicada y confirmada muy pronto por los hechos, haga comprender al pueblo mexicano que ya es tiempo de que haga uso de sus derechos cívicos y que, al entrar por esa nueva vía, no debe ver en Ud. una amenaza, sino un protector; no debe considerarlo como el poco escrupuloso jefe de un partido, sino como el severo guardián de la Ley, como a la grandiosa encarnación de la patria.

*Una vez más me honro en suscribirme su respetuoso amigo y seguro
servidor.*

Francisco I. Madero

Pues sí, leí su libro. ¿Qué decía? Más bien pregunta qué no decía.
Empezaba por reconocer que la familia Madero no sentía antipatía
contra mi gobierno o las autoridades locales, y sus negocios marchaban sin problemas. Cuando hablaba de mí, elogiaba mis méritos militares, sobre todo durante la Intervención francesa. Pero en cuanto
a mi gobierno, tenía varias críticas por el poder que ostentaba como
figura presidencial, el militarismo y lo que él consideraba desinterés
hacia las clases menos privilegiadas.

Desde luego hubo críticas de los intelectuales y mis partidarios.
Que si el libro no tenía valor literario, parecía doctrinario, era in-
congruente y contradictorio; pero lo que tengo que reconocerle son
los tamaños de ser el primero en tratar la sucesión presidencial así,
abiertamente, sin siquiera consultarme.

La promoción del libro fue útil para él, pues poco después de su
publicación se constituyó el Centro Antirreeleccionista, teniendo al
señor Madero como vicepresidente. Con su nuevo cargo recorrió varias ciudades del país invitando a la gente a defender su derecho de
sufragio efectivo y a la no reelección.

Entre mis secretarios y yo nos reímos de ese loco espiritista.

Entretanto, se planeó una reunión entre el presidente de Estados
Unidos, William Taft, y yo; pero comprenderás que coordinar el evento era algo complicado. Yo no podía pisar territorio yanqui y él no
podía entrar a México; cualquiera de estas acciones hubiera sido violar la soberanía de algún país. Lo que se decidió fue que nos encontráramos en la aduana de Ciudad Juárez.

Seamos honestos. Tampoco es que Taft tuviera como prioridad visitar México o dialogar conmigo. Si te soy honesto, creo que no me
tragaba el gringo, pero él iba a visitar Texas, y a don Ignacio Mariscal, secretario de Relaciones Exteriores, se le hizo buena idea un encuentro entre los dos mandatarios.

¿Qué te digo? Desde que me bajé del tren noté que habían adornado
toda la ciudad como si esperaran a Maximiliano y Carlota: guirnaldas

con los colores de ambos países, banderitas, letreros con adulaciones. Me aplaudían mientras caminaba por las calles custodiado por el cuerpo del Estado Mayor. Me encontré con Taft en la aduana, regordete, con unos bigotes blancos y el cabello castaño. Él de levita y yo de general, estreché su mano y posamos para distintas fotografías y registros filmográficos. Luego platicamos en privado con nuestros traductores, porque ni yo entendía el inglés (a pesar de tus excelentes clases, Carmelita) ni él el español (ni tampoco tenía mucho interés en hacerlo).

En privado, Taft le comentaba todo a Archibaldo Butt para que lo tradujera, y yo a don Enrique Creel. Lo que hablamos no se ha publicado en ningún libro, ni siquiera en algún periódico. Se ha mantenido oculto hasta hoy, y seguramente así seguirá por muchos años más, pero tampoco me conviene que se sepa la insistencia con la que el presidente Taft me preguntó sobre las garantías que había en México para los empresarios de su país. No quería que los incidentes de las huelgas obreras afectaran, de modo alguno, a los gringos o a sus empresas. Mostró preocupación por mis reelecciones y, sobre todo, por las inversiones extranjeras en México. ¿Sabes qué impresión me dio? Como si estuviera resentido porque yo ofrecía más concesiones a Asia y a Europa que a los norteamericanos, pero tampoco le iba a poner a México en bandeja de plata.

No dudo que en este siglo xx haya muchos presidentes que prefieran hacerlo así, pero yo vi más crecimiento en el equilibrio que en la dependencia.

Después de la reunión nos tomamos más fotografías y sonreímos, pero sólo por fuera. Por dentro entendí que Estados Unidos no tenía intención de continuar apoyando mi gobierno. Tanto que me esforcé por convencerlo, allá en mi primera presidencia, de que yo era lo mejor para México y ahora me daba la espalda. Poco sabía el papel que esto jugaría en 1911.

Pobre México, su mayor maldición siempre será la de estar junto a los gringos.

En abril de 1910, la gira antirreeleccionista del señor Madero lo llevó hasta la capital; sus aspiraciones políticas ya eran de sobra conocidas por todos. Por otro lado, mis colaboradores me habían pedido que fuera candidato a la presidencia una vez más, y no tuvieron que insistirme mucho para que aceptara. A los casi ochenta años, con casi todos los compañeros y colaboradores de mi generación bien enterrados en el panteón, supuse que sería mi última elección y que luego la naturaleza tomaría su curso. Así que, cuando solicité reunirme con él, ambos sabíamos de sobra que era el encuentro de dos candidatos.

Llegó don Panchito al despacho presidencial. Me impresionó por la poca presencia que tenía; se veía pequeño en todos los sentidos, sus movimientos eran casi femeninos, su voz era chillante y tardaba tanto en contestar que me daba la impresión de ser demasiado introvertido. Decididamente, no parecía un hombre político.

—Es usted un patriota, señor presidente. Lo que hizo en el campo de batalla se le reconocerá siempre, pero este pueblo ya no merece ser gobernado por los mismos vicios de tantos años.

—Treinta, señor Madero, porque así lo ha determinado el pueblo. Y si desea que sean más, ¿quién soy yo para contrariarlo?

Por un momento, se llevó la mano al bolsillo interno de su levita. Temí que se tratara de una pistola. En cambio, sacó un pañuelo blanco y se secó el sudor de la frente; le temblaba la mano.

—Esa práctica pone en riesgo el espíritu liberal de la Constitución de 1857, por la que usted luchó. Lo que buscamos es precisamente lo mismo que usted hace tantos años, cuando dijo no a la reelección.

—Pero también se necesita experiencia, don Panchito. Cuando yo llegué al poder ya había gobernado mi tierra y a mis tropas. ¿Cómo quiere hacerse cargo usted de un país si no sabe cómo?

—En un pueblo apático, donde el analfabetismo es grande, los cargos de elección popular no son definidos por ellos. Si no saben qué pasa en su país y no conocen a sus candidatos, ¿cómo sabrán lo que es mejor para ellos?

—Menosprecia a su pueblo, señor Madero.

—Al contrario, reconozco que necesita sangre joven para recuperar la libertad.

—Anda usted muy pollito y ya se siente gallo de pelea. No vaya usted a terminar en mole. Le propongo algo: láncese para candidato de Coahuila y veremos si puede hacer una campaña interesante.

—Yo le propongo otra cosa, señor presidente: desista de la vicepresidencia de Ramón Corral...

—No puedo hacerlo —interrumpí, pero él continuó.

—…y me retiraré de la contienda. Si no, contenderé en las elecciones y que la democracia sea la que elija al mejor.

Le sonreí, me levanté y caminé hasta la puerta.

—Que sea la democracia la que elija al mejor —repetí al darle la mano—. Parece que seremos tres candidatos a la presidencia, usted, el señor Zúñiga y Miranda, y yo.

Cuando se fue, entró don Justo Sierra y al cerrar la puerta me preguntó:

—¿Cómo le fue con el señor Madero? Su popularidad crece cada día.

—Como que ya va siendo hora de comer. ¿Qué le parece si lo invito y me cuenta otra vez cómo van las Fiestas del Centenario?

Torció la boca en un gesto de desaprobación.

—Si no se lo han dicho otros, tengo el deber moral de hacerlo. Tenga mucho cuidado con la reelección. Su legado peligra.

Yo me acaricié el bigote.

—Creo que invitaré a doña Carmelita, a ella le interesan los invitados que vendrán en los próximos días.

Capítulo LXIV

¡MALDITA SEA, FÉLIX! Me da igual que seas el hijo de mi hermano. La orden era muy clara, el arresto de Francisco I. Madero no era negociable.

En unos días va a llegar prensa de todo el mundo, comitivas y embajadores. ¿Cómo carajos crees que se va a ver mi gobierno si, después de treinta años, llega un pelado cualquiera y me gana las elecciones? Encima, a cada lugar donde va se arma un zafarrancho de aquéllos.

¡Te di una orden y espero que la cumplas!

A ti te voy a hacer responsable si no logras que Madero esté tras las rejas cuando se realicen las elecciones presidenciales, y más te vale que vayas con don Evaristo Madero y le digas que le ponga un alto a su nieto porque si no lo hace, tendré que hacerlo y yo, y ya vamos a ver de qué cuero salen más correas.

Ya estoy cocinando mi próximo periodo presidencial y lo último que necesito es una piedra en el zapato.

Además, ¿qué tan difícil puede ser dar con el tal Madero? Es un loco, un chiflado, un iluminado que va por ahí con la idea de que la democracia es la cura a todos los males que tiene este país. Como si a punta de democracia pudiera imponer la paz e incentivar el progreso. No quiero que todo mi trabajo de treinta años termine en la basura porque dejamos que la persona equivocada llegara a la presidencia.

¡Carajo, Félix! ¿Me estás oyendo? Hay que frenar a Francisco I. Madero a cualquier costo. Pero a su esposa me la dejas en paz; no me interesa lidiar con ella de momento.

¡Arresta a Madero o el que va a terminar tras las rejas vas a ser tú! No te lo voy a repetir.

Capítulo LXV

DISCULPA, CARMELITA, a veces el pasado se mezcla con el presente.

Cuando se llevaron a cabo las elecciones presidenciales de 1910, Francisco I. Madero estaba en la cárcel en San Luis Potosí, bajo los cargos de conato de rebelión y ultraje a las autoridades. El resultado fue aplastante. Yo gané con más de dieciocho mil votos, mientras Madero apenas alcanzó los mil.

Sólo entonces se le permitió a Madero salir de la cárcel, y a través de un amparo, pero con un pequeño detalle: no podía salir de San Luis Potosí, aunque esa consigna le valió un soberano pepino y en la primera oportunidad que tuvo se escapó a Estados Unidos, y yo me alegré de tenerlo bien lejos.

Así que, con el tema electoral resuelto, me di a la tarea de celebrar con todo el país.

Ese año fue importantísimo por más de una razón. En primer lugar, se cumplía el primer siglo del inicio de la Guerra de Independencia sobre el Imperio español y, por lo tanto, se llevaba años planeando diferentes conmemoraciones y proyectos.

¿Recuerdas toda la parafernalia que se armó alrededor? En primer lugar estaba la imagen del cura Hidalgo para representar ese inicio del México independiente, después la de Benito Juárez, como símbolo de triunfo en la Guerra de Reforma y la Intervención francesa, y por último yo mismo, por los treinta años de paz y progreso que aún vivía el país.

Ese primer centenario debía destacar el mayor avance nacional con la realización de obras de positiva utilidad pública.

Se invitó a muchos países y otros mandaron regalos. Fue una fiesta monumental que abarcó a todos los sectores de la sociedad. La mayoría de los eventos estuvieron enfocados en septiembre, comenzando con la inauguración del Manicomio General de la Castañeda, un sitio planeado con doctores de la época para que funcionara como hospital que propiciara un ejercicio profesional de la psiquiatría.

Desde luego, había un enfoque a los héroes patrios. Recibí varias cartas de sus descendientes para pedirme ayuda económica, como en el caso de Cleofás Hidalgo y Costilla, quien se identificaba como una descendiente de don Miguel Hidalgo, hecho que confirmaron varias autoridades de Guerrero. La señora Cleofás era viuda, tenía dos hijos y no podía ocuparse de ellos debido a su posición económica. Me escribió para pedirme ayuda. ¿Cómo decía su carta? Ah, sí, "…desde el bondadoso corazón del presidente, que siempre atiende a quien lo merece…". Por supuesto que se le ayudó y, como a ella, a muchos descendientes de héroes o soldados de las diferentes guerras que vivió México.

Pero ese culto a los héroes llegó más allá. Por ejemplo, se mandó traer la pila bautismal de Miguel Hidalgo. Recuerdo también con mucho cariño la inauguración de la exposición de figuras de cera que representaban a personajes y episodios históricos nacionales, donde uno podía ver lo mismo a Juárez que las Leyes de Reforma, o a Juan Diego ante la Virgen de Guadalupe. Me pareció una excelente forma de viajar por la historia nacional aunque fuera a través de muñecos que, tengo que decirlo, estaban muy bien realizados.

Además diferentes comercios repartieron estampas y postales donde, además de los rostros de Hidalgo, Juárez y el mío, se representaban distintos episodios de la vida nacional, como la misa que celebró el cura Hidalgo en el Monte de las Cruces antes de la batalla, o cuando el general Vicente Guerrero rechazó el indulto virreinal.

Bueno, hasta se hizo un registro filmográfico de lo que fue el inicio de la Guerra de Independencia la madrugada del 16 de septiembre de 1810. Llevaron varias cámaras hasta el pueblo de Dolores y contrataron a varios actores para representar a los héroes. La película fue todo un éxito.

El 5 de septiembre se ofreció una gran recepción a los embajadores extranjeros en el Palacio Nacional. Eso era muy importante, porque otras naciones reconocían a México y eran partícipes de nuestra gran fiesta.

Más tarde fundé el Servicio Sismológico Nacional, lo cual era importantísimo. Como bien sabes, desde tiempos inmemoriales los temblores de tierra han azotado los estados de Oaxaca y Guerrero, y la Ciudad de México.

También hubo trabajo en materia de educación. El 7 de septiembre se fundó la Escuela Nacional Primaria Industrial para Niñas "Josefa Ortiz de Domínguez"; el 12 la Escuela Normal para Profesores, y el 22 la Universidad Nacional de México, un proyecto de don Justo Sierra en el que llevaba varios años trabajando. Ahí estuve, pero no quise tomar mucha presencia en el acto porque él era quien debía destacar. Después de todo, gran parte del trabajo ideológico de las fiestas eran de él y de don Vicente Riva Palacio.

Y triunfaron. Nunca se había visto tanto interés del pueblo por conocer y entender su propia historia.

Como bien sabes, el 15 de septiembre es una fecha fundamental para el mexicano y para mí, y tenía que ser la más importante de todas.

Por la mañana, doscientos mil personas se acercaron a las calles del centro de la Ciudad de México para ver desfilar su propia historia en carros alegóricos, de adornos inmejorables y actores muy bien caracterizados. Pareciera mentira que todos aplaudieran y gritaran cuando pasaron el emperador Moctezuma, Hernán Cortés y los indios tlaxcaltecas; hubo un interés muy particular por la época de la Conquista. Después aparecieron don Agustín de Iturbide y el Ejército Trigarante.

La música llenaba el aire, los papelitos de colores volaban por todos lados; no había casa en la Ciudad de México que no estuviera adornada con motivos patrios, desde guirnaldas verdes, blancas y rojas hasta consignas sobre los héroes y pinturas de éstos.

Por la tarde, Nachito de la Torre organizó una corrida en el Toreo, mientras en las calles de la ciudad continuaban los festejos con acróbatas de distintas nacionalidades.

En cuanto el sol empezó a morir en el horizonte, los edificios principales se iluminaron con estructuras de focos eléctricos, desde los balcones de Palacio Nacional hasta las torres de Catedral. Era un México nuevo, diferente, y habíamos tirado la casa por la ventana para que todos vieran su progreso.

Al llegar la hora indicada salí del despacho presidencial, acompañado del jefe del Estado Mayor. Vestía de frac y llevaba la bandera de

México en la banda presidencial que lucía en mi pecho. Ya me esperabas con tu vestido de seda clara, las perlas que adornaban tu cuello debajo de la gargantilla y la tiara que coronaba tu peinado; tímida, como cuando apenas tenías diecisiete años, me tomaste del brazo. Los invitados personales y oficiales nos vieron caminar por los pasillos de Palacio Nacional, el mundo entero estaba a los pies del otrora indígena pobre de Oaxaca que había luchado por ayudar a sus hermanas. ¿Quién lo hubiera dicho? Pero ellas no estaban para contemplar mi mayor momento de gloria.

Empuñé la bandera de México con fuerza y salí al balcón, ya adornado con terciopelos tricolores. El frío endureció mi rostro, cien mil almas me contemplaban. Todos los edificios estaban iluminados, los aplausos eran unánimes; era el momento de mi victoria personal y nada hubiera podido contener mi sonrisa en ese momento. Tomé el cordón de seda que pendía a mi lado e hice sonar la misma campana que hizo tañer Miguel Hidalgo cien años antes y que yo había mandado poner en Palacio Nacional en 1896.

Aquella vista era majestuosa. El pueblo gritando con cada campanada. Cuando terminé y el reloj de Catedral anunció las once de la noche en punto, respiré profundo y grité como si me fuera la vida en ello:

—¡Viva la libertad! ¡Viva la independencia! ¡Vivan los héroes de la patria! ¡Viva la república! ¡Viva el pueblo mexicano!

Y comencé a ondear la bandera de México.

Mi país cumplía cien años y yo apenas ochenta; para lo mismo se planeó una gran cena monumental, que abarcó todos los pasillos que rodean el patio central de Palacio Nacional y estuvo acompañada de valses austriacos. Hubo más de diez mil comensales entre mi familia, miembros de la clase alta, secretarios de gobierno e invitados de todos los países que participaron. ¡Hasta hicimos una vajilla especial para la ocasión!

Léeme una vez más el menú de esa cena.

Consommé Riche
Petits Patés á la Russe
Escaloppes de Dorades á la Parisienne
Noisettes de Chevreuil

Purée de Champignons
Foie Gras de Strabourg en Croutes
Filets de Drinde en Chaud Froid
Paupiettes de Veau a l'Ambassadrice
Salade Charbonniére
Brioches Mousselines Sauces Groseilles et Abricots
Glace Dame Blanche
Diversos postres
Café y té

Y todo estuvo delicioso, Carmelita. Fue un excelente menú que abarcaba todos los gustos, aunque siempre me he preguntado si nuestra fascinación por París como la capital cultural del mundo no había llegado demasiado lejos, haciéndonos perder nuestra identidad nacional sin darnos cuenta.

¡Lo que hubiera dado por festejar con un mole como el que preparaba mamá!

Al día siguiente inauguramos la Columna de la Independencia de Paseo de la Reforma, obra que había estado a cargo de don Antonio Rivas Mercado con el italiano Enrique Alciati como arquitecto. No sé a ti, pero a mí me impresionó mucho desde que la vi. Primero un altar a la patria que nos recuerda a los héroes de la independencia, después una columna altísima con guirnaldas talladas y en la punta una victoria alada, recubierta de oro, con una corona de laurel en la mano derecha levantada y unas cadenas rotas en la izquierda.

Tengo que destacar que el trabajo de ingeniería de la obra fue un orgullo para mí, porque lo realizó Firio.

La inauguración fue un acontecimiento muy concurrido, y la columna rápidamente se convirtió en un símbolo de la Ciudad de México. Figúrate que hoy llaman "ángel" a la victoria alada.

Más tarde se realizó un gran desfile militar al que todos querían asistir. Marinos franceses, alemanes, argentinos y brasileños desfilaron frente a Palacio Nacional. Yo contemplaba todo con mi uniforme de general de división. Cuando terminaron hice tocar una vez más la campana de Dolores.

Treinta y un países tomaron parte en las celebraciones del centenario de la independencia, pero España tenía un lugar muy especial y le organizamos un banquete el 17 de septiembre, donde quedó claro que ambos países habían sanado las heridas y podíamos convivir de forma civilizada, en reconocimiento pleno de la importancia que teníamos ante el mundo.

El rey Alfonso XIII envió a su representante especial, el marqués de Polavieja. Al terminar el banquete nos entregaron algunos objetos importantes de la Guerra de Independencia en posesión de España por tantos años, entre ellos el uniforme que usaba Morelos. Yo lo tomé entre mis manos y pronuncié el discurso que había preparado para ese día. Todavía lo recuerdo.

Yo no pensé que mi buena fortuna me reservara este día memorable en que mis manos de viejo soldado son ungidas con el contacto del uniforme que cubrió el pecho de un valiente que oyó palpitar el corazón de un héroe y prestó íntimo abrigo a un altísimo espíritu que peleó contra los españoles, no porque fuesen españoles sino porque eran los opositores de sus ideales; que persiguió no a España precisamente, sino a la realización de una quimera para entonces y dulce realidad después para nosotros: crear una Nación soberana y libre.

Al terminar había lágrimas en mis ojos y los presentes aplaudían. El marqués de Polavieja gritó:

—¡Viva México! ¡Viva nuestro gran presidente!

Y yo le correspondí con un grito similar:

—¡Viva España! ¡Viva nuestra Madre grande!

Y el vitoreo se volvió a escuchar en el salón.

Desde luego, don Benito Juárez no podía faltar como uno de los personajes más importantes de la historia nacional. Yo quería construirle un monumento grandísimo, y fue el señor Limantour quien sugirió la Alameda. Así fue como se decidió el proyecto del que quedaron a cargo el arquitecto Guillermo Heredia y el escultor italiano Lazzaroni.

Este monumento, representación de la Guerra de Reforma, o más bien del triunfo del liberalismo en aquella guerra, fue construido de mármol de Carrara en una forma semicircular, con cuatro columnas a cada lado, y en el centro se colocó un conjunto escultórico donde destaca la figura de un Benito Juárez coronado por la Gloria, en presencia de la República. Ahí aparecía la frase: "Al benemérito Benito Juárez, la patria".

La inauguración, el día 17, fue concurrida pero menos festiva. Se dieron muchos discursos largos y soporíferos, y al terminar develé el monumento entre aplausos. Después, en Palacio Nacional, la embajada de Francia devolvió las llaves de la Ciudad de México que le habían entregado al general Forey en mil 1863, durante la intervención.

En distintas fechas, otros países ofrecieron regalos a México, desde ajuares hasta esculturas.

Mi cuerpo de ochenta años ya no estaba para tantos trotes; me dolía la espalda por las mañanas y en privado comencé a usar un bastón para caminar. A pesar de mi fortaleza, no podía escapar de los achaques propios de la edad.

No todo eran fiestas y bailes. También hubo inauguraciones importantes, como las de la Escuela Nacional Preparatoria, la infraestructura de agua potable y las grandes obras del desagüe del valle de México: el túnel de Tequisquiac. Era nuestro propósito que todas las clases sociales pudieran participar de esta gran fiesta. Por problemas con el suelo no se tuvo listo el Teatro Nacional, que aún permanece en construcción.

¡Ya se me olvidaba! Otro gran acontecimiento fue la colocación de la primera piedra del Palacio Legislativo, construcción magna que será uno de los recintos políticos más importantes del mundo y que seguramente recordará a mi gobierno cada vez que la gente lo mire. La maqueta era majestuosa, en verdad, y la ejecución formidable, al menos el inicio, que fue lo que yo vi: los cuatro arcos que sostienen una cúpula de cobre coronada por un águila.

Otro símbolo de la modernidad en México.

Durante un mes se inauguraron distintos proyectos y monumentos en todo el país, algunos que se habían planeado por años con la idea de que estuvieran listos en septiembre de 1910. Y, puedo decirlo con seguridad, tal vez no haya presidente de México que haya recogido más aplausos que yo, aunque debo aceptar que no eran gratuitos, sino fruto de muchos años en el gobierno y de una comisión de festejos que supo hacer su trabajo.

Capítulo LXVI

YO PENSÉ QUE LA SOMBRA de don Pancho Madero no iba a llegar muy lejos mientras él estuviera en Estados Unidos. ¿Hubiera ganado la presidencia de la República? No lo sé, pero no lo creo. El fraude electoral era imprescindible para mantener vigente un proyecto de nación que México necesitaba. Desde luego, eso no impidió que Madero diera patadas de ahogado y escribiera un papelito que luego se reproduciría en todo el país.

Fue Manuel Corral quien llamó la atención sobre él en una de nuestras juntas de gabinete y expresó su preocupación al respecto.

—Los diarios de oposición están hablando de ello, general. Este Plan de San Luis, en clara alusión a San Luis Potosí, lo reparten en los mercados y algunas plazas de todo el país.

—¿Y le preocupa que todo el país se levante en armas un día para quitarme de aquí? Esta patria me debe mucho como para atreverse a hacer algo semejante. Si no pudieron los hermanos Flores Magón, ¿qué le hace pensar que un chiflado espiritista va a lograrlo? A ver, dígame qué es ese mentado Plan de San Luis.

Don Ramón se aclaró la garganta y comenzó a leer algunos párrafos que le parecieron relevantes:

—Dice, por ejemplo, que la patria padece una tiranía que los mexicanos no están acostumbrados a sufrir. Que es verdad que este gobierno mantiene la paz, pero que es una paz vergonzosa para el pueblo porque no tiene por base el derecho, sino la fuerza; porque no tiene por objeto el engrandecimiento y la prosperidad de la patria, sino enriquecer a un pequeño grupo que, abusando de su influencia, ha convertido los puestos públicos en fuente de beneficios exclusivamente personales, explotando sin escrúpulos todas las concesiones y los contratos lucrativos.

—Parece que el señor Madero no se va por las ramas —comenté, mientras don Ramón continuaba su lectura.

—Que todo el engranaje administrativo, judicial y legislativo obedece a una sola voluntad, al capricho de usted, general, quien en su larga administración ha demostrado que el principal móvil que lo guía es mantenerse en el poder a toda costa. Luego habla de su arresto. Leo textual: "Al fin, llegó un momento en que el General Díaz se dio cuenta de la verdadera situación de la República y comprendió que no podría luchar ventajosamente conmigo en el campo de la Democracia y me mandó reducir a prisión antes de las elecciones, las que se llevaron a cabo excluyendo al pueblo de los comicios por medio de la violencia, llenando las prisiones de ciudadanos independientes y cometiéndose los fraudes más desvergonzados". Y más abajo sigue: "En tal virtud, y haciéndome eco de la voluntad nacional, declaro ilegales las pasadas elecciones y quedando por tal motivo la República sin gobernantes legítimos, asumo provisionalmente la Presidencia de la República, mientras el pueblo designa, conforme a la ley, sus gobernantes". Y aclara: "Abusando de la ley de terrenos baldíos, numerosos pequeños propietarios, en su mayoría indígenas, han sido despojados de sus terrenos, ya por acuerdos de la Secretaría de Fomento, o por fallos de los tribunales de la República".

—Pareciera que describe a Antonio López de Santa Anna, allá por la década de los cuarenta, cuando nos adherimos al Plan de Ayutla para sacarlo del poder. ¿Qué pide el tal Madero?

Don Ramón continuó titubeante.

—Entre otras cosas, que el pueblo se levante en armas el próximo domingo veinte de noviembre a las seis de la tarde. Él asumiría el cargo de presidente provisional en lo que se logra establecer la paz para convocar a nuevas elecciones y pueda entregar el poder a la persona que haya elegido el pueblo.

—¡Qué poco conoce Madero a este pueblo!

—Y termina con dos frases suyas, señor presidente. Las dos son de cuando se levantó en armas contra Benito Juárez: "Que ningún ciudadano se imponga y perpetúe en el ejercicio del poder, y ésta será la última revolución", y "Sufragio efectivo, No Reelección".

Ramón Corral me miró en silencio; los demás ministros hicieron lo mismo. Me juzgaban sin expresarlo. Justo Sierra y Pepe Limantour también.

—Cuando llegue el veinte de noviembre sabrán que mi gobierno es más fuerte de lo que Madero piensa: el amor y la devoción que siente el pueblo por mí les impedirá levantarse en armas. ¿Una revolución en un país de paz y progreso como éste? No sabe lo que dice. La situación en tiempos de Juárez y Lerdo era muy diferente.

Y cambié el tema de inmediato. Prefería conversar sobre las Fiestas del Centenario a hacerlo sobre un ridículo escrito sin importancia ni validez. ¿Qué diferencia podría haber entre las acusaciones de fraude electoral que hacía Nicolás Zúñiga y Miranda y las de Francisco I. Madero?

La duda de qué pasaría el 20 de noviembre se mantuvo vigente entre todos los miembros de la política. Les pedí a los gobernadores que vigilaran muy de cerca a las personas que habían apoyado abiertamente la no reelección o el maderismo.

Allá en Puebla había unos hermanos, de apellido Serdán, que eran un posible riesgo. La policía comenzó a sospechar que los Serdán podrían participar en el levantamiento y consideraron prudente revisar su casa en busca de armas o propaganda contra mí. Decirlo fue más fácil que hacerlo, porque cuando llegó la policía a revisar la casa los hermanos Serdán y otras dieciocho personas se resistieron al cateo, y la policía supo que había armas para decomisar. Fueron los Serdán quienes dispararon por primera vez, y los gendarmes siguieron. Comenzó una balacera furiosa y sin tregua para someter a los rebeldes.

Dicen que Carmen Serdán salió a la ventana y gritó:

—¡Poblanos! Los que están allí van a morir por el pueblo, vengan a ayudarles; aquí hay armas. ¡Viva la república!

Pero nadie quiso meterse en plena balacera. Llegaron refuerzos militares y mataron a todos los hombres que estaban en la azotea disparando. Les tomó muchas horas entrar a la casa. Sólo entonces hicieron los arrestos pertinentes, sobre todo de mujeres. Contaron los cuerpos y confiscaron las armas, pero sucedió algo muy curioso: faltaba Aquiles, el principal de los hermanos Serdán. Los soldados lo habían visto disparar, así que sabían que estaba en la casa, pero no pudieron encontrarlo a la hora del arresto. Buscaron y buscaron sin éxito.

Se mantuvo una guardia militar en la casa por varias horas para continuar la búsqueda de armas y propaganda, y dicen que, a las dos de la mañana, escucharon que alguien tosía a mitad de la sala.

En aquella oscuridad, los soldados dispararon hacia la fuente del ruido y, al encender la luz, encontraron el cuerpo sin vida de Aquiles Serdán escondido en un hueco en el piso y apenas tapado por unos tablones. Tenía un disparo en el cráneo y otro en la sien.

Por órdenes del gobernador, el cadáver de Aquiles fue exhibido en la plaza principal como escarmiento para quienes intentaran apoyar el Plan de San Luis. Ese mismo día recibí el relato de lo sucedido en casa de los hermanos Serdán y una foto del cadáver.

Esperé que la noticia de la muerte de Aquiles Serdán asustara a los que intentaran participar en el Plan de San Luis. Después de todo, el señor Madero seguía en Estados Unidos y pensé que tenerlo lejos ayudaría a que no se prestara atención a su funesto texto.

Finalmente, llegó el mentado 20 de noviembre. Recuerdo poco de ese día. Desayunamos en el café del Bosque de Chapultepec y caminamos por la Alameda Central durante la tarde. La esperanza que tenía Madero de que todo el pueblo se levantara en armas de forma unánime para derrocarme resultó otra más de sus ilusiones falsas. Hubo algunos levantamientos menores ese día y en las semanas siguientes: un tal Francisco Villa atacó la hacienda de Cavaría, Pascual Orozco también hizo su desmadre y hasta un ex caballerango de Nacho de la Torre, de nombre Emiliano Zapata.

Mandé al ejército a controlar los brotes de insurrección y restablecer el orden público. Mi gabinete me aseguró que pronto volveríamos a la paz y al progreso de antaño, pero algo me sabía diferente. Ahora los medios de oposición adquirían poder, las declaraciones que había hecho a Creelman sobre la democracia estaban en boca de todos, la sociedad había visto con malos ojos el arresto de Francisco I. Madero y los aplausos en los actos públicos eran menos sonoros.

Ese diciembre, cuando tomé la presidencia por octava ocasión, había un sabor amargo en las palabras de siempre con las que juraba defender la Constitución de 1857 y las Leyes de Reforma. Hubo manifestaciones en la calle, pero no eran de apoyo, sino de protesta. No dejé que me afectaran; al fin y al cabo yo tenía la banda presidencial y mis detractores podían decir misa si querían. El presidente era yo, ¿no es cierto? ¡Yo! A Ramón Corral sí le afectó; muy tarde comprendí que no estaba a la altura política para ser vicepresidente de la República, pero un error así lo tiene cualquiera.

En esos últimos días de 1910 y los primeros de 1911 vi mi gobierno como una casa de naipes que de repente pierde su soporte. No por el Plan de San Luis, sino porque yo mismo no había respetado el Plan de La Noria. Y el fantasma de Benito Juárez comenzó a acosarme, como lo hace ahora.

Benito, tú y yo no éramos tan diferentes, ¿verdad? Fuimos aliados hasta que tú me diste la espalda y yo declaré públicamente que estaba en tu contra..., tal como Madero hizo conmigo tantos años después y con las mismas palabras. Tal vez la historia sólo se repite y por eso México es incapaz de encontrar la paz.

Ah, Benito, tu rostro enjuto se ve lleno de ira; déjame escuchar tu voz una vez más...

Capítulo LXVII

¡CÓMO TE ATREVISTE a levantarte en armas contra mí! Soy el zapoteco de bronce, el benemérito de lo imposible al que vienen los mexicanos sedientos de libertad. Tú me hiciste estatua, inmortal en la muerte, perfecto en mis defectos. Tú, tú, tú..., porque se te olvidó que todo héroe que sobrevive a su gloria se convierte en tirano. Mira a Iturbide, a Santa Anna, a Julio César y a Napoleón. Tú eres el mejor ejemplo: alguna vez necesario para el porvenir de la patria, envejeciste con ella, le diste a mamar de tus defectos, heredó tus faltas, y lograste que el amor que sentía por ti se volviera odio, furia y rencor, desprecio, resentimiento.

Seguro ya se te olvidó que te levantaste en armas contra mí con la hipócrita bandera de Sufragio Efectivo, No Reelección, frase que gritabas al pasar por los pueblos y mancillar mi nombre diciendo defender la democracia. Así llegaste al poder entre aplausos, así te fuiste del poder entre abucheos. ¿No te resulta irónico que haya sido un chaparrito sin ambición el artífice de tu caída, el portador de la misma frase como espada para herir tu reputación?

Sufragio efectivo, no reelección.

Sufragio efectivo.

No reelección.

¿Aún puedes contar todas las veces que ocupaste la presidencia? Son las mismas bofetadas que diste a los que apoyaron tu Noria y tu Tuxtepec. ¿Te sentiste necesario para el bienestar de México? ¡Yo también! Me sentí pilar para la continuación de la república, temí que mi ausencia diera pie a conservadores e imperialistas, soñé que el país se cubría de seda negra, los campos de sombras y los montes de piedras; soñé que sin mí habría muerte e hice lo mismo que tú. Me quedé en el poder. A costa de todo permanecí en el máximo altar que otorga la Patria a quienes la protegen, silencié denuncias, fusilé opositores. Tú dijiste: más vale una tumba que un cementerio, hubo que derramar sangre mala para que se pudiera salvar la buena. Hice lo mismo y me condenaste, luego te volviste igual a mí. Yo fui el reformador, tú el ejecutor.

Castigué al pueblo como lo hubiera hecho un padre amoroso, y si no llegué a germinar en el corazón del pueblo fue porque tú me hiciste de mármol, estatua eterna en un pedestal empañado, recostado sobre mi lado izquierdo, apenas desdibujado por los tintes de la noche, la figura de las proclamas liberales, digno monumento a las Leyes de Reforma.

La muerte me arrebató a tiempo. Quedó mi mano debajo de la cabeza, una sonrisa apenas perceptible, soñé para siempre con Guelatao, la suavidad de Margarita, el cadáver desgarrado del emperador austriaco, el pasado y el futuro a la vez, la sombra de ti, buen Porfirio.

Narraste La Noria y sólo mencionaste mi muerte, pero explicaste cómo fue.

En mis pulmones indígenas faltaba el suspiro, en el corazón la llama de la vida. Minutos antes habían usado la cura de la época para tratar de revivirme. Cayó agua hirviendo sobre mi pecho, recordatorio del infierno ineludible que predican los conservadores. Y el calor me hizo reaccionar tan sólo por unos segundos de parpadeos confusos, susurros vacíos. El mundo estaba lleno de sombras incoloras, recuerdos del Instituto de Artes y Ciencias, un pasado que se iba cubriendo de polvo.

La amistad con Lerdo se me había escapado de las manos como el agua del mar, y la tuya como un sueño.

Una angina de pecho me arrebató de la carne años antes de que tú llegaras al poder, y seguiste mis pasos. Suprimiste la democracia en favor del bien y trataste de imponer la paz a costa de todo.

Adornaste mi memoria con discursos interminables, me enterraste en el cementerio de lo irreal. Del cuerpo quedó una osamenta, de las levitas unas cuantas fotografías. Me construiste un hemiciclo para honrar mi memoria; los textos oficiales se encargaron del resto y quedé ensalzado sobre la creación.

No importa lo que hagas, los mexicanos serán despreciables contigo, olvidarán tus aciertos y recordarán tus errores. Así son, ingratos, pero tú te lo buscaste.

Cada uno es responsable de sus decisiones.

Capítulo LXVIII

PARA LOS PRIMEROS DÍAS de 1911 mis reuniones de gabinete se habían convertido en discusiones alrededor de un mapa. Quería entender los movimientos militares de los diferentes rebeldes que protestaban contra mi gobierno. Algunos pedían una mejor distribución de tierras, otros un mejor salario, la mayoría un cambio de régimen gubernamental. Aunque en muchos casos la tropa los enfrentó directamente y los venció, a los soldados les costaba trabajo obtener la victoria. No habíamos renovado al ejército en varios años, y alguien como Pancho Villa conocía mejor la orografía del norte del país que un pelado cualquiera de la escuela militar de la Ciudad de México.

Pascual Orozco, por ejemplo, emboscó a las tropas federales en el Cañón del Mal. Después de fusilar a todos ordenó desnudar los cuerpos y me envió los uniformes con una nota que decía: "Ahí te van las hojas, mándame más tamales".

Recuerdo, Carmelita, que tú siempre andabas de malas porque don Pepe Limantour no perdía la oportunidad de mencionarme que algún pelado se había levantado en mi contra, y luego, en privado, me decías:

—Ya sé que no debo meterme en política, pero considera que el señor Limantour es demasiado pesimista, se le olvida que usted, Porfirio, es un héroe y un patriota, y por lo mismo el mejor hombre para gobernar este país.

Y es que tú y tus hermanas, y Amadita, Luz y Firio andaban muy inquietos por lo que sucedía en el país. No por que tuvieran miedo de un levantamiento civil, sino porque estaban preocupados por mí.

Las manifestaciones y protestas en mi contra se extendían por todo México. No es que fuera la mayoría, pero los pocos que marchaban sabían gritar alto y hacerse escuchar. Madero estaba de vuelta en el país y se había convertido en una especie de símbolo. Siempre encontraba la forma de colar su nombre en los artículos de los periódicos.

Sospecho que Estados Unidos ayudaba a los bandoleros. El presidente Taft no era mi amigo, y a los gringos siempre les gustó verme lejos del poder. Yo distribuía las inversiones entre diferentes naciones, pero ellos necesitaban a alguien que les diera todo el pastel. Sabes que siempre lo he dicho: una de las grandes maldiciones que tiene México es la de ser vecino de los yanquis.

Su silencio era una clara muestra de que me habían dado la espalda. Y no sólo ellos, mis amigos también. Ahora callaban cuando estaba yo cerca, me miraban con lástima y ¿qué podía hacer? ¡Dímelo! ¿Mandar a un hombre de mi confianza a pactar con Francisco I. Madero o con cada uno de los levantados? ¿Se podía hacer algo para evitar la barbarie o solamente sería cuestión de tiempo para que mi figura cayera de la presidencia? Me sentí herido, como Juárez y Lerdo en su peor momento en la presidencia. Siempre había dicho que yo no era tan diferente a ellos, y tal vez estaba condenado a sufrir la misma suerte.

Me sentía tan inepto como el gabinete que me rodeaba. Incapaces de sugerir qué podíamos hacer para contener las rebeliones, todos confiaban en que yo podría resolver los problemas del mundo: los secretarios, los ministros, los empresarios, los ricos y hasta tú. El país se me caía a pedazos. Todo lo que había hecho por las Fiestas del Centenario destruido por los sueños de un loco espiritista de apellido Madero; mi proyecto de nación reducido a la nada; treinta años de paz y progreso tirados a la basura… Y en marzo de este año sucedió lo peor. Mi gabinete presentó su renuncia. Se fueron Justo Sierra y Ramón Corral, Enrique Creel y todos los demás.

Me quedé solo.

El único que se mantuvo a mi lado fue don Pepe Limantour. Él y yo, a puerta cerrada, tuvimos que diseñar rápidamente un nuevo gabinete lleno de hombres capaces que nos ayudaran a sacar el periodo de gobierno adelante, ya luego veríamos cómo le haríamos para el resto.

Yo creo que fue del coraje —tú dices que por una infección—, pero desde que se inició el año…, ¡ah, cómo me dolió la muela! Todo el tiempo, punzante, y en cada momento del día me tenía que llevar la mano a la quijada como para contener lo mal que me sentía. Luego tú me dabas medicina, pues ¿cómo iba a confiar en un doctor que no sabía si era maderista o porfirista? Sólo imagínate qué fácil hubiera sido acabar conmigo gracias a una dosis mal administrada, morir por una medicina, y no a causa de un levantamiento armado.

El único consuelo que tenía, entre los periódicos que me criticaban, el gabinete desencajado, las protestas, tus miradas de desaprobación y las críticas constantes de Limantour, era poder estar en casa, dejar el bastón a un lado y sonreír con mi nieta favorita, mi Lila hermosa. ¿Verdad que es la niña más linda que has visto? Le da un aire a mi hermana Manuela, que en paz descanse, allá cuando jugábamos en Oaxaca y todavía no se había inventado la luz eléctrica.

Siempre supe que Madero no era particularmente brillante, sino más bien estaba bien aconsejado, pero lo confirmé cuando él y las tropas de Francisco Villa y Pascual Orozco rodearon Ciudad Juárez. De inmediato temí lo peor y mandé emisarios a negociar con ellos. Debían pactar a toda costa que se retiraran antes de tomar la plaza, pero lo que los revolucionarios buscaban era algo que yo no quería darles: mi renuncia. Les ofrecí la renuncia de todo mi gabinete, de varios gobernadores y otras tonterías, pero Venustiano Carranza, quien aconsejaba al señor Madero, dijo que yo debía dejar el poder. Insistió en ello.

Seguramente don Venustiano andaba de rencoroso porque unos años antes no le quise dar la gubernatura de Coahuila, diciéndole que se conformara con los puestos de diputado y senador que había ocupado. ¿Quién hubiera dicho que algún día sería presidente de México?

Ante mi negativa, el 10 de mayo se lanzaron sobre la ciudad, cortaron las comunicaciones, atacaron los comercios, emboscaron a las tropas federales, y en pocas horas lo dominaron todo.

El secretario de Guerra y Marina intentó excusarse. Dijo que Ciudad Juárez era sólo una plaza y que mi gobierno aún tenía control de la mayor parte del país, que tuviera esperanza.

Pegué en la mesa y todos los secretarios brincaron asustados.

—¿Esperanza? Parece que usted no comprende la importancia de Ciudad Juárez. En primer lugar, está en la frontera con Estados Unidos, y lo último que quiero es que los revolucionarios cometan una estupidez y que los gringos la tomen como una razón para invadirnos.

En segundo lugar, ahí está el flujo más importante de armas que tiene el país. ¿Le tengo que recordar lo que pasaría si nuestros enemigos se apoderaran de ellas y tuvieran parque suficiente para dispararlas? ¿Puede o no puede tomar Ciudad Juárez para nuestra causa en las próximas horas?

—¿Horas? Me temo que no, señor presidente. Si acaso días, en lo que organizo al ejército y...

—Entonces no queda más remedio que negociar la paz con ellos. Que manden a Rafael Hernández a tratar con Venustiano Carranza, Francisco I. Madero y quien ande por allá.

Dicen que cuando Rafael trató con ellos sólo agitaba los brazos y decía: "¿Quieren la renuncia del general Díaz? ¡Piden demasiado! Les hemos otorgado cuatro ministros y catorce gobernadores, y aun esto que es mucho se les hace poco"; a lo que Venustiano Carranza respondía: "No queremos ministros ni gobernadores, sino que se cumpla la soberana voluntad de la nación. Revolución que transa es revolución perdida".

Lo que sucedió a continuación lo permití por miedo: la firma de los Tratados de Ciudad Juárez. Me convencieron de que era lo mejor, tú, Firio, Luz, Amada, don Pepe Limantour, y no escuché qué era lo que yo quería o lo que México necesitaba. Bastó un texto para terminar con este sueño loco de que podía construir un México mejor.

Por favor, saca una copia del cajón y léelos:

Tratados de Ciudad Juárez. Ciudad Juárez, Chihuahua, 21 de mayo de 1911:

En Ciudad Juárez, a los veintiún días del mes de mayo de mil novecientos once, reunidos en el edificio de la aduana fronteriza, los señores Lic. don Francisco S. Carvajal, representante del gobierno del señor general don Porfirio Díaz; don Francisco Vázquez Gómez, don Francisco I. Madero y Lic. don José María Pino Suárez, como representantes los tres últimos de la revolución, para tratar sobre el modo de hacer cesar las hostilidades en todo el territorio nacional y considerando:

Primero.- Que el señor general Porfirio Díaz ha manifestado su resolución de renunciar a la Presidencia de la República antes de que termine el mes en curso;

Segundo.- Que se tienen noticias fidedignas de que el señor Ramón Corral renunciará igualmente a la Vicepresidencia de la República dentro del mismo plazo;

Tercero.- Que por ministerio de ley, el señor Lic. don Francisco León de la Barra, actual secretario de Relaciones Exteriores del gobierno del señor general Díaz, se encargará interinamente del Poder Ejecutivo de la nación y convocará a elecciones generales dentro de los términos de la Constitución;

Cuarto.- Que el nuevo gobierno estudiará las condiciones de la opinión pública en la actualidad, para satisfacerlas en cada estado dentro del orden constitucional y acordará lo conducente a las indemnizaciones de los perjuicios causados directamente por la revolución.

Desde hoy cesarán en todo el territorio de la República las hostilidades que han existido entre las fuerzas del gobierno del general Díaz y las de la revolución; debiendo éstas ser licenciadas a medida que en cada estado se vayan dando los pasos necesarios para restablecer y garantizar la paz y el orden públicos.

Transitorio. Se procederá desde luego a la reconstrucción o reparación de las vías telegráficas y ferrocarrileras que hoy se encuentran interrumpidas.

Y comenzaron las marchas cerca de mi casa, de la de mis hijos y tus hermanas, pero me negué a renunciar. No podía decir adiós a treinta años de gobierno de un día para otro. Los borradores de renuncia eran patéticos. Me encerré en el estudio de la calle de Cadena y por un momento consideré violar los Tratados de Ciudad Juárez y quedarme en el poder. Creí que era lo mejor para México.

Capítulo LXIX

RECUERDO AQUEL 25 de mayo de 1911, encerrado en el despacho de la calle de Cadena. Las cortinas corridas, el polvo en las alfombras, todo añejo; viejo, mi gobierno y mi gloria militar. Continuaban los gritos, los balazos; mi nombre, otrora alabado, era arrastrado por el desprecio público mientras que yo, ensimismado, recordaba batallas sin nombre, los disparos, las manos de Juana Catalina jugando billar, los secretarios y ministros de gobierno que pasaron por mi gabinete y ya no están.

Entonces entraste tú con una charola de plata, el pastillero y un vaso de agua.

—¿Le sigue doliendo la muela, Porfirio? —preguntaste, tímida.

Me volví hacia ti, y en tus ojos vi lástima por mi derrumbe político. Te hubiera gustado preguntar qué era lo que pasaba por mi mente y no lo hiciste. Nunca saciaste tu curiosidad sobre lo que pasaba en México. Tu papel era apretar los labios, cruzar una mano sobre la otra y sonreír a cada uno de los invitados de tus reuniones sociales.

—Casi no, Carmelita —mentí.

—¿No le preocupan los manifestantes en casa de Amadita, de Luz y de Firio?

Acaricié mis sienes, pero sabía muy bien que el dolor de cabeza se debía al exceso de recuerdo.

—No, los militares están cuidando sus casas.

Inclinaste la cabeza intentando ver el texto, pero sé que no pudiste leer bien. Te excusaste, y cuando estabas por salir te hice la pregunta:

—¿Quieres leerla?

Me quedé sumido en el silencio, cerré los ojos y escuché tu vestido deslizarse hasta mí y tomar el papel en tus manos.

—No lo has firmado —dijiste en un hilo de voz, y te adentraste a su lectura.

El reloj fue lo único que se oyó, el vaivén del péndulo que se mueve como el buen político, a veces a la derecha y otras a la izquierda para lograr que el reloj se mueva.

Me devolviste la hoja y trataste de ahogar un suspiro.

—¿Piensa en morir?

—¿No lo has pensado alguna vez, querida?

—No es muy correcto pensar y hablar así. Mamá nunca nos dejaba hablar de la muerte o de los muertos y ahora, cuando leo esas palabras, me duele.

Te miré a los ojos con la única sonrisa que brotó de mis labios en muchos días.

—En la juventud eres eterno, pero en la vejez descubres la belleza de la mortalidad.

Supe por tu expresión que no habías comprendido mis palabras, y sólo te quedó carraspear un poco y preguntarme si quería cenar, pero mi estómago no estaba para aguantar nada. Llevaba horas sin hambre ni sed, sólo recordando la pólvora que rodeó a mi gobierno.

Tomé la renuncia en mis manos y la volví a leer, aún con la duda de que estuviera lista. Aún puedo recitarla, y mi alma sangra con esas líneas. Ahí va.

El pueblo mexicano, ese pueblo que tan generosamente me ha colmado de honores, que me proclamó su caudillo durante la Guerra de Intervención, que me secundó patrióticamente en todas las obras emprendidas para impulsar la industria y el comercio de la República, ese pueblo, señores diputados, se ha insurreccionado en bandas milenarias armadas, manifestando que mi presencia en el ejercicio del Supremo Poder Ejecutivo es causa de su insurrección.

No conozco hecho alguno imputable a mí que motivara ese fenómeno social; pero permitiendo, sin conceder, que pueda ser culpable inconsciente, esa posibilidad hace de mi persona la menos a propósito para raciocinar y decir sobre mi propia culpabilidad.

En tal concepto, respetando como siempre he respetado la voluntad del pueblo, y de conformidad con el artículo 82 de la Constitución Federal, vengo ante la Suprema Representación de la Nación a dimitir sin reserva el encargo de Presidente Constitucional de la República con que me honró el pueblo nacional; y lo hago con tanta más razón, cuanto que para retenerlo sería necesario seguir derramando sangre mexicana, abatiendo el crédito de la Nación, derrochando sus riquezas, segando sus fuentes y exponiendo su política a conflictos internacionales.

Espero, señores diputados, que calmadas las pasiones que acompañan a toda revolución, un estudio más concienzudo y comprobado haga surgir en la conciencia nacional, un juicio correcto que me permita morir llevando en el fondo de mi alma una justa correspondencia de la estimación que en toda mi vida he consagrado y consagraré a mis compatriotas. Con todo respeto.

Mojé la pluma en el tintero y sostuviste mi mano mientras firmaba. No hubiera podido hacerlo sin ti.

Cuando salí de aquel despacho, comprendí que había diputados y familiares esperando ese documento con el que daba carpetazo a más de treinta años de la historia nacional, mientras que yo me preguntaba cuándo dejó de quererme ese pueblo por el que di tanto.

Aunque alguna vez fui de oro, en ese momento era sólo cristal hecho añicos.

Si porque te quiero, quieres, Llorona,
Que yo la muerte reciba,
Que se haga tu voluntad, Llorona,
Que muera por que otro viva.

Ay de mí, Llorona, Llorona,
Llorona, llévame al cielo
A ver a las rezadoras, Llorona,
Que digan cuándo me muero.

FIN DE LA TERCERA PARTE

EL DICTADOR DE MÉXICO

CUARTA PARTE

"En este ocaso de mi vida sólo un deseo me queda:
la dicha de mi país, la dicha de los míos".

Capítulo LXX

CARMELITA...

¡Carmen!

Anochece y tengo miedo de que sea la última vez que vea la luz del día sobre mí. Falta poco para contar mi historia y te siento lejos. Aún no estoy listo para ser devorado por la noche. Soy cuerpo, sangre, un nido de recuerdos que apenas logro entender. ¿Quién soy? ¿Quién fui? Tal vez por un rato el buen Porfirio o el Llorón de Icamole, por un siglo el Benemérito de la Patria y por un segundo el Dictador de México. ¿Acaso importa el tiempo cuando uno está al borde de la muerte? Ahora comprendo que el pasado no existe, el futuro tampoco, pero el presente... ¡Ah, el presente! Ese preciado momento que está y no, que debemos vivir, no añorar. Lo comprendí muy tarde.

¿Tú también, Carmelita? Ahora sonríes con lástima y esperas que mi corazón deje de sufrir y me reúna con todos los muertos, hermanos, hijos, amigos. Bebe de estas lágrimas que forman mis recuerdos. No falta mucho para que llegue al final, y entonces podré ir al patio que los dioses me tienen reservado en el sagrado Mictlán.

En cuanto se llevaron mi carta de renuncia firmada, comprendí que la presidencia había terminado. Mi larga estadía en el poder era la causa de levantamientos armados aquí y allá, de descontento social y de un derramamiento de sangre que yo no quería llevar en la conciencia. No quería pasar a la historia como el destructor de mi propia obra. Puede ser que los yanquis hayan estado detrás de mi caída, después de todo nunca vieron con buenos ojos que México buscara inversiones en Inglaterra, España, Alemania y Francia; para ellos era América para los americanos.

Ahora siento no haber reprimido la Revolución. Tenía yo armas y dinero, pero ese dinero y esas armas eran del pueblo, y yo no quise pasar a la historia empleando el dinero y las armas del pueblo para contrariar su voluntad.

Guardé toda mi vida en seis baúles: mis recuerdos, una bandera de cuando estuve en Tehuantepec, la bala que me sacaron del costado izquierdo, una fotografía de mi madre y otra de Delfina, el rosario con el que enterramos a papá, la gorra del uniforme de mi hermano y cartas de cada uno de mis hijos; además de vajillas, libros, cajitas y mucha ropa. Tú, Carmelita, te encargaste de todo con presteza. La servidumbre te ayudó a que todo estuviera bien acomodado, pero fue la educación de tu madre la que te permitió conservar la calma aunque el mundo se derrumbaba a tu alrededor. Luego me fuiste a buscar:

—La escolta ya está aquí, Porfirio.

Yo esperaba sentado en mi despacho, con la mirada perdida en el pasado. Recuerdo que acaricié mi bigote y respondí:

—Me acabo de dar cuenta de que me perdí el último atardecer de la ciudad.

—Habrá otros…

—Pero no estaré aquí para verlos. Mis obras sí, mi progreso tal vez; el hemiciclo y la columna a los héroes de independencia también, pero no yo.

Te mantuviste callada un momento en el marco de la puerta. La casa era un hervidero de ruidos, de adornos caídos, de baúles que bajaban por las escaleras, sillones cubiertos de tela, cuadros preparados para cubrirse de polvo. Aquella noche se convirtió en un mundo irreal, porque ¿quién podría aceptar que treinta años de historia nacional se podrían terminar de un día para otro?

Tomé la anforita de mi bolsillo y di un buen trago de tequila. Me ardió la muela, pero supuse que el alcohol cauterizaría cualquier infección de mi boca. Así curábamos nuestras heridas en el campo de batalla hace muchísimos años.

—Porfirio…

—También me tomé las medicinas —mentí para que no me molestaras—. Nos podemos ir cuando tú quieras.

—Cuando usted quiera, Porfirio.

—No tiene sentido retrasar esta partida. Si las batallas de la vida no se enfrentan en el momento que se presentan, el enemigo te deja tirado sin dignidad. Siempre dije que un político que cae como trapo no tiene derecho a levantarse; nunca imaginé que estaría en esa situación.

Me levanté y recorrí el vestíbulo. No quise dar una última vuelta a la casa, tenía una vaga esperanza de volver algún día. Puedes reírte, ahora suena estúpido. Cuando uno se va de un lugar en el que se siente cómodo, sueña con volver. Salí por la puerta principal y entré en el coche de motor, un Mercedes negro. Sólo le di un último vistazo a esa casona de la calle de Cadena con el 8 plateado junto a la puerta. Ahí estaban los soldados que nos escoltarían. La noche pesaba como nunca, entraba por mis fosas nasales y me llenaba de melancolía, me daba náuseas, me retorcía el estómago desde su boca hasta los intestinos. Recuerdo que las nubes consumían la luna, no había estrellas. Saqué otro trago de mi anforita y esperé a que cargaran los baúles para avanzar.

Mientras recorríamos las calles de la Ciudad de México recordé cómo eran la primera vez que las vi, la terracería, el polvo; y ahora el drenaje, el alumbrado, los caminos pavimentados, los edificios como carbones negros iluminados por los faroles con electricidad, los templos coloniales; el pasado y el futuro mezclados en un presente incierto. Los faros de acetileno alumbraban el camino. Pasamos una última vez por el Palacio de Gobierno y la Catedral. Me hubiera gustado tener tiempo para cambiarme de ropa, visitar por última vez Oaxaca y escribirle a Juana Cata.

Vestía un traje de casimir claro y un abrigo de lana. Cuando llegamos a la estación descubrí que nos esperaba una comitiva. Estaban Firio y su esposa, también los niños, Amadita y su..., no lo insultemos hoy, esposo. También el teniente coronel Armando Santa Cruz y el hijo de mi compadre, el general Fernando González.

De inmediato reconocí entre ellos a un militar calvo, de anteojos gruesos y bigote tupido. Sus facciones eran las usuales de los indígenas de Jalisco.

—Victoriano Huerta, para servirle, mi general —se presentó y estreché su mano—. Yo lo voy a escoltar personalmente hasta Veracruz.

Le sonreí, pero sólo por educación. Conocía su historial militar; además, había sido uno de los encargados de matar a los yaquis de Sonora años atrás. No confiaba en él, pero ya no tenía de otra; ese momento era para la familia.

Sólo Firio y su familia nos acompañaron al exilio. Mis hijas decidieron permanecer junto a sus respectivos esposos, y yo no consideré justo imponerles una estadía lejos de su patria. Si estaba contigo, Carmelita, sabía que todo resultaría bien. Tú querías encargarte de los preparativos para el tren, los baúles de cada uno y los vagones que íbamos a usar. Me acerqué a Amadita, mientras Ignacio de la Torre se mantenía distante.

—¿Cómo se siente, papaíto?

—Esta maldita infección que traigo en la muela no deja de dolerme, pero Carmelita dice que en Europa hay buenos médicos, que allá me la van a curar muy rápido.

—¿Qué hará el país sin usted?

—Algunos llorarme, otros odiarme. Tú, extrañarme hasta que vuelva. Al final tendré que aprender a la mala que nadie es necesario para mantener un país a flote. Ni yo, ni Juárez, ni tampoco el señor Madero.

—Papaíto…

—Te quiero mucho. Fuiste una de las más grandes alegrías que me pudo haber dado esta vida. No le quites el ojo a ese esposo tuyo, no vaya a hacer una tontería ahora que no lo voy a tener tan vigilado.

—Así lo haré —respondió. Las palabras se ahogaban. Al final no pudo aguantar el llanto y me abrazó con tanta fuerza que casi me hace caer con todo y bastón. Me dio un beso en la mejilla y se secó las suyas con su pañuelo de seda. Luego se acercó, tímido, Ignacio de la Torre para darme un apretón de manos bastante débil.

—Mucha suerte, general.

—Más para ti. La vas a necesitar, Nachito.

Nervioso, no quiso decir más. Volvió a dejarnos un momento íntimo para que Amadita y yo pudiéramos intercambiar una mirada cómplice, un gesto de amor y despedida que sólo pudo emanar del silencio. Hasta que me dijiste que teníamos que subir al tren. Todo estaba listo para la partida.

Recuerdo que eran las cuatro y cuarto de la mañana cuando el silbato del tren anunció que ya no había nada más que hacer. Yo estaba sentado, cómodamente, mientras trataba de controlar mis ganas de echarme a llorar como aquel niño que fui en Oaxaca, y la voz de mi madre hizo eco en mi memoria: "Ojalá que la desgracia nunca te obligue a huir de tu hogar".

Me dio por recordar la madreselva que subía por los arcos del Mesón de la Soledad y el toronjo que escalaba en mis primeros años de vida, el telar por el que las manos de mi madre iban creando sus patrones, que aquel día se confundían con los paisajes que veía por la ventana del tren, los valles pajizos, los campos labrados y los puentes de carretera.

—No se preocupe, Porfirio, ya encontraremos mucho que hacer por Europa. Escuché que... —y continuaste hablando sobre modas, visitas a España y cualquier cosa que pudiera distraerme, pero yo me llevé la mano a la mandíbula, si acaso para apaciguar el dolor de muelas, e imaginé que entre nosotros estaba mi hermana Manuela con Delfina en brazos, vestida de indita con huaraches en los pies y una trenza larga a la espalda.

Qué tan ensimismado me habrá visto Firio, que sentí su mano en mi regazo.

—¿Padre? ¿Se siente bien? Si quiere le podemos dar sus medicinas. Carmelita, por favor.

—No se preocupen —y le di otro trago a mi anforita. El alcohol también es útil para mitigar recuerdos dolorosos.

Recuerdo el sol de mediodía que entró por las ventanas del vagón y lo iluminó profusamente, como velos dorados que cubren de vida lo que debería estar muerto. Yo estaba tan enfermo de mi pasado que lo único que pudo volverme al presente fue que el tren se detuviera en la vía de repente, y que tú te levantaras con la intención de preguntarle al conductor qué sucedía.

—Carmelita, es usted una dama. Deje que los hombres nos encarguemos de esto —dijo Firio con mucha educación, y él también se levantó con el mismo propósito que tú, cuando una bala rompió el silencio, y luego otra.

Por un momento me sentí en Mitla, en aquella batalla perdida que me hizo huir a la sierra, y en el campo cubierto por la sangre de aquellos valientes soldados. Con el apoyo de mi bastón me levanté.

—Agáchense ahora —ordené.

Todos me obedecieron, los adultos abrazaron a los niños. Por un momento posé la mirada en Lila, mi adorada Lila, con los rulos negros y los ojitos bien cerrados. Tapaba sus orejas con las manos y apretaba los labios con miedo. Ya no sabía si los disparos eran nuestros o de los salteadores, pero después de diez o quince minutos pararon.

Tú me miraste como preguntándome qué había pasado y no supe qué responderte. Sabía tanto como tú, y temí que hubieran sido nuestras tropas las perdedoras.

—Voy a ver qué pasó —exclamó Firio.

—Tú te quedas donde estás, voy yo —respondí.

—Pero, padre…

—¡Hazme caso, Firio!

Pero no hizo falta que ninguno de los dos saliera de ese vagón, porque a los pocos segundos de nuestra pequeña discusión se abrió la puerta con soberana lentitud y entró el general Huerta, seguido de los soldados federales. Así, como si se hubiera tratado de algo sin importancia, explicó que habían intentado asaltar el tren pero que habían podido contener a los revoltosos. Que no nos preocupáramos, nuestra seguridad seguiría siendo su trabajo y podíamos continuar en cuanto yo lo dispusiera. Preferí que permaneciéramos quietos una media hora para que todos nos calmáramos, especialmente los niños, que seguramente tenían los nervios rotos. Pedí que les dieran unos dulces y, cuando nuestra respiración volvió a la normalidad, también lo hizo la marcha del tren.

Una vez más, las ventanas del vagón volvieron a convertirse en imágenes rápidas de sierras y campos en los que, quizá, hace mucho pude haber peleado en la Guerra de Reforma o contra los franceses, o los que pudo haber visto la emperatriz Carlota en su tortuoso viaje de vuelta a Europa. Ahora pareciera que mi destino no fue tan diferente al de ella. Ambos tuvimos que partir hacia Europa por la ingratitud de un pueblo que decíamos gobernar.

El viaje duró dos días. Cuando supe que estábamos cerca del puerto pedí que frenaran un poco la marcha para llegar de noche, porque temí que hubiera protestas en Veracruz que pusieran en peligro la seguridad de la familia. El ambiente era húmedo, el aire salado, y entre nosotros se sentía un sopor incontrolable. Supuse que en la capital ya había un nuevo presidente, Francisco León de la Barra, y que sería cuestión de semanas que don Panchito Madero llegara al poder como el salvador democrático que muchos veían en él.

¡Vaya! Creo que no tengo palabras para describir lo que sentí cuando el tren llegó a la estación del puerto de Veracruz y dentro de mi corazón se soltó la más terrible de las tormentas. Sólo mi temple logró mantenerlo dentro para que no se me escapara por los ojos. Me apoyé en mi bastón y te tomé del brazo. Me ayudaste a caminar y a descender del vagón. Nos condenaban las estrellas, la luna se reía de mí con su imperiosa sonrisa eterna y comprendí que mi miedo había sido infundado. Los veracruzanos no estaban ahí para condenarme.

Nos dirigimos a la casa de madera que el señor Weetman Pearson había hecho el favor de prestarnos para nuestra corta estancia en el puerto. Acaricié mi bigote y comprendí que aquéllos eran mis últimos suspiros por México.

Cuando nadie me veía, daba otro buen trago a mi anforita, pero ni siquiera el tequila logró calmar mi nostalgia.

Capítulo LXXI

¿POR QUÉ VERACRUZ tiene un lugar privilegiado en la historia nacional? Ahí fue donde cayó el último bastión de la colonia española; Antonio López de Santa Anna perdió una pierna; partió don Benito en plena Guerra de Reforma; llegó Maximiliano de Habsburgo a un país que lo despreció, y Mier y Terán recibió un telegrama cifrado que los medios interpretaron como "Mátalos en caliente" para que se derramara sangre con la huelga de Río Blanco. También, desde donde partí al exilio.

Los días que pasé en el puerto me quedé encerrado. En casa de Weetman Pearson vi pasar los recuerdos en desfiles espantosos y lamenté decisiones que había tomado en mi vida. Sé que tú estabas cerca. Noté tu preocupación al contar las pastillas que me dabas en cada comida, y cómo te asegurabas de que las porciones de comida fueran las correctas (líquido o en papilla nada más) y de que no abusara de la anforita cuando me dolía la muela. Entonces comprendí que la vida estaba cobrando nuestros treinta y seis años de diferencia; mientras que yo me había convertido en un decrépito de huesos podridos y espíritu quebrado, tú pasaste de ser mi esposa a mi enfermera. Tuve lástima de ti. Aún la tengo. A veces siento que te eché a perder la vida y que hubieras estado mejor con alguien más joven, o guapo, de tu misma clase social.

Quisiste regresarme la vida; invitaste a curiosos, periodistas, a la alta sociedad del puerto de Veracruz, y se te olvidó que uno llega a una edad en que estar en el presente significa vivir del pasado. Me quedé ahí, escuchando sus pláticas, mientras los recuerdos fluían. Luego, por instrucciones del doctor Arcadio Ojeda, me frotabas la mandíbula con bálsamo de la India y yo hacía como que me sentía mejor, aunque no fuera cierto. El calor de Veracruz era sofocante, la humedad me dolía en los huesos.

Al final no pude retrasar lo inevitable y llegó el fatídico día en que partiría el *Ypiranga* del puerto. Los baúles estaban listos. Pasaba mis últimos minutos en la patria de la que nací.

Por primera vez en ochenta y cuatro años empieza a fallarme la memoria. ¿El gobernador de Veracruz se llamaba... Demetrio Teresa? Ah, no, don Teodoro Dehesa. Lo conocí cuando trabajaba en la aduana del puerto. Me dijo que todo estaba listo para mi partida y comió con nosotros. Cuando salí de la cabaña de madera me encontré con un batallón de zapadores encabezado por el general Victoriano Huerta. No quise ofenderlo, estreché su mano y lo abracé.

—Para mí es un honor estar aquí y a la vez no tanto al saber que dejará estas tierras —declaró.

A lo que yo respondí:

—Ya se convencerán, por dura experiencia, que la única manera de gobernar al país fue como yo lo hice.

—Ya verá que sí, general.

Me tomaste del brazo izquierdo, mientras apoyaba mi bastón con el derecho, y me acompañaste hasta el Café de la Parroquia. Un plato de papaya y un café fue lo que desayuné ese día; de la comida no me acuerdo, la memoria me falla.

Luego di los pasos más complicados de toda mi vida. En el malecón se habían apostado los batallones que me darían el adiós. La gente estaba ahí arrojando pétalos a mi paso, agitando pañuelos blancos, portando lágrimas sobre sus mejillas. Debí de verme patético y viejo con aquel caminar irrisorio. Jamás olvidaré el calor con que me despidió el pueblo de Veracruz.

A uno de los soldados que me acompañaba le dije:

—Díganle a Madero que no se rodee de la misma gente que me estuvo engañando...

A otro le comenté:

—Madero ha soltado al tigre, habrá que ver si es capaz de domarlo.

Desde luego mi preocupación era más por México que por Madero.

Nos detuvimos cuando la banda del puerto tocó el Himno Nacional Mexicano, y me volví hacia la gente para contemplarla, o quizá para no ver el barco que me alejaría de la patria. Se escucharon veintiún cañonazos en el baluarte Santiago y supe que era tiempo de partir. Subí al bote que me llevó al *Ypiranga*, y mis allegados hicieron lo mismo. Me quedé en cubierta mientras el barco se alejaba. ¡Cuán extraño es ver tu tierra por última vez, en un vaivén acuático que te aleja de ella! Adiós, México —susurré desde el barandal—, si alguna vez necesitaras de mis servicios, pongo mi palabra de militar de que mi espada siempre estará contenta de defender este amado suelo.

Me aseguré de que estuviéramos bien instalados con mi hijo y su esposa, los niños, la familia Casasús y hasta las criadas que nos acompañaban, Juana y Nicanora. Cuando volví a cubierta no había tierra a la vista, aventuras pendientes, secretarios que mandar, ejércitos en campos de batalla, homenajes para este viejo caudillo, visitas al Castillo de Chapultepec, cartas de Juana Catalina Romero, hemiciclos a don Benito ni desfiles para el pueblo. México estaba ahí, a lo lejos, vivo a pesar de mí y gracias a mí.

Y ahí me quedé, con la mirada fija en el horizonte, como si a lo lejos pudiera aún distinguir el malecón o San Juan de Ulúa, la pirámide de Cholula o las ruinas de Monte Albán. Acompañado, pero solo, las olas arrullaron mi dolor hasta que me envolvió la noche y un viento frío anunció la llegada de la luna. Me llamaste a cenar.

En el comedor habían dispuesto un menú especial en honor de mi partida, un verdadero banquete a mi gloria rancia: caviar en helado, sopa inglesa de cola de buey, caldo a la Orleans, filete de hipogloso a la Orly, filete de buey a la jardinera, volauvent à la Toulouse y poulard asado, acompañado con unos espárragos a la mantequilla derretida.

—¡Porfirio, su muela! —exclamaste, y pedí un trago de tequila para calmar el dolor, mientras tu ibas al camarote por una de mis pastillas.

La comida no fue mala, pero el dolor del exilio me retorció el estómago y me causó una indigestión terrible. Me costó trabajo acostumbrarme al movimiento del barco. La nostalgia me había envenenado de recuerdos.

Esa noche me llevaste a mi camarote, me ayudaste con la ropa de dormir y te quedaste ahí, esperando que cerrara los ojos. Me tomé mi tiempo, no quería enfrentarme al silencio que habita en los sueños. Sé que tardé en dormir, pero cuando lo hice solté un suspiro y una lágrima. Ya no era el héroe de antaño.

Un par de días después rodeamos La Habana, como en aquel lejano, 1875 cuando luchaba en la revolución contra Sebastián Lerdo de Tejada. Entonces iba acompañado de mi compadre González, que en paz descanse, y ahora de su hijo Fernando, a quien llamé a mi lado y le narré la historia. Hizo el favor de quedarse ahí conmigo, harto por el calor, mientras yo rememoraba mis días militares con lágrimas en los ojos. Él se mantuvo en silencio como si no me prestara atención. A lo mejor ni le importaba lo que tenía que decirle.

¿Recuerdas que nos quedamos en el puerto y que mi figura grave apareció en la popa con su traje de militar como si mi nombramiento de general aún pudiera imponer respeto al mundo? La humedad era más honda que la de Veracruz, el calor se te metía hasta los huesos, y uno sudaba a chorros sin poder evitarlo. Bajé a tierra con mi bastón y los reporteros me rodearon como si fueran moscas. Querían mi opinión sobre México, sobre León de la Barra y sobre Panchito Madero; también sobre mi partida, como si quisieran que mi dolor dejara de ser privado para destazarlo y venderlo en las portadas de los diarios.

—Carmelita, diles que no estén chingando —te pedí con mi voz ronca, y tú me hiciste caso, aunque escogiste otras palabras más prudentes y educadas.

Los reporteros no se alejaron: se mantuvieron insistentes como los mosquitos del Caribe, hasta que apareció la comitiva del presidente de Cuba. Nos recibió aquella tarde y tú estrechaste su mano. Nunca imaginé que en aquel sopor te atrevieras a vestir de forma tan elegante, pero supiste vestir de seda y secar mi frente con tu pañuelo para no ensuciar los polvos de arroz que me escurrían por la piel. Caminamos por las calles de la vieja ciudad. Me sentía un viejito derrotado, un idiota que creyó poder salvar a su país. A lo lejos apareció la Catedral de La Habana, con su fachada barroca y sus torrecillas.

¡Ya me acordé a qué íbamos ahí! Se casaba la hija del presidente de Cuba y nosotros estábamos invitados. ¿No es cierto? Sí, fue una ceremonia breve y nos quedamos poco a la cena. No estaba yo para desvelos ni tú para andar aguantando mis achaques propios de la edad. Decidimos que lo mejor sería regresar temprano al camarote, y una vez más reporteros y periodistas nos siguieron hasta que subimos al barco.

Unas horas más tarde volvíamos al mar, hacia lo desconocido, al vaivén de los fantasmas y al dolor de mi muela. Sólo tu presencia pudo calmarme, aunque fuera a ratos.

Al mismo tiempo, Bernardo Reyes volvía al país tras el exilio que yo le había impuesto y un temblor de tierra deshacía la Ciudad de México horas antes de que Francisco I. Madero entrara triunfal en ella: cuarenta muertos y doscientos cincuenta edificios destruidos, entre ellos las oficinas de *El Imparcial*.

Don Panchito se ha de haber sentido muy mal, él que cree en premoniciones y golpes del destino. ¡Madriza, mejor dicho!

A mediados de junio la línea del mar se convirtió en algo más. Apareció una línea negra a lo lejos, un puerto se materializó aquella tarde. Llevé mi mano a la quijada y traté de contener la infección de mi muela, pero ¡carajo!, ya ni las medicinas ni el tequila podían hacer algo para controlarla.

—Carmelita, ¿qué es eso que se ve allá?

—Es Vigo, Porfirio. Precisamente allá vamos a desembarcar. ¿No se lo había dicho ya? Vigo.

—¿Dónde está ese Vigo?

—En España, Porfirio, en España —porque ya entonces tenías la costumbre de hablarme cerca del oído y repetirme las cosas como si no las entendiera. Luego me tomaste de la mano y me ayudaste a levantarme—. Venga, voy a ayudarlo a que se cambie, el capitán va a servir un banquete en su honor.

Minutos más tarde, cuando salí de mi camarote, los baúles ya estaban cerrados, el cielo se pintaba de añil y las estrellas salpicaban el firmamento. Galicia, una tierra que nunca esperé conocer. Ahí me encontraba yo, un hombre sin patria, errante. Me llevaste al comedor y me sentaste a la mesa principal. Yo hice bien mi papel de militar interesante con mi narración de aquella lejana batalla del 5 de mayo en que derrotamos a los franceses. Recuerdo que sirvieron compota de manzana y volovanes, queso de cabra y espárragos a la mantequilla. Me echaste una mirada de reprobación cuando sirvieron el coñac. Velaste mi sueño porque te preocupabas por mi salud, pero poco podías hacer por mis pesadillas.

Yo sabía que los gachupines…, perdón, sé que no te gusta esa palabra, los españoles de la Coruña no estaban contentos con mi presencia en su país, y protestaron con pancartas llenas de tinta y distribuyeron pliegos que decían: "Este monstruo, Porfirio Díaz, engendro de todas las maldades, hizo sufrir a su pueblo el más terrible de los suplicios: después de regar con sangre de mártires las calles de sus ciudades, mandaba inyectar el virus de tuberculosis a los prisioneros acerrojados en los calabozos de las cárceles".

Los periodistas estaban listos a que alguna de mis declaraciones alentara el fuego de esas griterías.

—No es cierto que las circunstancias fueran tan apremiantes al final de mi gobierno —respondí con mi voz cansada que apenas encontraba la compostura necesaria para encarar sus preguntas malintencionadas—. Yo podía continuar peleando con esperanzas de vencer, pero la lucha había durado uno, dos o quizá más años y no quise ensangrentar al país.

Callé lo que pensaba, que eran otros quienes ahora ensangrentaban al país por su ambición desmedida de poder o su rencor al gobierno que yo había encabezado. No dije más en público, no quise admitir ante él mi responsabilidad por el desorden que vivía México entonces. Todo se perdía, mi patria volvía a sumirse en el caos que lo había caracterizado en las peleas entre liberales y conservadores, la revolución contra Antonio López de Santa Anna, la lucha contra Maximiliano y las mías propias contra Juárez y Lerdo… En el siglo XIX siempre teníamos una excusa para disparar y luego decir, sobre el cadáver de nuestros hermanos: era lo mejor para la patria. Así gobernamos todos y sólo a mí me lo echan en cara.

Recuerdo poco mi estancia breve en España. Viajamos un poco más en el *Ypiranga* y luego desembarcamos en Le Havre. En cambio, sí tengo mucho en cuenta que cuando nos visitó el marqués de Polavieja tú platicabas distinguidamente con él, mientras yo asentía y acariciaba mi bigote. Cada vez que hablaba me dolía la muela de forma incontrolable, y llegué a pensar que tal vez la herida de las encías se me había infectado y estaba muriendo.

Cuando llegamos a París extrañé el español. Todos los mesiés eran muy refinados con sus palabras dobladas, sus modales finos y su torre de hierro a la mitad de la urbe. Había muchas flores y un aire tranquilo; sin embargo, no era México.

No te puedo engañar, querida. Entonces callé porque no quise decirte que hubiera preferido que el exilio hubiera sido en Oaxaca, o al menos en otro lugar de mi propio continente. Ahí, en aquella ciudad tan europea, me hacía falta México. Tú dijiste que me acostumbraría con los días, pero lo único que sucedió fue que el dolor de la muela se hizo más intenso, hasta que me robó los sueños y ahuyentó los fantasmas que día a día me acosaban.

Recuerdo que un día me pusiste la mano en la frente y te fuiste de la habitación. Volviste dos horas después con la noticia de que nos íbamos a Suiza. Nos subimos a un tren que atravesó las montañas, nos encerramos en una casita y dejaste que un viejo de bata blanca me revisara. Luego preguntaste:

—¿Es grave, doctor?

Y él respondió, en un español muy malo:

—Es muy grave.

Y te hizo salir... el dolor de muelas no lo hizo. Aún sigue aquí.

Capítulo LXXII

Fue una tarde de julio, a nuestro regreso a París, cuando acepté la invitación que me había hecho el ejército francés. Acudí a Los Inválidos para reunirme con el general Gustave Niox, cuyo rostro me resultó familiar. Me recibió en la Sala de Mariscales y estrechó mi mano, y entonces…, tal vez… Sus facciones encendieron mi mente y comprendí que había sido uno de los tantos soldados contra los que había luchado durante la Intervención francesa. Me vi reflejado en él, pues si aquel militar era una pálida sombra del hombre que fue, también lo era yo, pues por más que caminara erguido y empuñara un bastón con molduras de oro y alma de hierro, no podía ocultar mi cansancio.

Había otros soldados ahí; algunos conservaban cicatrices en las mejillas y a otros les habían amputado un brazo o una pierna. El culpable pudo haber sido mi hermano Félix o tal vez Mariano Escobedo, igual hasta yo mismo; temí preguntar si había sido en la batalla del 5 de mayo o en aquella del 2 de abril; quizás en algún asalto que defendimos en los caminos.

Por ahí andaban el embajador Santiago Mier, Pablo Eustaquio, el hijo de mi compadre González y Guillermo Landa y Escandón. ¡Jesús! También Firio, que caminaba siempre unos pasos atrás de mí. Recuerdo que me volví hacia él y le dije en voz alta para que todos me oyeran:

—Cuando la guerra se instala en los corazones de los hombres, es dado a cada patria un puñado de hijos valientes que ofrecen su vida a cambio del próspero porvenir de sus patriotas. Aunque ganó México hace cuarenta y cinco años, debo reconocer la valentía de estos soldados franceses que fueron opositores dignos de nuestra espada, y por lo mismo se les debe reconocer su maestría en el campo de batalla.

Y él respondió algo como:

—Sí, padre.

El general Gustave me preguntó qué me parecía su país. Pensé un poco antes de responder:

—Algo sabía yo de Francia por haber conocido a sus ejércitos, allá en aquel lejano conflicto en que Napoleón tercero envió a sus tropas a México. Entonces me opuse a la intervención extranjera y hasta fui prisionero de sus oficiales. Desde luego que me escapé, porque además nunca me sentí prisionero de ustedes, como ahora que Francia se convierte en una jaula dorada impuesta por mi espíritu para alejarme del país que tanto amo. Ahora siento lo mismo, estoy en contra de cualquier intervención extranjera en México, aunque no sé quién lo defienda como lo hicimos nosotros en aquella década de los sesenta.

—Entonces permítanos mostrarle que nosotros pensamos igual que usted.

Acepté.

Uno de los soldados, que nada más tenía un brazo, me dio una llave y el general Gustave me señaló una cerradura. Él y yo bajamos una escalinata hasta la cripta. Tú te quedaste atrás con todos mis invitados; decidiste que aquél fuera un momento íntimo para mi gloria militar. Ante mí apareció el sarcófago de Napoleón Bonaparte, hecho de una hermosa cuarcita roja, sobre una base de granito. Me quedé asombrado ante el reposo final de aquel genio militar e incliné la cabeza en su honor. Entonces Gustave me ofreció la espada que llevaba consigo Napoleón en Austerlitz y dio un discurso en francés que no pude entender, antes de retomar el español:

—Mi general, en nombre del ejército francés os ruego que tome esta espada.

—No soy digno de ella —mi voz flaqueó.

—Nunca ha estado en mejores manos —respondió.

Y sólo entonces la tomé entre mis manos, y la nostalgia me invadió de golpe. Recordé todas las batallas que había librado, las victorias y las pérdidas, los aciertos y los fallos, los franceses a los que había mandado fusilar, la sierra de Tehuantepec y todo lo que te acabo de contar. ¡Carajo! ¿Sabes lo que es llevar una vida como la mía y tener que sobrevivir al peso de los recuerdos?

Hace mucho aprendí que cuando terminan los momentos de gloria y empiezan los homenajes es porque ya tienes un pie en la tumba. Le di las gracias al general Gustave por el honor que me había concedido y le devolví la espada.

Capítulo LXXIII

COMO ME EDUCARON aprendí que uno es hombre cuando empieza a valerse por sí solo, gana lo suyo y protege a los suyos. Yo tuve que serlo antes de cumplir la mayoría de edad porque la mera verdad no había de otra.

Lo que no te explican es qué pasa cuando sucede lo contrario, cuando los huesos son demasiado frágiles, la memoria falla y las medicinas abundan, cuando uno ya es dependiente del bastón o de su esposa. ¿Acaso soy menos hombre o solamente menos joven? Lamento, Carmelita, que hayas tenido que venir al exilio conmigo; a veces se me olvida que no fui el único que se alejó de su patria. Firio tampoco ha querido hablar de lo mucho que extraña a México, y menos mi querida Lila.

Lila con sus vestidos de muñeca y moños en el pelo siempre trata de hacerme sentir mejor. Si acaso me ve una lágrima bordear el ojo, me toma de la mano y me lleva a la ventana para que vea el paisaje, me pide que le cuente algo de mi pasado o simplemente dice:

—A ver, papá grande, ya le tocan sus medicinas. Y si yo me tomo todas mis medicinas, entonces usted también se toma las suyas.

¿Cómo podría enojarme con ella cuando rompió el jarrón, o interrumpe nuestras conversaciones? Firio no sabe lo afortunado que es en tenerla. A mi Delfina y a mí se nos murieron casi todos nuestros hijos, y, temo decirlo, nunca fui capaz de hacerte concebir. No, espera. No me gusta que te justifiques con que es culpa de la mujer y que tal vez Dios no quería que fueses madre; pareciera que es tu madre la que habla y ya he tenido bastantes fantasmas por hoy.

Estoy viejo y me queda poco por contar, si acaso una hora o dos más y entonces podré descansar de esta boca seca.

¿Recuerdas el hotel donde nos hospedamos en nuestra primera estancia larga en París? Ah, el majestuoso Astoria, tan cerca de los

Campos Elíseos. Todos los días me asomaba a la ventana y esperaba que la vista no fuera París, sino la Ciudad de México, y me invitaras al Paseo de la Reforma como solíamos hacer en otros tiempos. Cuatro mil quinientos francos pagábamos al mes para recordar hasta que llegaba la noche. ¡Qué poca importancia le queda a la vida cuando nos sentamos a esperar la muerte! Juana y Nicanora hacían lo imposible por mantener la sazón de casa, pero era inútil. ¿Cuál sería mi casa? ¿Ésta? ¿Siempre lejos de la patria que defendí? ¿Acaso mi pecado fue tan grande que justifica esta condena?

Aquel primer cumpleaños fuera de casa no quise festejar. Hubiera querido pasarlo con mis muertos y mis recuerdos, tras una cortina traslúcida y con el viento de otoño; con las hojas de cobre que caían de los árboles y el cielo blanco que adivinaba un septiembre frío, pero me hiciste viajar. Unos días en Alemania me harían bien, dijiste, y fui para allá con la familia. El káiser me felicitó, por supuesto, y un telegrama me hizo saber que un grupo de mexicanos había viajado a Europa nada más para felicitarme. Una adulación bastante cara; mejor se hubieran quedado en México, porque quién sabe cuánto valga mañana el peso con tanto levantamiento armado.

El 15 de septiembre me llevaste a un salón donde estaba toda la familia en el exilio y en medio un pastel enorme de chocolate.

—Ahora sople las velitas, padre —exclamó Firio.

—Pero que antes pida un deseo —sonrió Lila, a la que ya le andaba por comer pastel.

Me apoyé en mi bastón y me incliné con un solo deseo en mente, volver a México, estar con los míos, descansar en mi Oaxaca querida una última vez. Luego soplé la velita, sin entender cómo un trozo de cera podría arreglar la política de un país tan lejano.

En octubre volvimos a Francia y me entrevisté con los mexicanos que habían ido a verme. Me abrazaron y estrecharon mi mano, me adularon hasta el cansancio y yo me quedé ahí sentado escuchando cómo el país hablaba mal de mí, inventaba chismes, me llamaba dictador y había hecho a Francisco I. Madero el gran héroe de la patria. Me hablaron del terremoto que azotó la Ciudad de México el día que entró triunfal a la Ciudad de México y de cómo se iban preparando las elecciones de 1911 para la presidencia de la República. Entonces me sentí profundamente herido: una parte del país se alzó en armas para derribarme y la otra se cruzó de brazos para verme caer; las dos me eran deudoras de una porción de cosas.

El pueblo mexicano podrá fingir amnesia y negar mi legado, pero no podrá borrarlo de sus calles y edificios, sus leyes y monumentos; así como tampoco podrán borrar la hipocresía de sus corazones. Porque así como hoy me insultan, antes me festejaban como un gran héroe.

El pueblo mexicano tiene memoria corta. Un día el héroe se vuelve villano, el villano se vuelve héroe, y luego se le olvida por qué un hombre levantaba tantas pasiones en el escenario político. Siempre hemos sido así.

Por cierto, fue por esas fechas cuando se realizaron elecciones en México y ganó don Panchito Madero la presidencia, y José María Pino Suárez la vicepresidencia. ¿Cómo podía ser de otra forma? No había mejor campaña que el supuesto martirio que sufrió en las elecciones cuando fue mi opositor en 1910. No me sorprendería que algún día le digan el mártir o el apóstol de la democracia.

Uno muere como vive…, y Madero ha vivido como un iluminado.

Al menos a él le salió el tiro por la culata: creyó que ser presidente era ganar unas elecciones y ponerse una banda tricolor sobre el pecho, pero apenas se sentó en la silla del águila se levantaron Bernardo Reyes en Tamaulipas y Emiliano Zapata en el sur con un dizque Plan de Ayala. Cuando uno está en el poder se ciega por las muestras de apoyo y se le olvida que los detractores también existen.

Pascual Orozco se levantó en Chihuahua y mi sobrino Félix en Veracruz. El nuevo gobierno no quiso aplicar correctivos severos contra quienes se le oponían a través de las armas y los dejaron crecer en soldados, popularidad y parque. No era como en mis tiempos… Pude haber reprimido la revolución.

Aquel 1911 terminó de un modo tristísimo, no en grandes fiestas que antes hubieran llenado el silencio. Recuerdo que iba bien tapado, con chamarra y bufanda, para ver los fuegos artificiales desde un café de los Campos Elíseos, con don Eustaquio Escandón y Lina Cavalieri, la cantante de ópera. Había champaña, desde luego, y comida rica que no era como la de casa, y yo sólo esperaba que en cualquier momento me visitaran los fantasmas de mamá o mis hermanas, para no sentirme tan solo y tan lejos de mi patria.

Tú aprendiste a vivir con mis recuerdos y mi nostalgia; dejaste de preguntar por mi silencio. No hubo café porque me quitaba el sueño. Poco después de las doce volvimos al Astoria y me tapaste muy bien en la cama para que no me fuera yo a enfermar.

¿Te acuerdas que unos días después recibimos carta de México? Me emocionaban mucho porque era la única forma en que no me sentía tan lejos de casa. Era del secretario de Hacienda para informarme que me habían dado de baja como general de división. ¡Bah! ¿Ellos qué iban a saber? Tenía yo más derecho a estar en el ejército que cualquiera de esos inútiles, ¿o ellos lucharon contra los conservadores, o los franceses? Pero ya no estaba para mandar en la nación que goberné tres décadas.

—Aquí dice que tiene una pensión anual de seis mil setecientos cincuenta pesos, Porfirio —me dijiste.

Y yo te respondí:

—No la quiero. Escríbele al secretario de Hacienda y dile que la use para darles un premio a los cadetes destacados del Colegio Militar.

Así lo hiciste, aunque en silencio comprendías el golpe que me habían dado. Al no poder lastimar mi cuerpo, herían mi orgullo. ¿Por qué quitarme el rango de general que tanto esfuerzo me había costado?

El rencor histórico es uno de los grandes males que tiene México.

El 2 de abril de 1912 fue el primer aniversario de la batalla que viví sin festejos. Vinieron a mi memoria el plan de maniobras militares, los muertos, el sudor al recuperar Puebla para el ejército de don Benito. Bajamos del tren en Madrid y de inmediato nos rodearon los periodistas, pero sólo obtuvieron silencio de mi parte. No tenía ganas de aguantar sus preguntas sobre el gobierno de Madero.

Llevabas un vestido negro de satín y yo una levita del mismo color, con un sombrero bajo el brazo y al pecho una banda de color azul de la Gran Cruz de Carlos III. Más que de elegancia, dábamos la impresión de ir a un funeral. Como siempre, uno de mis apoyos era el bastón, el otro tu brazo. Nos instalaron en el Ritz y, te voy a confesar, fue refrescante volver a oír español de boca de todos. Con el francés de aquí para allá extrañaba mucho más Oaxaca.

A la mañana siguiente bajamos al vestíbulo del hotel, donde esperamos muy pacientes a que nos recogiera un coche de motor que nos llevó hasta el Palacio de la Zarzuela. Nos recibió una guardia militar con tres golpes. Nos llevaron hasta un salón de tapetes y tapices rojos, todo muy reluciente y lujoso. El rey Alfonso se levantó y estrechó mi mano.

—Don Porfirio, para nosotros es un honor que nos haga el favor de acompañarnos a este banquete que hemos dispuesto en su honor.

—El honor es mío, don Alfonso.

¿Qué habrá pensado de mí? Seguro había visto mis fotografías e ilustraciones que se hicieron por las Fiestas del Centenario, en las que mi cara estaba maquillada con polvos de arroz, pero en el exilio los usaba en muy pocas ocasiones y mi piel volvía a ser del color de la tierra del sureste mexicano, acentuando el contraste con las canas.

Nos sentamos juntos y fingió interés en México. Me preguntó por los desfiles que se habían hecho en las Fiestas del Centenario, por las ruinas de Monte Albán y los indígenas de Chiapas. Nuestra cultura le parecía exótica y lejana, y no quise contrariarlo. Tú parecías más ocupada en recordar mis modales:

—Porfirio, use el otro tenedor… Baje los codos de la mesa… No hable con la boca llena…

Parecía que había olvidado las reglas de urbanidad que me habías enseñado cuando nos casamos, pero ya no me importaba nada en el mundo.

Cuando la tarde cayó en Madrid y la luz empezó a salir tenue por las ventanas, me limpié con la servilleta de tela y me volví al rey.

—Usted disculpe, pero don Juan Béistegui, ministro de México en España durante mi gobierno, tiene una cena en mi honor.

El rey también se limpió, se levantó y estrechó mi mano.

—Adelante, don Porfirio. Me sorprendería que fuera de otra forma. Que no lo engañen las protestas, en España admiramos mucho lo que hizo por México.

—Por el bien de mi estómago no son tantos los hombres que me admiran y que me organizan cenas —respondí.

Te despediste y partimos en otro coche de motor, bajo la fresca noche madrileña. Las estrellas brillaban en lo alto y cerré los ojos por un momento, tal vez con la esperanza de que al abrirlos me encontrara de nuevo en el Bosque de Chapultepec; pero los deseos vanos no alimentan la realidad…, sólo la engañan.

Cuando regresamos a París recibiste el telegrama que nos informaba que Justo Sierra estaba muy enfermo. Recuerdo que no lo pensé dos veces y pedí un coche que me llevara hasta el hospital de Saint-Joseph.

—¡Rápido! —ordené—. ¡La levita negra y la corbata! Tenemos que hacer una visita al ministro de Instrucción Pública y Bellas Artes.

—Al que fue ministro, Porfirio —aclaraste—. Ya no ostenta el cargo.

Pero no quise responder. Sentía una responsabilidad profunda con Justo, amigo y ministro a través de los años. Ante quienes habían pertenecido a mi gabinete yo me sentía como el presidente. Recuerdo que fuimos hasta el hospital y nos recibieron las monjas. Nos hicieron esperar y tuve miedo de que su condición no permitiera visitas, pero no fue el caso. Te quedaste en la sala de espera y yo subí por una escalera de piedra hasta un pasillo frío que contenía toda la luz. Aquel ambiente era pútrido, cansaba con sólo estar ahí, olía a alcanfor e incienso.

La monja tocó a la puerta y una voz débil nos invitó a pasar. Encontré a don Justo muy acabado; había adelgazado y perdido el color de su rostro. Podías contar las grietas de sus labios, los mechones de su calva y los surcos de su frente. Por un momento me sentí en el lecho de muerte de papá y el recuerdo de Oaxaca me golpeó con fuerza.

—Me queda poco tiempo —exclamó. Su voz era ronca, apenas un susurro que llenaba el aire como el último crepitar de una vela.

—Dicen que alguna vez le preguntaron a un hombre muy sabio la fecha del fin del mundo, y después de pensarlo mucho respondió que sucedería el día que exhalara su último aliento. Aún no sé si hay vida más allá de esta existencia, pero de lo que estoy seguro es que la muerte, la verdadera muerte, sólo llega con el olvido.

Tosió, lo vi jalar aire. Le costaba respirar. Cuando se tranquilizó volvió a posar su mirada en mí, y continué:

—Los mexicanos podrán decir lo que quieran de usted y de mí, pero jamás podrán negar que ellos mismos son el resultado de nuestros aciertos y errores. El México que está por venir existe gracias a su legado.

—Ese legado tuvo un precio muy alto… Imponer la paz por la fuerza —respondió con las palabras torpes—. Era necesario, pero ¿no había otra forma? Esa pregunta me ronda ahora…, me quita el sueño…, general. ¿Era necesario sacrificar la libertad por el progreso?

—Ya déjese de hubieras, don Justo. Lo que pasó ya pasó. Hubo que castigar a quienes no dejaban que México creciera. Derramamos la sangre mala para que la buena pudiera vivir.

—Es la educación la que genera mejores condiciones de justicia..., educar evita la necesidad de castigar —respondió.

Su mirada me traspasó y me sentí juzgado.

—Alguna vez fui el héroe de mi pueblo, sacrifiqué mi bienestar en el campo de guerra por la patria, llegué al poder siendo el Benemérito de México. Ocupé la presidencia a través de las elecciones y en medio de aplausos.

—No, general. Se preocupó mucho de que nosotros, sus científicos y aduladores nos mantuviéramos felices, de que sus amigos tuvieran un cargo público; se volvió sordo a los abucheos, ciego a los indígenas hambrientos, como usted lo fue alguna vez en Oaxaca.

Tuvo que detenerse a toser y una de las monjas corrió a auxiliarlo. Por un momento me pregunté si ella entendía nuestros diálogos en español.

—En mi gobierno —le dije— se respetaron siempre las Leyes de Reforma y la Constitución de 1857, por la que yo luché en Tehuantepec. Las hice respetar. También defendí mi gobierno como otrora el dictador Santa Anna, el emperador Maximiliano, el mismo don Benito y hasta Lerdo de Tejada.

—Y el pueblo los aborreció a todos ellos como ahora lo hace con usted. El poder consume a quien lo ostenta y corrompe a cualquiera que lo tiene por largo tiempo. Me siento culpable de los errores que cometimos mientras estuvimos en el poder. Hicimos mucho por la educación, pero tal vez pudimos hacer más por mejorar las condiciones de vida de la gente, su salario, su futuro... México es un pueblo con hambre y sed de justicia.

—Siempre la ha tenido, y la mejor forma de lograrlo es a través de la paz, no del caos que ha creado el iluminado de Madero.

—El amor a la patria comprende todos los amores humanos, es un amor que se siente primero y se explica luego. Cuando se cree que se hace lo mejor por la patria se está dispuesto a todo, desde levantarse contra el dictador que oprime la libertad hasta traicionar la bandera de sufragio efectivo, no reelección. Usted hizo las dos cosas.

—¡Ah, qué don Justo! Ya deje de pensar en tonterías y olvídese de los hubieras. Mire hacia fuera; apenas cae la noche, pero no se sabe si será para usted. Le recomiendo que descanse y se mejore. Entonces volveremos a hablar, ¿qué le parece? Cambie esa muina que no le hace nada bien.

Volvió su ataque de tos incontrolable y las monjas le apuraron la medicina. Lo último que vi de su cuarto fue el crucifijo de madera que colgaba sobre él. Bajé las escaleras de piedra y me volví a encontrar contigo.

—¿Cómo lo vio, Porfirio? —me preguntaste.

Y yo te respondí:

—Viejo y terco, cada día se parece más a mí.

Dos meses después recibí una carta de su esposa para anunciarme su muerte. Don Justo había sido dado de alta para ir a España a dar un discurso por el centenario de las Cortes de Cádiz, pero la muerte lo alcanzó antes y se lo llevó en Madrid. Pasé un día en la oscuridad de mi habitación recordando su sabiduría. Siempre pensé que me acompañaría hasta el final.

Capítulo LXXIV

¿EGIPTO? Nunca comprendí tu fascinación de ver mi destierro como si fueran unas vacaciones prolongadas. Después de tantos años en el poder y en el campo de batalla, yo quería descansar. Sentarme ante cualquier ventana de París a ver el invierno pasar. Estar con mis muertos de blanco y negro escondidos en las fotografías, recordar la sazón de mi madre y la risa de mi hermano, esperar la muerte en la brisa que recorre las ramas desnudas de Europa. Yo me sentía como un árbol que no tenía la capacidad de dar frutos ni sombra.

—¿Y quién va a venir en este viaje? —pregunté.

—Ya se lo había comentado —dijiste, y seguramente era cierto, pero mi sordera era evidente—: Mis dos hermanas, sus familias y el general Fernando González. Lo tengo todo arreglado.

—Está bien —acepté sin el mayor interés.

Tú siempre te hacías cargo de todo. A unos meses de la muerte de Ramón Corral fuimos en tren hasta Mónaco y de ahí zarpamos en un barco que recorrió el Mediterráneo, y a finales de enero llegamos a las costas de Alejandría. No hubo tiempo de recorrer la ciudad ni de visitar las ruinas de lo que fue la gran biblioteca de la Antigüedad. De inmediato tomamos un vapor que nos llevó por el Nilo hasta El Cairo. Ahí nos recibió Kitchener, con honores militares, en su calidad de comandante honorario de la Orden de Bath. Comprendí que a un hombre en mi situación sólo le queda aceptar que su pasado ha sido más relevante que su presente.

Por si mi vida política no fuera suficiente, yo soy el ejemplo perfecto de que hasta lo más grande puede caer. Fui un gigante de oro con pies de barro, destruido por un movimiento experto de Francisco I. Madero y todos sus amigos, pero en fin…, no quería pensar en ellos en aquel viaje. Me pediste que me relajara un poco, que descansara, y eso quería hacer. Era una ciudad muy complicada; la arena fina se te metía en los zapatos, en el bigote, en los dientes; el calor seco entraba en tu cuerpo y te hacía rechinar los huesos. Los árabes andaban de un lado al otro con su dialecto tan ajeno al español, y a la hora de sus rezos había que detener la vida para que ellos elevaran su plegaria a Alá.

Me hubiera gustado permanecer en El Cairo tratando de escuchar la música a través del fonógrafo, tal vez un vals de Juventino Rosas, *Carmen* o *Sobre las olas*, reconciliando mi sordera con el mundo maravilloso que aún deseaba conocer; mas tú habías planeado un itinerario meticuloso.

Recuerdo en particular nuestro viaje al valle de Gizeh. Muy temprano me llevaste a un sitio donde tomaríamos los camellos y nos esperaba un guía que apenas hablaba español. Tus hermanas y Fernando González subieron sin dificultad a los animales, pero yo no me sentía bien. Pregunté si no había otra forma de llegar a las pirámides y me ofrecieron un burro de carga. Lo tomé. Así caminamos por el pasado, admiramos las pirámides y contemplé la Esfinge. Me pregunté si alguien que visitara México en dos mil o tres mil años vería el Hemiciclo a Juárez o el Palacio Legislativo que dejé a medias, y si se preguntaría qué podrían significar esos monumentos.

El calor del desierto era imponente. De continuo tenía que secar mi frente con un pañuelo blanco y mis pies rozaban la arena por la baja altura del burro.

—Quiero ir a casa —exclamé.

—Espere, Porfirio, aún falta algo. Quiero que nos tomen una fotografía para recordar este día —respondiste.

Y posamos frente al aparato ese. Tantas fotografías que me tomaron durante mi gobierno, ¿para qué querías una más? ¿Cuántos retratos se pueden tener de una persona? De mi madre sólo tengo una, con su rebozo sobre los hombros y su rostro serio; del Chato también, cuando fue gobernador... De mis hermanas sólo el recuerdo y las pesadillas de sus muertes.

Por complacerte me quedé muy quieto y posé. Nadie sonrió; el sopor y la arena nos habían arrebatado la sonrisa y el camino había sido muy largo.

En el hotel comimos en el restaurante antes de volver a nuestras habitaciones, donde el calor del día nos pasó factura y nos quedamos dormidos. Cuando desperté, uno de los criados intentaba quitarme las botas, pero le costaba mucho trabajo. Era tan cómica la situación que por primera vez, desde que salí de la Ciudad de México, reí.

Estaba en Egipto cuando me llegaron las primeras noticias de la revuelta que azotaba a la Ciudad de México. Lo primero que leí, ya no me acuerdo en qué periódico, fue que Manuel Mondragón había liberado a Félix Díaz y a Bernardo Reyes, preso por atentar contra el gobierno de Madero, pero que este último había muerto cerca de Palacio Nacional en una balacera. Me sentí mal. ¿Tanta violencia en la capital del país? No se había visto desde antes que yo fuera presidente.

Después empezaron a llegar noticias y telegramas confusos de levantamientos aquí y allá, del miedo que se sentía en el pueblo, de cómo a Madero se le salía todo de control. ¡Qué tan mal me ha de haber visto Fernando que se sentó junto a mí!

—¿Qué le pasa, padrino? Lleva dos o tres días con una cara larga que ya tiene a todos en el grupo comentando que otra vez anda con una infección en la muela.

—Ay, Fernandito. Las cosas…, la gente…, todo vuelve a estar como en el siglo pasado. Pareciera que mis treinta años de paz y progreso no sirvieron para nada.

—Pero tengo entendido que el levantamiento es precisamente contra el señor Madero.

—A la gente no le importa quién está contra quién, sólo que le están disparando, y tiene miedo, y las inversiones caen, y México pierde. México siempre pierde cuando huele a pólvora.

—Ya verá cómo todo va a salir bien —respondió Fernando, y pude ver en sus ojos que no lo creía, sólo lo decía con la esperanza de tranquilizarme un poco, aunque no hacía muy buen trabajo.

Días después partimos en un viaje por el Nilo. Me subiste a un barco viejo a contemplar la costa y a los pescadores egipcios que trabajaban afanosamente cada mañana para llenar los mercados. Las algas flotaban en la superficie del agua y una de tus hermanas iba por cubierta recitando las plagas que Moisés había hecho caer sobre el pueblo del faraón.

—¡Estamos en tierra bíblica! —exclamaste varias veces.

Los extranjeros se acercaban a escucharla, porque ya se sabe que en esos viajes hay de todo tipo de nacionalidades, alemanes, ingleses, españoles, y todos ellos cuchicheaban: ¿qué hace un presidente de México tan lejos de su patria? Y tú sólo decías: son unos ignorantes, no los escuches.

No tuve que hacer mucho esfuerzo en hacerme el sordo, y me senté en cubierta a ver la vida pasar.

De las paradas que hicimos para contemplar las ruinas de otrora, quizás una de las que más me interesó fue la del templo de Karnak. Me invitaste a bajar del barco, como siempre de tu mano, y caminamos por una calzada que nos llevó al edificio mayor. El patio principal era una maravilla de estatuas erguidas y dioses caídos. En una de las salas disfruté el silencio y me imaginé lo que habrá sido recorrer esos pasillos inundados de incienso y magia antigua, de misterios ancestrales. ¡Lo que hubiera dado en ese momento por sentarme con alguno de los sacerdotes del imperio a que me revelara las palabras ocultas en sus papiros o sus remedios medicinales! Allá en Oaxaca, Carmelita, también hay muchas indias con remedios antiguos y hierbas del monte que pueden curar cualquier dolencia.

Karnak resultó fascinante, sobre todo porque pude acercar mis dedos viejos y temblorosos a los dioses tallados en la pared, y seguir la silueta en la piedra. ¡Vivir por siempre a través del arte! ¿Te imaginas?

Más tarde visitamos Asuán, y ahí el templo de Debod. Las ruinas se reflejaban en el Nilo al atardecer, mientras en Abu Simbel el sol penetraba por las grietas de sus gigantescas estatuas.

Fue precisamente en Asuán donde uno de los mozos se acercó con un telegrama, que por ahí lo he de haber guardado. Decía: "Derrocado gobierno de Madero. La República siempre agradecida espera de usted sus sabios y prudentes consejos". Era de mi sobrino Félix.

—No tardan en echarse a Madero.

—General —intervino Fernando—, dicen los periódicos que la esposa del señor Madero está en tratos con las embajadas de Cuba y Japón para que ella y su marido puedan salir con bien del país.

—Yo escuché lo mismo —terció una de tus hermanas.

Apreté con fuerza el mango dorado de mi bastón.

—Si ustedes fueran gallos, ya los habrían hecho mole —respondí.

En cuanto regresé al barco, envié un telegrama a Félix: "Hago fervientes votos porque el triunfo que ha coronado su patriótico esfuerzo sea para nuestra patria no sólo alivio de angustia, sino también la salvación de su decoro y autonomía".

Pero el telegrama se cruzó con otro aún más sombrío.

Seguimos por el Nilo, flotando en el pasado. Siempre intentabas hacer que viera esto o lo otro, como si el ayer nos contemplara a través de las piedras. ¿No es increíble lo que perdura? De vuelta en El Cairo, en la recepción del hotel el gerente nos entregó el otro telegrama de Félix.

—¿Qué dice, Carmelita? No encuentro mis gafas.

—Ya voy, Porfirio, apenas estoy abriendo el sobre.

Toda la comitiva nos rodeó; sospechábamos noticias de México.

—Dime la verdad, ¿Madero está muerto?

Capítulo LXXV

Sí, GENERAL DÍAZ, yo también estoy muerto. Fui esperanza y luz, mas fui consumido por las sombras. De la piel y el hueso me arrebató una bala certera a la mitad de la noche. Cometí el error de confiar en quien no debía, todo por la creencia de que quienes llegan al poder o sostienen un fusil lo hacen por amor a la patria y a sus convicciones, pero comprendí que hay otras razones en el mundo que el anhelo de ser alguien: el dinero, la ambición personal y el egoísmo.

Sólo en la muerte podemos comprender la vida y entenderla por lo que en verdad es, amarla en sus detalles y compartirla con otros.

Me dije: Victoriano Huerta es un buen hombre y sabrá respetar que el pueblo me eligió para gobernar a México. No quise hacer caso a mi hermano, que me repetía una y otra vez: Panchito, ese tipo no es de fiar, te va a voltear su guerrilla. ¡Vaya! ¿Quién diría que para hacer bien las cosas en este mundo uno debe tener malicia y desconfiar de las personas?

Mi hermano, símil de Cristo, arrestado a la mala por don Victoriano Huerta y juzgado por un tribunal de papel tan falso como el que hace tantos años condenó a muerte a Maximiliano de Habsburgo. Pareciera que las voces de los soldados se levantaran de la tierra, y así como otrora decían ¡Crucifíquenlo! ¡Crucifíquenlo!, ahora pedían ¡Maten a Ojo Parado! ¡Fusílenlo! No se ría, general. Usted y todos sus ministros siempre se burlaban del ojo de vidrio que tenía mi hermano, pero en realidad lo que buscaban era hacerme mofa a través de los insultos a mi familia.

Llevaron a mi hermano hasta un departamento de la Ciudadela y lo golpearon en la mejilla, las costillas, los brazos; le rompieron el vientre y le sangraron los muslos. Bajo una estatua del cura Morelos le arrebataron la dignidad. Con palos como única arma ahogaron sus gritos en borbotones de sangre. ¿No lo oye, general Díaz? Todavía pueden escucharse los ruegos de mi hermano: ¡Ayuda! ¡Clemencia! ¡Por *favor, ayuda!, como seguramente gritó su propio hermano Félix cuando una bola de indios persignados le hicieron lo mismo.*

Los ciudadelos rieron, lo llamaron cobarde por ser valiente, le sacaron el único ojo que tenía. Y su voz se convirtió en un doloroso grito de desesperación. Se encogió en posición fetal y quedó mudo recibiendo las patadas que lo harían reconocer cada uno de sus músculos a través del dolor, pero él sólo recordaba a su esposa, a sus hijos, a sus padres, a mí; aquella ocasión en que levantó la vista y se preguntó cómo un mesías azotado y humillado pudo continuar su calvario.

Lo hicieron levantarse con lodo y sangre, con pena y miedo, con pasos dudosos hacia la salida como si hubiera tenido una esperanza de sobrevivir. El general Mondragón le apuntó y soltó el primer tiro; los demás lo siguieron con descargas de pólvora. ¿Puede imaginarse eso, general Díaz? La completa depravación del ser humano, jóvenes de quince y dieciséis años, consumidos por la corrupción de la revolución, acribillando a un hombre adulto. Tan sólo me puedo imaginar los horrores que usted vio en las guerras de Reforma y contra el Segundo Imperio.

Los mexicanos siempre han sido el mayor enemigo de los mexicanos. Ahora logro comprenderlo: vivimos y viviremos en una eterna guerra fratricida.

El cadáver de mi hermano fue ultrajado de una y mil formas que aun en la muerte no soy capaz de imaginar. Cuando se presentó ante mí, desvié la mirada y lloré hasta que el más allá se cansó de mis sollozos, pero la tristeza no fue por Gustavo, sino por México. Ese México que fue capaz de adular sus faltas y conmemorar sus defectos, general, que participó en una charada con Victoriano Huerta para hacer creer a toda la población que hubo un levantamiento armado de más de diez días en la Ciudad de México. Decena Trágica la llamarían después, como si fuera una comedia —donde el único que no pudo reírse fui yo—. Busqué ayuda en mis generales y me dieron la espalda, los cadetes del Colegio Militar no reaccionaron ante mis órdenes y, cuando bajé la escalinata de mármol en el Castillo de Chapultepec, ya estaba firmada mi sentencia en Palacio Nacional.

¿Quiere que le diga cómo morí, general Díaz, o se va a quedar con lo que otros dijeron de mí? Me encerraron en un cuarto pequeño con Pino Suárez y nos torturaron con la longevidad de las horas y el

hambre, con la ignorancia de saber si el país vivía en paz o en guerra, y pactaron con nosotros en el secreto de su villanía, y creímos en estas palabras: No se haga, señor Madero, usted ya está muerto y los muertos no pueden gobernar; si quiere volver a la vida tiene que renunciar a la presidencia y nosotros lo llevaremos a Veracruz, para que se vaya a Cuba y nos deje en paz; no le busque donde no hay, porque si no, la que va a pagar las consecuencias va a ser su Sarita y usté será el único responsable.

Nos mostraron los documentos de renuncia y los firmamos con sangre, con alma. Dejamos ahí la esperanza de un México mejor. Aquella noche no comprendí que daba igual que mi nombre se mojara en tinta.

Después de que Pedro Lascuráin tomara el poder por cuarenta y cinco minutos y le cediera la presidencia al traidor de Huerta, nos subieron a un coche que había rentado su yerno, general, el mentado Ignacio de la Torre, que vestía pantalones de día y faldas de noche. Nos llevaron a la fuerza al Palacio de Lecumberri y cuando pasamos la entrada me preparé para reencontrarme con los espíritus que había conocido a través de mis sesiones espiritistas. Nos hicieron bajar del coche y nos dispararon por detrás. Luego conocí verdaderamente el Mictlán, me volví uno con Coatlicue y comprendí las lágrimas de Cortés.

La revolución que se había desatado no era por mí; tampoco por usted, general. Seremos los símbolos del héroe y el villano, es verdad, pero no comprenderán la conquista del espíritu y la carne de la democracia inalcanzable de las luchas sociales, de la tierra, de todo y nada. Logré derrocarlo y mírese nada más: usted está aquí, vivo en París, yo oculto bajo una losa que lleva mi nombre.

Lo admiro porque lo que hizo bien por el país tal vez no lo logre ningún presidente en los siglos que aún le faltan por vivir a México, pero condeno que sus pretensiones personales hayan sofocado la democracia y hayan aletargado la conciencia social de un pueblo que pareciera tan difícil de convencer y al mismo tiempo tan fácil de manipular.

Ay, general Díaz, si tan sólo entendiera sus faltas tal vez podría regresar a Oaxaca, pero ¿qué caso tiene ya? La Llorona está cerca y su grito es punzante. Estamos condenados a ella, hoy y siempre, hasta que los dioses hagan que la Tierra deje de girar".

Capítulo LXXVI

ME APENA EL DESTINO de los mexicanos, por cuanto esperan la llegada de algún héroe que les provea un bienestar utópico y siempre son capaces de hallar un villano a quien culpar de todas sus desgracias. Es un pueblo que se nutre con las historias que mama, con las fábulas de mesías y héroes, y ahora la muerte de Francisco I. Madero será una de ellas. Es inevitable.

Ésa es la verdadera maldición de México, no saber cómo cerrar sus heridas históricas pero tampoco aprender a vivir con el dolor de un pasado en carne viva. ¿Así cómo puede mirar al futuro? Es como el niño que apenas se raspa la rodilla y se tira al piso a hacer una pataleta, sólo que ésta ha durado casi un siglo.

Reflexioné mucho desde que partimos de Egipto, y en mi baúl volví a encontrar la carta que recibí de Juana Cata, la última. Sólo entonces pude comprender su significado: el que "gime bajo la púnica maldición" es el pueblo que aún se siente víctima de la Guerra de Reforma y la Intervención francesa; y "se ahoga bajo el peso de su oro" habla sobre la prosperidad de mi gobierno. El resto es una explicación burda de la Revolución mexicana. Y tal vez la Didjazá vio en sus naipes el asesinato de Madero al escribir "hombre alguno sabrá el día de su muerte".

¡Bah! ¿De qué nos sirve una profecía así? Si no se entiende en el momento de hacerla pierde su valor profético, mas si su comprensión nos obliga a cambiar el futuro, entonces ya no representa el porvenir. Así de simple es, y ¿qué importa? A la Revolución le quedan muchos años por sangrar, y si soy yo su razón de ser espero que mi muerte lleve la paz a mi patria.

Después de Egipto fuimos a Nápoles. Recuerdo que bajamos del buque *Adriatic* y me empapé del aroma húmedo y de ese lenguaje tan parecido al español. No era, desde luego, tropical como Veracruz, ni sus especias como aquellas de los mercados de Oaxaca; sus palacios distaban mucho de los que se habían construido en la Ciudad de México; sin embargo, me pareció maravilloso conocer un lugar tan diferente. Tú llevabas un vestido blanco de algodón y agitabas con dignidad tu abanico.

—¿Qué esperamos, padrino? —fue lo primero que escuché de Fernando, quien había permanecido en silencio varios días, quizá también en suma reflexión por el asesinato de Madero.

—Dice Carmelita que el cónsul mandó un telegrama al barco para avisar que nos recogerá en el muelle.

Y varios minutos después así fue. Gordo y de bigotes largos muy bien estilizados, nos recibió el cónsul…, ahora no recuerdo su nombre. Te saludó primero y luego a mí, con la misma adulación y reverencia como si aún llevara la banda presidencial. Sonreí por cortesía, porque sabes muy bien lo mal que me sientan los viajes largos en el mar. Volviste a tomar mi brazo. Por un momento me pregunté cuál sería el clímax y el fin de México, pero el calor me hizo abandonar esa idea. Eran los últimos días de invierno y el sol ya calentaba como si fuera verano. Dos coches de motor nos esperaban, y antes de subir pedí que fueran discretos al conducir. No pongas esa cara, sabes que no me gusta que esos cacharros de metal anden a treinta kilómetros por hora. ¿Cuál es la prisa? Si estuviera montando a caballo y aquéllos fueran los campos de Puebla de mi juventud, otra cosa sería.

El conductor me hizo caso y condujo lento, lo que me permitió ver los edificios de colores. Nos llevó al hotel Royal, y nada más al entrar por la puerta supe que no iba a poder descansar lo que me quedaba de la tarde. Entre el general Fernando González y Firio se encargaron de calmar al grupo de reporteros que esperaba mi presencia, y tuve un tiempo para registrarme y subir a mi habitación. Lila me ayudó a quitarme el abrigo y el sombrero, tú me diste un vaso de agua y descansé un rato largo. Luego bajé a la recepción y me volvió a acosar el grupo de reporteros. Sequé mi frente con un pañuelo y escuché sus preguntas: que si Madero esto, que Huerta lo otro, que los mexicanos muertos en un cuartelazo…, y yo di mis primeras declaraciones a un reportero del *Corriere d'Italia*, en español y a sabiendas de que los diarios en México estarían listos para reproducir aquellas declaraciones.

—Recibí la noticia del estallido de la guerra civil en México cuando me encontraba de viaje, y con todo el corazón lo sentí como una de las más grandes calamidades que pudieron haber golpeado a mi país...

Uno de los que estaban ahí, no sé quién, lo tradujo al italiano. Esperé a que terminara y continué.

—Es infame insinuar que a mis amigos o a mi influencia se debe imputar el asesinato de Madero.

Por un momento creí que volvería a ver aquel fantasma, pero todo se mantuvo tranquilo.

—Tengo allá amigos fieles y con autoridad, y yo les he escrito desde El Cairo para que se mantengan fieles al actual presidente Huerta, que no le causen dificultades al gobierno y que se esfuercen para que los ánimos sean conducidos otra vez a la calma y a la razón. México necesita paz para reordenar su administración pública y hacer que vuelvan a florecer los muchísimos recursos en los cuales es rico.

Lo cierto es que no estaba de acuerdo con la presidencia de Madero, pero me causaba una repugnancia espantosa la forma como acabaron con él. No podía hablar en contra del general Victoriano Huerta porque se trataba del presidente de México y un militar destacado. Uno siempre debe mantener las formas cuando habla con la prensa.

—En términos generales —preguntó uno de los periodistas—, ¿qué le parece lo que ha sucedido en su país?

—Permítame que no le responda. Me lo impiden la enemistad por el presidente muerto y la amistad con los hombres que hicieron la Revolución.

Para mí fue suficiente; me disculpé con los reporteros y volví a mi habitación. Me acosaron por días; aparecían en el restaurante del hotel, en reuniones públicas y hasta en la calle, y lo único que salió de mi boca era que deseaba la paz en México.

Desayunaba con los diarios a mi lado y siempre te preguntaba qué decía aquí o allá, y cada vez que creía que una noticia trataba de México quería que me la leyeras para saber si decía algo más del asesinato de Madero o de la presidencia de Victoriano Huerta. Temía por mi patria y desconfiaba de Victoriano Huerta. Me resultaba evidente que no tenía a la opinión pública a su favor.

Por aquel entonces recibí dos cartas. Una era del gobierno mexicano, muy seca, escueta, pero que me causó gran alegría. Sólo te la mostré a ti y la escondí de mis hijos y nietos, de mis amigos y colaboradores.

La guardé bajo la almohada para que llenara mis sueños con los recuerdos del mole de Oaxaca. Le hice saber algo a un reportero unos días después, cuando me preguntó si pensaba regresar a México ahora que mi adversario político más importante había muerto.

—Regresaré apenas haya elecciones —respondí— y el país haya tomado su curso constitucional, pero como simple ciudadano; no participaré en la vida pública.

Aunque no descartaba darle una mano a quien estuviera en el poder. Digamos que sería una forma de gobernar sin hacerlo. Era maravilloso pensar en la posibilidad de volver a mi tierra y morir ahí. Mas una segunda carta me hizo levantarme de la cama sin el bastón y caminar por toda la habitación del hotel.

—Tenemos que empacar, Carmelita, debemos volver a París cuanto antes.

—¿Qué sucede, Porfirio?

Le mostré la carta, mientras una sonrisa iluminaba mi rostro.

—Amadita está en París, vino a verme.

A la mañana siguiente viajábamos en un tren de vuelta a la capital francesa, pero la Amadita que encontré ahí no fue la que dejé en la Ciudad de México. El dolor había ensombrecido sus facciones.

Capítulo LXXVII

CUANDO UN HOMBRE se aleja de su patria sólo le queda encontrar rincones que se la recuerden. El Bosque de Bolonia es un parque lleno de pasto fresco y árboles frondosos. Cuando me llevaste ahí una tarde quedé enamorado de su ambiente pacífico. Por un momento me sentí en mi lejano Chapultepec y no me quise ir de ahí. Por eso te pedí que me llevaras cuantas veces fuera posible. Me dolía caminar por largos periodos, pero aquello valía la pena.

Ahí quise llevar a mi Amadita en cuanto me fue a buscar al hotel. La vi decaída, triste. Mi princesa había perdido su porte real.

—Hija, hijita... —de momento no pude decir más porque las lágrimas brotaban de mis ojos y me arrebataban las palabras.

—Papaíto —respondió, y me rodearon sus brazos.

No quise separarme de ella, quise que estuviera conmigo, protegerla del mundo como cuando su madre la trajo hace tantos años..., tantos años... ¿Cuántos serán, Carmelita? Me duele la cabeza y no estoy para hacer números ya.

—Déjame solo con ella, Carmelita —te pedí, y aunque se notaba la molestia en tu rostro, te quedaste en el hotel.

Salimos del hotel y caminamos hacia el Bosque de Bolonia. Para mí era facilísimo levantar el bastón en plena calle, como hacía cuando era presidente de México, y esperar a que los automovilistas se detuvieran.

El suave tacto de Amadita me tomaba del hombro, quizá con lástima, para seguirme el paso.

—¿Dónde está tu esposo? —pregunté.

—Huyendo de la justicia.

—¿Por qué? Ay, hijita, no me digas que el inútil de tu marido tuvo algo que ver con la muerte de Madero.

Apretó los labios y bajó la cabeza; yo intuí su respuesta.

—Cuéntame qué pasó —añadí. Ya estábamos caminando entre los árboles. La oí suspirar. En silencio ordenó todos sus pensamientos e inició su relato.

—Ay, papaíto —dijo—. Todo comenzó hace unos meses, cuando empezaron a circular rumores de que algo se estaba planeando contra Madero. Ya sabes, la gente habla y no le gustó nada que el general Huerta se acercara cada vez más y más al presidente. Luego, a principios de febrero, sucedió lo impensable: un cuartelazo. Fue de madrugada, aún no salía el sol y yo estaba dormida. Desperté de repente al escuchar balazos a lo lejos. Me puse a correr por la casa en camisón, no sabía qué hacer y me sorprendió muchísimo que mi marido saliera de su habitación tan tranquilo. Ya estaba vestido y dijo que iba a desayunar con don Juan Carlos Montejo, que no me preocupara yo, que seguro alguien estaba dando balazos al aire.

—Pero tú no le creíste, ¿verdad?

Noté una sonrisa, tenue, que luego desapareció en su tristeza.

—Dejaría de ser su hija. No, le dije a una de mis criadas que fuera al mercado con cualquier excusa y averiguara qué estaba sucediendo. Me senté en la sala y esperé, y esperé. No quise desayunar ni leer, a ratos caminaba de un lado para el otro, hasta que oí que se abrió la puerta y entró la criada. Iba pálida, temblaba. Parece que viste un fantasma, le dije. No un fantasma, pero sí hartos muertos, me respondió. Me dijo que algunos cadetes del Colegio Militar se habían sublevado a las órdenes de Manuel Mondragón y que habían ido a liberar a mi primo Félix y al general Bernardo Reyes. Sí, así como lo oye. Todo de madrugada. Que luego todos habían marchado a Palacio Nacional con la intención de tomarlo, pero no habían podido. La tropa les había salido en el camino y ahí es donde se había iniciado la balacera que yo escuché. Bernardo Reyes murió en el acto y su cuerpo quedó ahí tirado, en el Zócalo frente a Catedral.

—¿Y Félix? ¿También murió? —me tembló la voz al hacer la pregunta.

—Mi primo se encerró en la Ciudadela con suficiente parque para aguantar meses. La tropa que estaba con él disparaba cañones y armas para todos lados, y el ejército trataba de terminar con ellos. Adivine quién era el encargado de acabar con el encerrón de Félix.

—¿El general Huerta?

—Sí. Se supo por toda la ciudad que Huerta veía en público a Madero y le decía que dejara todo en sus manos, que él se iba a encargar, mientras que el hermano de Madero, ese Ojo Parado...

—¡Amadita! ¡Por Dios!

—Bueno, Gustavo Madero le aconsejó a su hermano que no confiara en Huerta porque nada más le quería ver la cara, pero no le hizo caso. A razón de qué, nadie sabe, pero Francisco Madero confió plenamente en todo lo que decía Victoriano Huerta. ¡Ay, papaíto! No sabes qué días vivimos, fueron diez largas jornadas de balazos, de ver a la gente muerta en la calle, los edificios cuarteados, los vidrios rotos, los negocios cerrados. Nadie quería abandonar sus casas. No se imagina el miedo. Yo no quería salir, pero mi marido todas las tardes se disculpaba y se iba a ver quién sabe a quién. No sabe cuánto me impresionó ver el reloj que nos regaló el Imperio chino todo deshecho. Qué lejos estaba la ciudad de cuando usted la gobernaba.

—¿Qué pasó después?

—Lo impensable: el señor Madero salió del Castillo de Chapultepec para ir a Palacio Nacional pensando que con su gabinete iba a estar seguro y que el general Huerta tenía todo bajo control, mas todo fue una ilusión. En cuanto se reunió con ellos, el general Aureliano Blanchet, el mismo que dicen...

—Sí, el que dicen que le dio el tiro de gracia a Maximiliano, eso dice él. El general Blanchet ¿qué hizo?

—Sacó su arma del cinto y la apuntó al pecho del señor Madero diciéndole que estaba arrestado. Entonces, el señor Madero y el señor Pino Suárez, su vicepresidente, tuvieron el valor de salir de aquel cuarto y bajaron al patio principal de Palacio Nacional para pedirle ayuda a la tropa. Insistieron en que querían darles un golpe de Estado y que su deber era proteger al presidente, pero los soldados tenían órdenes de Huerta. No debían responder al presidente, iban a arrestarlo de cualquier forma. La noticia corrió por toda la ciudad en cuestión de horas, y cuando la esposa del señor Madero la supo fue a buscar ayuda a todas las embajadas que pudo. El embajador norteamericano no quiso ayudarla; hay quien dice que estaba coludido en todo el asunto. Sólo el embajador japonés y el cubano ofrecieron ayudar a la familia Madero a salir del país.

—Les dije que advirtieran a don Panchito que no confiara en nadie.

—Se lo dijo muchas veces su hermano. El general Huerta aprovechó que aún no se daba a conocer la noticia del arresto para invitar a comer a Gustavo Madero a un restaurante. Le pidió su arma con quién sabe qué pretexto y cuando estuvo desarmado lo arrestaron. No sé cómo murió, pero dicen que el cuerpo lo encontraron en un estado verdaderamente lastimoso.

Le pedí que nos sentáramos en una banca cerca de uno de los lagos, cuyos destellos cristalinos iluminaban la tarde.

—A ver, explícame cómo es eso de que hubo un presidente que gobernó cuarenta y cinco minutos. Los diarios no lo explican muy bien.

—Dicen que el general Huerta fue a ver al señor Madero y al señor Pino Suárez a donde fuera que los tuvieran y les dijo que la única forma en que los iban a sacar de ahí era que renunciaran a sus cargos, que todo estaba pactado para que pudieran salir del país y vivir en el exilio. Al principio el señor Madero se negó porque dijo que la presidencia se la había dado el pueblo, pero pasaron las horas y el general Huerta fue muy insistente. Firmaron el papel y se lo llevaron al Congreso. Usted mejor que nadie sabe quién debe tomar el poder cuando el presidente renuncia.

—Sí, por supuesto. La figura del vicepresidente.

—Pero, papaíto, el vicepresidente era el señor Pino Suárez y él también había renunciado.

Me quedé pensando en aquel dilema algunos momentos; luego se me iluminaron los ojos.

—En mis tiempos era el presidente de la Suprema Corte, por eso Lerdo tomó el poder cuando murió don Benito, pero yo hice un cambio. En caso de que no hubiera presidente ni vicepresidente, el siguiente en tomar el poder sería ¡el ministro de Relaciones Exteriores!

—En el gabinete de Madero ese cargo lo ocupaba don Pedro Lascuráin.

—Sí, conozco a la familia. Recuerdo que él se tituló de la Escuela Libre de Derecho en el año de 18…

—Don Pedro Lascuráin tenía tratos con el general Huerta —me interrumpió Amadita, y aunque lo consideré un poco rudo no le quise decir nada, pues ansiaba conocer el final de la historia—. Tomó el cargo de presidente a las cinco y cuarto de la tarde, y su única labor fue nombrar al general Huerta vicepresidente. Luego renunció y…

—Victoriano Huerta llegó al poder a través de un golpe de Estado sucio e inmoral, pero al fin y al cabo legal. ¡Vaya! Si ya decía yo que era uno de los miembros más inteligentes del ejército. Un usurpador muy inteligente. ¿Qué tuvo que ver Nachito en todo esto?

—Que precisamente mi marido rentó el coche donde asesinaron a Madero.

Ante mi cara de confusión, decidió explicarse mejor.

—Después de renunciar, a Madero le dijeron que no lo soltarían como se lo habían prometido, sino que lo llevarían a la cárcel de Lecumberri. Sí, aunque usted no me lo crea. Lo levantaron a la mitad de la noche y le dijeron que se vistiera; lo subieron al coche que había rentado mi esposo y así lo llevaron hasta la cárcel junto con el señor Pino Suárez. Se detuvieron en la puerta principal por un momento. Había un general con ellos, no me pregunte su nombre, que les dijo que mejor los iban a meter por la puerta trasera.

—No, Amadita, no me engañes. Yo estuve pendiente de la construcción de Lecumberri y sé que no tiene una puerta trasera.

—Se lo juro, eso les dijeron y los llevaron a la parte trasera de la cárcel. Hicieron bajar al señor Madero y al señor Pino Suárez, y a este último le dieron un balazo en la cabeza. El señor Madero intentó correr mientras gritaba: "Socorro, me asesinan", y le dispararon por la espalda. Ahí medio los enterraron y se fueron. No, espere, se me olvidaba algo: también les dispararon a los que había por ahí porque la versión oficial de los hechos fue que cuando los llevaban a Lecumberri los atacó un grupo armado, y que los prisioneros se quisieron escapar y murieron en el intento…, y pues ahí quedaron.

—Como quien dice, les aplicaron la ley fuga a los pobres.

Amadita asintió y se mantuvo callada en espera de mi respuesta. Yo reflexioné en todo lo que acababa de escuchar y al final no pude más que suspirar.

—Pobre México, pobre patria mía.

—A mi marido ya le dio miedo porque nadie creyó la versión oficial de los hechos y sospecha que lo van a arrestar en cualquier chico rato. Ya ve usted cómo es, habla de vender la casa y de irse a Estados Unidos, pero no me quiso acompañar a Europa.

—Sí, ya sé cómo es —respondí con cierto baile en la cabeza.

La invité a que volviéramos al hotel, y todo el camino de regreso me aferré a ella como si mi solo deseo pudiera evitar que un día se alejara. Imaginé, por un momento, que se trataba de aquella niña que Rafaela me había encomendado antes de morir. Le dije que nos acompañara a Biarritz a vacacionar con nosotros, y no se lo pensó mucho antes de aceptar. Ella tampoco quería separarse, tal vez porque me vio tan decrépito y melancólico que temió que fueran los últimos días que pasaría junto a mí.

Biarritz era el lugar de moda para la aristocracia europea; todos querían ir a vacacionar allá. Recuerdo que te fue muy difícil encontrar una casa para rentar, hasta que un propietario se enteró de tus cartas y nos ofreció la Villa Manon. Cuando cierro los ojos llegan a mi memoria las calles largas de mansiones suntuosas, las plazas y los quioscos, la música que florecía en cada ventana, los niños corriendo con sus helados, el bochorno húmedo y los coches de motor que iban de un lado al otro con jóvenes que parecían divertirse. Todos los días había un pasatiempo nuevo; si no era un espectáculo de cabaret, había una reunión en el casino municipal o se montaba *Madama Butterfly* para todos.

Te acompañé a varias de esas salidas, no porque me importara distraerme, sino porque era tu última oportunidad de recordar la gloria que te había envuelto cuando fuiste la esposa del presidente de la República. Desempolvaste las joyas y planchaste tus vestidos finos. Sabías quiénes eran los ricos y los aristócratas, los saludabas cortésmente y les hablabas por su primer nombre; y sólo eras capaz de interrumpir su conversación cuando era tiempo de mi medicina. ¡Qué terrible debió de ser para ti estar junto a un viejo achacoso como yo! Cada vez menos esposa y más enfermera, pero el amor es así. Un fantasma que sólo se descubre corpóreo en los peores momentos.

Por mi parte, preferí tumbarme al sol junto a mis hijos, quedarme en la playa bulliciosa y cerrar los ojos para escuchar los cañonazos que otrora habían defendido a Puebla de los invasores franceses, y que ahora sólo podían estallar en mis recuerdos. Uno que otro día le daba una moneda a Lila para que se comprara algún dulce y escuchaba el susurro de mi nuera a lo lejos:

—Firio, dile a tu papá que me va a echar a perder a la niña.

Y Firio reía, porque le parecía divertida esa rivalidad inofensiva entre su esposa y su padre. Los niños corrían en la arena, los bañistas gritaban, y quise tener otra vez diez años para volver al Toronjo y correr con mi hermano, y escuchar la voz de mamá para que me fuera a lavar las manos porque la comida ya estaba lista.

Alguna que otra vez quisieron abordarme periodistas para que les diera mi opinión sobre lo que acontecía en México, y la respuesta era siempre la misma:

No quiero emitir juicio alguno sobre la situación de mi país, pero conservo la esperanza de que pronto México recobrará la paz y vivirá una época de prosperidad. No pronunciaré palabra alguna susceptible de generar comentarios o polémicas entre partidos. Quiero seguir siendo ajeno a todas las discusiones y disensiones.

Aquella no era más que una forma de decirles que me dejaran en paz, ya después Amadita o Firio se encargarían de pedirles que se fueran. Lástima por Luz, que no pudo hacer ese viaje tan largo a Europa; me hubiera gustado verla por última vez. Su embarazo no se lo permitió.

Así se nos fue aquel verano, en competencias hípicas, demostraciones aeronáuticas y carreras de veleros elegantísimos. A Amadita le gustaban las carreras de coches de motor y la acompañé una que otra vez, pero por lo general me abstuve de ver esos monstruos metálicos rugiendo por la pista. Era demasiado ruido para mí.

Recuerdo que organizaste una comilona, bueno, banquete por mi cumpleaños ochenta y tres, y que fueron varios miembros distinguidos de la aristocracia europea y mexicanos exiliados a cantarme las mañanitas y aplaudirme como si yo todavía fuera el supremo gobernante, el héroe de la paz y abuelo de una patria ancestral. Sonreí por cortesía y luego disfruté el silencio cuando todo hubo terminado.

Algunos días después recibí el telegrama que nos hizo partir de Biarritz.

Capítulo LXXVIII

A FÉLIX no me dio gusto verlo. Cuando me encontré de vuelta en París me fue a buscar al hotel y yo bajé a la recepción a recibirlo. Me saludó y abrazó, pero yo sabía que algo traía porque uno nota a leguas cuando hay un gesto sincero en la sonrisa de alguien. Iba con su esposa, que ya sabes que siempre me ha parecido muy poca cosa para él.

—¿Cómo va todo por allá, sobrino? —pregunté mientras volvía a tomar asiento, y creo que fue lo peor que pude haber hecho.

Tú te has de acordar, Carmelita, estabas ahí: se soltó a decir una sarta de tonterías contra el gobierno, que si Madero había hecho una mala presidencia, que si Victoriano Huerta no le reconocía su parte en la conspiración de la Ciudadela, que si Emiliano Zapata andaba haciendo no sé qué cosas en el sur, que si el general Villa en el norte, que si Carranza... Aquello fue un discurso de por qué todo el país estaba en su contra.

—Y si tan mal está la patria, ¿qué haces aquí? —le dije.

—Tío, es que lo que yo quiero de verdad es llegar a la presidencia, y ya desde ahí ser como usted, pero necesito que me apoye. En México todavía hay muchísima gente que lo quiere y que votaría por usted...

—Deja de decir sandeces, Félix.

—Se lo digo de verdad —insistió él—. Mire, le voy a decir cuál es mi plan. Usted apoyará mi candidatura a la presidencia a través de una que otra declaración; el pueblo lo va a seguir, y cuando gane las elecciones usted podrá regresar al país, y podemos poner orden.

Me levanté de golpe, el bastón cayó a mi lado y tú te agachaste a recogerlo. Te veías asustada.

—Si tanto te preocupa el país, ¿qué haces aquí? ¡Qué carajos haces aquí! —le grité tan fuerte que sentí un dolor en la garganta—. Yo no fui a pedirle permiso a nadie para luchar contra los conservadores ni contra el Imperio francés, cuantimenos para levantarme en armas contra Benito Juárez. Las batallas se ganan en el campo, ¿me oíste? Ya me hubiera gustado que tuvieras los tamaños que tenía tu padre.

—Tío, por favor... —suplicó.

—Compostura, Porfirio —rogaste.

—La revolución no es para cobardes ni para tontos. Si viniste a pedirme eso, ya te puedes ir regresando a México. Construye tu carrera política por ti mismo. Si me necesitas es que no vas a poder sostenerte en la silla presidencial por tu cuenta. ¿Te quitaron la hacienda de Los Borregos? ¿El general Huerta no te respeta? Ése es tu problema. ¡Arréglalo ya!

Recuerdo que comimos ese día en un restaurante de París. El ambiente se sentía tenso, lleno de silencios incómodos, y hasta mis nietos supusieron que algo extraño sucedía entre los adultos y se comportaron con más respeto que de costumbre.

Ojalá Félix hubiera seguido mi consejo, pero creo que lo decepcionó saber que no lo apoyaría como él esperaba. En lugar de eso, estuvo en París dos o tres meses. Me visitaba con frecuencia en mi habitación y me narraba todos los chismes de lo que había sucedido en México desde mi partida: que si habían saqueado la casa de tal o la familia cual había perdido su fortuna... Ya no tenía el entusiasmo inicial con el que me había recibido en la recepción del hotel. Quizás albergara la esperanza de que de la nada le dijera: tienes razón, Félix, la próxima vez que me vea asediado por reporteros diré que eres el mejor candidato para ocupar la presidencia de México. Si él me conociera como tú, sabría que soy un hombre terco y que cuando he tomado una decisión me apego a ella a pesar de todo.

En cambio Amadita se tornó pálida con el paso de los días. Dentro de sí albergaba el anhelo de tener noticias de su marido, porque su silencio era mucho. Si tan sólo tuviera noticias del estado de Nacho o una confirmación de que éste se encontraba fuera de peligro en Cuba o Estados Unidos... Pero en lugar de eso recibió un telegrama que le ensombreció el rostro de golpe.

La tarde lluviosa que me fue a buscar a un café cerca del Bosque de Bolonia yo sabía que sucedía algo. Estabas a mi lado cuando apareció ella, con su vestido negro que escurría por las mangas.

—Papá, tengo que volver a México. Recibí noticias de mi marido.

—¿Qué le pasa a Nachito? —pregunté.

—Lo arrestaron por el asesinato de don Francisco Madero.

Crucé mi mirada con la tuya y de inmediato exclamaste:

—Nosotros te llevaremos a Santander en un coche de motor para que partas de ahí a México. No te preocupes, pronto se aclarará el malentendido —dijiste, y yo no quise sacarte de tu error, pues no supiste hasta hoy que Ignacio de la Torre fue uno de los conspiradores que llevaron al señor Madero a la muerte.

A la mañana siguiente nos subimos al coche de motor que habías rentado, y se tomaron turnos entre Amadita y tú para conducir. Yo les dije que no me molestaran con eso, porque ya no tenía los reflejos ni la disposición para aprender a conducir uno de esos armatostes espantosos, y me senté en el asiento de atrás. En lo personal, me parece espantosa la forma como esos vehículos de repente dan vuelta en las curvas o toman velocidades espantosas de más de veinte kilómetros por hora. ¡Válgame! Precisamente para eso está el tren, para llegar rápido a algún lugar sin exponernos así. Cuando llegamos al puerto el barco de Amadita aún no había salido, pero mi estómago estaba muy revuelto. Tú me ayudaste a bajar y recuerdo que refunfuñé y agité el bastón por los aires. Dije algo como que la juventud no tenía consideración por los viejos y mi hija sólo se me quedó viendo muy divertida. Cuando me tranquilicé, hizo una mueca, casi una sonrisa forzada entre tantas lágrimas. Los dos comprendimos que aquél era el verdadero adiós, el último momento que ella tendría de verme y yo de tener a la niña de mis ojos entre mis brazos. También lloré. Tiré el bastón y la abracé con fuerza; la garganta era un peso inmenso que apenas me dejó hablar.

—Escribe cuando llegues a México, dinos cómo está Nacho.

—Así lo haré, papaíto —respondió, no como la mujer en la que se había convertido, sino como la niña de huaraches que conocí.

Me temblaron los labios cuando subió al barco, mas ella no lo notó. Vi su espalda alejarse por la rampa y desaparecer. Me tomaste de los hombros para consolarme, pero fue imposible. Era..., soy un viejo decrépito que aparenta vida cuando no le queda nada más en esta tierra que conocer el dolor y la soledad que me han acompañado a lo largo de mi vida. Sonó el vapor del barco y éste empezó a moverse; entre los rostros tristes que se despedían del puerto estaba mi Amadita. No pude reconocerla con esta vista cansada, no quise hacerlo porque se me rompía el corazón.

Capítulo LXXIX

¿Recuerdas la última pintura que me hicieron? Tu suave tacto obedecía los designios del pintor Joaquín Sorolla; me acomodabas la faja y dabas lo últimos recortes a mi bigote. "No se te olvide maquillarme con los polvos de arroz que compraste cerca de la Rue du Faubourg Saint-Honoré", te pedí que le dijeras al artista que no quería verme tan viejo. ¿Eso ya lo dije? No importa. Joaquín Sorolla me pidió que estuviera quieto y yo me quedé así, como una estatua de mármol negro que se desmorona ante las críticas de Francisco I. Madero, un loco que no se mueve para ver si el tiempo puede detenerse. Dio brochazos aquí y allá también, hasta que apareció la forma de mi traje militar, pero sólo con las medallas que hubiera recibido de México. Quise mostrarme duro, y a lo mejor parecí un bufón. Posaba una hora o dos cada día, hasta que la espalda empezaba a dolerme, y entonces me ayudabas a sentarme. Antes podía cabalgar durante horas en las sierras de Oaxaca o caminar sin rumbo por las ruinas de Monte Albán, pero ahora, en el ocaso de mi vida, estar parado tanto tiempo me agota, los huesos me crujen y la respiración se me corta.

No sé cuándo empezó a decaer mi salud, quizá cuando me enseñaron aquella pintura terminada, o cuando me mandaron la carta en la que me ofrecían que volviera al servicio activo del ejército mexicano. Cada vez me cansaba más, los paseos en el Bosque de Bolonia eran más cortos y, con la partida de Amadita y Félix, vi cambiar tu semblante y el de Firio. Tenían lástima de mis arrugas y dolencias. No lo decía así nada más, pero uno tiene cierta sensibilidad para reconocer pensamientos en las miradas gachas y los labios fruncidos.

Habíamos pasado gratos momentos en hoteles, pero el dinero escaseaba. Nunca fui un presidente que se enriqueció con el poder, no amasé grandes fortunas en el extranjero ni oculté cuentas bancarias en Europa. Tú lo sabes, Carmelita, nací en la pobreza y así llegué a la presidencia. Mi pobre Delfina tuvo que sufrir tanto a causa de ella..., tanto que la idea de que la familia del presidente no se enriqueciera desmedidamente, sino a través del trabajo duro y los negocios, hizo que el apellido Díaz se mantuviera honorable a través de todos mis años de gobierno. Así, medio pobre, partimos al exilio, y sólo tú sabes toda la ayuda que recibimos de gobiernos y empresarios que hicieron negocios en México y que me agradecían profundamente por su progreso y prosperidad. Pude haber vivido como un rey mientras estuve en Europa, comprar un castillo suntuoso y codearme con los reyes, pero preferí viajar poco y vivir en hoteles. Al menos hasta que dijiste que no podíamos seguir así y sugeriste buscar un apartamento de alquiler, y te di la razón. Desde hace meses te digo que sí a todo porque ya no quiero discutir ni pensar mucho.

El día que empezaste a buscar apartamento llegó una carta de Amadita. ¿Te acuerdas? Narraba que su esposo estaba en la cárcel y que habían entrado en el rancho de Luz, en Aguascalientes, y le habían matado a su marido. ¡Pobre Francisco Rincón Gallardo! Seguro terminó muerto como un bandolero, como el México que ahora se alimenta de su propia violencia. Mis amigos y colaboradores me escribieron durante todo mi exilio para contarme que sus casas y haciendas eran robadas y tomadas. Tal vez esperaban que yo hiciera algo o sólo querían desahogarse conmigo. A pesar de todo eso, y del odio que ha crecido contra mi figura, han respetado nuestra casa en la calle de Cadena.

Pobre Luz, viuda y madre soltera, hija de un dictador. ¿Qué será de ella? Amadita la ayudará, y estoy seguro de que las palabras que le envío la ayudarán, al menos, a sonreír un momento. Escribo poco y sé que aprecia cada una de mis cartas como si fuera más valiosa que el oro.

Sé que todo esto lo sabes, pero contártelo me ayuda a mantenerme despierto; todavía no quiero cerrar los ojos.

A principios del año pasado nos mudamos aquí, a este hermoso apartamento junto al Bosque de Bolonia. La luz entraba clara por las mañanas y los árboles cercanos me recordaban a Chapultepec. Tú te encargaste de toda la decoración con la excepción de un detalle: sobre mi lecho necesitaba la Iglesia de la Soledad de Oaxaca. Si no podía estar en mi patria, al menos quería recordarla todos los días, tenerla cerca, porque a través de esa iglesia volvía a escuchar la voz de mis hermanas y mi hermano, disfrutar la sazón de mamá, revivir aquellos tiempos en que mi única preocupación era llegar a tiempo del seminario a casa y mi único lamento haber dejado el mesón.

¡Ay, Carmelita! Aquellos que quieren vivir tanto como yo no saben lo pesado que es lidiar con los recuerdos, con los muertos, con los lugares que ya no existen y con la melancolía propia de la naturaleza humana.

Fue aquel 2 de abril de 1914, en conmemoración de mi triunfo olvidado en Puebla, cuando me ascendieron a general una vez más y soñé con cada una de las batallas, ganadas y perdidas, que libré en la Guerra de Reforma, y entre las tinieblas alcancé a distinguir la figura de Juana Catalina Romero. ¿Qué habrá sido de ella? ¿Por qué no me escribe en el exilio?

Sucedió algo más a principios de abril, pero de eso me enteré mucho después. Dos soldados norteamericanos fueron arrestados en Tampico por quién sabe qué tontería, y luego liberados con las debidas disculpas del gobierno del general Huerta. Como siempre he dicho, uno de los problemas más grandes que ha tenido México es vivir junto a un pueblo tan ambicioso como Estados Unidos, más rencoroso aun que el pueblo mexicano. Los yanquis de inmediato planearon su venganza.

Yo estaba en la sala, como siempre, leyendo el periódico después del poco desayuno que me alimentaba cada mañana, cuando leí de pasada el nombre de México en un periódico francés.

—¡Nicanora! Ve por Carmelita. Dile que necesito que venga —grité.

Hice el intento de pararme, pero el bastón se había caído junto al sillón y ya no era posible moverme sin él. Tú llegaste corriendo y te enseñé el artículo.

—¡Rápido, Carmelita! ¿Qué dice ahí? Alcanzo a distinguir México y Veracruz en las palabras, pero todavía no entiendo muy bien el francés.

Tomaste el papel entre tus manos y callaste por algunos segundos.

—Aquí dice que buques norteamericanos llegaron al puerto de Veracruz y comenzaron a atacar de inmediato. Los soldados mexicanos intentaron repeler el ataque, pero no pudieron hacerlo y tuvieron que rendirse. La ciudad está tomada por el ejército invasor y….

—¿Ves, Carmelita? Es lo que les vengo diciendo todo este tiempo. México vuelve a estar como en el siglo pasado, su soberanía está expuesta a que llegue cualquiera y la viole. ¡Pobre México! Me gustaría regresar a él y luchar, como siempre lo prometí, pero ya estoy demasiado lejos y demasiado viejo.

—Ya ha hecho lo que tenía que hacer por la patria, Porfirio —exclamaste, como si eso fuera un premio de consolación.

Ya no estaba yo para volver a formar un ejército, para enfrentarme al enemigo, para defender la patria. ¿Podría repetir mis proezas de la Guerra de Reforma a mis ochenta y tantos años? Fue entonces cuando me di cuenta de que había faltado a la promesa que me había hecho tantos años atrás: había envejecido, mi cuerpo despedía el olor de la senilidad, de los sentidos que se van poco a poco…, primero la vista, después el oído. Así cada uno, hasta que un hombre vuelve a necesitar de los cuidados de una mujer como si fuera un bebé.

Quise seguir la noticia de la invasión yanqui a Veracruz pero me fue imposible, pues un par de meses más tarde Europa quedó ensangrentada. Creo que tú mencionaste el incidente después del desayuno. Hablaste de un atentado que causó la muerte del archiduque Francisco Fernando de Austria, sobrino del fallecido emperador Maximiliano y heredero de la corona del Imperio austrohúngaro, y de su esposa la condesa Sofía Chotek en Sarajevo. Unos revoltosos se les acercaron y les dispararon, ¿no es cierto? ¡Vaya! Si la emperatriz Carlota estuviera cuerda, lloraría por otra tragedia más en su familia. ¿Sabías que está encerrada en Bélgica? Ella y yo somos las únicas piezas importantes del Segundo Imperio Mexicano que aún viven (si acaso se le puede considerar vivo a este cuerpo tan enfermo).

Así estalló la guerra en Europa. Austria-Hungría declaró la guerra a Serbia, luego Alemania a Francia, y siguió el resto de los países. Sin noticias de México, no me quedó de otra más que seguir las batallas europeas a través de los periódicos. Una tarde vino Firio a la casa y desplegó un mapa de todo el continente, lo llenó todo de banderitas rojas y azules, y así pude seguir la posición de los ejércitos. A veces pasaban los días sin movimientos, y otros se desarrollaba todo rapidísimo. La forma de hacer la guerra ha cambiado, pero su arte permanece inmutable.

Así me entretuve. Engañé al tiempo varias semanas para que no me hiciera sentir tan viejo hasta que llegó un telegrama de Amadita. Decía algo así como: "Villa y Zapata entran a la Ciudad de México", y supe que ese par se encargaría de seguir ultrajando mi memoria y la de mis amigos. Tomaron casas y haciendas de mis colaboradores, se hicieron de la casa de Ignacio de la Torre y de la hacienda de Firio. Anduve decaído unos días por las noticias que llegaban de México, y decidiste que lo mejor sería volver a Biarritz. Tal vez el viaje a la playa, dijiste, me devolvería el alma y la salud al cuerpo.

—Yo haré lo que tú quieras —respondí con la voz ronca.

Nos fuimos de vacaciones unos días mientras llegaban noticias de México. Que si Francisco Villa al mando de la División del Norte y Emiliano Zapata, comandante del Ejército del Sur, recorrían las calles de la Ciudad de México, que si Venustiano Carranza había organizado una Convención Revolucionaria en Aguascalientes, que si José Vasconcelos ocupaba la quinta El Molino de Rosas de Firio... Y, mientras tanto, Veracruz era ocupada por los yanquis y había hombres colgados en las estaciones del tren. Los salteadores de caminos volvían a atacar como antes de que yo gobernara. ¡Todo México estaba revuelto! Me imagino el miedo del pueblo, la reacción de la prensa extranjera.

¡Todo por lo que he luchado, Carmelita! En México ya no hay gobierno, sólo un vacío de poder que consume todo. Me exilié para no ensangrentar más al país y ¿qué conseguí? Ni siquiera mi voluntad pudo cambiar el destino de mi tierra.

Aquella segunda visita a Biarritz no me hizo bien. Los huesos se me hicieron más viejos, la vista más borrosa y el oído más inútil. Caminar me era complicado, tomar aliento por las noches era todo un reto, tosía por los rincones y constantemente me dolía la cabeza. Sé que balbuceaba en mis sueños, y me acosaba el fantasma de mi hermano deshecho como un trapo. Más de una vez tuviste que bajarme la fiebre con compresas frías y llamar al médico. Cada vez era más difícil que me atendiera, pues los hospitales empezaron a llenarse con los enfermos de la guerra.

Por fin tomaste la decisión de que lo mejor era partir de Biarritz, y Firio te secundó; pero los rumores de que París sería atacado por los alemanes te llenaron de pánico. No me lo dijiste porque no querías preocuparme, pero escuchaba tus conversaciones con mi hijo. De último momento decidiste que todos debíamos pasar unos días en una ciudad al pie de los Pirineos.

—Es por tu salud —dijiste, pero no hubo quien creyera en tu mentira piadosa.

Tal vez llegaste al mismo pensamiento horroroso que yo: que habías huido de una guerra para adentrarte a otra, que tal vez la naturaleza bélica del hombre no le permita conocer la paz nunca. Allá en México todos son como pequeños dictadores, queriendo imponer su voluntad a través de la fuerza y el grito sin escuchar al otro. Me habían dicho que en Europa eran más civilizados, pero no son tan diferentes. Al fin y al cabo somos hombres en busca de una excusa para derramar sangre.

Fue en ese tiempo, no recuerdo qué día exacto, cuando recibimos la última carta de Amadita, donde nos informaba que los revolucionarios habían respetado nuestra casa en la calle de Cadena. No la habían tomado a la fuerza ni habían entrado a robar. Ahí seguía, detenida en el tiempo, acumulando polvo por los siglos de los siglos. Amén.

Recuerdo poco de los últimos días, Carmelita. Como si todas las memorias cercanas estuvieran borrosas, olvidé cómo festejamos Año Nuevo o qué comí la semana pasada. Me aprieta la cabeza y me duelen las sienes. Mi salud se quebrantó tanto que no tuviste más opción que llevarme de regreso a París para que me revisaran otra vez los médicos. Eso fue hace tres o cuatro meses, ¿no es cierto? Como siempre, me llenaron de medicinas asquerosas que no hacían más que traerme sueño y causarme pesadillas. Mejor hubieras mandado traer un buen tequila de Jalisco o a una curandera de Oaxaca; seguramente hubieran hecho un mejor trabajo.

A partir de entonces me consumió la rutina: el desayuno a las ocho de la mañana, la comida a la una de la tarde, cenábamos a las nueve de la noche y una hora más tarde me mandabas a dormir con la esperanza de encontrarme vivo al día siguiente.

Con el paso del tiempo perdí la fuerza en mis piernas y no hubo poder humano que me hiciera caminar por el Bosque de Bolonia, y me senté junto a una ventana a verlo. Más que nunca me recordó a mi lejano Bosque de Chapultepec. Mi cuerpo estaba en París pero mi mente viajaba cada vez más lejos: primero al puerto de Veracruz, luego a los palacios coloniales de la Ciudad de México y al final a

Oaxaca. Me volví para ver la pintura de la Soledad que habían colgado sobre mi cama y quise, por un momento, entrar a ella, tener quince años, vivir sin la preocupación de que la patria se encontraba en peligro, y lloré.

—No llores, papá grande. Yo estoy aquí contigo —me dijo Lila, que me había ido a visitar.

Tan buena niña…, tan buena.

¿Sabes que le dije? Que estaba ya muy cansado y que no quería vivir más. Que mi sangre no estaba en mi cuerpo, que se me iba a los atardeceres sangrientos que anochecían París en este ocaso de mi vida. Me abrazó en silencio y compartió mis lágrimas.

El cuerpo me abandonó. Cada vez me fue más difícil levantarme de la silla y luego de la cama. Desde que hoy abrí los ojos y comencé a narrar mi vida no he podido moverme de estas sábanas. Ahora estoy cansado, no hay más que contar… Sé que ayer un periódico publicó que mi salud estaba mejorando, pero mañana tendrán que publicar otra cosa. No hay más memorias, se terminaron los recuerdos. La fiebre está tomando el control de mi cuerpo.

Me confesé hace unos días con el padre Carmelo Blay. ¿No es cierto? Hoy lo hago con mis amigos y familiares.

¡Justo, querido amigo! ¡Has vuelto de la muerte!

Capítulo LXXX

DICEN QUE ALGUNA VEZ le preguntaron a un hombre muy sabio la fecha del fin del mundo, y después de pensarlo mucho exclamó que sucedería el día que exhalara su último aliento. Ahora sé que la verdadera muerte llega con el olvido.

Los mexicanos podrán decir lo que quieran de usted, y de mí, pero jamás podrán negar que son el resultado de nuestros aciertos y errores. El México que está por venir existe gracias a su legado, pero éste tuvo un precio muy alto. Impuso la paz a la fuerza, y por toda la eternidad tendré que preguntarme, ¿era necesario sacrificar la libertad por el progreso?

Nos equivocamos, general. Somos responsables de la sangre que hoy se derrama en nuestra patria querida.

Es la educación la que genera mejores condiciones de justicia... educar evita la necesidad de castigar, de derramar esa sangre mala para salvar, como usted dice, la buena. Alguna vez fue el héroe, Porfirio, sacrificó su bienestar en el campo de guerra por la patria, llegó al poder siendo el Benemérito de México. Pero su presidencia fue diferente. Se preocupó mucho de nosotros, sus científicos y aduladores, se volvió sordo a los abucheos, ciego a los indígenas hambrientos, como usted lo fue alguna vez en la lejana Oaxaca.

Puede decir lo que quiera, que siempre se respetaron y se hicieron respetar las leyes de Reforma y la Constitución de 1857; que defendió su gobierno como otrora el dictador Santa Anna, el emperador Maximiliano, el mismo don Benito y hasta Lerdo de Tejada.

Y el pueblo los aborreció a todos ellos como ahora lo hace con usted.

El poder consume a quien lo ostenta, y corrompe a cualquiera que lo tenga por largo tiempo. Me siento culpable de los errores que cometimos mientras estuvimos en el poder. Hicimos mucho por la educación, pero tal vez pudimos hacer más por mejorar la condición de vida, el salario, y el futuro de nuestra gente más humilde. México es un pueblo con hambre y sed. El hambre y la sed que tiene, no es de pan y agua.

El amor a la patria comprende todos los amores humanos, ese amor se siente primero y se explica luego. Cuando se cree que se hace lo mejor por la patria se está dispuesto a todo, desde levantarse contra el dictador que creemos que oprime la libertad hasta traicionar la bandera de sufragio efectivo, no reelección. Usted hizo las dos.

Porfirio, deje de pensar en tonterías y olvídese de los hubieras. Mire hacia fuera, apenas cae la noche, pero no se sabe si será para usted. Tal vez sean las últimas partículas de luz que contemplen sus ojos, los hubiera envenenan su alma, y vuelven agrios los recuerdos.

El enemigo es íntimo.

Es el escepticismo de los que, al dudar de que lleguemos a ser aptos para la libertad, nos condenan a muerte.

Vuelvo al polvo, general, hasta que el mundo termine y usted se una a los muertos que no aplauden o abuchean.

Todos los esperamos en el silencio de la historia.

Capítulo LXXXI

¿Tú quién eres? Creo que te reconozco. Quizás alguna vez, en otro tiempo.

Capítulo LXXXII

¡HIJO MÍO! *Nunca he dejado de estar contigo, Porfirio, desde que me vestí de traje monacal para despedirme de este mundo, pues el cólera morbus había envenenado mi cuerpo. ¿No esperarás que devele el más grande de los misterios? Sólo conocerás lo que hay detrás del velo cuando hayas cruzado el umbral, y este mundo te parezca sólo una posibilidad entre muchas.*

Desde mi partida has tenido que ser un padre para tu madre, tus hermanas, Felipe... ¡Una nación entera! No más, eso terminó.

Fui yo quien invocó los fantasmas, el autor de este libro que llamas tu vida, y vengo ante ti para que recuerdes de dónde vienes. Sin polvos de arroz, ni grados militares, uniformes, o fanfarrias, medallas ni homenajes, ropas finas o bastones de oro, tampoco con sobrenombres como Buen Porfirio, Llorón de Icamole, o Benemérito de la Patria. Tu recuerdo puede ser el de un dios, o un ángel, un fantasma o un demonio, una alucinación tuya o una forma de hablar desde otra realidad que lee tu historia a través de la tinta en un libro, pero sólo tengo una misión. Recordarte, y al mundo entero, que eres un hombre sujeto a la interpretación de su tiempo. Si la gente quiere llamarte dictador, o el mejor presidente de México, si quiere resumir tu vida a un mátalos en caliente o apenas acordarse de tus méritos militares, déjalos. No mienten. Al menos no del todo.

Lo que fuiste sólo tú lo sabes, y habrás tenido razones para cada una de tus acciones y reacciones para cada uno de tus pecados. Eres como ellos, los que te juzgan, los que olvidan que ellos también han pecado, y se han acobardado en el momento en que la patria los necesitaba más, pero que tú sí tomaste un fusil y saliste al campo de batalla. ¿Quién se acordará de tu madre o tus hermanas, de tus hijos o tus esposas, de tus batallas o tus gobiernos, de tus amores bajo las estrellas, de tu llegada a la presidencia, o de tu exilio en Europa?

¿Quién podrá verte a los ojos y llamarte asesino o usurpador, así como hay quienes te aplauden de frente, y te critican a tus espaldas?

Cae la noche, y el silencio.

En esa soledad, no le queda al mundo más que tus últimos suspiros. También yo he de volver a la nada, donde habré de esperarte con los brazos abiertos.

Bien hecho, hijo mío, presidente al final. ¿Quién lo hubiera creído?

Capítulo LXXXIII

CARMELITA... ¿Dónde estás? Todos mis sentidos se adormecen, soy uno con la noche que ha inundado esta habitación y ahora me hace beber de sus estrellas muertas. No queda nada de esta historia más que el rosario de madera que aprieto en mis manos, y que es el mismo que sostuvo mi padre en las suyas mientras mi padrino, José Agustín le daba los santos óleos; y mi madre lo usó para rezar cuando tomó la difícil decisión de vender el Mesón de la Soledad.

Yo, José de la Cruz Porfirio Díaz Mori, al que alguna vez llamaron héroe del dos de abril y Benemérito de la Patria, que otrora era homenajeado y reconocido por las naciones del mundo y que gobernó a su patria por más de treinta años, hoy está por dar su último aliento por la prosperidad de su patria. Ahora estoy al borde de un abismo que podría llevarme directo al infierno. Fui bueno y llorón, héroe y dictador, fui padre y hermano, hijo inconsiderado, el resultado del sinfín de veces que mamá dijo: ya te no te busques problemas. Amé con intensidad a Juana y a Delfina, a Rafaela y a ti, Carmen. Intenté ser el mejor padre que pude, y sin embargo... sin embargo debo preguntarme ¿quién soy? Porque fui tantas cosas y desempeñé tantos oficios, compartí tantos sueños y me desnudé en tantas noches, que a veces creo que soy el militar que luchó en la batalla del 5 de mayo, otras el que ordenó el asesinato de lerdistas en Veracruz con un infame telegrama.

Fui piedra y mármol para que con mi carne y mis ideales construyeran una nueva nación, la identidad de un pueblo glorioso, unido a pesar de su vasto territorio; pavimenté sus calles, levanté columnas a la independencia y hemiciclos a sus héroes; teatros, alumbrado público y cinematógrafo, pero no olvidan a sus muertos. Nadie olvida nunca a quienes fueron arrebatados de este mundo de un momento a otro, como mi hermano Félix, castrado y desollado vivo por los juchitecos, o don Benito que pareció enfermar de repente y una angina de pecho le quitó la presidencia.

El atardecer que por ahora no puedo contemplar no pertenece al sol, sino a mi vida, que desciendo del firmamento de la vida y se oculta en los edificios de París. Ahí, en las sombras, es donde habitan los fantasmas, los muertos putrefactos que me han atormentado por horas, que me han hecho juicio por mis errores al tiempo que yo trataba de defenderme. No fui yo el causante de los males sociales que atormentan a mi patria, los heredé y los heredo.

Me pregunto cuánto tardará el pueblo en dejar a un lado la revolución e iniciar un estudio más concienzudo de lo que fui, y llegue a un juicio correcto que me permita regresar a mi México, porque yo quiero descansar allá... en Oaxaca. No hace mucho que colgamos sobre mi lecho una pintura de la Iglesia de Nuestra Señora de la Soledad. ¿Verdad? Ya no recuerdo nada... quiero volver a mis recuerdos, pero se perdieron al salir de mi boca, fueron sombras, ahora son humo. Mi boca está seca, necesito agua... tequila. ¿Qué será de México con los yanquis en Veracruz? ¿Cuánto tiempo se quedará Victoriano Huerta en la presidencia?

¡Nos disparan! ¡Van a tirar la puerta del mesón! Nicolasa, abrázame fuerte, tengo miedo. ¡Felipe! ¿Dónde está mi hermano? Cuídalo bien, Manuela. Por favor, que va a empezar a llorar como nosotros. Quédate cerquita, Desideria, aquí con nosotros. Si estamos juntitos no nos van a hacer nada. ¡Están rompiendo la madera! ¡Hay balazos en las paredes! ¡Mamá! ¡Mamá! ¿Dónde estás? ¿Qué quieren los soldados? A la tropa que estaba aquí acuartelada, nos dicen. ¡Mamá! Diles que se vayan, que ya no están aquí. Pues hubieran venido antes y aquí mismo los hubieran encontrado. No te vayas con ellos. No sé si volveré a verte.

Me siento tan solo, el mesón está a oscuras y tengo miedo. Si regresan los soldados diles que ya no escondemos a nadie aquí, que nos dejen en paz. Si papá no hubiera muerto nos respetarían, pero Oaxaca era hambre y pobreza, quietud cotidiana, elaboración de mole y chocolate, confección de esculturas de barro y las campanadas que gobernaban las horas del día. La cena está caliente y la cocina huele a ajo y cebolla.

Apenas me envuelve el crepúsculo como un velo azulado en el que flotan las motas de polvo, y caigo en cuenta que nuestra existencia es sólo un suspiro en la historia del mundo, una breve nota en la historia de Oaxaca...

Oaxaca...

Siempre Oaxaca...

Tengo una pena tan grande, Llorona,
Que casi puedo decir,
Que yo no tengo la pena, Llorona,
La pena me tiene a mí.

Ay de mí, Llorona, Llorona,
Llorona, deja llorar,
A ver si llorando puede, Llorona,
Mi corazón descansar.

FIN DE LA CUARTA PARTE

5 de noviembre, 1934

CUANDO LE CERRÉ LOS OJOS y lo besé por última vez, creí morir también. Mi corazón sucumbió al dolor; hasta que comprendí que la separación es tan sólo una ausencia pasajera que disminuye todos los días con la esperanza de poder reunirnos con los seres que tanto nos amaron.

José de la Cruz Porfirio Díaz Mori, que alguna vez tuvo un corazón tan ardiente como el de las figuras inmaculadas de las iglesias de Oaxaca, y que fue adorado por miles como uno de los salvadores de la patria; dejó de ser carne pútrida y huesos verdes, por siempre transfigurado en un rencor vivo para los mexicanos que llevan su nombre escondido en la conciencia y la revolución mexicana encendida en la organización, me contó su historia.

En sus últimas horas balbuceó mensajes incomprensibles sobre su vida, hasta que los fantasmas de Delfina, Manuela y Félix empezaron a visitarlo para reclamarle sus faltas. Y al fin él, Porfirio Díaz, se volvió uno de ellos, cubierto por una capa de polvo que aún nadie ha podido sacudir. Lejos quedaron mis esperanzas de regresar con él a Oaxaca por última vez y caminar por sus empedrados una tarde de otoño, visitar la Iglesia de la Soledad para que viera la tumba de su madre, o la de don Benito en el aniversario de su muerte.

Sin embargo el día se disolvió... embalsamamos su cuerpo y lo enterramos en la iglesia de Saint Honoré l'Eylau, y en 1921 lo llevamos al cementerio parisino de Montparnasse.

Recibí una petición del rey de España para que traslademos su cuerpo al Real Monasterio del Escorial y lo dejáramos ahí, pudriéndose hasta el fin de los tiempos entre reyes que se atrevían a escribir México con "j". Y es que a veces me pregunto, ¿Qué me puede importar el eterno destino de estos huesos si no van a regresar a Oaxaca? Quedarán exiliados en una prisión de mármol hasta que los siglos lo perdonen y pueda volver a mi tierra; porque su alma, patriota y salvaje, humana y divina, estará lejos, de la mano de su madre, la férrea Petrona.

El nuevo gobierno me permitió cruzar el charco hasta la tierra árida y rica, desértica y pantanosa, eternamente caótica; donde una vez dijeron que un águila se paró sobre un nopal para devorar una serpiente y Benito Juárez recorrió kilómetros en un carruaje negro que tenía el poder de resguardar una República.

Me quedó poco del exilio, después de que murió Porfirio tuve que malbaratar las propiedades que me dejaron mis padres y mis hermanas. Mi estilo de vida cambió radicalmente. Pero sobreviví, a pesar de todo.

Ahora entiendo este juicio final del que todos hablan, no se trata de que uno llegue humillado a solicitar misericordia de un Creador desconocido que podría no entender los atenuantes de cada pecado. No. Más bien el juicio final es el último momento que nos queda para recordar, poner en una balanza el bien y el mal, y todo lo que dejamos de hacer. Uno se vuelve juez y acusado, jurado y defensa, sube al estrado y no hay más opción que enfrentar la verdad de nuestra propia existencia.

Ningún condenado a muerte puede escapar a su propio juicio.

Y todos los que nacemos, hemos de morir así.

Agradecimientos

Antes que nada quiero agradecer toda la ayuda que me brindó la Universidad Iberoamericana al facilitarme documentos y fotografías sobre Porfirio Díaz. De igual manera extiendo mi agradecimiento al Centro de Estudios de Historia de México Carso y a Grupo Editorial Proceso por su valiosa colaboración.

Por su retroalimentación en ciertos pasajes de esta novela, también agradezco a Patricia Delgadillo y a los diferentes grupos de Facebook que difunden la vida y obra del general Díaz.

A Andoni Vales y a Fernanda Álvarez por su constante apoyo.

Por supuesto a Paulina Vieitez y a Gerardo Cárdenas, de PaGe, por permitir que estas letras lleguen a nuevos y viejos lectores.

Por último, a todos los seguidores de @DonPorfirioDíaz por su apoyo incondicional a través de los años.

Cronología

1830

- *15 de septiembre*: nace José de la Cruz Porfirio Díaz Mori, en el Mesón de la Soledad. Sus padres son Petrona Mori y José Faustino Díaz.

1833

- *2 de mayo*: nace Felipe Díaz Mori en la ciudad de Oaxaca, más tarde usará el nombre de Félix Díaz.
- *18 de octubre*: muere José Faustino en la ciudad de Oaxaca a causa de una epidemia de cólera morbus.

1837

- *15 de abril*: Petrona Mori traspasa el Mesón de la Soledad. La familia Díaz se mudará a "El Toronjo", un solar a las afueras de la ciudad.

1839

- *15 de febrero*: Porfirio Díaz entra a la escuela municipal.

1844

- *10 de julio:* Porfirio Díaz entra al seminario, con ayuda de su padrino José Agustín.
- *5 de octubre*: Porfirio Díaz conoce a Justo Benítez.

1845

- *20 de octubre:* nace Delfina Ortega en la ciudad de Oaxaca, hija ilegítima de Manuel Ortega y Manuela Díaz.

1846

- *Verano*: Felipe Díaz va a la ciudad de México a estudiar en el Colegio Militar.

1847

- *14 de marzo*: Porfirio Díaz se presenta —junto a un grupo de estudiantes— ante el gobernador de Oaxaca para alistarse como voluntario en el ejército, y así combatir al invasor norteamericano.
- *Verano:* Porfirio Díaz es asignado a patrullar por la ciudad de Oaxaca.

1849

- *11 de marzo*: Porfirio Díaz conoce al Licenciado Marcos Pérez, quien se volverá su mentor político; pues Díaz le imparte clases de latín al hijo.
- *30 de septiembre*: José Agustín le ofrece a Porfirio Díaz la capellanía de su pariente, en cuanto éste se ordene como sacerdote.
- *15 de noviembre*: Porfirio Díaz conoce a Benito Juárez en el Instituto de Ciencias y Artes de Oaxaca.
- *Diciembre*: Porfirio Díaz toma la decisión de dejar el seminario. Cuando se lo comunica a su madre, ella sufre por la decisión. José Agustín le retira el apoyo a su ahijado y pide de regreso los libros que le había prestado.

1850

- *4 de febrero:* Porfirio Díaz se inscribe en el Instituto de Ciencias y Artes de Oaxaca.
- *15 de junio*: Petrona Mori vende el Toronjo.

1851

- *25 de marzo*: Porfirio Díaz y su hermano instalan un gimnasio en su casa, el primero de Oaxaca.

1852

- *2 de abril*: Porfirio Díaz es iniciado en la masonería en la logia de Cristo del Rito Nacional. Su sobrenombre será Pelícano.

1853

- *15 de julio*: Porfirio Díaz comienza a trabajar en el despacho de Marcos Pérez.
- *Verano*: Porfirio Díaz participa en una conspiración en contra del gobierno de Antonio López de Santa Anna.
- *Octubre*: Porfirio Díaz acude con regularidad a la Oficina de Correos a recibir correspondencia conspiradora a nombre de Marcos Pérez. La conspiración es descubierta, pero Porfirio Díaz se salva por una coincidencia.
- *20 de noviembre*: Porfirio Díaz escala los muros del Convento de Santo Domingo, y se comunica con Marcos Pérez.

1854

- *Enero*: Porfirio Díaz ayuda en el proceso legal de Marcos Pérez.
- *19 de febrero*: se decreta una amnistía para que Marcos Pérez y su grupo salgan de la cárcel. Éste se exilia en Tehuacán, y luego en Veracruz.
- *Marzo*: Porfirio Díaz se vuelve bibliotecario del Instituto de Ciencias y Artes de Oaxaca.
- *10 de mayo*: Porfirio Díaz pierde su trabajo como bibliotecario, ya que

ha mostrado que no es partidario del presidente Antonio López de Santa Anna.

- *2 de septiembre*: Porfirio Díaz es nombrado profesor interino del Instituto de Ciencias y Artes de Oaxaca.
- *1 de diciembre*: en público, Porfirio Díaz vota en contra de Antonio López de Santa Anna en un plebiscito, hecho por el que tendrá que huir de la ciudad, perseguido por el gobierno local.
- *Diciembre*: Porfirio Díaz se une a la guerrilla de la sierra, y gana su primera batalla en la cañada de Teotongo, aventando piedras.

1855
- *16 de agosto*: Antonio López de Santa Anna renuncia a la presidencia,
- *29 de agosto*: Porfirio Díaz es nombrado jefe político de Ixtlán. Aprovechará su estancia para organizar milicias locales.

1856
- *22 de diciembre*: Porfirio Díaz alcanza el grado de Capitán de Infantería.

1857
- *5 de febrero*: se proclama la Constitución de 1857.
- *13 de agosto*: Porfirio Díaz es herido de bala.

1858
- *16 de enero*: Porfirio Díaz participa en el asalto a la ciudad de Oaxaca.
- *25 de febrero*: Ignacio Comonfort renuncia a la presidencia, Benito Juárez asume el cargo.
- *22 de julio*: Porfirio Díaz obtiene el cargo de comandante de batallón de la guardia nacional.

1859
- *17 de junio*: Porfirio Díaz sorprende a los conservadores en La Mixtequilla y los derrota. Se gana el grado de teniente coronel.
- *24 de agosto*: muere Petrona Mori.
- *22 de noviembre*: Porfirio Díaz es operado en un buque norteamericano para retirarle la bala.
- *25 de noviembre*: Porfirio Díaz es ascendido a coronel de infantería.

1860
- *21 de enero*: Porfirio Díaz sufre su primera derrota militar.
- *5 de agosto*: Porfirio Díaz participa en la segunda toma de Oaxaca.
- *23 de diciembre*: con la batalla de Calpulalpan termina la Guerra de Reforma.

1861

- *Primavera*: Porfirio Díaz funge como diputado.
- *4 de junio*: Porfirio Díaz pide licencia para combatir a Márquez.
- *17 de julio*: Benito Juárez decreta la suspensión de pagos.
- *13 de agosto*: Porfirio Díaz obtiene el grado de general de brigada.

1862

- *5 de mayo*: Porfirio Díaz participa en la Batalla de Puebla.

1863

- *17 de marzo*: los franceses sitian Oaxaca de nuevo. Porfirio Díaz defiende los fuertes de Santa Inés y San Marcos.
- *18 de mayo*: Puebla se rinde ante los franceses. Porfirio Díaz es arrestado.
- *21 de mayo*: Porfirio Díaz huye de Puebla.
- *31 de mayo*: Benito Juárez abandona la capital, junto con su gobierno.
- *1 de diciembre*: Porfirio Díaz asume la gubernatura de Oaxaca temporalmente.

1864

- *28 de mayo*: Maximiliano y Carlota llegan a Veracruz.
- *10 de agosto*: Porfirio Díaz lucha contra los franceses en San Antonio Nanahuatipan, pero pierde.
- *27 de noviembre*: Porfirio Díaz rechaza una invitación a unirse al ejército imperial.

1865

- *Enero*: Porfirio Díaz defiende a Oaxaca de un sitio del mariscal Bazaine.
- *9 de febrero*: Porfirio Díaz rinde Oaxaca ante el mariscal Bazaine, es arrestado y llevado a Puebla.
- *20 de septiembre*: Porfirio Díaz se fuga de prisión en Puebla.
- *10 de octubre*: Porfirio Díaz se reúne con Juan Álvarez en busca de ayuda, y así comienza a reconstruir su ejército.

1866

- *2 de febrero*: Porfirio Díaz obtiene el mando de la línea de Oriente, e inicia una campaña para recuperar Oaxaca.
- *3 de octubre:* Porfirio Díaz gana la Batalla de Miahuatlán.
- *18 de octubre*: Porfirio Díaz gana la batalla de La Carbonera.
- *31 de octubre*: la ciudad de Oaxaca se rinde ante el ejército de Porfirio Díaz.

1867

- *9 de marzo*: Porfirio Díaz comienza a sitiar Puebla.
- *Marzo*: Porfirio Díaz escribe a su sobrina Delfina Ortega para pedirle matrimonio.
- *2 de abril*: Porfirio Díaz termina el sitio de Puebla y gana la batalla.
- *7 de abril*: nace Amada Díaz en Oaxaca, hija de Porfirio Díaz y una generala llamada Rafaela Quiñones.
- *Abril*: Porfirio Díaz recibe la respuesta de Delfina Ortega: sí se casará con él.
- *12 de abril*: Porfirio Díaz inicia el sitio a la ciudad de México.
- *15 de abril*: Porfirio Díaz se casa, por poderes, con su sobrina Delfina.
- *20 de junio*: la Ciudad de México se rinde ante el ejército de Porfirio Díaz.
- *12 de julio*: Porfirio Díaz recibe a Benito Juárez y le entrega la ciudad.
- *15 de julio*: Benito Juárez entra a la ciudad de México, sin Porfirio Díaz.
- *27 de julio*: se divide el ejército en cinco divisiones, y a Porfirio Díaz se le asigna la división de oriente.

1868

- *19 de enero*: Porfirio Díaz inaugura una línea de telégrafo entre la ciudad de Oaxaca y Tehuacán.
- *23 de febrero*: Porfirio Díaz renuncia a su división en el ejército, y se va a la hacienda de la Noria.
- *28 de mayo*: nace Porfirio Germán Díaz en la ciudad de Oaxaca.

1869

- *19 de diciembre*: nace Camilo Díaz en la ciudad de Oaxaca.

1870

- *23 de abril*: muere Camilo Díaz en la ciudad de Oaxaca.
- *4 de mayo*: muere Porfirio Germán Díaz en la ciudad de Oaxaca.
- *15 de mayo*: Porfirio Díaz es elegido diputado.

1871

- *25 de mayo*: nace Laura Delfina de la Luz Díaz en la ciudad de Oaxaca.
- *25 de junio*: se llevan a cabo las elecciones federales, Porfirio Díaz es candidato a la presidencia.
- *12 de octubre*: Benito Juárez es declarado presidente constitucional de México.
- *6 de noviembre*: Porfirio Díaz proclama el Plan de la Noria y se levanta en armas contra la reelección de Benito Juárez.

1872

- *23 de enero*: Félix Díaz es torturado y asesinado por los juchitecos.
- *18 de julio*: Benito Juárez muere de una angina de pecho, lo que termina la Revolución de la Noria.
- *19 de julio*: Sebastián Lerdo de Tejada toma la presidencia.
- *2 de septiembre*: muere Luz Díaz.
- *29 de septiembre*: Porfirio Díaz acepta la amnistía que le propone el gobierno, y se le retira del ejército.
- *21 de noviembre*: Porfirio Díaz se entrevista con el presidente Lerdo de Tejada.

1873

- *Septiembre*: Porfirio Díaz se muda a Tlacotalpan.
- *18 de octubre*: nace Deodato Lucas Porfirio Díaz en Tlacotalpan, Veracruz.

1875

- *5 de mayo*: nace Luz Aurora Victoria Díaz en Tlacotalpan, Veracruz.

1876

- *10 de enero*: se proclama el Plan de Tuxtepec.
- *21 de marzo*: Porfirio Díaz invade Palo Alto y se une al Plan de Tuxtepec. Comienza a usar el grito: "¡Sufragio efectivo, no reelección!".
- *21 de junio*: Porfirio Díaz pierde en Icamole y llora en el campo de batalla.
- *25 de junio*: se llevan a cabo elecciones federales. Gana Sebastián Lerdo de Tejada ante José María Iglesias.
- *7 de julio*: Porfirio Díaz hace una nueva proclama contra Sebastián Lerdo de Tejada.
- *16 de noviembre*: Porfirio Díaz derrota al ejército lerdista en Tocac.
- *20 de noviembre*: Sebastián Lerdo de Tejada abandona la capital.
- *28 de noviembre*: Porfirio Díaz asume la presidencia de México.

1877

- *25 de marzo*: se llevan a cabo elecciones extraordinarias.
- *2 de mayo*: Porfirio Díaz es declarado presidente de México.

1878

- *22 de enero*: nace Camilo Díaz en la ciudad de México.
- *23 de enero*: muere Camilo Díaz en la ciudad de México.
- *5 de mayo*: Porfirio Díaz salva a dos niños que se ahogaban en la alberca Paine.

1879

- *25 de junio*: se deshace una conspiración en Veracruz, nueve lerdistas son fusilados. Según un rumor, Porfirio Díaz dio la orden por medio de un telegrama cifrado que decía: "Sí, cógelos en infraganti, mátalos in continenti y diezma la guarnición".

1880

- *2 de abril*: nace Victoria Francisca Díaz en la ciudad de México
- *3 de abril*: muere Victoria Francisca Díaz en la ciudad de México.
- *7 de abril*: Porfirio Díaz renuncia a la masonería, para casarse con Delfina Ortega bajo los ritos católicos.
- *8 de abril*: muere Delfina Ortega en la ciudad de México, por complicaciones en el parto.
- 1 *de diciembre*: Manuel González toma posesión como presidente de México. Porfirio Díaz es nombrado ministro de fomento, sólo dura seis meses en el cargo.

1881

- *5 de noviembre*: Porfirio Díaz contrae matrimonio civil con Carmen Romero Rubio (Carmelita), de diecisiete años.
- *7 de noviembre*: Porfirio Díaz y Carmelita se casan por la Iglesia.
- 1 *de diciembre*: Porfirio Díaz toma protesta como gobernador de Oaxaca. Sólo estará siete meses en el cargo, renunciará para regresar a la ciudad de México y ayudar a Manuel González en el gobierno.
- *3 de diciembre*: Porfirio Díaz es declarado Benemérito de la Patria.

1883

- *Marzo-abril*: Porfirio Díaz y Carmelita viajan a Washington como parte de su luna de miel. Sebastián Lerdo de Tejada, exiliado, se niega a recibirlos.

1884

- 1 *de diciembre*: Porfirio Díaz toma protesta como presidente de México. Se trata de su primera reelección y segundo gobierno.

1887

- *21 de abril*: se aprueba la reforma que permite la reelección del presidente.

1888

- *16 de enero*: Amada Díaz contrae matrimonio con Ignacio de la Torre.
- *30 de abril*: Francia otorga a Porfirio Díaz la Legión de Honor.

- *31 de octubre*: en San Luis Potosí, Porfirio Díaz inaugura la línea de ferrocarril entre la ciudad de México y Nuevo Laredo.
- *1 de diciembre*: Porfirio Díaz toma protesta como presidente por tercera vez.

1889
- *21 de abril*: Sebastián Lerdo de Tejada muere en Nueva York. Porfirio Díaz ordena que se lo embalsame, y traer sus restos a la ciudad de México.

1890
- *20 de diciembre*: se reforma la Constitución para permitir la reelección indefinida del presidente de México.

1891
- *20 de octubre*: después de varios enfrentamientos, el ejército federal somete la rebelión de Tomóchic con las armas.

1892
- *11 de enero*: se consolida la Junta Central Porfirista. El propósito es lanzar a Porfirio Díaz como candidato en las próximas elecciones.
- *1 de diciembre*: Porfirio Díaz rinde protesta como presidente por cuarta ocasión.

1893
- *23 de febrero*: José Yves Limantour se encarga de la Secretaría de Hacienda.
- *8 de mayo*: muere Manuel González, compadre y compañero de armas de Porfirio Díaz.

1894
- *10 de septiembre*: Porfirio Díaz expide el Código Sanitario.

1895
- *2 de abril*: Mariano Escobedo condecora a Porfirio Díaz por la batalla del 2 de abril.
- *3 de octubre*: muere Manuel Romero Rubio, padre de Carmelita.

1896
- *1 de diciembre*: Porfirio Díaz toma protesta como presidente de México por quinta vez.

1897

- *15 de mayo*: se firman los tratados de paz entre el gobierno y los indios yaquis.
- *16 de septiembre*: Arnulfo Arroyo atenta contra la vida de Porfirio Díaz arrojándole una piedra en la Alameda Central.

1898

- *14 de febrero*: se inaugura el alumbrado público en la ciudad de México.

1899

- *8 de noviembre*: Luz Díaz contrae matrimonio con Francisco Rincón Gallardo.

1900

- *17 de marzo*: Porfirio Díaz inaugura el desagüe del Valle de México.
- *1 de diciembre*: Porfirio Díaz toma protesta como presidente de México por sexta ocasión.

1902

- *2 de enero*: Porfirio Díaz coloca la primera piedra de la Columna de la Independencia.
- *6 de marzo*: Porfirio Díaz inaugura el nuevo Puerto de Veracruz.

1903

- *2 de diciembre*: se extiende la presidencia a seis años, y se crea la figura del vicepresidente.

1904

- *1 de diciembre*: Porfirio Díaz toma protesta como presidente de México por séptima ocasión.

1905

- *26 de mayo*: Justo Sierra es nombrado ministro de Instrucción Pública y Bellas Artes.

1906

- *1 de junio*: Rangers americanos reprimen una huelga en Cananea, Sonora.
- *1 de julio*: el Partido Liberal Mexicano se pronuncia en contra de la reelección.
- *6 de noviembre*: Porfirio Díaz y Carmelita cumplen veinticinco años de casados.

1907

- *7 de enero*: soldados del ejército reprimen violentamente una huelga obrera en Río Blanco, Veracruz.
- *6 de mayo*: muere Agustina Castelló, madre de Carmelita.

1908

- *7 de febrero*: James Creelman entrevista a Porfirio Díaz, sus declaraciones serán replicadas por periódicos locales.

1909

- *Febrero*: Francisco I. Madero publica su libro *La sucesión presidencial en 1910*, se lo envía a Porfirio Díaz con una carta.
- *Junio*: Francisco I. Madero realiza giras electorales en todo el país.
- *16 de octubre*: Porfirio Díaz se reúne con el presidente de Estados Unidos, William Taft, en la Aduana de Ciudad Juárez.

1910

- *16 de abril*: Porfirio Díaz se reúne con Francisco I. Madero.
- *6 de junio*: Francisco I. Madero es arrestado.
- *1 de septiembre*: comienzan los festejos por el Centenario de la Independencia de México, se inaugura la Castañeda.
- *16 de septiembre*: se inaugura la Columna de la Independencia.
- *18 de septiembre*: se inaugura el Hemiciclo a Juárez.
- *22 de septiembre*: se inaugura la Universidad Nacional.
- *6 de octubre*: Francisco I. Madero sale de San Luis Potosí y huye a San Antonio, donde escribirá el Plan de San Luis en contra de Porfirio Díaz.
- *18 de noviembre*: se descubre un almacén de armas y parque en casa de la familia Serdán en Puebla, y se arma una balacera.
- *20 de noviembre*: de acuerdo con el Plan de San Luis, se inicia la revolución armada en contra de Porfirio Díaz.
- *1 de diciembre*: Porfirio Díaz protesta como presidente de México por octava ocasión.

1911

- *Abril*: la revolución armada se extiende por todo el país.
- *10 de mayo*: Villa, Orozco y Madero toman Ciudad Juárez.
- *21 de mayo*: se firman los tratados de Ciudad Juárez.
- *25 de mayo*: Porfirio Díaz renuncia a la presidencia de México, lo aquejan fuertes dolencias bucales.
- *26 de mayo:* en medio de la noche, Porfirio Díaz abandona la ciudad de México y se embarca a Veracruz escoltado por Victoriano Huerta. Francisco León de la Barra toma posesión como presidente de México.

- *28 de mayo*: Porfirio Díaz llega a Veracruz y es recibido con honores.
- *31 de mayo*: Porfirio Díaz aborda el *Ypiranga*, buque de carga alemán, y parte al exilio.
- *3 de junio*: Porfirio Díaz hace una parada en Cuba.
- *7 de junio*: Madero entra a la ciudad de México, después de que un terremoto azotara a la capital.
- *17 de junio*: Porfirio Díaz llega a Vigo.
- *18 de junio*: Porfirio Díaz llega a La Coruña, pero no puede bajar del barco. Hay una manifestación en su contra.
- *21 de junio*: Porfirio Díaz llega a París, se convertirá en su hogar hasta su muerte.
- *6 de noviembre*: Francisco I. Madero asume la presidencia de México.

1912
- *3 de abril*: el rey de España recibe a Porfirio Díaz en su palacio.
- *7 de julio*: Porfirio Díaz visita a Justo Sierra en el hospital.
- *13 de septiembre*: muere Justo Sierra.

1913
- *Enero*: Porfirio Díaz y Carmelita visitan Egipto.
- *Febrero*: se desata la Decena Trágica en la Ciudad de México, terminará con la muerte de Francisco I. Madero y José María Pino Suárez. Victoriano Huerta asume la presidencia de México.
- *15 de abril*: Amada visita a Porfirio Díaz en Madrid.
- *Noviembre*: Porfirio Díaz posa ante el pintor Joaquín Sorolla para su último retrato en vida.

1914
- *Agosto*: los Díaz viajan a Biarritz para descansar, la salud de Porfirio comienza a decaer.

1915
- *Enero*: Porfirio Díaz viaja a los Pirineos Franceses. Su salud se sigue deteriorando.
- *30 de junio*: Porfirio Díaz se confiesa y recibe los santos óleos.
- *2 de julio*: Porfirio Díaz muere en París a los ochenta y cuatro años.

Plan de La Noria

Al Pueblo Mexicano:

La reelección indefinida, forzosa y violenta, del Ejecutivo Federal, ha puesto en peligro las instituciones nacionales.

En el Congreso una mayoría regimentada por medios reprobados y vergonzosos, ha hecho ineficaces los nobles esfuerzos de los diputados independientes y convertido la Representación Nacional en una cámara cortesana, obsequiosa y resuelta á seguir siempre los impulsos del Ejecutivo.

En la Suprema Corte de Justicia, la minoría independiente que había salvado algunas veces los principios constitucionales de este cataclismo de perversión é inmoralidad, es hoy impotente por falta de dos de sus más dignos representantes y el ingreso de otro llevado allí por la protección del Ejecutivo. Ninguna garantía ha tenido desde entonces amparo; los Jueces y Magistrados pundonorosos de los Tribunales Federales son sustituidos por agentes sumisos del Gobierno; los intereses más caros del pueblo y los principios de mayor trascendencia quedan á merced de los perros guardianes.

Varios Estados se hallan privados de sus autoridades legítimas y sometidos á gobiernos impopulares y tiránicos, impuestos por la acción directa del Ejecutivo, y sostenidos por las fuerzas federales. Su soberanía, sus leyes y la voluntad de los pueblos han sido sacrificadas al ciego encaprichamiento del poder personal.

El Ejecutivo, gloriosa personificación de los principios conquistados desde la revolución de Ayutla hasta la rendición de México en 1867, que debiera ser atendido y respetado por el Gobierno para conservarle la gratitud de los pueblos, ha sido abajado y envilecido, obligándolo á servir de instrumento de odiosas violencias contra la libertad del sufragio popular, y haciéndole olvidar las leyes y los usos de la civilización cristiana en México, Atexcatl, Tampico, Barranca del Diablo, la Ciudadela y tantas otras matanzas que nos hacen retroceder á la barbarie.

Las rentas federales, pingües, saneadas como no lo habían sido en ninguna otra época, toda vez que el pueblo sufre los gravámenes decretados durante la guerra, y que no se pagan la deuda nacional ni la extranjera, son más que suficientes para todos los servicios públicos, y deberían haber bastado para el pago de las obligaciones contraídas en la última guerra, así como para fundar el crédito de la Nación, cubriendo el rédito de la deuda interior y exterior legítimamente reconocida. A esta hora, reducidas las erogaciones y sistemada la administración rentística, fácil sería dar cumplimiento al precepto constitucional, lbrando al comercio de las trabas y dificultades que sufre con los vejatorios impuestos de alcabalas, y al erario de un personal oneroso.

Pero lejos de esto, la ineptitud de unos, el favoritismo de otros y la corrupción de todos, ha cegado esas ricas fuentes de la pública prosperidad: los impuestos se reagravan, las rentas se dispendian, la Nación pierde todo crédito y los favoritos del poder monopolizan sus espléndidos gajes. Hace cuatro años que su procacidad pone á prueba nuestro amor á la paz, nuestra sincera adhesión á las instituciones. Los males públicos exacerbados produjeron los movimientos revolucionarios de Tamaulipas, San Luis, Zacatecas y otros Estados; pero la mayoría del gran partido liberal no concedió sus simpatías á los impacientes, y sin tenerla por la política de presión y arbitrariedad del gobierno, quiso esperar con el término del período constitucional del encargado del ejecutivo, la rotación legal democrática de los poderes que se prometía obtener en las pasadas elecciones.

Ante esta fundada esperanza que, por desgracia, ha sido ilusoria, todas las impaciencias se moderaron, todas las aspiraciones fueron aplazadas y nadie pensó más que en olvidar agravios y resentimientos, en estañar las heridas de las anteriores disidencias y en reanudar los lazos de unión entre todos los mexicanos. Sólo el gobierno y sus agentes, desde las regiones del Ejecutivo, en el recinto del Congreso, en la prensa mercenaria, y todos los medios, se opusieron tenaz y caprichosamente á la amnistía que, á su pesar, llegó á decretarse por el concurso que supo aprovechar la inteligencia y patriótica oposición parlamentaria del 5° Congreso Constitucional. Esa ley que convocaba á todos los mexicanos á tomar parte en la lucha electoral bajo el amparo de la Constitución, debió ser el principio de una época de positiva fraternidad, y cualquiera situación creada realmente en el terreno del sufragio libre de los pueblos, contaría hoy con el apoyo de vencedores y vencidos.

Los partidos, que nunca entienden las cosas en el mismo sentido, entran en la liza electoral llenos de fe en el triunfo de sus ideas é intereses, y vencidos en buena lid, conservan la legítima esperanza de contrastar más tarde la obra de su derrota, reclamando las mismas garantías de que gozaban sus adversarios; pero cuando la violencia se arroga los fueros de la libertad, cuando el soborno sustituye á la honradez republicana, y cuando la falsificación usurpa el lugar que corresponde á la verdad, la desigualdad de la lucha, lejos de crear ningún derecho, encona los ánimos y obliga á los vencidos por tan malas arterías, á rechazar el resultado como ilegal y tentatorio.

La revolución de Ayutla, los principios de la Reforma y la conquista de la independencia y de las instituciones nacionales, se perderían para siempre si los destinos de la República hubieran de quedar á merced de una oligarquía tan inhábil como absorvente y antipatriótica; la reelección indefinida es un mal de menos trascendencia por perpetuidad de un ciudadano en el ejercicio del poder, que por la conservación de las prácticas abusivas, de las confabulaciones ruinosas y por la exclusión de otras inteligencias é intereses, que son las consecuencias necesarias de la inmutabilidad de los empleados de la administración pública.

Pero los sectarios de la reelección indefinida prefieren sus aprovechamientos personales á la Constitución, á los principios y á la República misma. Ellos convirtieron esa suprema apelación al pueblo en una farsa inmoral, corruptora, con mengua de la majestad nacional que se atreven á invocar.

Han relajado todos los resortes de la administración buscando cómplices en lugar de funcionarios pundonorosos.

Han derrochado los caudales del pueblo para pagar á los falsificadores del sufragio.

Han conculcado la inviolabilidad de la vida humana, convirtiendo en práctica cotidiana asesinatos horrorosos, hasta el grado de ser proverbial la funesta frase de "Ley fuga". Han empleado las manos de sus valientes defensores en la sangre de los vencidos, obligándolos a cambiar las armas del soldado por el hacha del verdugo.

Han escarnecido los más altos principios de la democracia; han lastimado los más íntimos sentimientos de la humanidad, y se han befado de los más caros y trascendentales preceptos de la moral.

Reducido el número de diputados independientes por haberse negado ilegalmente toda representación á muchos distritos, y aumentando arbitrariamente el de los reeleccionistas, con ciudadanos sin misión legal, todavía se abstuvieron de votar cincuenta y siete representantes en la elección de Presidente, y los pueblos la rechazan como ilegal y antidemocrática.

Requerido en estas circunstancias, instado y exigido por numerosos y acreditados patriotas de todos los Estados, lo mismo de ambas fronteras que del interior y de ambitos litorales, ¿qué debo hacer?

Durante la revolución de Ayutla salí del colegio á tomar las armas por odio al despotismo: en la guerra de Reforma combatí por los principios, y en la lucha contra la invasión extranjera, sostuve la independencia nacional hasta restablecer al gobierno en la capital de la República.

En el curso de mi vida política he dado suficientes pruebas de que no aspiro al poder, á cargo, ni empleo de ninguna clase; pero he contraído también graves compromisos para con el país por su libertad é independencia, para con mis compañeros de armas, con cuya cooperación he dado cima á difíciles empresas, y para conmigo mismo, de no ser indiferente á los males públicos.

Al llamado del deber, mi vida es un tributo que jamás he negado á la patria en peligro; mi pobre patrimonio, debido á la gratitud de mis conciudadanos,

461

medianamente mejorado con mi trabajo personal, cuanto valgo por mis escasas dotes, todo lo consagro desde este momento á la causa del pueblo. Si el triunfo corona nuestros esfuerzos, volveré á la quietud del hogar doméstico, prefiriendo en todo caso la vida frugal y pacífica del obscuro labrador, á las ostentaciones del poder. Si por el contrario nuestros adversarios son más felices, habré cumplido mi último deber para con la República.

Combatiremos, pues, por la causa del pueblo, y el pueblo será el único dueño de su victoria.

"Constitución de 57 y libertad electoral" será nuestra bandera; "menos gobierno y más libertades", nuestro programa.

Una convención de tres representantes por cada Estado, elegidos popularmente, dará el programa de la reconstrucción constitucional y nombrará un Presidente Constitucional de la República, que por ningún motivo podrá ser el actual depositario de la guerra. Los delegados, que serán patriotas de acrisolada honradez, llevarán al seno de la convención, las ideas y aspiraciones de sus respectivos Estados, y sabrán formular con lealtad y sostener con entereza las exigencias verdaderamente nacionales. Sólo me permitiré hacer eco á las que se me han señalado como más ingentes; pero sin pretensión de acierto ni ánimo de imponerlas como una resolución preconcebida, y protestando desde ahora que aceptaré sin resistencia ni reserva alguna, los acuerdos de la convención.

Que la elección de Presidente sea directa, personal, y que no pueda ser elegido ningún ciudadano que en el año anterior haya ejercido por un solo día autoridad ó encargo cuyas funciones se extiendan á todo el territorio nacional.

Que el Congreso de la Unión sólo pueda ejercer funciones electorales en asuntos puramente económicos, y en ningún caso para la designación de altos funcionarios públicos.

Que el nombramiento de los Secretarios del despacho y de cualquier empleado ó funcionario que disfrute por sueldos ó emolumentos más de tres mil pesos anuales, se someta á la aprobación de la Cámara.

Que la Unión garantice á los Ayuntamientos derechos y recursos propios, como elementos indispensables para su libertad é independencia.

Que se garantice á todos los habitantes de la República el juicio por jurados populares que declaren y califiquen la culpabilidad de los acusados; de manera que á los funcionarios judiciales sólo se les conceda la facultad de aplicar la pena que designen las leyes preexistentes.

Que se prohiban los odiosos impuestos de alcabala y se reforme la ordenanza de aduanas marítimas y fronterizas, conforme á los preceptos constitucionales y á las diversas necesidades de nuestras costas y fronteras.

La convención tomará en cuenta estos asuntos y promoverá todo lo que conduzca al restablecimiento de los principios, al arraigo de las instituciones y al común bienestar de los habitantes de la República.

No convoco ambiciones bastardas ni quiero avivar los profundos rencores sembrados por las demasías de la administración. La insurrección nacional que ha de devolver su IMPERIO á las leyes y á la moral ultrajadas, tiene que inspirarse de nobles y patrióticos sentimientos de dignidad y justicia.

Los amantes de la Constitución y de la libertad electoral son bastante fuertes y numerosos en el país de Herrera, Gómez Farías y Ocampo, para aceptar la lucha contra los usurpadores del sufragio popular.

Que los patriotas, los sinceros constitucionalistas, los hombres del deber, presten su concurso á la causa de la libertad electoral, y el país salvará sus más caros intereses. Que los mandatarios públicos, reconociendo que sus poderes son limitados, devuelvan honradamente al pueblo elector el depósito de su confianza en los períodos legales, y la observancia estricta de la Constitución será verdadera garantía de paz. Que ningún ciudadano se imponga y perpetúe en el ejercicio del poder, y ésta será la última revolución.

"La Noria", Noviembre de 1871.
PORFIRIO DÍAZ

Plan de Tuxtepec

Considerando:

Que la República Mexicana está regida por un gobierno que ha hecho del abuso un sistema político, despreciando y violando la moral y las leyes, viciando á la sociedad, despreciando á las autoridades, y haciendo imposible el remedio de tantos males por la vía pacífica; que el sufragio político se ha convertido en una farsa, pues el presidente y sus amigos, por todos los medios reprobables, hacen llegar á los puestos públicos á los que llaman sus "Candidatos Oficiales", rechazando á todo ciudadano independiente; que de este modo y gobernando hasta sin ministros se hace la burla más cruel á la democracia, que se funda en la independencia de los poderes; que la soberanía de los Estados es vulnerada repetidas veces; que el Presidente y sus favoritos destituyen á su arbitrio á los Gobernadores, entregando los Estados á sus amigos, como sucedió en Coahuila, Oaxaca, Yucatán y Nuevo León, habiéndose intentado hacer lo mismo con Jalisco; que á este Estado se le segregó para debilitarlo, el importante cantón de Tepic, el cual se ha gobernado militarmente hasta la fecha, con agravio del pacto federal y del derecho de Gentes; que sin consideración á los fueros de la humanidad se retiró á los Estados fronterizos la mezquina subvención que les servía para defensa de los indios bárbaros; que el tesoro público es dilapidado en gastos de placer, sin que el Gobierno haya llegado á presentar al Congreso de la Unión la cuenta de los fondos que maneja.

Que la administración de justicia se encuentra en la mayor prostitución, pues se constituye á los Jueces de Distrito en agentes del centro para oprimir á los Estados; que el poder municipal ha desaparecido completamente pues los Ayuntamientos son simples dependientes del Gobierno para hacer las elecciones; que los protegidos del Presidente perciben tres y hasta cuatro sueldos por los empleos que sirven, con agravio de la moral pública; que el despotismo del poder Ejecutivo se ha rodeado de presidiarios y asesinos que provocan, hieren y matan á los ciudadanos ameritados; que la instrucción pública se encuentra abandonada; que los fondos de ésta paran en manos de los favoritos del Presidente; que la creación del Senado, obra de Lerdo de Tejada y sus favoritos, para neutralizar la acción legislativa, imparte el veto á todas las leyes, que la fatal, la misma funesta administración, no ha servido sino para extorsionar a los pueblos; que el país ha sido entregado á la Compañía Inglesa con la concesión del Ferrocarril de Veracruz y el escandaloso convenio de las tarifas, que los excesivos fletes que se cobran han estancado el comercio y la agricultura; que con el monopolio de esta línea se ha impedido que se establezcan otras, produciéndose el desequilibrio del comercio en el interior, el aniquilamiento de todos los demás puertos de la República y la más espantosa miseria en todas partes; que el Gobierno ha otorgado á la misma Compañia con pretexto del Ferrocarril de León, el privilegio para celebrar loterías, infringiendo la Constitución; que el Presidente y sus favorecidos han pactado el reconocimiento de la enorme deuda Inglesa, mediante dos millones de pesos que se reparten con sus agencias; que ese reconocimiento, además de inmoral es injusto, porque en México nada se indemniza por perjuicios causados en la intervención.

Que aparte de esa infamia, se tiene acordada la de vender tal deuda á los Estados Unidos, lo cual equivale á vender el país á la nación vecina; que no merecemos el nombre de ciudadanos mexicanos, ni siquiera el de hombres los que sigamos consintiendo el que estén al frente de la administración los que así roban nuestro porvenir y nos venden en el extranjero; que el mismo Lerdo de Tejada destruyó toda esperanza de buscar el remedio á tantos males en la paz, creando facultades extraordinarias y suspensión de garantías para hacer de las elecciones una farsa criminal.

En el nombre de la sociedad ultrajada y del pueblo mexicano vilipendiado, levantamos el estandarte de guerra contra nuestros comunes opresores, proclamando el siguiente plan:

Art. 1º. Son leyes supremas de la República, la Constitución de 1857, el acta de reformas promulgada en 25 de septiembre de 1873 y la ley de 14 de diciembre de 1874.

Art. 2º. Tendrán el mismo caracter de ley suprema la No-Reelección del Presidente de la República y Gobernadores de los Estados, mientras se consigue elevar este principio al rango de reforma constitucional, por los medios legales establecidos por la Constitución.

Art. 3º. Se desconoce á D. Sebastián Lerdo de Tejada como Presidente de la República y á todos los funcionarios y empleados designados por él, así como los nombrados en las elecciones de julio del año de 1875.

Art. 4º. Serán reconocidos todos los gobernadores de los Estados que se adhieran al presente plan. En donde esto no suceda se reconocerá interinamente como gobernador al que nombre el jefe de las armas.

Art. 5º. Se harán elecciones para Supremos Poderes de la Unión á los dos meses de ocupada la capital de la República, en los términos que disponga la convocatoria que expedirá el Jefe del Ejecutivo, un mes después del día en que tenga lugar la ocupación, con arreglo á las leyes electorales de 12 de febrero de 1857 y 23 de diciembre de 1872.

Al mes de verificadas las elecciones secundarias se reunirá el Congreso, y se ocupará inmediatamente de llenar las prescripciones del art. 51 de la primera de dichas leyes, á fin de que desde luego entre al ejercicio de su encargo el Presidente constitucional de la República y se instale la Corte Suprema de Justicia.

Art. 6º. El Poder Ejecutivo, sin más atribuciones que las administrativas, se depositará mientras se hacen las elecciones, en el Presidente de la Suprema Corte de Justicia actual, ó en el magistrado que desempeñe sus funciones, siempre que uno ú otro en su caso, acepte en todas sus partes el presente plan, y haga conocer su aceptación por medio de la prensa, dentro de un mes, contado desde el día en que el mismo plan se publique en los perdiódicos de la capital. El silencio ó negativa del funcionario que rija la Suprema Corte investirá al Jefe de las armas con el carácter de Jefe del Ejecutivo.

Art. 7º. Reunido el octavo congreso constitucional, sus primeros trabajos serán la reforma constitucional de que habla el art. 2º, la que garantiza la independencia de los municipios y la ley que dé organización política al Distrito Federal y territorio de la Baja California.

Art. 8º. Los generales, jefes y oficiales que con oportunidad secunden el presente plan, serán reconocidos en sus empleos, grados y condecoraciones.

Campo de Palo Blanco, marzo 21 de 1876.
PORFIRIO DÍAZ

Renuncia de Porfirio Díaz

A los CC. Secretarios de la H. Cámara de Diputados.
Presente.

El Pueblo mexicano, ese pueblo que tan generosamente me ha colmado de honores, que me proclamó su caudillo durante la guerra de Intervención, que me secundó patrióticamente en todas las obras emprendidas para impulsar la industria y el comercio de la República, ese pueblo, señores diputados, se ha insurreccionado en bandas milenarias armadas, manifestando que mi presencia en el ejercicio del Supremo Poder Ejecutivo, es causa de su insurrección.

No conozco hecho alguno imputable a mí que motivara ese fenómeno social; pero permitiendo, sin conceder, que pueda ser culpable inconsciente, esa posibilidad hace de mi persona la menos a propósito para raciocinar y decir sobre mi propia culpabilidad.

En tal concepto, respetando, como siempre he respetado la voluntad del pueblo, y de conformidad con el artículo 82 de la Constitución Federal vengo ante la Suprema Representación de la Nación a dimitir sin reserva el encargo de Presidente Constitucional de la República, con que me honró el pueblo nacional; y lo hago con tanta más razón, cuando que para retenerlo sería necesario seguir derramando sangre mexicana, abatiendo el crédito de la Nación, derrochando sus riquezas, segando sus fuentes y exponiendo su política a conflictos internacionales.

Espero, señores diputados, que calmadas las pasiones que acompañan a toda revolución, un estudio más concienzudo y comprobado haga surgir en la conciencia nacional, un juicio correcto que me permita morir, llevando en el fondo de mi alma una justa correspondencia de la estimación que en toda mi vida he consagrado y consagraré a mis compatriotas. Con todo respeto.

México, Mayo 25 de 1911.

Porfirio Díaz

Bibliografía

Barajas Durán, Rafael (El Fisgón), *El país de "El Llorón de Icamole"*, FCE, México, 2007.

Chassen-López, Francie, "La vida extraordinaria de Juana C. Romero", *Proceso*, año 38, edición especial, agosto de 2015.

Creelman, James, "El héroe de las Américas", *Proceso*, año 38, edición especial, agosto de 2015.

Díaz, Porfirio, *Memorias de Porfirio Díaz*, tomos I y II, 1ª reimpresión, FCE, México, 2003.

Díaz Miranda, Elena, "El poder de la masonería", *Relatos e Historias de México*, año VII, núm. 80, Editorial Raíces, abril de 2015.

Garner, Paul, *Porfirio Díaz, del héroe al dictador*, 1ª reimpresión, Planeta, México, 2003.

———, "¿Quién fue Porfirio Díaz? Los relatos sobre el Porfiriato, ayer y hoy", *Relatos e Historias de México*, año VI, núm. 65, Editorial Raíces, enero de 2014.

———, *Porfirio Díaz: entre el mito y la historia*, Editorial Crítica, México, 2015.

Garza, James Alex, *El lado oscuro del Porfiriato*, Aguilar, México, 2008.

Graves, Robert, *Yo, Claudio*, 7ª reimpresión, Edhasa, México, 2004.

Iturribarría, Jorge Fernando, *Porfirio Díaz ante la Historia*, Editorial Unión Graf, 1967.

Katz, Friedrich, *De Díaz a Madero: orígenes y estallido de la Revolución Mexicana*, 3ª reimpresión, Editores Independientes, México, 2008.

Krauze, Enrique, "Diez mentiras sobre Porfirio Díaz", *Proceso*, núm. 822, 3 de agosto de 1992.

——— y Fausto Zerón-Medina, *El vuelo del águila*, tomo I, *El origen*, Clío, México, 1993.

———, *El vuelo del águila*, tomo II, *La guerra*, Clío, México, 1993.

——— *El vuelo del águila*, tomo III, *La ambición*, Clío, México, 1993.

———, *El vuelo del águila*, tomo IV, *El poder*, Clío, México, 1993.

———, *El vuelo del águila*, tomo V, *El derrumbe*, Clío, México, 1993.

———, *El vuelo del águila*, tomo VI, *El destierro*, Clío, México, 1993.

López Obrador, Andrés Manuel, *Neoporfirismo: ayer como hoy*, Grijalbo, México, 2014.

Madero, Francisco I., *La sucesión presidencial en 1910*, Random House Mondadori, México, 2010.

MacGregor, Josefina, *Madero en la prisión*, *Memoria de las revoluciones en México*, núm. 8, Editorial Reflejo GM Medios, verano de 2010.

Mergier, Anne-Marie, "1911-1914: honores, vida mundana y viajes", *Proceso*, año 38, edición especial, junio de 2015.

_____, "Biarritz, el último lujo", *Proceso*, año 38, edición especial, junio de 2015.

Ponce Alcocer, María Eugenia, y Teresa Matabuena Peláez, *Las fiestas del Centenario de la Independencia a través de la correspondencia del general Porfirio Díaz*, Universidad Iberoamericana, México, 2009.

Quevedo y Zubieta, Salvador, *Porfirio Díaz (septiembre 1830-1865)*, Librería de la Viuda de C. Bouret, México, 1906.

Sánchez, Alejandro, *Las mieles del poder: historias de poder, sexo y política en México*, Editorial Best-Seller, México, 2010.

Tello Díaz, Carlos, *El exilio: un relato de familia*, 5ª edición, Cal y Arena, México, 1993.

_____, *Porfirio Díaz: su vida y su tiempo. La guerra*, Conaculta/Penguin Random House, México, 2015.

Tovar y de Teresa, Rafael, *El último brindis de don Porfirio. 1910: los festejos del Centenario*, Taurus, México, 2010.

SITIOS WEB

Bautista Rojas, Carlos, "Instrucciones para ser sano", sitio web de Algarabía, http://algarabia.com/desde-la-redaccion/instrucciones-para-ser-sano/

Fajardo Ortiz, Guillermo, y Alberto Salazar, "Médicos, muerte y acta de defunción de Benito Juárez", Departamento de Historia y Filosofía de la Medicina, Facultad de Medicina de la UNAM, en http://www.ejournal.unam. mx/rfm/no49-4/RFM49411.pdf

Genealogía completa de María Agustina Castelló Rivas: http://gw.geneanet. org/sanchiz?lang = es&p = maria + agustina&n = castello + rivas.

Genealogía completa de José de la Cruz Porfirio Díaz Mori: http://gw.genea net.org/sanchiz?lang = es;p = porfirio;n = diaz + mori

Huerta Lara, María del Rosario, "La dictadura sanitaria o la estatalización de lo biológico", sitio web de Letras Jurídicas, http://www.letrasjuridicas. com/Volumenes/22/rhuerta22.pdf.

Plan de la Noria (texto íntegro), en https://es.wikisource.org/wiki/Plan_de_ la_Noria.

Esta obra se imprimió y encuadernó
en el mes de octubre de 2023,
en los talleres de Impregráfica Digital, S.A. de C.V.,
Av. Coyoacán 100–D, Col. Del Valle Norte,
C.P. 03103, Benito Juárez, Ciudad de México.